项目管理/工程管理"十三五"系列规划教材

项目采购管理
（第2版）

吴守荣　王　扬　等　编著

机械工业出版社

本书从美国项目管理学会（PMI）提出的项目采购管理基本概念入手，以世界银行工程项目采购、货物采购和咨询服务采购为主线，结合我国项目采购管理的实际情况，概括介绍了项目采购管理的一般内容和运作模式，论述和介绍了新版 FIDIC 合同条件，讲述了签订合同之后在项目实施过程中合同管理经常出现的问题及其处理方法。各章在介绍基本理论的基础上，结合工程实例给出了项目采购管理在实践中的应用。

本书可作为高等院校工程管理及相关专业的教材和各类从事项目采购管理的工作人员的培训用书，也可供广大管理工作者及政府有关工作人员参考。

图书在版编目（CIP）数据

项目采购管理/吴守荣等编著 . —2 版 . —北京：机械工业出版社，2018.8（2023.6 重印）

项目管理/工程管理"十三五"系列规划教材

ISBN 978-7-111-60684-0

Ⅰ．①项… Ⅱ．①吴… Ⅲ．①项目管理 – 采购管理 – 高等学校 – 教材 Ⅳ．①F224.5

中国版本图书馆 CIP 数据核字（2018）第 180311 号

机械工业出版社（北京市百万庄大街22号　邮政编码100037）
策划编辑：曹雅君　　责任编辑：刘怡丹　　封面设计：可圈可点
责任校对：李　伟　　责任印制：张　博
河北鑫兆源印刷有限公司印刷
2023 年 6 月第 2 版第 3 次印刷
169mm×239mm · 21 印张 · 446 千字
标准书号：ISBN 978-7-111-60684-0
定价：59.00 元

凡购本书，如有缺页、倒页、脱页，由本社发行部调换

电话服务　　　　　　　　　　　网络服务
服务咨询热线：010 – 88379833　　机 工 官 网：www.cmpbook.com
读者购书热线：010 – 88379649　　机 工 官 博：weibo.com/cmp1952
　　　　　　　　　　　　　　　　教育服务网：www.cmpedu.com
封面无防伪标均为盗版　　　　　　金 书 网：www.golden – book.com

项目管理/工程管理"十三五"系列规划教材
编 委 会

名誉主任： 钱福培（西北工业大学教授，PMRC创立者、名誉主任）

主　　任： 白思俊（西北工业大学教授，PMRC副主任委员）

委　　员：（按姓氏笔画排序）

丁荣贵（山东大学教授，PMRC副主任委员）

王祖和（山东科技大学教授，PMRC常委、副秘书长）

卢向南（浙江大学教授，PMRC副主任委员）

孙　慧（天津大学教授）

吴守荣（山东科技大学教授，PMRC委员）

沈建明（国防项目管理培训认证中心主任，PMRC副秘书长）

骆　珣（北京理工大学教授）

薛四新（清华大学档案馆研究馆员）

戚安邦（南开大学教授，PMRC副主任委员）

谭术魁（华中科技大学教授）

戴大双（大连理工大学教授，PMRC副主任委员）

丛书序一

这是一套作为项目管理教材使用的系列丛书，是一套历经15年，经过三版修订的丛书。第一版是2003年出版的，时隔5年于2008年出版第二版修订本，现在时隔10年又出版第三版修订本。

一套教材出现被出版、使用、修订再版的情况至少说明两点，一是市场的需求，二是作者和出版者的执着。市场需求是一定条件下时代发展情况的反映；作者和出版者的执着是行业内专业人员和出版机构成熟度的反映。

我国项目管理的发展是有目共睹的，特别是自20世纪70年代的改革开放以及20世纪90年代引进国际现代项目管理理论和工具方法以来，在实践和理论层面上都有了极大的提高。在项目管理领域国内外信息日益频繁交流的同时，也向教育、培训、出版业提出了需求。2003年14本"21世纪项目管理系列规划教材"的出版正是我国项目管理发展状态的反映，系列教材的及时出版很好地满足了市场的需求。

2003年第一版系列丛书的出版虽然很好地满足了市场的需求，但由于国际现代项目管理的迅速发展，以及在第一版丛书中发现的问题，在征得作者同意后，出版社于2008年对原版丛书进行了修订。2003年和2008年出版的丛书获得了市场的认可，有三本书列选为国家"十一五""十二五"规划教材，在使用期间，诸多书籍还一再重印，有几本更是重印达10余次之多。根据国内外项目管理的最新发展情况，机械工业出版社再次决定于2018年修订出版第三版，这一决定得到了作者们的一致赞同，我想这是英明的决定。只有跟随时代的发展和学科专业的发展，在实践中不断努力，及时修订的教材，才能反映我们的水平，使之成为高质量的精品之作，也才能赢得业界的认同。据了解，我国引进并翻译出版的英国项目管理专家丹尼斯·洛克出版的《项目管理》，已经出版了第10版，被各国项目管理领域广泛选用就是一个很好的例子。

第三版的修订，除了在丛书的书目上有所变化外，鉴于项目管理和工程管理的专业设置现状，我们将丛书名修改为"项目管理/工程管理'十三五'系列规划教材"，以便使本套教材更适合学科的发展。在章节内容上也做了一些横向的延伸，拓展到工程管理专业。在内容方面，增强了框架性知识结构的展示，强调并突出概念性的知识体系，具体知识点详略得当，适量减少了理论性知识的阐述，增加了案例的比重，以提高学生理论联系实际的能力。此外，为充分利用现代电子化条件，本套教材的配套课件比较完整、全面并且多样化，增加了教材使用的便利性。

为适应市场多元化的需求，继机械工业出版社出版的这套项目管理系列教材之后，适用于项目管理工程硕士的系列教材和适用于项目管理自考的系列教材也相继出版。这不仅是我国项目管理蓬勃发展的表现，也是我国出版界蓬勃发展的表现。这应该感谢中国项目管理专家们的努力，感谢出版界同仁们的努力！

随着VUCA时代的发展,丛书在实践应用中还会有新的变化,希望作者、读者、出版界同仁以及广大项目管理专业研究人员及专家们继续关注本套系列教材的使用,关注国内外项目学科的新发展、新变化。丛书集15年的使用经验以及后续的使用情况,在实践中将不断改进,不断完善。

祝愿这套丛书成为我国项目管理领域的一套精品教材!

钱福培

西北工业大学　教授

PMRC　名誉主任

中国优选法统筹法与经济数学研究会　终身会员

IPMA Honorary Fellow

IPMA　首席评估师

2017年12月15日

丛书序二

"项目管理/工程管理'十三五'系列规划教材"是 2003 年陆续出版的"21 世纪项目管理系列规划教材"整体上的第三次再版,这套系列丛书也是我国最早出版的一套项目管理系列规划教材。机械工业出版社作为开拓者,让这套教材得到了众多高等院校师生的认可,并有两本教材被列入"普通高等教育'十一五'国家级规划教材"、一本教材被列入"'十二五'普通高等教育本科国家级规划教材"。

作为一种教给人们系统做事的方法,项目管理使人们做事的目标更加明确、工作更有条理性、过程管理更为科学。项目管理在越来越多的行业、企业及各种组织中得到了极为广泛的认可和应用,"项目化管理"和"按项目进行管理"逐渐成为组织管理的一种变革模式,"工作项目化,执行团队化"已经成为人们工作的基本范式。"当今社会,一切都是项目,一切也都将成为项目",这种泛项目化的发展趋势正逐渐改变着组织的管理方式,使项目管理成为各行各业的热门话题,受到前所未有的关注。项目管理学科的发展,无论是在国内还是国外,都达到了一个超乎寻常的发展速度。

特别值得一提的是我国项目管理/工程管理学位教育的发展。目前,我国已经有 200 余所院校设立了工程管理本科专业,160 多所高校具有项目管理领域工程硕士培养权,100 多所高校具有工程管理专业硕士学位授予权。项目管理/工程管理教育的发展成了最为热门的人才培养专业之一,项目管理/工程管理的专业硕士招生成了招生与报名人数最多的领域。这一方面表明了社会和市场对项目管理人才的需求旺盛,另一方面也说明了项目管理学科的价值,同时也给相关培养单位和教育工作者提出了更高的要求,即如何在社会需求旺盛的情况下提高教学质量,以保持项目管理/工程管理学位教育的稳定和可持续发展。

提高教学质量,教材要先行。一套优秀的教材需要经历许多年的积累,国内项目管理领域的出版物增长极快,但真正适用于项目管理/工程管理学位教育的教材还不丰富。机械工业出版社策划和组织的本系列教材能够不断更新,目的就是打造一套项目管理/工程管理学位教育的精品教材。第三版系列教材在组织编写之前还广泛征求了各方面的意见,并得到了积极的响应。参加本系列教材编写的专家来自不同的院校和不同的学科领域,提高了教材在不同院校、不同领域和不同培养方向上的广泛适用性。在系列教材课程体系的设计上既有反映项目管理共性知识的专业主干课程,也有面向不同培养方向的专业应用课程。

本系列教材最突出的特点是与国际项目管理知识体系的融合性,体现了国际上两大项目管理组织——国际项目管理协会和美国项目管理协会的项目管理最新知识内容的发展。本系列教材的内容能体现 IPMP/PMP 培训与认证的思想和知识体系,也能够在与国际接轨的同时呈现有我国项目管理特色的内容。

编写一套优秀的项目管理学位教育系列教材是一项艰巨的任务,虽然编委会和机械工业出版社做出了很大的努力,但项目管理是一门快速发展的学科,其理论、方法、体系和实践应用还在不断发展和完善之中,加之专业局限性和受写作时间的限制,本系列教材肯定会有不尽如人意之处,衷心希望全国高等院校项目管理/工程管理专业师生在教学实践中积极提出意见和建议,以便对已经出版的教材不断修订、完善,让我们共同提高教材质量,完善教材体系,为社会奉献更好、更新、更切合我国项目管理/工程管理教育的高品质教材。

白思俊

西北工业大学管理学院教授、博导
中国(双法)项目管理研究委员会副主任委员
陕西省项目管理协会会长
中国优选法统筹法与经济数学研究会理事
中国建筑业协会理事兼工程项目管理委员会理事、专家
中国宇航学会理事兼系统工程与项目管理专业委员会副主任委员

前　　言

项目管理是一门新兴的学科，其理论与应用方法从根本上改善了管理人员的工作效率。在西方发达国家，项目管理的应用已经十分普及。当今，快速发展的知识经济使项目管理的理论研究、教育和实际应用更加快速地发展。随着我国对外开放的不断深入以及加入WTO，越来越多的国内企业走出国门参与国际性竞争，并打入全球市场。在这种大的机遇面前，我国的项目管理人员更加迫切地需要掌握国际上最新的项目管理知识体系和技能。

项目采购管理是项目管理的重要组成部分。项目采购管理几乎贯穿于整个项目生命周期，项目采购管理模式直接影响项目管理的模式和项目合同的类型，对项目的整体管理起着举足轻重的作用。项目采购管理在项目管理这个新兴学科中被赋予了全新的概念。这里的"采购"并不仅仅是传统意义上的"采购货物"，而是包含了更加广泛的范畴。项目管理知识体系（PMBOK）将项目采购管理定义为："为了达到项目范围而从执行组织外部获取货物或者服务所需的过程。"为了简单起见，通常把"货物或者服务"（无论是一项还是多项）称为"产品"，将"执行组织"称为业主或业主的代表，它是业主方管理项目的组织。

世界银行将项目采购分为工程项目采购、货物采购和咨询服务采购三类。1995年1月，世界银行对《国际复兴开发银行贷款和国际开发协会信贷采购指南》（以下简称《采购指南》）进行了修改，又于1996年1月和8月进行了两次修改，已经非常完善。据此，世界银行还编写了新的《标准招标文件》（SBD）。同时，为了适应现代信息技术的迅猛发展和信息技术项目不断增多的趋势，世界银行已经开始着手研究信息技术项目采购管理。国际咨询工程师联合会（FIDIC）专门为工程项目采购出版的《招标程序》已经成为一般国际工程项目采购管理所遵循的程序文件，并被世界银行所采纳。我国财政部按照新的《采购指南》和《标准招标文件》编写并陆续出版了一套《世界银行贷款项目招标文件范本》。为了贯彻上述指南和标准文件的新精神、新规定，适应日益扩大的世界银行贷款项目具体业务的需要，使我国各类从事项目采购管理的人员和将要从事项目管理工作的人员掌握国际上最新的项目管理知识体系和技能，我们在中国项目管理研究委员会和机械工业出版社的组织下，结合我国多年的实践经验，针对项目采购管理的新趋势，结合教学实践和现场工程管理人员应用的需要编写了本书，书中加入了项目采购管理最新知识和案例分析的内容，使项目采购管理的基础理论与工程实践更好地结合。另外，本书各章课后的复习思考题有利于读者把握知识要点。

本书第1章由吴守荣编写，第2章和第3章由王扬编写，第4章由任英伟编写，第5章和第6章由代春泉编写，全书由吴守荣教授统稿。

本书在编写中多处引用了有关著作及世界银行专家的讲课材料，在此对相关作者和专家表示衷心的感谢。

由于时间仓促，书中难免存在不足或不当之处，敬请广大读者批评指正。

编　者

目 录

丛书序一
丛书序二
前言
第1章　项目采购管理概述 ··· 1
 1.1　项目采购管理的相关知识 ··· 1
  1.1.1　采购的定义和内容 ·· 1
  1.1.2　项目采购的主要过程 ··· 4
  1.1.3　项目采购方式 ·· 11
 1.2　工程项目采购管理模式 ··· 20
  1.2.1　传统的工程项目采购管理模式 ······································· 20
  1.2.2　建筑工程管理模式 ··· 22
  1.2.3　设计—建造工程项目采购管理模式 ································· 25
  1.2.4　EPC工程项目采购管理模式 ·· 26
  1.2.5　设计—管理工程项目采购管理模式 ································· 28
  1.2.6　BOT项目采购管理模式 ·· 28
  1.2.7　Partnering模式 ·· 31
 1.3　项目合同分类 ·· 36
  1.3.1　按签约各方的关系分类 ··· 36
  1.3.2　按合同计价方式分类 ·· 37
  1.3.3　按承包范围分类 ·· 40
 1.4　有关国际组织对国际项目采购的规定 ····································· 42
  1.4.1　联合国国际贸易法律委员会的《货物、工程
    　　和服务采购示范法》 ··· 42
  1.4.2　世界贸易组织的《政府采购协议》 ································· 45
  1.4.3　世界银行的《采购指南》 ··· 47
 1.5　《中华人民共和国政府采购法》 ··· 49
  1.5.1　《政府采购法》的立法目的 ··· 50
  1.5.2　《政府采购法》的适用范围 ··· 51
  1.5.3　政府采购的原则 ·· 53
  1.5.4　政府采购工程招标投标适用《招标投标法》 ···················· 54
  1.5.5　政府采购预算 ··· 55
  1.5.6　政府采购模式及集中采购目录的确定 ····························· 55
  1.5.7　政府采购限额标准的管理体制 ······································· 55
  1.5.8　政府采购的政策取向 ·· 56
  1.5.9　政府采购应当采购本国货物、工程和服务 ······················· 57

1.5.10	政府采购信息公开	57
1.5.11	政府采购回避制度	57
1.5.12	政府采购监督管理	58
1.5.13	关于采购人	59
1.5.14	关于供应商、联合体及其资格要求	60
1.5.15	政府采购方式	60
1.5.16	政府采购预算的编制与审批	61
1.5.17	政府采购项目采购标准和采购结果的公开	61
1.5.18	政府采购活动的社会监督	61

复习思考题 …… 62

第 2 章　工程项目采购 …… 64

2.1　工程项目采购概述 …… 64
- 2.1.1　招标投标的产生和发展 …… 64
- 2.1.2　工程项目采购应具备的条件 …… 68
- 2.1.3　工程项目采购的方式 …… 71
- 2.1.4　工程项目采购的参与者 …… 74

2.2　工程项目采购招标的程序 …… 75
- 2.2.1　工程项目采购招标的准备工作 …… 75
- 2.2.2　工程项目采购招标的主要程序 …… 85

2.3　工程项目采购招标文件 …… 91
- 2.3.1　工程项目采购招标文件的定义 …… 91
- 2.3.2　工程项目采购招标文件编制的要求 …… 91
- 2.3.3　工程项目采购招标文件编制的原则 …… 92
- 2.3.4　工程项目采购招标文件的内容 …… 93

2.4　工程项目采购的开标、评标与决标 …… 114
- 2.4.1　开标 …… 114
- 2.4.2　评标 …… 115
- 2.4.3　决标和授标 …… 124

复习思考题 …… 125

第 3 章　货物采购 …… 129

3.1　货物采购概述 …… 129
- 3.1.1　货物采购的重要性 …… 129
- 3.1.2　货物采购管理的内容与过程 …… 130
- 3.1.3　货物采购的方式 …… 131

3.2　货物非招标采购 …… 132
- 3.2.1　询价采购 …… 132
- 3.2.2　直接采购 …… 134
- 3.2.3　竞争性谈判 …… 135

3.3　货物招标采购 …… 135
- 3.3.1　货物招标采购的范围 …… 135

3.3.2 货物招标采购的准备 ··· 136
  3.3.3 货物招标采购的程序 ··· 138
  3.3.4 货物招标采购文件的内容 ··· 139
  3.3.5 货物招标采购评标应考虑的因素和评标方法 ···················· 142
 3.4 货物采购供应商的选择和管理 ··· 148
  3.4.1 货物采购供应商的选择 ·· 148
  3.4.2 货物采购供应商的管理 ·· 153
 复习思考题 ··· 158
第4章 咨询服务采购 ··· 160
 4.1 咨询服务采购概述 ··· 160
  4.1.1 咨询服务的概念 ··· 160
  4.1.2 咨询服务的行业特点 ·· 160
  4.1.3 咨询服务的内容 ··· 161
  4.1.4 咨询服务采购的特点 ·· 162
  4.1.5 咨询服务采购的方式 ·· 162
  4.1.6 全过程工程咨询服务的定义 ·· 163
 4.2 咨询服务合同 ·· 163
  4.2.1 咨询服务合同的类型 ·· 163
  4.2.2 咨询服务合同的重要条款 ··· 165
  4.2.3 世界银行贷款项目咨询合同的标准格式 ························ 166
 4.3 咨询服务招标 ·· 173
  4.3.1 咨询服务招标的方式 ·· 173
  4.3.2 咨询服务招标的程序 ·· 174
  4.3.3 勘察设计招标 ·· 177
  4.3.4 监理招标 ··· 178
 4.4 咨询服务评标 ·· 181
  4.4.1 基于质量和费用的评标方法 ·· 181
  4.4.2 基于质量选择咨询人 ·· 183
  4.4.3 在预算固定情况下的选择 ··· 183
  4.4.4 最低费用选择 ·· 184
  4.4.5 单一来源选择 ·· 184
  4.4.6 基于咨询人资历的选择 ·· 184
  4.4.7 单个咨询专家的选择 ·· 184
 复习思考题 ··· 185
第5章 项目采购合同及合同管理 ·· 187
 5.1 项目采购合同及合同管理概述 ·· 187
  5.1.1 项目采购合同及合同管理的概念 ································· 187
  5.1.2 项目采购合同管理的内容 ··· 188
  5.1.3 项目采购合同管理的方法和过程 ································· 189
 5.2 合同的实施管理 ·· 193

	5.2.1	采购项目合同的签订及履行	193
	5.2.2	建筑材料和设备供应合同	195
	5.2.3	合同分析	200
	5.2.4	合同交底	205
	5.2.5	合同担保	207
	5.2.6	合同保险	213
5.3	合同变更管理		221
	5.3.1	工程变更的范围和确定	221
	5.3.2	工程变更价款的调整	223
	5.3.3	工程变更中应注意的问题	224
5.4	合同索赔		227
	5.4.1	索赔概述	227
	5.4.2	索赔程序	230
5.5	违约责任		238
	5.5.1	违约责任的构成要件	238
	5.5.2	违约行为	240
	5.5.3	违约责任处理方式	241
	5.5.4	损害赔偿范围及其确定	243
5.6	合同纠纷处理及收尾		248
	5.6.1	合同纠纷及其处理	248
	5.6.2	合同收尾	250
复习思考题			252

第6章 新版 FIDIC 合同条件 …… 263

6.1	新版 FIDIC 合同条件概述		263
	6.1.1	FIDIC 合同简介	263
	6.1.2	FIDIC 合同条件的特点	264
	6.1.3	FIDIC 合同条件的构成体系	265
	6.1.4	应用 FIDIC 合同条件应注意的问题	266
6.2	FIDIC《施工合同条件》		269
	6.2.1	FIDIC《施工合同条件》简介	269
	6.2.2	FIDIC《施工合同条件》中各方的权利和义务	274
	6.2.3	合同价款和付款	278
	6.2.4	FIDIC《施工合同条件》下的索赔	281
	6.2.5	FIDIC《施工合同条件》中的工程师	282
6.3	FIDIC《设计采购施工（EPC）/交钥匙工程合同条件》		283
	6.3.1	与 FIDIC《施工合同条件》异同分析	283
	6.3.2	应用《设计采购施工（EPC）/交钥匙工程合同条件》应注意的问题	293
6.4	FIDIC《简明合同格式》		294
	6.4.1	FIDIC《简明合同格式》适用范围	294
	6.4.2	《简明合同格式》的主要内容	294

6.4.3　应用FIDIC《简明合同格式》应注意的问题 …………………………… 298
6.5　国际其他合同条件分析 ………………………………………………… 299
　6.5.1　NEC合同条件 ……………………………………………………… 299
　6.5.2　JCT合同条件 ……………………………………………………… 302
　6.5.3　AIA系列合同条件 ………………………………………………… 304
6.6　国际工程采购案例分析 ………………………………………………… 307
　6.6.1　1987年版FIDIC合同条件下某国际工程项目采购案例分析 ……… 307
　6.6.2　1999年版FIDIC合同条件下某国际工程项目采购案例分析 ……… 311
复习思考题 …………………………………………………………………… 315
参考文献 ……………………………………………………………………… 319
作者简介 ……………………………………………………………………… 320

主要内容
➢ 项目采购管理的相关知识
➢ 工程项目采购管理模式
➢ 项目合同分类
➢ 有关国际组织对国际项目采购的规定
➢ 《中华人民共和国政府采购法》

第1章

项目采购管理概述

1.1 项目采购管理的相关知识

项目采购管理几乎贯穿整个项目生命周期,项目采购管理模式直接影响项目管理的模式和项目合同类型,对项目整体管理起着举足轻重的作用。项目管理知识体系(PMBOK)将项目采购管理定义为:"为了达到项目范围而从执行组织外部获取货物或服务所需的过程。"为了简单起见,通常又把"货物或服务"(无论是一项还是多项)称为"产品"。将"执行组织"称为"业主"或"业主的代表",是业主方管理项目的组织。下面对采购的定义和内容、项目采购的主要过程及采购方式作简要介绍。

1.1.1 采购的定义和内容

1. 采购的定义和内容

采购即设法搞到或采办,其含义不同于一般概念上的商品购买,它包含以不同方式通过努力从系统外部获得货物、土建工程和服务的整个采办过程。因此,世界银行贷款中的采购不仅包括采购货物,而且还包括雇佣承包商来实施土建工程和聘用咨询专家来从事咨询服务。根据不同的划分标准,可以将采购分成不同的类型。

(1) 按采购内容分

按采购内容可分为货物采购、土建工程采购和咨询服务采购三种,它们又分别属于有形采购和无形采购。

1) 货物采购。货物采购属于有形(Physical)采购,是指购买项目建设所需的投入物,如机械、设备、仪器、仪表、办公设备、建筑材料(钢材、水泥、木材等)、农用生产资料,并包括与之相关的服务,如运输、保险、安装、调试、培训、初期维修等。

此外还有大宗货物,如药品、种子、农药、化肥、教科书、计算机等专项合同采购,它们采用不同的标准合同文本,可归入上述采购类型之中。

2) 土建工程采购。土建工程采购也属于有形采购,是指通过招标或其他商定的方式选择工程承包单位,即选定合格的承包商承担项目工程施工任务。例如,修建高速公

1

路、大型水电站的土建工程、灌溉工程、污水处理工程等,并包括与之相关的服务,如人员培训、维修等。

3)咨询服务采购。咨询服务采购不同于一般的货物或工程采购,它属于无形(Non-Physical)采购。咨询服务的范围很广,大致可分为以下四类:

① 项目投资前期准备工作的咨询服务,如做项目的预可行性研究和可行性研究、工程项目现场勘察、设计等业务。

② 工程设计和招标文件编制服务。

③ 项目管理、施工监理等执行性服务。

④ 技术援助和培训等服务。

咨询服务的采购通常按照1997年1月出版的《世界银行借款人使用咨询专家的指南》中规定的程序办理。

(2)按采购方式分

按采购方式可分为招标采购和非招标采购。

1)招标采购。招标采购主要包括国际竞争性招标、有限国际招标和国内竞争性招标。

2)非招标采购。非招标采购主要包括国际/国内询价采购(或称"货比三家")、直接采购、自营工程等,以下还要分别详述。

一般采购的业务范围包括以下几项:

① 确定所要采购的货物或土建工程,或咨询服务的规模、种类、规格、性能、数量和合同或标段的划分等。

② 市场供求现状的调查分析。

③ 确定招标采购的方式——国际/国内竞争性招标,或其他采购方式。

④ 组织进行招标、评标、合同谈判和签订合同。

⑤ 合同的实施和监督。

⑥ 合同执行中对存在的问题采取必要的行动或措施。

⑦ 合同支付。

⑧ 合同纠纷的处理等。

2. 采购与项目执行的关系

(1)项目周期

每一个项目都要按照规定的程序,经历一个从开始到结束的周期性过程,这就是我们常说的项目周期。项目周期一般包括六个阶段,即项目的鉴别(或称"鉴定""选定""确定")、项目的准备、项目的评估、项目的谈判和签订、项目的执行与监督、项目的总结与评价。这六个阶段的最后一个阶段又与新项目的探讨与设想相联系,使周期本身不断更新。

图1-1是世界银行项目周期循环的示意图,并标明了每一个阶段的大致时间。

(2)项目周期与采购安排

项目的采购工作从项目选定阶段就开始了,并贯穿于整个项目周期内。在项目周期内,不同阶段的采购问题有以下几方面。

1)项目鉴定阶段。主要讨论项目中需要采购哪些工程和(或)货物、设备,从而制订初步的采购计划和清单。

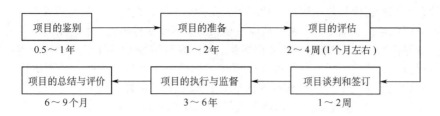

图 1-1　项目周期循环示意图

2）项目准备阶段。确定采购分标或合同包的划分问题，比如工程如何划分标段、货物如何进行分包打捆等。

3）项目评估阶段。主要讨论采购计划安排以及采购方式、组织管理等问题。

4）项目谈判和签订阶段。就采购计划和采购方式最后达成协议。

5）项目执行和监督阶段。具体办理采购事宜。

6）项目总结与评价阶段。总结评定采购的整体执行情况，并总结经验教训等。

（3）项目的执行

在一个项目周期循环中，项目的执行与监督这一阶段通常要持续比较长的时间，覆盖了项目的整个建设期以至建设期以后的一段时期。

项目的执行是指项目资金的具体使用，即为项目提供并完成所需的材料设备土建工程施工以及相应的咨询服务等，这是一个将某一设想的项目目标按照设计内容付诸实施的具体执行过程。项目的采购是这一阶段的主要工作内容，此外还有与之紧密相关的贷款资金的支付和配套资金的使用问题，以及相应的机构建设、技术援助及人员培训等工作。

所以，如果说项目执行是项目周期中时间最长的重要一环，那么项目采购就是确保项目能否达到既定目标的重要步骤。

（4）采购在项目执行中的重要性

任何项目的执行都离不开采购活动，正如我们所知道的，农业项目需要采购农用机械、种子、农药、化肥，水利项目需要得到钢材、水泥、水泵和其他排灌设备，土建工程项目需要选定承包商来提供施工服务，技术援助项目需要聘请咨询专家，这些项目的投入物都是通过采购获得的。所以说采购工作是项目实施中的重要环节，甚至是一个项目建设成败的关键。如果采购工作方式不当或管理不得力，所采购的货物、土建工程和咨询服务就达不到项目要求，这不仅会影响项目的顺利实施，而且会影响项目的效益，甚至还会导致项目的失败。

下面以世界银行贷款项目为例，介绍采购对项目执行的重要性，可归纳为以下几点。

1）采购工作是项目执行中的关键环节并构成项目执行的主要内容。采购工作能否经济有效地进行，不仅影响着项目成本，而且关系着项目的预期效益能否充分发挥。一般来说，世界银行贷款是按照项目实施中实际发生的费用予以支付的，而采购的延误直接影响着支付的进程，即支付的快慢基本上是历次世界银行贷款项目大检查中重点讨论的课题，也是有关的研讨会所关注的问题，已越来越为人们所重视。

2）项目采购工作涉及巨额费用的管理和使用，招标投标过程又充满着商业竞争，如果没有一套严密而规范化的程序和制度，就会给贪污、贿赂之类的腐败或欺诈行为以及严重浪费现象提供滋生的土壤，从而给项目的执行带来危害。因此，采购工作必须严格按照世界银行《采购指南》的规定办事，在讲究经济效益和效率的同时，增加透明度，实行公开竞争性招标并严格按事先规定的标准公正地进行评标，切实执行新《采购指南》中关于反腐败、反欺诈行为的规定，加上上级主管部门和世界银行在招标过程重要步骤上的把关审查，必能从制度上最大限度地防止贪污、欺诈和浪费等腐败现象的发生。

3）按照世界银行的规定，采购要兼顾经济性和有效性两个方面，要使这两者有机、完美地结合起来，也就是使采购的货物或工程，既要费用低、质量好，又要在合理的时间内尽早完成，避免或减少延误。认真遵循这些原则，就可以有效地降低项目成本，促进或保证项目的顺利实施和如期完成。

4）世界银行贷款的资金来源于成员国的捐款和国际资本市场，捐款国希望通过国际竞争性招标方式，促进本国产品和施工或咨询服务的输出。因此，采购工作是否公正合理，直接影响着世界银行能否从其成员国和国际资本市场上筹集到足够的资金，以实现其帮助发展中国家提高生产力，促进经济增长的目标；同时也关系到世界银行贷款是否得以合理分配的问题。

5）在项目采购中，借款国可利用世界银行的国内供货商和国内承包商的优惠政策，促进本国制造业和工程承包业的发展。

1.1.2 项目采购的主要过程

各种类型的项目采购，如工程项目采购、货物采购、咨询服务项目采购或 IT 项目采购，无论是哪一种都有其共性。本节以 PMI 的 PMBOK 2000 版中的项目采购管理过程为主线，重点介绍项目采购管理一般性的各个主要过程。

PMBOK 项目采购管理的主要过程如下。

1）采购计划编制：决定何时采购何物。
2）询价计划编制：形成产品需求文档，并确定可能的供方。
3）询价：获得报价单、投标、出价，或在适当的时候取得建议书。
4）供方选择：从可能的卖主中进行选择。
5）合同管理：管理与卖方的关系。
6）合同收尾：合同的完成和解决，包括任何未解决事项的决议。

表1-1 为项目采购管理的主要过程。

表1-1 项目采购管理概览

主要过程	依据资料	工具和手段	结 果
采购计划编制	（1）范围说明 （2）产品说明 （3）市场状况 （4）采购管理 （5）其他计划编制的结果 （6）约束条件 （7）假定	（1）自制外购分析 （2）专家判断 （3）合同类型选择	（1）采购管理计划 （2）工作说明书

(续)

主要过程	依据资料	工具和手段	结果
询价计划编制	（1）采购管理计划 （2）工作说明书 （3）其他计划编制的结果	（1）标准表格 （2）专家判断	（1）采购文档 （2）评价标准 （3）更新的工作说明书
询价	（1）采购文档 （2）合格的卖主清单	（1）投标者会议 （2）广告	建议书
供方选择	（1）建议书（或投标书） （2）评价标准 （3）组织政策	（1）合同谈判 （2）加权系统 （3）筛选系统 （4）独立估算	合同
合同管理	（1）合同 （2）工作结果 （3）变更申请 （4）卖方发票	（1）合同变更控制系统 （2）绩效报告 （3）支付系统	（1）来往函件 （2）合同变更 （3）支付申请
合同收尾	合同文档	采购审计	（1）合同归档 （2）正式验收和收尾

1. 采购计划编制

采购计划编制是确定从项目组织外部采购哪些产品和服务能够最好地满足项目需求的过程，它必须在范围定义工作中完成。采购计划编制需要考虑的事项包括是否采购、怎样采购、采购什么、采购多少及何时采购。为此，要做好采购工作的前期准备和采购计划的制订。

（1）进行市场调查和市场分析

在编制采购清单和采购计划之前，对货物采购来说，一项重要的工作就是进行广泛的市场调查和市场分析，掌握有关采购内容的最新国内、国际行情，了解采购物品的来源、价格、货物和设备的性能参数以及可靠性等，并提出切实可行的采购清单和计划，为下一阶段确定采购方式和分标提供比较可靠的依据。如果不进行市场调查、价格预测，缺乏可靠的信息，将会导致错误采购，甚至会严重影响项目的执行。

对工程采购和咨询服务而言，市场的调查分析同样是一项重要的工作。但应侧重于建筑市场和咨询业的国际、国内供求关系的变化，经常掌握相关行业的承包商和咨询公司的业绩、技术力量与声誉方面的信息，建材市场与施工机械市场的行情起落及国内外咨询专家工资水平的变化等。招标公司有信息优势，有责无旁贷的咨询责任；国际、国内信息网络及杂志等也经常载有此类报道与分析，可以利用。资格预审期内的信息核实是更为具体的市场调查。

（2）采购计划编制依据的资料

1）范围说明书。范围说明书说明项目目前的界限范围，它提供在采购计划编制中必须考虑的有关项目需求和策略的重要信息。

2）产品说明书。项目的产品说明书提供了在采购计划期中必须考虑的，关于所有技术问题和其他方面的重要信息。产品说明书一般比工作说明书更广。产品说明书说明的是项目的最终产品；工作说明书说明的是需要由卖方提供的项目最终产品的某一部分。然而，如果执行组织选择采购整个产品，则两者的差别自然消失。

3）采购资源。如果执行的组织单位没有正式的合同部门，那么项目队伍就必须自己寻求资源和专家以支持项目采购活动。

4）市场状况。采购计划编制过程必须考虑市场能够提供何种产品和服务、由谁提供以及使用的合同条件。

5）其他计划编制的输出。在采购计划的编制中，凡是可获得的其他计划的输出，都应尽量考虑。通常，必须考虑的其他计划的输出包括初步成本和进度计划估算、质量管理计划、资金流预测、工作分解结构、可识别的风险和计划的人员配备等。

6）约束条件。约束条件是指限制买方选择的因素。对很多项目来说，最常见的约束条件之一是资源充裕度。

7）假定。假定是出于计划编制的目的，将被认为是确定、真实或确定无疑的因素。

采购计划是指项目中整个采购工作的总体安排。采购计划包括项目或分项采购任务的采购方式、时间安排、相互衔接以及组织管理协调安排等内容。

(3) 采购计划编制的工具和技术

1）自制/外购分析。这是一种一般性的管理技术手段，作为初期确定工作范围作业过程的一个组成部分，用来判断执行组织是否能经济地生产出某项具体产品。这一分析应包括对直接成本和间接成本两方面的分析。例如，在对"自制/外购"的"外购"进行分析时，不但要考虑为了购买某产品直接从口袋里掏了多少钱，还要考虑管理采购过程的间接成本。

另外，自制/外购分析还必须反映执行组织的长远考虑和项目眼前的直接要求。例如，采购某一资本项目（从施工所用的吊车到个人计算机）的成本可能会比租用少。事实上，如果执行组织对某资本项目有持续性需求，那么分摊到项目的采购成本可能会低于租赁成本。

2）专家判断。经常需要专家的技术判断来评估这个过程的输入。专家的意见可以来自任何具有某项专业知识或经过某些专业培训的团体或个人。意见可以源于很多渠道，包括：

① 执行组织单位内的其他单位。
② 咨询工程师。
③ 专业和技术协会。
④ 行业集团。

3）合同类型选择。不同的合同类型或多或少地适合于不同类型的采购。按合同的支付进行分类，可分为总价合同、单价合同和成本补偿合同三类。

(4) 采购计划编制的结果

1）采购管理计划。采购管理计划应说明如何管理其采购过程（从询价计划编制到合同收尾）。例如：

① 采用何种合同类型？
② 如果需要使用独立估算做评价标准，那么有谁合适去做独立估算？

③ 如果执行组织设有采购部，那么项目管理班子自己可以采取什么措施？
④ 如果需要标准采购文档，应从何处获取？
⑤ 如何对多个卖主进行管理？
⑥ 采购如何与项目的其他方面（如进度计划和绩效报告）相协调？

根据项目需要，采购管理计划可以是正式的或非正式的、非常详细的或概括的。它是总体项目计划的分项。

2）工作说明书。工作说明书足够详细地说明了采购项目，以使预期的卖主确定其是否具备提供该项目的能力。详细的程度，随采购项目的性质、买方的需求或与其合同形式的不同而不同。

一些应用领域对工作说明书的形式有不同的认识。例如，在一些政府管辖的领域内，"工作说明书"一词专指经过清晰、详细说明的产品或服务类的采购项目，而目标说明书是指那些需要作为一个问题加以解决的采购项目。在采购过程中，可以对工作说明书进行修改和精炼。例如，某个预期的卖主可能推荐一种更有效的方法，或是一种成本低廉的产品。每一个采购项目都需要一种单独的工作说明书。但是，多种产品和服务可以用一份工作说明书组合成一个采购项目。

工作说明书应尽可能地明确、完整和简练，它应包括一份对所附属服务的说明书。例如，采购项目绩效报告或项目后的运作支持。在一些应用领域，对工作说明书有具体的内容和格式要求。

2. 询价计划编制

询价计划编制包括支持询价工作所需的文档准备工作。

（1）询价计划编制依据的材料

1）采购管理计划。采购管理计划已在前面进行了阐述。

2）工作说明书。工作说明书已在前面进行了阐述。

3）其他计划编制的结果。从它们作为采购计划编制的一部分而被考虑时就可以被更改，应该作为询价的一个环节再一次被审查。尤其是，询价计划编制应与项目进度计划保持一致。

（2）询价计划编制的工具和技术

1）标准表格。标准表格可能包括标准合同、采购项目的标准说明书，或所需标书文档全部或部分的标准化版本。进行大量采购的组织应将这类文档进行标准化。

2）判断。专家判断已在前面进行了阐述。

（3）询价计划编制的结果

1）采购文档。采购文档用于向可能的卖主索要建议书。当主要依据价格作供方选择时（如购买一般性商业产品或标准产品），通常采用术语"投标"和"报价"；当非价格考虑事项（如技术技能或方法）最为重要时，通常采用术语"建议书"。不过，这些术语也经常相互交换使用。应注意不要对使用某一术语所可能带来的暗示意义做无保证的推测。各种类型采购文档的常用名称包括投标邀请、邀请提交建议书、邀请报价、谈判邀请和承包商初步答复。

采购文档应以便于可能的卖主做出准备、全面的答复为目的进行构架设计，通常应该包括有关的工作说明书、对于期望的答复形式的说明书和所有必要的合同条款（如一份标准合同的拷贝、保密条款）。对于政府合同来说，法律和法规可能会对采购文档的内容和构架进行某些规定。

采购文档既要充分严格，以保证答复的一致性和可比性；又要足够灵活，以允许对卖主提出的能够更好地满足要求的建议进行考虑。

2）评价标准。评价标准用于对建议书进行排序或评分，可以是客观的（如"推荐的项目经理必须是注册项目管理专家或PMP"），也可以是主观的（如"推荐的项目经理必须拥有经证明的，从事类似项目的经验"）。评价标准经常是采购文档的一个组成部分。

如果知道采购项目可以迅速地从几个可接受的来源中获得，则评价标准可能仅限于购买价格（本文中的"购买价格"包括采购项目成本和交货等附加成本）；如果情况不是这样，那么就必须确定其他选择标准并形成相应的文档，以支持评估。

① 理解需求：如卖方建议书中所示。

② 总成本或生命周期成本：选择的卖主是否提供最低总成本（采购成本加经营成本）。

③ 技术能力：卖方是否具有或是否合乎情理地认为卖方能够获得所需的技能和技术知识？

④ 管理方法：卖方是否具有或是否合乎情理地认为卖方能够制订保证项目成功的管理过程和程序？

⑤ 财务能力：卖方是否具有或是否合乎情理地认为卖方能够获得所需的财物资源？

3）更新的工作说明书。在询价计划编制过程中，可能确定对一项或多项工作说明书的修改。

3. 询价

询价是从预期的卖主那里获取有关项目需求如何被满足的意见反馈（建议书或投标书）。本过程绝大部分的实际工作由可能的卖主承担，这时候项目一般没有成本。

(1) 询价的依据

1）采购文档。采购文档已经在前面进行了阐述。

2）合格的卖主清单。一些组织保存有可能的卖主清单或资料文件，这些清单中通常包括可能的卖主的相关经验和其他特点的信息。

如果这种清单不容易得到，项目队伍就不得不开发自己的信息来源。一般性信息可以广泛地通过因特网、图书馆目录、相关地方协会、商业目录及类似来源获得。关于特定供方的详细资料可能需要更深入的工作，如现场考察或与以往顾客联系。

采购文档可以发给部分或全部可能的卖主。

(2) 询价的工具和技术

1）投标者会议。投标者会议（也称标前会议）是在准备建议书之前与可能的卖主召开的会议，用于保证所有可能的卖主对采购（技术要求、合同要求等）有清楚和共同的理解。问题的答复可以作为补充并入采购文档。在这一过程中，所有可能的卖主应处于完全平等的地位。

2）广告。通常可以通过在报纸等大众发行出版物或专业杂志等专业印刷品上刊登广告，来扩充已有的卖主清单。一些政府管辖组织要求对某些类型的采购项目刊登公开广告。绝大多数政府组织要求在对政府合同进行分包时，必须刊登公开广告。

(3) 询价的结果

建议书（或投标书）是卖方准备的说明，是提供所要求物品的能力和意愿的文档。它是按照有关采购文档的要求准备的，能辅助口头的介绍。

4. 供方选择

供方选择包括接受建议书（或投标书），即用于选择供货商的评价标准的应用。在供方选择的决策过程中，除了成本或价格以外，还可能需要评价许多其他因素。

1）价格可能是决定现货采购的首要因素。但是，如果卖方不能够按时交货，则最低建议价格不一定是最低成本。

2）建议书通常分为技术（方法）部分和商务（价格）部分，这两部分可分别进行评价。

3）对于关键产品，可能需要有多个供方。

下面阐述的工具和技术可以单独或结合运用。例如，加权系统可以用于：

① 选择一个供方，与其签署一份标准合同。

② 对所有建议书排序，以确定谈判顺序。

对于主要采购项目，这个过程可以重复。根据初步建议书，列出合格卖主的短名单，然后根据更为详细和综合的建议书进行更为详细的评价。

（1）供方选择依据的资料

1）建议书（或投标书）已在前面进行了阐述。

2）评价标准。为了给评价供方能力及其产品质量提供一种方法，评价标准中可以包括供货商以前生产的产品或服务的样品，也可以包括对供方履约历史的审查。

3）组织政策。涉及项目采购的组织通常具有影响建议书评价的正式政策。

（2）供方选择的工具和技术

1）合同谈判。合同谈判是在合同签署以前，就合同本身和要求做出澄清并达成一致意见。在可能的范围内，最终合同文本应能反映达成的全部协议，通常涉及的主题包括（但并不限于）责任和权力、适合的条款和法律、技术和管理方法、合同融资和价格等。

对于复杂采购项目，合同谈判可能是独立的输入（如问题或未定事项清单）和输出（如谅解备忘录）过程。

2）加权系统。该系统是一种量化定性数据的方法，目的是尽量减少人为偏见对供方选择的影响。大多数此种系统中包括：

① 为每个评价标准分配一个权量。

② 就每个评价标准给可能的卖主打分。

③ 分数乘以权重。

④ 合计乘积结果，计算出汇总分数。

3）筛选系统。该系统是为一个或多个评价标准设立最低工作要求。例如，首先要求可能的卖主推荐的项目经理具备项目管理专业人员（PMP）资格，然后才考虑建议书的其余部分。

4）独立估算。对许多采购项目来说，采购组织可以编制自己的估算，用以检查报价价格。如果独立估算与这些估算相比较有明显差异，则表明工作范围不恰当或者可能的卖主对工作说明书有误解或有漏项。独立估算经常被称为"合理成本"的估算。

（3）供方选择的结果

合同是一个约束双方的协议，是卖方有义务提供规定的产品，并使买方有义务付款。

合同是一种具有强制约束的法律关系。合同协议可简可繁，通常（但不总是）反映产品的简单性或复杂性。合同也可以称为协议、分包合同、采购订单。多数组织单位有成文的政策和程序指定能够签订这种协议的组织代表，一般称为采购当局的授权。

虽然所有项目文档都经过一定形式的审查和批准，但合同的法律约束性常常意味着合同可能需要经过更广泛的批准过程。总之，审查和批准的重点是应保证合同文本说明的是能够满足特定需求的产品和服务。对于公众机构执行的重要项目，审查过程甚至包括协议的公众审查。

5. 合同管理

合同管理是确保卖方履行合同要求的过程。对于具有多个产品和服务承包商的大型项目来说，合同管理的一个关键方面是管理各个承包商之间的组织界面。合同关系的法律属性决定，项目队伍应强烈地意识到在管理合同中所采取行为的法律含义。

合同管理包括在合同关系中应用适当的项目管理过程，并把这些过程的输出集成到项目的整体管理中。当涉及多个承包商和多种产品时，这种集成和协调经常在多个层次上发生。必须执行的项目管理过程包括以下内容：

1）项目计划的实施，用以授权承包商在适当的时间进行工作。
2）绩效报告，用以监控承包商成本、进度计划和技术绩效。
3）质量控制，用以检查和核实分包商产品的充分性。
4）变更控制，用以保证变更能得到适当的批准，并保证所有应该知情的人员获得变更。

合同管理也有财务管理的成分。付款条款应在合同中定义，并建立卖方执行进度和费用支付的联系。

（1）合同管理所依据的材料

1）合同。合同已在前面进行了阐述。

2）工作结果。作为项目计划实施的一部分，主要是指收集整理卖方工作结果（完成的可交付成果、未完成的可交付成果、满足质量标准的程度、已发生的成本和将要发生的成本等）。

3）变更申请。变更申请包括对合同条款或提供产品和服务说明书的修改。如果不满意卖方的工作，中止合同的决定也可作为变更申请处理。卖方和项目管理班子不能就变更补偿达成一致时，即演变成变更争执，可分别称为索赔、争议和申诉。

4）卖方发票。卖方应对完成的工作按时段递交发票并申请支付。发票要求包括必要的支持文档，并应在合同中规定。

（2）合同管理的工具和技术

1）合同变更控制系统。合同变更控制系统确定合同修改的过程，包括文书工作、追索系统、争议解决程序和授权变更必要的批准等级。合同变更系统应与总体变更控制系统相统一。

2）绩效报告。绩效报告向管理层提供关于卖方如何有效地实现合同目标的信息，应与总体项目绩效报告相统一。

3）支付系统。通常，对卖方的付款由执行组织的应付款系统处理。对于有许多或复杂采购需要的大型项目，可以开发自己的系统。无论是哪种情况，该系统必须包括项目管理班子适当的审查和批准。

（3）合同管理的结果

1）来往函件。合同经常需要买方/卖方通过某些方面的书面文档进行沟通，例如，对不满意绩效、合同变更或澄清的警告。

2）合同变更。通过适当的项目计划编制和项目采购过程对变更（批准的或未批准的）进行反馈，并适当更新项目计划和其他有关文档。

3）支付申请。这里假定项目应用外部支付系统。如果项目具有自己的内部系统，这里的输出就是简单的"支付"。

6. 合同收尾

合同收尾类似于管理收尾，它涉及产品核实（所有的工作是否正确、满意地完成）和管理收尾（更新记录以反映最终结果，并为将来使用而对这些信息进行归档）。合同条款可以对合同收尾规定具体的程序。提前终止合同是合同收尾的一种特殊情况。

（1）合同收尾所依据的资料

合同收尾所依据的资料是合同文档，其内容包括（但不限于）合同本身以及附带的所有支持性进度计划、申请和批准的合同变更、任何卖方编制的技术文档、卖方绩效报告、发票和支付记录等财务文档以及任何与合同有关的检查结果。

（2）合同收尾的工具和技术

合同收尾的工具和技术是采购审计，是对从采购计划编制到合同管理的采购过程的结构性审查。

采购审计的目的是识别成功和失败事项，它保证了向本项目其他采购或执行组织内其他项目的转移。

（3）合同收尾的结果

1）合同归档。对最终项目记录应做出一套完整的索引记录。

2）正式验收和收尾。负责合同管理的人员和组织应给卖方发出合同已完成的正式书面通知。正式验收和收尾的要求通常在合同中定义。

当项目从执行组织以外获得产品和服务（项目范围）时，对每项产品和服务都要执行一次从询价计划编制到合同收尾的过程。必要时，项目管理班子可能会寻求合同和采购专家的支持，并且让这些专家作为项目队伍的一员，尽早参与某些过程。

当项目不从组织以外获得产品和服务时，则不必执行从询价计划到合同收尾的过程。

采购计划编制需要考虑的事项还应包括可能的卖主（投标者），特别是在买方希望对合约订立施加一定程度的影响或控制时，更是这样。

1.1.3 项目采购方式

根据上述对采购的基本要求，世界银行逐步发展形成了采购工程、货物和服务的各种方式，并在《采购指南》中做了明确具体的规定。这些采购方式和程序还在不断审查、修订、改进，以适应世界银行业务和市场的变化。许多其他机构（包括多边和双边机构）贷款的采购方式和程序也和世界银行类似，通常采用的采购方式可分为招标采购方式和非招标采购方式两大类。前者包括国际竞争性招标、有限国际招标和国内竞争性招标；后者包括国际或国内询价采购（通常称为"货比三家"）、直接签订合同和自营工程。

1. 国际竞争性招标及程序

1951年，世界银行将国际竞争性招标（ICB）作为一种极好的采购方式加以推广。自那时以来，绝大部分世界银行贷款项目的采购都采用了这种方式。实践证明，采用这种方式进行采购，能够很好地达到世界银行对采购的基本要求，并能取得以下效果：

1）帮助借款者以最低价格取得符合要求的工程或货物。
2）保证世界银行规定的所有合格货源国的投标者有机会参加投标。
3）确保根据事先确定的各方所知的准则，公正、公开地进行采购。
4）避免贪污贿赂的行为。
5）有利于促进发展中国家的承包商和制造商参加投标。

据世界银行统计，国际竞争性招标采购的金额通常占贷款总金额的80%左右，在某些行业比重保持在90%左右。另据世界银行统计，在中国以往的世界银行贷款项目中，国际竞争性招标采购的金额占贷款采购总金额的70%以上，其他采购方式不到30%。

国际竞争性招标（International Competitive Bidding，ICB）有一套完整的程序，世界银行贷款项目竞争性招标的程序在《采购指南》中均有原则性的规定和要求。招标程序是为了使项目执行单位能够经济有效地采购到所需的货物、土建和服务，并保证世界银行成员国的供货商和承包商有一个公平参与投标竞争的机会，使世界银行的采购政策和原则得以贯彻执行。

国际竞争性招标的基本程序一般分为10个步骤，具体介绍如下所述。

（1）刊登采购总公告（GPN）

国际竞争性招标方式的根本特点之一在于，投标机会必须通过国际公开广告的途径予以通知，使所有合格国家的投标者都有同等的机会了解投标要求，以形成尽可能广泛的竞争局面。这种国际广告形式是国际竞争性招标方式与国内竞争性招标方式之间的主要区别，它分两步进行：第一步先刊登采购总公告（GPN），第二步刊登具体招标通告（SPN）。

在项目评估结束时，借款者必须准备一份采购总公告，并在发行资格预审文件或招标文件前至少60天寄给世界银行项目官员，由其通过联合国公共信息部出版的《发展论坛报》商业版上刊登。刊登采购总公告的目的是使所有的供货商或承包商能随时地了解世界银行贷款项目的采购动向，它仅是对具体招标通告的补充，并不能代替具体招标通告。采购总公告提供的采购情况应足以使未来的供货商或承包商判断是否对将来的招标有兴趣。

采购总公告应包括：贷款国家、借款者及贷款金额、用途、国际竞争性招标方式采购的范围、货物或工程大体内容、发行资格预审文件或招标文件的时间（如可能的话）、负责招标的单位名称、地址等。有关资格预审文件或招标文件的对外发行不得早于刊登采购总公告之后4周；在项目进行期间，借款者要每年提供补充情况以更新采购总公告的内容。

（2）资格预审

1）资格预审的目的。凡是大型复杂的土建工程、大型成套复杂设备或专门的服务，或交钥匙合同、设计与施工合同、管理承包合同等，在正式组织招标之前都要先进行资格审查，对投标人是否有资格和足够的能力承担这项工程或制造设备预先进行审查，以便缩小投标人范围，使不合格的厂家避免因准备投标而花费大量的开支，也使项目单位减轻评标的负担，同时有助于确定享受国内优惠的合格性等。

除了首先要符合《国际复兴开发银行贷款和国际开发协会信贷采购指南》（以下简称《采购指南》）中第 1.6～1.8 节关于合格国家的规定外，资格预审中主要考虑的内容有：

① 经验和以往承担类似合同的经历。
② 为承担合同任务所具有的或能配备的人员设备、施工或制造能力的情况。
③ 财务状况。
④ 法律地位，包括所有权、注册情况以及联合体、分包安排等情况。

2）资格预审程序。

① 编制资格预审文件。资格预审文件通常由项目单位或由项目单位委托的招标代理、设计或咨询等单位协助编写，其格式和内容要求应遵循我国按世界银行标准文本而制定的标准资格预审文件来编写。

② 邀请有资格参加预审的单位参加资格预审。由项目单位或委托的招标代理机构通过在全国发行的报纸，如《人民日报》和《中国日报》等以及其他重要的刊物上刊登资格预审通告，邀请符合世界银行《采购指南》的厂家参加预审。通告包括项目单位名称、项目名称、工程规模、主要工程量、计划开工、完成日期、出售资格文件的日期、时间、地点和价格，以及接受资格预审的截止日期、地点等。在某些情况下，此通告就是具体采购通告的一部分。

③ 发售资格预审文件和提交资格预审申请。在刊登资格预审通告的同时，就应该开始发售资格预审文件。资格申请应按通告中规定的时间、地点提交，截止日期过后提交的申请概不受理。

④ 资格评定、确定参加投标的单位名单。资格评定要根据事先确定的评定标准和方法对每个申请者的机构、组织、从事类似合同任务的经验、以前和目前的能力、财务状况等方面进行评审，最后确定有资格参加投标的单位名单。目前，许多土建工程项目都在资格预审文件中规定了强制性的最低合格标准，比如要求投标人在过去 5～10 年中至少修建过多少公里的高等级公路、多大跨径的预应力钢筋混凝土大桥等。

(3) 编制招标文件

招标文件编制质量的优劣直接影响到采购的效果和进度，其重要性表现在以下几方面。

1）招标文件是招标者招标承建工程项目或采购货物及服务的法律文件。按照世界银行的规定，招标单位在开标后不得再对招标文件（包括补遗书）进行更改。由于投标人已按招标文件做出了响应，并且各投标人的标价已在开标时完全公开，若此后修改招标文件，相应的投标报价都需要变动，而这种变动将被认为是不合法、不公平的。

2）招标文件是投标人准备投标文件及投标的依据。做出实质性响应的投标，应该是根据招标文件的全部要求提出的投标；若对招标文件有重大偏离，可视为没有做出实质性的响应而被废标。为了便于投标人投标，招标文件中的条款和规定必须准确、完整。

3）招标文件是评标的依据。在评标中判断投标是否做出实质性的响应，是以招标文件的规定为标准的。因而，用于评标的标准也必须是招标文件中规定的标准。在评标阶段所产生的某些问题往往是由于招标文件编写得不完善、不周密而造成的。

4）招标文件是签订合同所遵循的文件。通常，招标文件的绝大部分都列入合同文件中。如果在洽谈合同的过程中提出某些规定和条款，必须列入合同中，而这些内容在招标文件中并无体现，那么中标者可能会不接受或者同意在某种条件下才能接受，比如提高价格或免除及减轻其他责任和义务，放松某些要求等。这不仅会导致洽谈合同困难重重，而且最终受损的还是招标者一方。

5）在确定某些规范或规格、性能参数时，要尽量根据项目的需要选用国际通用的标准和规格，以吸引更多的投标商。根据世界银行的资料，采购中90%的问题是由于技术标准不达标或前后矛盾、模棱两可造成的，因此要加快采购的进度就必须在编写技术规范各方面严格而认真地多加考虑，勤于校核，并在专业技术词汇翻译上力求准确无误。

由此可见，下大工夫认真编写招标文件，是招标采购工作得以顺利进行的关键一步。本书在相应章节中详细说明了招标文件编制的方法和在编写中应注意的问题。

从历次世界银行贷款项目大检查中反映的情况来看，影响采购进程的一个重要原因是项目单位着手编写招标文件太迟，往往是项目已经生效了，招标文件还没有编写完毕或正着手组织编写。待编写完毕后还要按规定送国内有关部门和世界银行进行审查，然后才能正式组织招标、评标。等到全面工作完成以后，项目的执行期已经过去半年或一年，有的甚至在一年以上，从而影响整个项目的执行。因此，尽早准备招标文件是解决采购拖延的一个关键措施，各个项目单位要充分利用已出版的各种招标文件范文，以加快招标文件的编制与审批速度。

（4）刊登具体招标通知

在发行资格预审文件或招标文件之前，至少要在借款者国内一份广泛发行的报纸及官方杂志（如有）上刊登资格预审或招标通告作为具体采购通告。招标或预审通告还要发给对采购总公告做出响应的厂商，也鼓励将具体招标或预审通告刊登在《发展论坛报》上，还鼓励发给可能投标的厂商或承包商所在国家使馆的商务代表处。但是，具体招标或预审通告要尽早提交给世界银行，使在《发展论坛报》上刊登的时间与国内刊登的广告时间一致。对大型、复杂或重大项目，世界银行可要求借款者在国际上广泛发行的著名技术杂志、报刊和贸易刊物上刊登具体通告。

通常，货物采购从刊登招标通告到投标截止日期之间的时间不少于6周；工程项目一般为60~90天；大型工程或复杂设备为至少12周，特殊情况也可延长。总之，投标准备时间的确定要根据所采购的内容区别对待，不宜过长，也不宜过短。

招标通告包括的内容有：
1）借款国名称。
2）项目名称。
3）采购内容简介（包括工程地点、规模、货物名称和数量）。
4）资金来源。
5）交货时间或竣工工期。
6）对合格货源国的要求。

7）发售招标文件的单位名称、地址以及文件售价。
8）投标截止日期和地点的规定。
9）投标保证金的金额要求。
10）开标日期、时间和地点。

（5）发售招标文件

如果单独进行过资格预审，那么招标文件的发售可按通过资格审查的厂商名单发送。如果没有单独进行过资格预审，招标文件可发售给对招标通告做出响应，并有兴趣参加投标的合格国家的厂商。招标文件的发售可以采用邮购方式，投标厂商在收到招标文件后要立即通知负责招标单位，说明文件已经收到。按世界银行的要求，招标文件的售价只计工本费，不应过高，邮购费用另加多少也应写明。

（6）投标

1）投标准备。为了使投标人有充分的时间组织投标，投标时间的确定要特别考虑以下几点。

① 要根据实际情况合理确定投标文件的编制时间。投标文件编制时间规定的是否合理，会直接影响到招标的结果。例如，土建工程投标就要牵涉许多问题，投标人要准备工程概算，编制施工计划，考察项目现场，寻找合作伙伴和分包单位。如果投标准备时间过短，投标人就无法完成或不能很好地完成各项准备工作，投标文件的质量就不会十分理想，进而影响后面的评标。

② 对大型工程和复杂设备，招标人要组织标前会和现场考察。

③ 对投标人提出的书面问题要及时予以澄清和答复。澄清和答复的内容要以补遗书（编号）形式发给所有购买招标文件的单位。

2）招标文件的提交和接受。在规定的投标截止日期之前提交的标书，才能被接受。凡是在截止日期过后收到的标书，要原封退还。收到投标书后，要签收或通知投标人确认已收到提交的标书，并记录收到的日期和时间。在收到投标文件至开标之前，所有的投标文件均不得启封，并要妥善保存。为了提高透明度，投标截止时间与开标时间一般要求统一时间，最多间隔1~2小时，这是考虑到投标文件运送至开标处的时间需要。在实践中，截标与开标的时间和地点相一致是最好的。

如果采用的是"两步招标投标法"，在投标时，投标人第一步先提交技术标书，在技术建议书中不得提及价格因素；第二步提交商务标书和修改后的技术标书。

（7）开标

开标应按招标通告中规定的时间、地点公开进行，并邀请投标人或委托的代表参加。开标时，要当众宣读投标人名称、投标价格、有无撤标情况、有无提交合格的投标保证金以及招标单位认为其他合适的内容。凡投标文件中附有降价信、提价信或折扣率等，一律要一并宣读，未宣读者应视为无效，且在评标中不予考虑。

开标要做开标记录，记录内容应包括项目名称、贷款号、招标号、投标截止的日期和时间、开标的日期和时间、投标人的名称、籍贯、投标货币、投标价格、是否提交投标保证金、有无降（提）价或折扣率以及截止后收到标书的处理情况等。

如果采用的是"两步招标投标法"，开标也要按招标通告中规定的时间、地点办理，先开技术标，然后再按规定开商务标。

15

(8) 评标

1) 评标目的。评标目的是根据招标文件中确定的标准和方法，对每个投标人的标书进行评价比较，以选出最低评标价的投标商。

2) 评标的依据、标准和方法。招标文件是评标的依据，评标不得采用招标文件规定以外的任何标准和方法。凡是评标中需要考虑的因素都必须写入投标文件。

3) 评标程序。

① 初评。初评主要是审查投标文件是否完整、有无计算上的错误、是否提交了合格的投标保证金、文件签署是否合乎要求、投标文件是否基本上符合招标文件的要求。如果投标文件没有做出实质性的响应，要予以拒绝。

经初评，凡是确定为基本上符合要求的投标，下一步要检查投标书有没有计算上和累加上的错误。

② 对评标书的具体评价和比较。

a. 为了评标方便，先按招标文件中规定的汇率以各种货币表示的报价折算成评标货币，如果招标文件以人民币报价（一般指土建工程），应以招标文件规定的汇率将各种货币报价折算成人民币，然后进行评定。如果授标决定的做出晚于原定的投标有效期的期满日，要以原定的投标有效期期满当日的汇率为准。世界银行新《采购指南》规定，汇率的日期必须事先选定并在招标文件中写明，此日期不能早于截标日 28 天，也不得晚于原投标有效期的期满日。上述评标用的汇率可以不是支付所用的汇率，正如《采购指南》2.33 节所述："当要求用本国货币报价，而投标人要求以标价的一定百分比支付外币时，支付用的汇率应是投标人在投标中提出的汇率，确保其标价中的外币部分的价值不发生损益。"

b. 评标中国内优惠的使用办法中土建工程与货物有所不同，详见本书相关章节。

c. 对投标文件的澄清。在评标过程中，可以要求投标人就其投标中的含糊不清之处（如果有）进行澄清。有关澄清的要求和答复均应以书面形式在招标文件中规定的时间内进行。在澄清时，不得要求或允许投标人对其投标内容有任何实质性的修改，也不得修改投标价格。

d. 投标有效期。评标工作要在投标有效期内完成，如有特殊情况，评标和授标不能在有效期内完成，要在投标有效期满前以书面形式要求投标人延长投标有效期和投标保证金的期限。如果出现投标有效期已到又没有及时要求投标人延期的情况，投标人可以撤回原投标，而且不被没收投标保证金。

e. 评标工作的保密性。在评标期间，除进行必要的澄清外，任何与评标有关的事宜均不得向投标人或无关人员透露。投标人任何企图影响评标的行为都会导致废除其投标。《采购指南》中对此有进一步的说明："这样做的主要目的是使借款人和银行的审查人员能够摆脱事实上或感觉上的不正当的干预。如果在这一阶段某投标人希望向借款人和银行提供额外的资料以引起他们注意的话，它应该以书面形式提供。"

f. 废除全部投标的规定。按照世界银行的规定，通常在出现下列任一情况时可以考虑废除全部投标。

- 最低评标价的投标人的报价远远高于费用概算（标底）。
- 所有投标人对招标文件没有做出实质性响应。
- 缺乏有效的竞争性。

废除全部投标要征得世界银行的同意，不可擅自决定。

(9) 授标

根据世界银行的规定，合同要授予最低评标价的投标人。在评标报告与授标建议经世界银行批准后，可以发出中标通知书。合同的授予要在投标有效期内进行。授标时不得要求中标单位承担招标文件中没有规定的义务，也不应该把修改投标中的某些内容作为授标的条件，标后压价是绝对不允许的。在发中标通知书的同时，还要通知其他没有中标的单位，并按招标文件中规定的期限，及时退还投标保证金（不计利息）。

(10) 签订合同

合同的签订可采用下列方式：

1) 在发中标通知书的同时，将合同文本寄给中标单位，让其在规定的时间内（一般是28天）签字后寄回。此方法适用于较简单的仪器、工具和设备采购。如果中标人不能按上述要求签订合同，招标人则有理由取消其中标资格，并没收投标保证金。

2) 中标单位收到中标通知书后，在规定的时间（一般是28天）内派人前来洽谈并签订合同。

如果采用后一种方式，中标通知书中就应写明邀请中标单位来人签订合同。在合同签订前，允许相互澄清一些非实质性的技术性或商务性的问题。例如，在招标文件实现明确的范围内和单位不变的前提下，原招标文件中规定采购的设备、货物或工程的少量数量可能发生增减，合同总价也应相应发生变化。投标人对原招标文件中提出的各种标准及要求，会有一些实质性的差异，比如在技术规格、交货期、付款条件、价格调整公式以及指数要求等方面，只要不是重大的、实质性的改变均可在合同签订前进一步明确，以利于合同的实施。但合同签订前不能允许重新谈判投标价格和合同双方的权利义务。要知道，开标后谈判压价是世界银行绝不允许的。需要特别注意的是，签约时合同数量的增减必须以评标报告为依据，亦即数量调整只有在评标报告中已作说明并获世界银行批准的情况下才能在签约时进行相应的调整，否则必须经世界银行批准后合同才能生效。

在签订合同后，除内部办理有关手续外（如申报批准生效，向有关部门发送合同副本或订货通知单），应尽快（最晚在向世界银行提出申请用款前）将合同副本一式两份寄给世界银行，其中一份由世界银行项目官员存档留用，另一份由项目官员提交给发放贷款的官员，作为世界银行支付的依据之一。

合同签字和提交履约保证金之后，合同就正式生效，然后进入合同实施阶段。

2. 有限国际招标方式及程序

有限国际招标（Limited International Bidding，LIB）方式实际上是一种不公开刊登广告，而直接邀请有关厂商投标的国际竞争性招标。按照世界银行的规定，有限国际招标方式适用于下述情况。

1) 采购金额较小。

2) 有能力提供所需货物的供货商、服务的提供者或工程的承包商数量有限。

3) 有其他特殊原因，证明不能完全按照国际竞争性招标方式进行采购，比如紧急的援建项目等。

有限国际招标方式不必刊登广告，因此必须先确定拟邀请参加投标的厂商名单。此名单（包括厂商名称、详细地址）应先由借款人提出，然后报世界银行审核确认。为了保证价格具有竞争性，邀请投标的厂商应当更广泛一些，至少要有三家厂商，授标应在至少评比三家的基础上做出决定。

除了不刊登广告、不实行国内优惠外，有限国际招标的程序与国际竞争性招标的程序是相同的，在此不再详述。

3. 国内竞争性招标方式及程序

1）国内竞争性招标（National Competitive Bidding，NCB）适用于下述情况：

① 合同金额小。

② 土建工程地点分散，而且施工时间可能要拖得很长。

③ 劳力密集型的土建工程。

④ 在国内能采购到货物或工程，其价格低于国际市场的价格。

⑤ 如果采用国际竞争性招标的方式所带来的行政或财务上的负担明显超过 ICB 所具有的优越性，也可以采用国内竞争性招标。

2）国内竞争性招标是通过在国内刊登广告并根据国内招标程序进行的。这种方式与国际竞争性招标方式的不同之处，表现在以下两方面：

① 广告只限于刊登在国内报纸或公办的杂志上，广告语言可以用本国语言，不像国际竞争性招标那样要求刊登总采购通告。

② 国内竞争的招标文件可用本国语言编写。从刊登广告或发售招标文件（以后到者为准）到投标截止日期的投标文件编制时间为至少 30 天，土建工程项目至少 45 天。投标文件可以用本国语言编写，投标银行保函可由本国银行出具，投标报价和支付一般使用本国货币，评标的价格基础可为货物使用的现场价格（包括从国内工厂到货币使用现场的运输和保险费）。不适用国内优惠，履约银行保函可由国内银行出具，仲裁在本国进行。

尽管有上述不同，总的原则仍然是要考虑公开竞争、经济和效率这些重要因素，并且如果外国厂商有兴趣应允许他们按照国内投标程序参加投标。

3）采用国内竞争性招标，采购时间可以大为缩减，做到既经济又有效，从而加速项目的实施进度。这是因为：

① 国内竞争性招标能较快地编写招标文件，不仅不存在英语的翻译问题，而且商务、法律的条款方面也比国际竞争性招标大为简化，技术标准也可采用本国通用标准。

② 从发售招标文件到开标、评标所需的时间，以至合同谈判的时间都比国际竞争性招标缩短了。

③ 一般情况下，本国的承包商和货物能以比外国厂商更短的时间动员他们的施工队伍组织交货。

4）国内竞争性招标的基本原则和程序。国内竞争性招标的基本原则和程序与世界银行《采购指南》的精神相一致，即充分的竞争、公开的程序，对所有的投标人公平一致，根据事先公布的标准把合同授予最低评标价的投标人等。

国内竞争性招标的采购程序与国际竞争性招标类似，一般包括编写招标文件、刊登招标广告、投标、开标、评标、合同谈判等步骤。至于资格预审，除非很大的项目，一般和评标一起进行资格审定，可不单独进行资格预审。

4. 其他采购方法

在世界银行贷款项目的采购中，除采用招标采购方式之外，还可根据项目需要采用其他非招标采购方式,通常采用此类方式的有国际/国内询价采购、直接采购和自营工程等。下面对这几种采购方式分别予以介绍。

(1) 国际/国内询价采购

国际询价采购(International Shopping, IS)和国内询价采购(National Shopping, NS)也称为"货比三家",是在比较几家国内外厂家(通常至少三家)报价的基础上进行的采购。这种方式只适用于采购现货或价值较小的标准规格设备,或者适用于小型、简单的土建工程。

询价采购不需要正式的招标文件,只需向有关的运货厂家发出询价单,让其报价,然后在各家报价的基础上进行比较,最后确定并签订合同。

在贷款协定中,通常对国际/国内采购的范围、总金额及单项货物或服务的金额等都做了明确规定。国际/国内询价采购方式的确定是根据项目采购的内容、合同金额(通常单个合同在20万美元以下,累计合同金额不超过500万美元)的大小,即询价采购的金额占贷款采购量的比例等考虑因素而确定的。

例如,某个石油贷款协定中规定,每项价值在15万等值美元以下,且累计总额不超过350万等值美元的设备、备件和仪器,可通过国际/国内询价采购方式购得。又如,某个铁道项目的贷款协定中规定,每个合同的估计价值不超过相当于10万美元,总值不超过200万美元的设备,采用国际/国内询价采购方式进行采购。尽管贷款协定中已有明确规定,但世界银行一般还是要求在采用此方式进行采购时,需将采购的货物或服务的名称、内容、估计金额呈报世界银行审核。只有在世界银行审核后,才能发盘询价。

在具体实施过程中,应按照贷款协定中写明的限额和有关规定执行。如果有必要突破,要及时向世界银行通报情况,以争取修改协定和原写明的限额;若自行改变,世界银行将视为"采购失误"而不予支付。

国际/国内询价采购的有关及格的资料,是否送世界银行审查,要根据贷款协定的规定。通常可以采用两种做法:一种将货比三家的情况报告世界银行,待世界银行批准后再签订合同;另一种是可以先签订合同,随后把货比三家的材料连同签订的合同一起报送世界银行。至于采取哪种做法,在组织采购之前或项目评估时,要和世界银行的专家达成一致,切不可盲目行事。第一种做法,可靠性大;第二种做法,存在着合同被世界银行拒绝的可能性。所以,按第二种做法签订合同要慎重,同时应在合同中加上类似"合同生效需经世界银行核准为条件"的文字。

(2) 直接采购或称直接签订合同

不通过竞争的直接签订合同(Direct Contracting, DC)的方式,可以适用于下述情况:

1) 对于已按照世界银行同意的程序授标并签约,而且正在实施中的工程或货物合同,在需要增加类似的工程量或货物量的情况下,可通过这种方式延续合同。此时,必须向世界银行说明,并取得认可,即进一步的竞争不会带来任何好处,而且延续合同的价格是合理的。

2) 考虑与现有设备配套的设备或设备的标准化方面的一致性,可采用此方式向原来的供货厂家增购货物。在这种情况下,原合同货物应是适应要求的,增加购买的数量应少于现有货物的数量,且价格应当合理。

3）所需设备具有专营性，只能从一家厂商购买。

4）负责工艺设计的承包人要求从指定的一家厂商购买关键的部件，以此作为保证达到设计性能或质量的条件。

5）在一些特殊情况下，如抵御自然灾害或者需要早日交货，可采用直接签订合同的方式进行采购，以免由于延误而花费更多的费用。此外，在采用了竞争性招标方式（包括废弃所有投标而重新招标）而未能找到一家承包人或供货商能够以合理价格来承担所需工程或提供货物的特殊情况下，也可以采用直接签订合同的方式来洽谈合同，但是要经世界银行同意。

通常，项目中哪些子项需采用直接采购、金额多大以及世界银行有些什么要求，在贷款协定和评估报告中均有具体规定，项目单位不能自行改变采购方式。确需改变或调整时，要事先征得世界银行的同意。

（3）自营工程

自营工程（Force Account）是土建工程中采用的一种采购方式，是指借款人或项目业主不通过招标或其他采购方式而直接使用自己国内、省（区）内的施工队伍来承建的土建工程。按世界银行的注解，凡是政府拥有的、非自主的经营管理且在财务上不是独立的施工单位，都应视为自营工程的施工队伍。自营工程适用于下列情况：

1）事先无法确定工程量的多少。

2）工程规模小而分散或者所处地点比较偏远，使承包商要承担过高的动员调遣费用。

3）必须在不干扰正在进行中的作业的情况下进行施工，并完成工程。

4）没有一个承包商感兴趣的工程。

5）如果工程不可避免地要出现中断，则其风险由借款人或项目业主承担比由承包人承担更为妥当。

在土建项目中哪些子项适用于自营工程，在贷款协定中均有明确规定。在执行中要严格按照协定的要求，确定采购方式，不可自行从事；如果项目单位想扩大自营工程的比例，必须在项目谈判之前或谈判之中向世界银行提出，以便达成谅解。不可在项目执行中自行改变采购方式，否则，世界银行会视为违反贷款协定而取消贷款。

1.2 工程项目采购管理模式

在工程项目建设的实践中应用的工程项目采购管理模式有多种类型，每一种模式都有不同的优势和相应的局限性，适用于不同种类的工程项目。业主可根据其工程的特点选择适合的工程项目采购管理模式。在选择工程项目采购管理模式时，业主应考虑时间与进度要求、项目复杂程度、业主的合同经验、当地建筑市场情况、资金限制和法律限制等。

下面介绍并对比国际上常用的几种工程项目采购管理模式，这些管理模式对其他类型的项目采购管理有一定的借鉴和参考意义。

1.2.1 传统的工程项目采购管理模式

传统模式又称为设计—招标—建造方式（Design-Bid-Build Method），这种项目采购管理模式在国际工程界最为通用。世界银行、亚洲开发银行贷款项目和采用 FIDIC 的

"土木工程施工合同条件"的项目均采用这种模式,所以也是通用的工程项目采购管理模式。这种模式下的项目各参与方的关系,如图1-2所示。

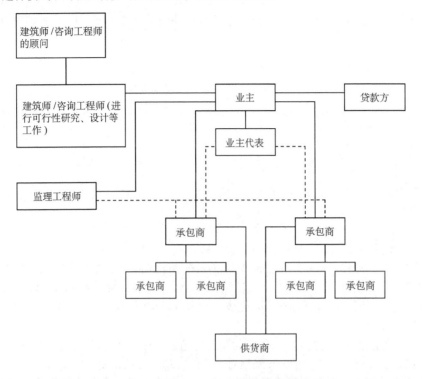

———— 合同关系 -------- 管理协作关系

图1-2 传统的工程项目采购管理模式

这种项目采购管理模式由业主与设计机构(建筑师/咨询工程师)签订专业服务合同,委托建筑师/咨询工程师进行项目前期的各项有关工作(如进行机会研究、可行性研究等),待项目评估立项后再进行设计。在设计阶段进行施工招标文件的准备,随后通过招标选择承包商。业主和承包商订立工程项目的施工合同,有关工程的分包和设备、材料的采购一般都由承包商与分包商和供货商单独订立合同并组织实施。业主单位一般指派业主代表(可由本单位选派或由其他公司聘用)与咨询工程师和承包商联系,负责有关的项目管理工作。但在国外,大部分项目实施阶段的有关管理工作均授权建筑师/咨询工程师进行。建筑师/咨询工程师和承包商没有合同关系,但承担业主委托的管理和协调工作,业主、咨询工程师和承包商在项目实施阶段的职责义务和权限在本书后面各章中将有详细论述。

传统工程项目采购管理模式项目实施过程,如图1-3所示。

传统工程项目采购管理模式的优点是:由于这种模式已经长期、广泛地在世界各地采用,因而管理方法比较成熟,各方都熟悉有关程序;业主可自由选择咨询和设计人员,对设计要求可以控制;可自由选择咨询工程师负责监理工程的施工;可采用各方均熟悉的标准合同文本,有利于合同管理和风险管理。这种模式的缺点是:项目周期较长,业主管理费较高,前期投入较高,变更时容易引起较多的索赔。

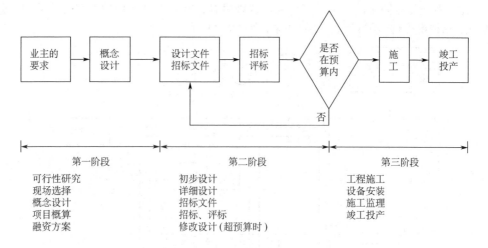

图 1-3 传统工程项目采购管理模式项目实施过程

1.2.2 建筑工程管理模式

建筑工程管理模式（Construction Management Approach）简称 CM 模式，又称为阶段发包方式或快速轨道方式，这是近年来在国外比较流行的一种工程项目采购管理模式。这种模式与过去那种等设计图样全部完成之后再进行招标的传统连续建设模式不同，其特点有以下几点。

1) 由业主和业主委托的 CM 经理与建筑师组成一个联合小组共同负责组织和管理工程的规划、设计和施工，但 CM 经理对涉及的管理起协调作用。在项目总体规划、布局和设计时，要考虑控制项目的总投资。在主体设计方案确定后，随着设计工作的进展，完成一部分分项工程的设计后，即对这一部分分项工程组织进行招标，发包给一家承包商，由业主直接就每个相对独立的分项工程与承包商签订承包合同。

传统的连续建设模式的采购管理模式与阶段采购管理模式的对比，如图 1-4 所示。

2) 要选择精明能干，懂工程、懂经济又懂管理的人才来担任 CM 经理，负责工程的监督、协调和管理工作。在施工阶段，CM 经理的主要任务是定期与承包商会晤，对成本、质量和进度等进行监督，并预测和监控成本和进度的变化。

业主分别与各个承包商、设计单位、设备供货商、安装单位、运输单位签订合同。业主与 CM 经理、建筑师之间也是合同关系，而业主任命的 CM 经理与各个施工、设计、设备供应、安装、运输等承包商之间则是业务上的管理和协调关系。

3) 阶段采购管理模式的最大优点是可以大大缩短工程从规划、设计到竣工的周期，节约建设投资，减少投资风险，可以比较早地取得收益。一方面整个工程可以提前投产，另一方面减少了通货膨胀等不利因素造成的影响。例如，购买土地从事房地产业，用此方式可以节省投资贷款的利息，由于设计时可听取 CM 经理的建议，可以预先考虑施工因素，运用价值工程以节省投资。设计一部分招标一部分并及时施工，因而设计变更较少。这种方式的缺点是分项招标可能导致承包费用较高，因而要做好分析比较，研究项目分项的多少，选定一个最优的结合点。

CM 模式可以有多种组织方式，如图 1-5 所示为其常用的两种形式。

第1章 项目采购管理概述

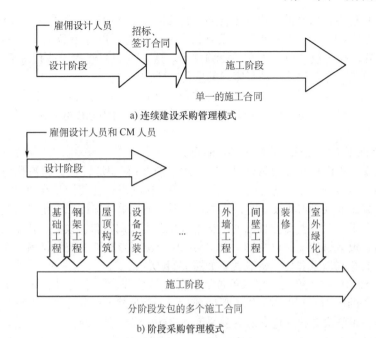

图1-4 连续建设采购管理模式和阶段采购管理模式对比

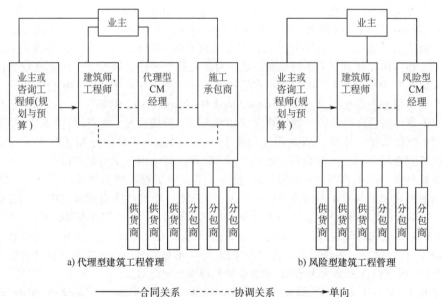

图1-5 建筑工程采购管理模式的两种组织形式

1. 代理型CM模式（CM/Agency）

代理型CM模式又称为纯粹的CM模式。采用代理型CM模式时，CM单位是业主的咨询单位，业主与CM单位签订咨询服务合同，CM合同价就是CM费，其表现形式可以是百分率（以后陆续确定的工程费用总额为基数）或固定数额的费用；业主分别

23

与多个施工单位签订所有的工程施工合同。其合同关系和协调管理关系如图1-5a所示。需要说明的是，CM单位对设计单位没有指令权，只能向设计单位提出一些合理化建议，因而CM单位与设计单位之间是协调关系。这一点同样适用于非代理型CM模式，这也是CM模式与全过程建设项目管理的重要区别。

代理型CM标准合同条件被AIA定为"B801/CMa"，同时被AGC定为"AGC510"。

通常，代理型CM模式中的CM单位是由具有较丰富的施工经验的专业CM单位或咨询单位担任的。

2. 非代理型CM模式（CM/Non-Agency）

非代理型CM模式又称为风险型CM模式（At-Risk CM），在英国被称为管理承包（Management Contracting）。据英国有关文献介绍，这种模式在英国早在20世纪50年代就已出现。采用非代理CM模式时，业主一般不与施工单位签订工程施工合同，但也可能在某些情况下，对某些专业性强的工程内容和工程专用材料、设备，业主与少数施工单位和材料、设备供应商签订合同。业主与CM单位则与施工单位和材料、设备供应商签订合同。其合同关系和协调管理关系如图1-5b所示。

在图1-5b中，CM单位与施工单位之间似乎是总分包关系，但实际上却与总承包模式有本质上的区别。其根本区别主要表现在：一是虽然CM单位与各个分包商直接签订合同，但CM单位对各分包商的资格预审、招标、议标和签约都对业主公开并必须经过业主的确认才有效。二是由于CM单位介入工程时间较早（一般在设计阶段介入）且不承担设计任务，所以CM单位并不向业主之间报出具体数额的价格，而是报CM费，至于工程本身的费用则是今后CM单位与各分包商、供应商的合同价之和。也就是说，CM合同价由以上两部分组成，但在签订CM合同时，该合同价尚不是一个确定的具体数据，而主要是确定计价原则和方式，本质上属于成本加酬金合同的一种特殊形式。由此可见，在采用非代理型CM模式时，业主对工程费用不能直接控制，因而在这方面存在很大风险。为了促使CM单位加强费用控制工作，业主往往要求在CM合同中预先确定一个具体数额的保证最大价格（Guaranteed Maximum Price，GMP），包括总的工程费用和CM费。而且合同条款中通常规定，如果实际工程费用加CM费超过GMP，超出部分由CM单位承担；反之，结余部分归业主。为了鼓励CM单位控制工程费用的积极性，也可在合同中约定对结余部分由业主和CM单位按一定比例分成。

不难理解，如果GMP的数额过高，就失去了控制工程费用的意义。因此，GMP具体数额的确定就成为CM合同谈判的一个焦点和难点。确定一个合理的GMP，一方面取决于CM单位的水平和经验，另一方面更主要的是取决于设计所能达到的深度。因此，如果CM单位介入时间较早（如在方案设计阶段即介入），则可能在CM合同中暂不确定GMP的具体数额，而是规定确定GMP的时间（不是从日历时间而是从设计进度和深度考虑）。但是，这样会大大增加GMP谈判的难度和复杂性。

非代理型CM标准合同条件被AIA定为"A121/CMc"，同时被AGC定为"AGC565"。

通常，非代理型CM模式中的CM单位是由过去的总承包商演化而来的专业CM单位或总承包商担任的。

3. CM模式的适用情况

从CM模式的特点来看，在以下几种情况下尤其能体现出它的优点。

1) 设计变更可能性较大的建设工程。某些建设工程,即使采用传统模式即等全部设计图样完成后再进行施工招标,在施工过程中依然会有较多的设计变更(不包括因设计本身缺陷引起的变更)。在这种情况下,传统模式利于投资控制的优点体现不出来,而 CM 模式则能充分发挥其缩短建设周期的优点。

2) 时间因素最为重要的建设工程。尽管建设工程的投资、进度和质量三者是一个目标系统,且三大目标之间存在着对立统一的关系。但是,某些建设工程的进度目标可能是第一位的,如生产某些急于占领市场的产品的建设工程。如果采用传统模式组织实施,建设周期太长,虽然总投资可能较低,但也可能因此而失去市场,导致投资效益降低乃至很差。

3) 因总的范围和规模不确定而无法准确定价的建设工程。这种情况表明业主的前期项目策划工作做得不好,如果等到建设工程总的范围和规模确定后再组织实施,持续时间太长。因此,可采取确定一部分工程内容即进行相应的施工招标,从而选定施工单位开始施工。但是,由于建设工程总体策划存在缺陷,因而 CM 模式应用的局部效果可能较好,而总体效果可能不理想。

以上都是从建设工程本身的情况来说明 CM 模式的适用情况。不论哪一种情况,应用 CM 模式都需要具备丰富施工经验的高水平的 CM 单位,这可以说是应用 CM 模式的关键和前提条件。

1.2.3 设计—建造工程项目采购管理模式

设计—建造模式是一种简练的工程项目采购管理模式。1995 年 FIDIC 出版的"设计—建造与交钥匙合同条件",1999 年 FIDIC 最新出版的"工程设备与设计—建造合同条件"和"EPC(设计—采购—建造)交钥匙项目合同条件"都是基于这种项目采购管理模式而编制的,设计—建造工程项目采购管理模式的组织形式如图 1-6 所示。

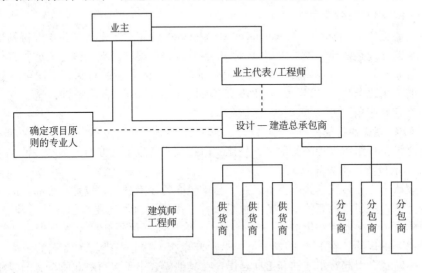

——合同管理　------协调关系

图 1-6　设计—建造模式的组织形式

在项目原则确定之后,业主只需选定一家公司负责项目的设计和施工。这种采购管理模式在投标和订合同时是以总价合同为基础的，设计—建造总承包商对整个项目的成本负责，他首先自己选择一家咨询设计公司进行项目的设计，然后采用竞争性招标方式选择各个承包商，当然也可以利用本公司的设计和施工力量完成一部分工程。

在这种方式下，业主方首先招聘一家专业咨询公司代他研究拟定拟建项目的基本要求，然后授权一位具有专业知识和管理能力的管理专家为业主代表，在项目期间作为与设计—建造总承包商的联络人。

设计—建造项目采购管理模式有时也称"交钥匙"采购模式。在国际上，对"交钥匙"还没有公认的定义。"交钥匙"模式可以说是具有特殊含义的设计—建造方式，即承包商为业主提供包括项目融资、土地购买、设计、施工、设备采购、安装和调试，直至竣工移交的全套服务。

在设计—建造工程项目采购管理模式中，也有多种不同的形式，以适应不同种类项目的需要。一是竞争性设计—建造程序。例如，政府的公共项目，则必须采用资格预审、公开竞争性招标办法；如果建造私营项目，业主可以用邀请招标方式选定设计—建造的承包商。二是谈判型设计—建造程序。例如，房屋建筑和标准或装配建筑常采用议标形式，其合同通常是总价合同。在业主建筑中，常使用成本加酬金或保证最大成本合同。

设计—建造模式的主要优点是：在项目初期选定项目组成员，连续性好，项目责任单一，有早期的成本保证；可采用 CM 模式，可减少管理费用，减少利息及价格上涨的影响；在项目初期预先考虑施工因素可减少由于设计错误、疏忽引起的变更。主要缺点是：业主对最终设计和项目实施过程中的细节控制能力降低，工程设计可能会受施工者的利益影响。

1.2.4　EPC 工程项目采购管理模式

1. EPC 模式的概念

EPC 为英文 Engineering-Procurement-Construction 的缩写，我国有些学者将其翻译为设计—采购—建造。EPC 模式于 20 世纪 80 年代首先在美国出现，得到了那些希望尽早确定投资总额和建设周期（尽管合同价格可能较高）的业主的青睐，在国际工程承包市场中的应用逐渐扩大。FIDIC 于 1999 年编制了标准的 EPC 合同条件，这有利于 EPC 模式的推广和应用。

2. EPC 模式的特征

与建设工程组织管理的其他模式相比，EPC 模式有以下几方面的基本特征。

（1）承包商承担大部分风险

一般认为，在传统模式条件下，业主与承包商的风险分担大致是对等的。而在 EPC 模式条件下，由于承包商的承包范围包括设计，因而很自然地要承担设计风险。此外，在其他模式中均由业主承担的"一个有经验的承包商不可预见且无法合理防范的自然力的作用"的风险，在 EPC 模式中也由承包商承担。这是一类较为常见的风险，一旦发生，一般都会引起费用增加和工期延误。在其他模式中承包商对此所享有的索赔权在 EPC 模式中不复存在，这无疑就大大增加了承包商在工程实施过程中的风险。

另外，在 EPC 标准合同条件中还有一些条款也加大了承包商的风险。例如，EPC 合同条件第 4.10 款"现场数据"规定："承包商应负责核查和解释（业主提供的）此类数据。业主对此类数据的准确性、充分性和完整性不承担任何责任……"而在其他模式中，通常是强调承包商自己对此类资料的解释负责，并不完全排除业主的责任。又如，EPC 合同条件第 4.12 款"不可预见的困难"规定：

1）承包商被认为已取得了可能对投标条件或工程产生影响或作用的有关风险、意外事故和其他情况的全部必要的资料。

2）在签订合同时，承包商应已预见了为圆满完成工程今后发生的一切困难和费用。

3）不能因任何没有预见的困难和费用而进行合同价格的调整。而在其他模式中，通常没有上述2）、3）的规定，意味着如果发生此类情况，承包商可以得到费用和工期方面的补偿。

（2）业主或业主代表管理工程实施

在 EPC 模式条件下，业主不聘请"工程师"（即我国的监理工程师）来管理工程，而是自己或委派业主代表来管理工程。EPC 合同条件第 3 条规定，如果委派业主代表来管理，业主代表应是业主的全权代表。如果业主想要更换业主代表，只需提前 14 天通知承包商，无须征得承包商的同意。而在其他模式中，如果业主想更换工程师，不仅提前通知承包商的时间大大增加（如 FIDIC 施工合同条件规定为 42 天），而且必须得到承包商的同意。

由于承包商已承担了工程建设的大部分风险，所以与其他模式条件下工程师管理工程的情况相比，EPC 模式条件下业主或业主代表管理工程显得较为宽松，不太具体和深入。例如，对承包商所应提交的文件仅仅是"审阅"，而在其他模式则是"审阅和批准"；对工程材料、工程设备的质量管理，虽然也有施工期间检验的规定，但重点是在施工检验必要时还可能做竣工后检验（排除了承包商不在场做竣工后检验的可能性）。

需要说明的是，虽然 FIDIC 在编制 EPC 合同条件时，其基本出发点是业主参与工程管理工作很少，对大部分施工图样不需要经过业主审批，但在实践中，业主或业主代表参与工程管理的深度并不统一。通常，如果业主自己管理工程，其参与程度不可能太深。但是，如果委派业主代表则不同，在有的实际工程中，业主委派某个建设项目管理公司作为其代表，从而对建设工程的实施从设计、采购到施工进行全面的严格管理。

（3）总价合同

总价合同并不是 EPC 模式独有的，但与其他模式条件下的总价合同相比，EPC 合同更接近于固定总价合同（若法规变化仍允许调整合同价格）。通常，在国际工程承包中，固定总价合同仅用于规模小、工期短的工程。而 EPC 模式所适用的工程一般规模均较大、工期较长，且具有相当的技术复杂性。因此，在这类工程上采用接近固定的总价合同，也就称得上是特征了。另外，在 EPC 通用合同条件第 13.8 款"费用变化引起的调整"中，没有其他模式合同通用条件中规定的调价公式，而只是在专用条件中提到。这表明，在 EPC 模式条件下，业主允许承包商因费用变化而调价的情况是不多见的。而如果考虑到前述第 4.12 款"不可预见的困难"的有关规定，则业主根本不可能接受在专用条件中规定调价公式。这一点也是 EPC 模式与同样是采用总价合同的 D+B 模式的重要区别。

3. EPC 模式的使用条件

由于 EPC 模式具有上述特征，因而采用这种模式需要具备以下条件。

1）由于承包商承担了工程建设的大部分风险，因此在招标阶段，业主应给予投标人充分的资料和时间，以使投标人能够仔细审核"业主的要求"（这是 EPC 模式条件下业主招标文件的重要内容），从而详细地了解该文件规定的工程目的、范围、设计标准和其他技术要求，在此基础上进行工程前期的规划设计、风险分析和评价以及估价等工作，向业主提交一份技术先进可靠、价格和工期合理的投标书。

另一方面，从工程本身的情况来看，所包含的地下隐蔽工程不能太多，承包商在投标前无法进行勘察的工作区域也不能太大。否则，承包商就无法判定具体的工程量，增加了承包商的风险，只能在报价中以估计的方法增加适当的风险费，难以保证报价的准确性和合理性，最终要么损害业主的利益，要么损害承包商的利益。

2）虽然业主或业主代表有权监督承包商的工作，但不能过分干预承包商的工作，也不能审批大多数的施工图样。既然合同规定由承包商负责全部设计，并承担全部责任，只要其设计和所完成的工程符合"合同中预期的工程之目的"○就应认为承包商履行了合同中的义务。这样做有利于简化管理工作程序，保证工程按预定的时间建成。从质量控制的角度考虑，应突出对承包商过去业绩的审查，尤其是在其他采用 EPC 模式的工程上的业绩（如果有的话），并注重对承包商投标书中技术文件的审查以及质量保证体系的审查。

3）由于采用总价合同，因而工程的期中支付款（Interim Payment）应由业主直接按照合同规定支付，而不是像其他模式那样先由工程师审查工程量和承包商的结算报告，再决定和签发支付证书。在 EPC 模式中，期中支付可以按月度支付，也可以按阶段（我国所称的形象进度或里程碑事件）支付；在合同中可以规定每次支付款占合同价的百分比。

如果业主在招标时不满足上述条件或不愿接受期中某一条件，则该建设工程就不能采用 EPC 模式和 EPC 标准合同条件。在这种情况下，FIDIC 建议采用工程设备和设计——建造合同条件即新黄皮书。

1.2.5 设计—管理工程项目采购管理模式

设计—管理工程项目采购管理模式通常指同一实体向业主提供设计和施工管理服务的工程管理方式。在通常的 CM 模式中，业主分别就设计和专业施工过程管理服务签订合同。采用设计—管理合同时，业主只签订一份既包括设计也包括类似 CM 服务在内的合同。在这种情况下，设计师与管理机构是同一实体，这一实体常常是设计机构与施工管理企业的联合体。

设计—管理工程项目采购管理模式的实现可以有两种形式（见图 1-7）：一是业主和设计—管理公司和施工总承包商分别签订合同，由设计—管理公司负责设计并对项目实施进行管理；二是业主只与设计—管理公司签订合同，由设计公司分别与各个单独的承包商和供货商签订合同，由其施工和供货。这种方式可看作是 CM 与设计—建造两种模式相结合的产物，也常常用于承包商或分包商阶段发包方式以加快工程进度。

1.2.6 BOT 项目采购管理模式

建设—运营—移交（Build-Operate-Transfer，BOT）采购管理模式是从 20 世纪 80

○ EPC 合同条件第 4.1 款"承包商的一般义务"。

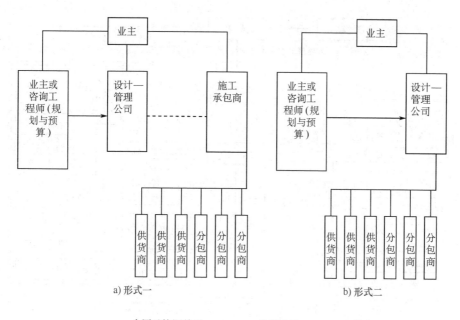

图 1-7 设计—管理工程采购管理模式的两种组织形式

年代开始在国外兴起的,该模式依靠外国私人资本进行基础设施建设的融资和建造,或者说是基础设施国有项目民营化。它是指东道国政府开放本国基础设施建设和运营市场,吸收国外资金,授予项目公司以特许权,由该公司负责融资和组织建设,建成后负责运营及偿还贷款,在特许期满时将工程移交给东道国政府。

目前,世界上许多国家都在研究或已开始采用 BOT 项目采购管理模式。最早是 1972 年完工的我国香港第一海底隧道工程,其他如菲律宾和巴基斯坦的电厂项目,泰国和马来西亚的高速公路项目,英法海底隧道和澳大利亚的悉尼隧道等数十个 BOT 项目已在建设或运营。在我国,第一个参照 BOT 模式建成运营的是深圳沙角电厂 B 厂,原国家计委 1995 年还颁布了《试办外商投资特许权协议项目审批管理有关问题的通知》。并批准广西来宾电厂 B 厂、湖南君山大桥和成都水处理厂三个项目试点。

下面对 BOT 模式的结构框架、运作程序及项目主要参与方的职责和义务进行简单介绍,图 1-8 是 BOT 模式的典型结构框架。

1. BOT 模式的结构框架和运作程序

1)项目的提出与招标。拟采用 BOT 模式建设的基础设施项目一般均由当地政府提出,大型项目由国家政府部门审批,一般项目均由地方政府审批,往往委托一家咨询公司对项目进行初步的可行性研究。随后,颁布特许意向,准备招标文件,公开招标。BOT 模式的招标程序与一般项目招标程序相同,包括资格预审、招标、评标和通知中标。

2)项目发起人组织投标。项目发起人往往是很有实力的咨询公司与财团或大型工程公司的联合体,它们申请资格预审并在通过资格预审后购买招标文件进行投标。BOT 项目的投标显然要比一般工程项目的投标复杂得多,要对 BOT 项目进行深入的技术和

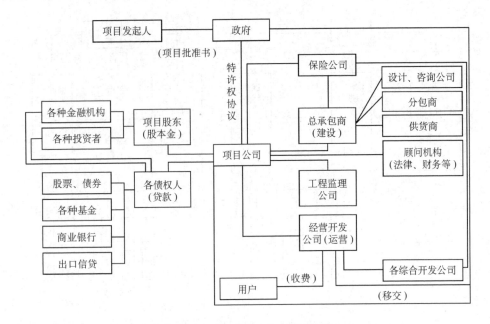

图 1-8 BOT 模式的典型结构框架

财务的可行性分析，才有可能向政府提出有关实施方案以及特许年限要求等。同时，还要事先与金融机构接洽，使自己的实施方案特别是融资方案得到金融机构的认可，因为 BOT 项目 70%~90% 资金需要向金融机构融资，才可以正式递交投标书。在这个过程中，项目发起人常常要聘用各种专业咨询机构（包括法律、金融、财务等方面）协助编制投标文件，要花费一大笔投标费用。

3）成立项目公司，签署各种合同与协议。中标的项目发起人往往就是项目公司的组织者，项目公司参与各方一般包括项目发起人、大型承包商、设备和材料供货商、东道国国有企业等。在国外，有时候当地政府也会入股。此外，还有一些不直接参加项目公司经营管理的独立股东，如保险公司、金融机构等。

项目发起人一般要提供组建项目公司的可行性报告，经过股东讨论，签订股东协议和公司章程，同时向当地政府的工商管理和税收部门注册。

项目发起人首先和政府谈判，草签特许权协议；然后组建项目公司，完成融资交割；最后项目公司与政府正式签署特许权协议。之后，项目公司与各个参与方谈判签订总承包合同、运营养护合同、保险合同、工程监理合同和各类专业咨询合同等，有时还需要独立签订设备和材料供货合同。

4）项目建设和运营。这一阶段项目公司的主要任务是委托工程监理公司对总承包商的工作进行监理，保证项目的顺利实施和资金支付。有的工程（如发电厂、高速公路等）在完成一部分之后即可交由运营公司开始运营，以早日回收资金。同时还要组建综合性的开发公司进行综合项目开发服务，以便从多方面盈利。

在项目部分或全部投入运营后，即应按照原定协议优先向金融机构归还贷款和利息，同时也要考虑向股东分红。

5）项目移交。在特许期满之前，应做好必要的维修以及资产评估等工作，以便按时将 BOT 项目移交政府运行。政府可以仍旧聘用原有的运营公司或另找运营公司来运行项目。

2. BOT 项目有关各方的职责和义务

1）主要参与方，包括政府、项目公司和金融机构。

① 政府是 BOT 项目的最终所有者，其职责为：确定项目，颁布支持 BOT 项目的政策；通过招标选择项目发起人；颁布 BOT 项目特许权；批准成立项目公司；签订特许权协议；对项目宏观管理；特许期满接收项目；委托项目经营管理部门继续项目的运行。

② 项目公司的主要职责有：项目融资；项目建设；项目运营；组织综合项目开发经营；偿还债务（贷款、利息等）及分配股东利润；特许期终止时，移交项目与项目固定资产。

③ 金融机构包括商业银行、国际基金组织等。一般一个 BOT 项目由多个国家的财团参与贷款以分散风险。金融机构的作用如下：确定项目的贷款模式、条件及分期投入方案；在发起人拟定的股本金投入与债务比例下，对项目的现金流量偿债能力做出分析，确定财团投入；必要时利用财团信誉帮助项目发行债券；资金运用监督；与项目公司签订融资抵押担保协议；组织专项基金会为某些重点项目融资。

2）其他参与方，包括下列有关公司、承包商、供货商及代理银行。

① 咨询公司：专业咨询公司对项目的设计、融资方案等进行咨询，对施工进行监理。法律顾问公司替政府（或项目公司）谈判签订合同。

② 承包商：负责项目设计、施工，一般也负责设备和材料采购。

③ 运营公司：主要负责项目建成后的运营管理、收费、维修、保养。收费标准和制度由运营公司与项目公司确定。

④ 开发公司：负责特许协议中特许的其他项目开发，如沿公路房地产、商业网点等。

⑤ 代理银行：东道国政府代理银行负责外汇事项。贷款财团的代理银行代表贷款人与项目公司办理融资、债务、清偿、抵押等事项。

⑥ 保险公司：为项目各参与方提供保险。

⑦ 供货商：负责供应材料、设备等。

1.2.7 Partnering 模式

1. Partnering 模式介绍

（1）Partnering 的概念

20 世纪 80 年代中期，Partnering 模式首先在美国出现。1984 年，壳牌（Shell）石油公司与 SIP 工程公司签订了被美国建筑业协会（CII）认可的第一个真正的 Partnering 协议；1988 年，美国陆军工程公司开始采用 Partnering 模式并应用得非常成功；1992 年，美国陆军工程公司规定在其所有的新的建设工程上都采用 Partnering 模式，从而大大促进了 Partnering 模式的发展。到了 20 世纪 90 年代中后期，Partnering 的应用已逐渐扩大到英国、澳大利亚、新加坡等国和我国香港地区，越来越受到建筑工程界的重视。

Partnering 一词并不复杂，但根据其在工程项目管理中的应用，准确地译成中文却相当困难。我国台湾有的学者将其译为合作管理；我国香港房屋委员会将其译为伙伴关系；在美国学者埃德·里格斯比所著的《合作的艺术》中，作者将其译为合作伙伴。在我国大陆，对其的翻译也是五花八门，在此不将其翻译成中文而沿用英文。

迄今为止，诸多专家、学者以及组织对Partnering下过各种定义，其中以在英、美有较大影响力的美国建筑业协会（CII）对Partnering的定义最具代表性。CII认为，Partnering是指两个或两个以上的组织之间的一种相互承诺关系，目的在于充分利用各方资源获取特定的商业利益。工程项目不可避免地要同外部组织发生经济联系，当这种经济联系强化到项目参与各方都认为他方是达到自身重要目标的最佳选择，并协同致力于实现附加价值时，利益相关者之间就不再是简单的、短期的交易关系，而是成为能持续发展的合作关系。Partnering正是这种合作关系，其共同目标是促进各方协力完成项目的驱动力。合同签订后，参与各方都会存在目标重叠，这正是Partnering模式之所以能应用于工程项目的基础。基于此，可以将工程项目Partnering模式界定为：项目的各个参与方通过签订Partnering协议做出承诺和组建工作团队，在兼顾各方利益的条件下明确团队的共同目标，建立完善的协调和沟通机制，实现风险的合理分担和矛盾的友好解决的一种项目管理模式。

（2）Partnering协议

Partnering协议的英文原文为Partnering Charter，其中Charter的含义有宪章、协议等，一般是由多方共同签署的文件，这是与Agreement的重要区别。

Partnering协议并不仅仅是业主与施工单位双方之间的协议，而需要建设工程参与各方共同签署，包括业主、总包商或主包商、主要的分包商、设计单位、咨询单位、主要的材料设备供应单位等。对此，要注意两个问题：一是提出Partnering模式的时间可能与签订Partnering协议的时间相距甚远。由于业主在建设工程中处于主导和核心地位，所以通常是由业主提出采用Partnering模式的建议。业主可能在建设工程策划阶段或设计阶段开始前就提出采用Partnering模式，但可能到施工阶段开始前才签订Partnering协议。二是Partnering协议的参与者未必一次性全部到位。例如，最初Partnering协议的签署方可能不包括材料设备供应单位。

需要说明的是，一般合同（如施工合同）往往是由当事人一方（通常是业主）提出合同文本，该合同文本可以采用成熟的标准文本，也可以自行起草或委托咨询单位起草，然后经过谈判（主要是针对专用条件内容）签订。而Partnering协议没有确定的起草方，必须经过参与各方的充分讨论后才能确定该协议的内容，经参与各方一致同意后共同签署。

由于Partnering模式出现的时间还不长，应用范围也比较有限，因而到目前为止尚没有标准、统一的Partnering协议格式，其内容往往也因具体的建设工程和参与方的不同而有所不同。但是，Partnering协议还是有很多共同点的，一般都是围绕建设工程的三大目标以及工程变更管理、争议和索赔管理、安全管理、信息沟通和管理、公共关系等问题做出相应的规定，而这些规定都是有关合同中没有或无法详细规定的内容。

（3）Partnering模式的特征

1）出于自愿。在Partnering模式中，参与Partnering模式的有关各方必须是完全自愿，而非出于任何原因的强迫。Partnering模式的参与各方要充分认识到，这种模式的出发点是实现建设工程的共同目标以使参与各方都能获益。只有在认识上统一才能在行动上采取合作和信任的态度，才能愿意共同分担风险和有关费用，共同解决问题和争议。在有的案例中，招标文件中写明该工程将采用 Partnering 模式，这时施工单位的参与就可能是出于非自愿。

2）高层管理的参与。Partnering 模式的实施需要突破传统的观念和传统的组织界限，因而建设工程参与各方高层管理者的参与以及在高层管理者之间达成共识，对这种模式的顺利实施是非常重要的。由于这种模式要由参与各方共同组成工作小组，要分担风险、共享资源，甚至是公司的重要信息资源，因此高层管理者的认同、支持和决策是关键因素。

3）Partnering 协议不是法律意义上的合同。Partnering 协议与工程合同是两个完全不同的文件。在工程合同签订后，建设工程参与各方经过讨论协商后才会签署 Partnering 协议。该协议并不改变各方在有关合同规定范围内的权利和义务关系，参与各方对有关合同规定的内容仍然要切实履行。Partnering 协议主要确定了参与各方在建设工程上的共同目标、任务分工和行为规范，是工作小组的纲领性文件。该协议的内容也不是一成不变的，当有新的参与者加入时，或者某些参与者对协议的某些内容有意见时，都可以召开会议经过讨论对协议内容进行修改。

4）信息的开放性。Partnering 模式强调资源共享，信息作为一种重要的资源对于参与各方必须公开。同时，参与各方要保持及时、便利地获取信息。这不仅能保证建设工程目标得到有效的控制，而且能减少许多重复性的工作，以降低成本。

（4）Partnering 模式与其他模式的比较

为了简明起见，将 Partnering 模式与建设工程组织管理的其他模式（主要指基本模式和 CM 模式）进行比较，如表 1-2 所示。

表 1-2 Partnering 模式与其他模式的比较

	Partnering 模式	其他模式
目标	将建设工程参与各方的目标融为一个整体，考虑业主和参与各方利益的同时，要满足甚至超越业主的预定目标，着眼于不断地提高和改进	业主与施工单位均有三大目标，但除了质量方面双方目标一致外，在费用和进度方面双方目标可能矛盾
期限	可以是一个建设工程的一次性合作，也可以是多个建设工程的长期合作	合同规定的期限
信任性	信任是建立在共同的目标、不隐瞒任何事实以及相互承诺的基础上，长期合作则不再招标	信任是建立在对完成建设工程能力的基础上，因而每个建设工程均需组织招标（包括资格预审）
回报	认为建设工程产生的结果很自然地已被彼此共享，各自都实现了自身的价值；有时可能就建设工程实施过程中产生的额外收益进行分配	根据建设工程完成情况的好坏，施工单位有时可能得到一定的奖金（如提前工期奖、优质工程奖）或再接到新的工程

(续)

	Partnering 模式	其他模式
合同	传统的具有法律效力的合同加非合同性的 Partnering 协议	传统的具有法律效力的合同
相互关系	强调共同的目标和利益，强调合作精神，共同解决问题	强调各方的权利、义务和利益，在微观利益上相互对立
争议与索赔	较少出现甚至完全避免	次数多、数额大，常常导致仲裁或诉讼

2. Partnering 模式的要素

Partnering 模式的要素是指保证这种模式成功运作所不可缺少的重要组成元素。

综合美国各有关机构和学者对 Partnering 模式要素的论述，可将 Partnering 模式的要素归纳为以下几点。

(1) 长期协议

虽然 Partnering 模式目前也经常被运用于单个建设工程，但从各国的实践来看，在多个建设工程上持续运用 Partnering 模式可以取得更好的效果。因而，在多个建设工程上持续运用是 Partnering 模式的发展方向。通过与业主达成长期协议、进行长期合作，施工单位能够更加准确地了解业主的需求；同时能保证施工单位不断地获取工程实施任务，从而使施工单位可以将主要精力放在工程的具体实施上，并能充分发挥其积极性和创造性。这既对工程的投资、进度、质量控制有利，同时也降低了施工单位的经营成本。而业主一般只有通过与某一施工单位的成功合作才会与其达成长期协议，这样不仅可以使业主避免了在选择施工单位方面的风险，而且可以大大降低"交易成本"，缩短建设周期，取得更好的投资收益。

(2) 共享

共享的含义是指建设工程参与各方的资源共享、工程实施产生的效益共享，以及参与各方共同分担工程的风险和采用 Partnering 模式所产生的相应费用。在这里，资源和效益都是广义的。资源既有有形的资源，如人力、机械设备等，也有无形的资源，如信息、知识等；效益同样既有有形的效益，如费用降低、质量提高等，也有无形的效益，如避免争议和诉讼的产生、工作积极性的提高、施工单位社会信誉提高等。其中，尤其要强调信息共享。在 Partnering 模式中，信息应在参与各方之间及时、准确而有效地传递、转换，才能保证及时处理和解决已经出现的争议和问题，提高整个建设工程组织的工作效率。为此，需将传统的信息传递模式转变为基于电子信息网络的现代传递模式，如图 1-9 所示。

(3) 信任

相互信任是确定建设工程参与各方共同目标和建立良好合作关系的前提，是 Partnering 模式的基础和关键。只有对参与各方的目标和风险进行分析和沟通，并建立良好的关系，彼此才能更好地理解；只有相互理解才能产生信任，而只有相互信任才能产生整体性效果。Partnering 模式所达成的长期协议本身就是相互信任的结果，其中每一方的承诺都是基于对其他参与方的信任。有了信任才能将建设工程组织管理其他模式中常见的参与各方之间相互对立的关系转化为相互合作的关系，才可能实现参与各方的资源和效益共享。因此，在采用 Partnering 模式时，在建设工程实施的各个管理层次上，包

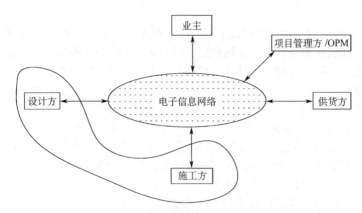

图1-9 基于电子信息网络的信息传递模式

括建立参与各方的高层管理者、具体建设工程的主要管理人员和基层工作人员之间，都需要建立信任关系，并使之不断强化。由此可见，Partnering模式实质上是建设工程组织管理的一种全新的理念。

（4）共同的目标

在一个确定的建设工程上，参与各方都有各自不同的目标和利益，在某些方面甚至还有矛盾和冲突。尽管如此，在建设工程的实施过程中，参与各方之间还是有许多共同利益的。例如，通过设计方、施工方和业主方的配合，可以降低工程的风险，对参与各方均有利；还可以提高工程的使用功能和使用价值，不仅提高了业主的投资效益，而且也提高了设计单位和施工单位的社会声誉等。因此，采用Partnering模式要使参与各方认识到，只有建设工程实施结果本身是成功的，才能实现它们各自的目标和利益，从而取得双赢和多赢的结果。为此，就需要通过分析、讨论、协调、沟通，针对特定的建设工程确定参与各方共同的目标，在充分考虑参与各方利益的基础上努力实现这些共同的目标。

（5）合作

合作意味着建设工程参与各方都要有合作精神，并在相互之间建立良好的合作关系。但这只是基本原则，要做到这一点，还需要有组织保证。Partnering模式需要突破传统的组织界限，建立一个由建设工程参与各方人员共同组成的工作小组。同时，要明确各方的职责，建立相互之间的信息流程和指令关系，并建立一套规范的操作程序。该小组应围绕共同的目标展开工作，在工作过程中鼓励创新、合作的精神，对所遇到的问题要以合作的态度公开交流，协商解决，力求寻找一个使参与各方均满意或均能接受的解决方案。建设工程参与各方这种良好的合作关系创造出和谐、愉快的工作氛围，不仅可以大大减少争议和矛盾的产生，而且可以及时做出决策，大大提高工作效率，有利于共同目标的实现。

3. Partnering模式的适用情况

Partnering模式总是与建设工程组织管理模式中的某一种模式结合使用的，较为常见的情况是与总分包模式、项目总承包模式、CM模式结合使用。这表明，Partnering模式并不能作为一种独立存在的模式。从Partnering模式的实践情况来看，并不存在适用范围的限制。但是，Partnering模式的特点决定了它特别适用于以下几种类型的建设工程。

1）业主长期有投资活动的建设工程，比较典型的有大型房地产开发项目、商业连锁建设工程、代表政府进行基础设施建设投资的业主的建设工程等。由于长期有连续的建设工程作保证，业主与施工单位等工程参与各方的长期合作就有了基础。这样有利于增加业主与建设工程参与各方之间的了解和信任，从而可以签订长期的Partnering协议，取得比在单个建设工程上运用Partnering模式更好的效果。

2）不宜采用公开招标或邀请招标的建设工程。例如，军事工程、涉及国家安全或机密的工程、工期特别紧迫的工程等。在这些建设工程上，相对而言，投资一般不是主要目标，业主与施工单位较易形成共同的目标和良好的合作关系。而且，虽然没有连续的建设工程，但良好的合作关系可以保持下去，在今后新的建设工程上仍然可以再度合作。这表明，即使对于短期内一个确定的建设工程，也可以签订具有长期效力的协议（包括在新的建设工程上套用原来的Partnering协议）。

3）复杂的不确定因素较多的建设工程。如果建设工程的组成、技术、参与单位复杂，尤其是技术复杂、施工的不确定因素多，在采用一般模式时，往往会产生较多的合同争议和索赔，容易导致业主和施工单位产生对立情绪，相互之间的关系紧张，影响整个建设工程目标的实现，其结果可能是两败俱伤。在这类建设工程上采用Partnering模式，可以充分发挥其优点，并能协调参与各方之间的关系，有效避免和减少合同争议，避免仲裁或诉讼，较好地解决索赔问题，从而更好地实现建设工程参与各方共同的目标。

4）国际金融组织贷款的建设工程。按贷款机构的要求，这类建设工程一般应采用国际公开招标（或称国际竞争性招标），常常有外国承包商参与，合同争议和索赔经常发生而且数额较大。另一方面，一些国际著名的承包商往往有Partnering模式的实践经验，至少对这种模式有所了解。因此，在这类建设工程上采用Partnering模式容易为外国承包商所接受并能较为顺利地运作，从而可以有效地防范和处理合同争议和索赔，避免仲裁或诉讼，较好地控制建设工程的目标。当然，在这类建设工程上，一般是针对特定的建设工程签订Partnering协议而不是签订长期的Partnering协议。

1.3 项目合同分类

项目合同是指项目业主或其代理人与项目承包人或供应人为完成一确定的项目所指向的目标或规定的内容，明确相互的权利义务关系而达成的协议。按不同的分类方法，项目合同的类型分类也不同。

1.3.1 按签约各方的关系分类

1. 工程总承包合同

工程总承包合同是项目组织与承包商之间签订的合同，所包含的范围包括项目建设的全过程（包括土建、安装、水、电、空调等）。

2. 工程分包合同

工程分包合同是承包商将中标工程的一部分内容包给分包商，为此而签订的总承包商与分承包商间的分包合同。允许分包的内容，一般在合同条件中有规定，如FIDIC合同条件就规定"承包商不得将全部工程分包出去……如（工程师）同意分包（指部分分包），也不得免除承包商在合同中承担的任何责任和义务"。也就是说，签订分包合同后，承包商仍应全部履行与业主签订的合同所规定的责任和义务。

3. 货物购销合同

货物购销合同是项目组织为了从组织外部获得货物而与供应商签订的合同。

4. 转包合同

转包合同是一种承包权的转让。承包商之间签订的转包合同，明确由另一承包商承担原承包商与项目组织签订的合同所规定的权利、义务和风险，而原承包商由转包合同中获取一定的报酬。

5. 劳务分包合同

通常，劳务分包合同又被称为包工不包料合同或者包清工合同。分包商在合同实施过程中，不承担材料涨价的风险。

6. 劳务合同

承包商或分承包商雇佣劳务所签订的合同。提供劳务一方不承担任何风险，但也难以获得较大的利润。

7. 联合承包合同

联合承包合同是指两个或两个以上合作单位之间，以承包人的名义，为共同承担项目的全部工作而签订的合同。

1.3.2 按合同计价方式分类

1. 固定价或总价合同

这种类型的合同就是把各方面非常明确的产品的总价格固定下来。一般要求投标者按照招标文件要求报一个总价，并在这个价格下完成合同规定的全部工作。如果该产品不是各方面都很明确，买主和卖主将会有风险。买主可能收不到所希望的产品，卖主可能要支付额外的费用才能提交该产品。固定价合同还可以增加激励措施，以便达到或超过预定的项目目标。

一般来说，总价合同有以下四种形式。

（1）固定总价合同

承包商以初步设计的图样或施工设计图为基础报一个合同总价，在图样及工程要求不变的情况下，其合同总价固定不变，但当施工中图样或工程质量要求有变更，或工期要求提前，则总价也应改变。这种合同承包商要考虑承担项目的全部风险，因此一般报价较高。这种合同形式一般适用于风险不大、技术不太复杂、工期在一年以内、工程施工图样不变以及工程要求十分明确的项目。

（2）调价总价合同

这种合同除了同固定总价合同一样外，所不同的是在合同条款中双方商定：如果在执行合同的过程中由于通货膨胀引起工料成本增加达到某一限度，合同总价应相应调整。这样，合同业主就要承担通货膨胀这一不可预见的费用因素的风险，承包商承担其他风险。一般工期较长（如一年以上）的项目，可采用这种形式。

（3）固定工程量总价合同

这种合同要求投标者在投标时，按单价合同办法分别填报分项工程单价，从而计算项目总价，据之签订合同。原定项目工作全部完成后，根据合同总价付款给承包商。如果改变设计或增加新项目,则用合同中已确定的单价来计算新的工程量和调整总价,这种方式适用于工程量变化不大的项目。

(4) 管理费总价合同

业主雇佣某一公司的管理专家对发包合同的工程项目进行管理和协调,由业主付一笔总的管理费用。采用这种合同时,各方要明确各自具体的工作范畴。

对于上述各种总价合同,在投标时投标者必须报出各单项的价格。在合同执行过程中,对小的单项工程,在完工后一次支付;对较大的单项工程,则按施工过程分阶段支付或按完成的工程量百分比支付。

另外,总价合同还可以应用于设计—建造或 EPC 交钥匙项目。这时业主可以比较早地将项目的设计与建造总包给一个承包商,而总承包商则承担更大的责任与风险。同时,如果管理得好,总承包商可以获得比一般施工类型的项目更大的利润。

2. 单价合同

单价合同又可细分为以下三种形式。

(1) 估计工程量单价合同

业主在准备此类合同的招标文件时,委托咨询单位分项列出工程量表并填入估算的工程量。投标者在投标时仅在工程量表中填入各项的单价,据之计算出总价作为投标报价。但在项目实施过程中,每月业主向承包商支付进度款时,则按实际完成并经双方确认合格的工程量进行结算。在项目全部完成时,按竣工图最终结算项目的总价格。

有的单价合同中规定,当某一单项工程的实际完成工程量与招标文件中的工程量相比相差一定百分比(一般为 ±15% ~ ±30%)时,双方可以讨论改变单价。但单价调整的方法和比例最好在签订合同时写明,以免以后发生纠纷。这种合同,业主和承包商共同承担风险,是一种比较常见的合同形式。

(2) 纯单价合同

这种合同的招标文件只向投标者给出各分项工程内的工作项目一览表、工程范围及必要的说明,而不提供工程量。投标者只要给出表中各项目的单价即可,将来施工时按实际工程量计算。有时也可由业主一方在招标文件中列出单价,而投标一方提出修正意见,双方磋商后确定最后的承包单价。

这种合同形式适用于在业主或其委托的设计单位还来不及提供施工详图,或虽有施工图但由于某些原因不能比较准确地计算出工程量时采用。

(3) 单价与包干混合式合同

以单价合同为基础,但对其中某些不易计算工程量的分项工程(如施工导流、小型设备购置与安装调试)采用包干办法,而对能用某种单位计算工程量的分项工程均要求报单价,并按实际完成工程量及合同中的单价结算。很多大型土木工程都采用这种方式。

对业主方而言,单价合同的主要优点是可以减少招标的准备工作,缩短招标的准备时间,并能鼓励承包商通过提高工效等手段从成本节约中提高利润。业主只按工程量表的项目开支,这样可以减少意外开支,只需对少量遗漏的项目在执行合同过程中再报价。这种方式在具体项目工程量的计量上比较繁琐,但结算程序比较简单。但业主方存在的风险在于项目的总造价一直到结束前都是个未知数,特别是当设计师对工程量的估算偏低,或是遇到了一个有经验的善于运用不平衡报价的承包商时,风险就会更大。而

3. 成本补偿合同

成本补偿合同（Cost Plus Fee Contract）也称成本加酬金合同，简称 CPF 合同，即业主向承包商支付实际工程成本中的直接费用（一般包括人工费、材料费和机械设备费），并按事先协议好的某种方式支付管理费及利润的一种合同方式。对于项目内容及其技术经济指标尚未完全确定而又急于上马的项目，如旧建筑物维修、翻新工程，或是完全崭新的项目以及施工风险很大的项目可采用这种合同方式。其缺点是业主对项目的总造价不易控制，可能会出现承包商在项目实施过程中不注意精打细算的问题，因为是按照一定比例提取管理费及利润，往往会造成成本越高管理费和利润也就越高。具体来说，成本补偿合同有如下几种做法。

1）成本加固定百分比酬金，可按下列公式计算：

$$C = C_d + C_d P$$

式中　C——合同总价；
　　　C_d——实际发生的项目成本；
　　　P——固定百分比。

从上式看，总价随着实际成本的增加而增加，显然不能鼓励承包商关心缩短项目周期降低成本，对顾客（买主）不利，现在较少采用。

2）成本和固定酬金，项目成本实报实销，但酬金是事先商定好的一个固定数目，可按下式计算。

$$C = C_d + F$$

式中　F——固定酬金。

这种承包方式比前一种承包方式进步了一些，虽然还不能鼓励承包商关心降低成本，但从尽快取得酬金出发，将会缩短项目周期。

3）成本加浮动酬金。这种承包方式是预先商定项目成本和酬金的预期水平，根据实际成本与预期成本的离差酬金上下浮动，其计算公式为：

当 $C_d = C_0$ 时，则 $C = C_d + F$
当 $C_d > C_0$ 时，则 $C = C_d + F - \Delta F$
当 $C_d < C_0$ 时，则 $C = C_d + F + \Delta F$

式中　C_0——预期成本；
　　　ΔF——酬金的增减部分（可以是一个百分比，也可以是一个绝对数）。

4）目标成本加奖罚。这种承包方式与成本加浮动酬金基本相同，这种办法以项目的粗略估算成本作为目标成本，随着项目设计的逐步具体化，劳务数量和目标成本可以加以调整。另外，规定一个百分数作为计算酬金的比率，最后结算时根据实际成本与目标成本的关系确定。其计算公式为：

$$C = C_d + P_1 C_0 + P_2 (C_0 - C_d)$$

式中　C_0——目标成本；
　　　P_1——基本酬金百分数；
　　　P_2——奖罚百分数。

4. 计量估价合同

计量估价合同以承包商提供的劳务数量清单和单价表为计算佣金的依据。

采用何种合同支付形式往往与设计的阶段和深度分不开。如果设计只做到概念设计阶段，则只能采用成本补偿合同方式招标和实施；如果设计进行到基本设计阶段，则有可能采用单价合同；如果设计进行到详细设计阶段，则可采用总价合同或单价合同。

1.3.3 按承包范围分类

1. 交钥匙合同

交钥匙合同有时又称为"统包"或"一揽子"合同，整个项目的设计和实施通常由一个承包商承担，签订一份合同。项目业主只对项目概括地叙述一般情况，提出一般要求，而把项目的可行性研究、勘测、设计、施工、设备采购和安装及竣工后一定时期内的试运行和维护等，全部承包给一个承包商。显然，这种方式要求业主必须很有经验，并能够同承包商讨论工作范围、技术要求、工程款支付方式和监督施工方式、方法。因此，这种合同方式最适合承包商非常熟悉的那类技术要求高的大型工程项目。已经有许多规模大、复杂的土木、机械、电气项目使用这种合同方式取得了成功。

交钥匙合同一般分三个阶段进行：第一阶段为业主委托承包商进行可行性研究，承包商在提出可行性研究报告的同时，提出进行初步设计和工程结算所需的时间和费用；第二阶段是在业主审查了可行性研究报告并批准了项目实施之后，委托承包商进行初步设计和必要的施工准备；第三阶段由业主委托承包商进行施工图设计并着手准备施工。上述每一阶段都要签订合同，其中包括对支付报酬的形式，一般多采用成本补偿合同的形式。

2. 设计—采购—施工合同

与交钥匙合同类似，只是承包的范围不包括试生产及生产准备。

3. 设计—采购合同

承包商只负责工程项目设计和对材料设备的采购，工程施工由甲方另行委托。美国卡洛克公司为我国承建的13套大化肥项目合同即属此种。美方只负责工程项目设计和设备材料供应，工程施工由中方自己负责，美方负责设备安装指导。

该类合同承包商承包的工作范围较窄，业主管理工作量大，需负责设计、采购、施工的协调。

4. 设计合同

承包商只承包工程项目设计和实施中的设计技术服务，而大部分工作由业主统一协调控制。

5. 施工合同

承包商只能按图施工，无权修改设计方案，承包范围单一。与项目设计、采购等环节形成众多结合部，难于协调。这种设计、施工、分立式项目合同，需要业主管理能力强，对承包商项目管理也增大了工作难度。

6. 管理合同

有时候，管理合同也称为快速跟进或高速轨道方式（Fast Track Method）。

近些年来，大型房屋建筑和土木工程的业主几乎全部尝到工程不能按时、按预算、按质量完成的苦头。此外，设计有时做得不充分，咨询工程师遇到大型技术复杂的项目时，在能力和经验上常常感到力不从心。特别是从项目的可行性研究到向业主交出建成投产的工程这一过程需要有相当多的专业知识和精力，投入到项目规模的规划、监督、协调和管理上。对此，目前已出现了三种新的承包方式，即管理服务合同、施工管理合同以及施工设计管理合同。

(1) 管理服务合同

与传统的承包方式类似，由一家或几家承包商直接或经过竞争，从业主处取得工程。合同本身仍是在业主和工程承包商（一家或多家）之间签订，与其他承包方式不同之处是在项目的最初阶段，业主就聘任一家施工管理公司（也称施工经理）作为业主的咨询者，总负责工程施工的计划、监督、管理和协调。业主向施工管理公司支付服务费用，但因为对各种工程，承包商的决策实际权力均在业主手中，施工管理公司或施工经理基本上不承担任何风险。虽然在原则上所有胜任施工项目管理的公司均可承担此职责，但实践表明，业主一般喜欢雇佣有经验的知名大承包公司担任施工管理公司。

施工管理公司不能自己参加任何施工，只能充当咨询工程师或与现场经理类似的角色，但不承担任何设计任务。施工管理公司可就设计能否在施工中实施向设计单位提出建议，包括划分适当的工程区/段合同、安排采购并管理工程合同的分阶段招标。在施工阶段，为了使各组成部分形成一个整体，施工经理需要多方面的专业知识，才能减少变更、工程拖期和普遍效率低下的状况。对业主不利的主要之处是在选择施工管理公司阶段根本得不到一个肯定的标价，连一个总体的近似估价也难以得到。可能的造价只能在承包商报价被接受之后才能知晓。

(2) 施工管理合同

许多大型复杂工程项目需要雇佣许多分包合同（即分项工程合同）的分包商，因此通常都在进行施工管理的过程中，业主对因分包合同多而带来的问题和风险感到担忧。结果在国际上就产生一种趋向，尽早聘用一家主承包商对施工进行管理和协调，而受雇的主承包商再将该工程以常见的方式分包出去。但是，同施工管理服务类似，这里的主承包商只是进行管理，自己一般不进行施工，有的自己也承建部分工程，最后按工程总额或成本收取一定比例的报酬。在这种承包方式中，越来越多地靠他们准时竣工、造价不超预算、质量优良的信誉来争得合同。业主在采用这种合同时，一定要找专业技术和管理水平都比较高，而且有一定信誉的承包企业，而绝不能与某些经纪商签订所谓的经纪合同。因为施工管理实际上是一种专业性要求很高的工作。

(3) 设计和施工管理合同

上述几种新出现的承包方式的发展，是业主邀请管理承包商同时承担设计阶段的管理责任。所有分项工程的设计和施工均由承包商分包出去。最初的方案设计常常由业主自己的职员或独立设计的公司完成，这个方案设计就成为招标的根据。业主一般选择对全部设计和施工报价最低的承包商，但是信誉、服务质量以及收取的管理酬金同样也是很重要的考虑因素。

这种承包方式具有与设计施工合同同样的优点，它有助于改善对设计和采购过程的管理，合同责任一目了然，在管理设计人/承包商的经营活动中纠缠不清的可能性也就更小。

1.4 有关国际组织对国际项目采购的规定

随着世界经济一体化和国际贸易自由化的进程，国际采购规模越来越大。在国际采购中最典型、最有影响的是联合国国际贸易法律委员会制定的《货物、工程和服务采购示范法》、世界贸易组织的《政府采购协议》和世界银行颁布的《国际复兴开发银行贷款和国际开发协会贷款指南》，它们已经成为国际项目采购的标准和规范。

1.4.1 联合国国际贸易法律委员会的《货物、工程和服务采购示范法》

国际贸易法律委员会是联合国大会的一个政府间机构，成立于1967年（我国于1983年加入该委员会），目的是促进协调和统一国际贸易立法、消除因贸易法的差别而产生不必要的国际贸易障碍。其主要职能是制定法律文件，以促进国际贸易的发展。国际贸易法律委员会所制定的法律文件，很多已经过一定的程序成为国际公约，如《联合国国际货物销售合同公约》和《海上货物运输公约》（汉堡规则）等，为参加这些公约的成员国所遵守；还有很多法律文件成为"示范法"，如《贸易法律委员会国际商业仲裁示范法》和《贸易法律委员会国际贷记划拨示范法》等。"示范法"并不是真正意义的法，不具有任何的法律效力，对各国的行为不具有约束力。制定这些示范法的目的是希望各国在进行国内立法时能够予以参照，以尽可能地减少因各国的立法差异而产生不必要的贸易障碍，并援助那些试图改革其国内有关贸易立法的国家。国际贸易法律委员会关于《货物、工程和服务采购示范法》（以下简称《示范法》），1994年在联合国贸易法律委员会第27届年会上通过。

1. 《示范法》制定的目的

制定《示范法》的目的，按其序言中的规定，应促进下列目标的实现。

1）使采购尽量节省开销和提高效率。

2）促进和鼓励供应商和承包商参与采购过程，尤其在适当情况下促进和鼓励不论任何国籍的供应商和承包商的参与，从而促进国际贸易。"在适当情况下"，虽然对开放政府采购市场具有一定的限制条件，但意义是积极的，带有尽可能开放政府采购市场的意义。

3）促进供应商和承包商为供应拟采购的货物、工程或服务进行竞争。这能够做到"物美价廉"，提高经济效益。

4）规定给予所有供应商和承包商以公平和平等的待遇。

5）促使采购过程"老实、公平"，提高公众对采购过程的信任。

6）使有关采购的程序具有透明度。

从《示范法》的目标中看出，其遵循的基本原则包括公开、公平、公正、竞争、效率和透明度等原则。

2. 《示范法》的适用范围

《示范法》适用于采购实体进行的所有采购，即以任何方式获取货物、工程或服务。但涉及国防或国家安全的采购及在政府采购法律法规中列明还需排除在外的其他类型的采购除外。

采购实体是指本国从事采购的任何政府部门、机构、机关或其他单位，也可包括其任何下属机构。如果有必要，还可以包括其他实体或企业等。

货物是指各种各样的物品，包括原料、产品、设备和固态、液态或气态物体和电力以及货物供应的附带服务。

工程是指与楼房、结构或建筑物的建造、改建、拆除、修缮或翻新有关的一切工作以及根据采购合同随工程附带的服务。

服务是指除货物或工程以外的任何采购对象，立法国可将某些当作服务看待的采购对象列明。

如果立法国参加了与政府采购有关的条约或协定，应承诺采用"国际法优于国内法"的原则。

3. 供应商或承包商的资格审查规定

《示范法》第六条规定，采购实体在采购过程的任何阶段都可以对供应商或承包商的资格进行审查，参加采购的供应商和承包商必须在资格上符合采购实体认为适合于特定采购过程的标准。其基本标准为：

1）具有履行采购合同所需的专业和技术资格、专业和技术能力、财力资源、设备和其他物质设施、管理能力、可靠性、经验、声誉和人员。

2）具有订立采购合同的法定权能。

3）不能处于无清偿能力、财产被接管、破产或结业状态，其事务不能正在由法院或司法人员管理，业务活动也未中止，而且未因上述任何情况而成为法律诉讼的主体。

4）履行了缴纳本国税款和社会保障款项的义务。

5）在采购过程开始之前的……年期间，公司及其董事或主要职员未被判有与其职业行为有关的或与假报或虚报资格骗取采购合同有关的任何刑事犯罪，也未曾在其他方面由于行政部门勒令停业或取消资格程序而被取消资格。"……年期间"的长短由立法国自行确定。

对于资格证明材料，在不损害参加采购过程的供应商或承包商保护其知识产权或商业秘密权利的前提下，可要求其提供适当的书面证据或其他资料。

对于需要资格预审的，可按资格预审程序进行资格预审。

4. 采购方法

《示范法》提出了多种采购方法，使采购实体得以解决可能遇到的各种不同情况，同时还考虑到各国实践中已在使用的多种方法，这可使颁布国争取尽可能广泛地适用《示范法》。作为货物和工程采购一般情况下的规则，《示范法》规定使用招标方法，这种方法被人们普遍认为能最有效地促进竞争、节约费用和达到高效率以及序言中所述的其他目标。对于服务采购的通常情况，《示范法》规定了"服务采购的主要方法"，该方法旨在适当重视对服务提供者的资格和专门知识进行评估的程序。对于采购货物或工程时招标不适宜或不可行的一些例外情况，《示范法》提出了招标以外的其他方法。这些方法包括两阶段招标（Two-step Tendering）、征求建议书（Request for Proposals）和竞争性谈判（Competitive Negotiation）、限制性招标（Restricted Tendering）、邀请报价（Request for Quotation）、单一来源采购（Single-source Procurement）。同样，对于服务采购的情况，《示范法》规定了服务采购的主要方法是征求建议书（Request for Proposals for Services）。

5. 招标程序

《示范法》规定了招标程序的各个环节。

1）招标。采购实体在本国的官方公报或其他官方出版物上刊登投标邀请函或资格预审邀请书。投标邀请函至少应包括采购实体名称、标的的性质、标的的数量、完工时间、评标的标准、获取招标文件的办法、费用、提交投标书的起始和截止日期等内容。

2）投标。采购实体对招标文件进行澄清、修改，如果某几个供货商或承包商因无法控制的原因不能在截止日期前提交投标书，采购实体可以决定在投标截止日期前续延截止日期。

3）评标、定标。采购实体应在招标文件中规定的投标截止日期和招标文件中规定的地点，按招标文件规定的程序开标。所有提交投标的供货商、承包商或其代表均可出席开标。为了有助于评标，采购实体可以要求供货商或承包商对其投标书做出澄清，但澄清者不得改变投标书中的价格等实质性事项，或为了使不符合要求的投标成为符合要求的投标而做出变动。

6. 审查

审查是为了保证妥善执行采购规则，赋予供货商或承包商要求审查采购实体违反规则行为的权利，使采购规则具有相当程度的自我监督和自我实施的功能。

（1）审查的主体

《示范法》规定，如果由于采购实体违反本法规定的责任而受到或可能受到损害，供货商或承包商有权要求进行审查。

（2）审查方式

1）采购实体审查（或审批机关审查）。这类投诉必须在采购合同尚未生效之前以书面形式提出。供货商或承包商必须在获悉或理应获悉引起投诉情况的20天内提出投诉。投诉书应交给采购实体的首长，由审批机关批准的，则交给该权力机构的首长。

2）行政审查。采购合同已生效，所以不能提请采购实体或审批机关进行审查。供货商或承包商应于知道或理应知道引起诉讼情况的20天内向相应行政机关提出诉讼。

3）司法审查。司法机关有权审理供货商或承包商对采购实体的投诉，有权对审查机构的决定进行司法审查。

（3）采购实体审查（或审批机关审查）和行政审查的原则

1）接到投诉后，采购实体的首长或行政审查机构应立即将投诉内容告知参与采购的所有供货商或承包商。

2）所有的供货商、承包商或政府机关均有权参加审查过程。未参与审查过程的供货商或承包商，其后不得提出同类要求。

3）审查决定发出后5天内，应将决定副本递交投诉者、采购实体和参加审查程序的其他供货商或承包商、政府机关。

（4）暂停采购过程

1）当投诉内容证明如不暂停采购进程，该供货商或承包商将受到不可弥补的损害，而准许暂停不会给其带来某种损害时，采购进程应暂停7天。

2）若采购合同已生效，应立即暂停履行采购合同7天。

3）为了维护投诉者的利益，在做出处理决定之前，采购实体首长或行政机构可以决定延长暂停时间，但暂停期不应超过30天。

4）如采购实体证明出于紧急的公共利益的考虑，采购进程必须继续，则不得使用有关暂停规定。

1.4.2　世界贸易组织的《政府采购协议》

政府采购制度的国际化或国际政府采购制度的形成是伴随着国际贸易一体化的进程而来的，然而却落后于这一进程。1946年起草《关税与贸易总协定》时，由于当时政府采购的市场份额和规模还不大，对国际贸易的影响也未充分显现，因此当时制定的有关条款将其作为例外，排除在总协定约束范围之外。第一个规范政府采购的多边框架协议——《政府采购协议》于1979年4月12日在日内瓦签订，1981年1月1日生效。经过几次修改、磋商，到目前为止，共有包括美国、挪威、加拿大、瑞士和欧盟各国等14个国家加入，并于1994年签订了新的《政府采购协议》。《政府采购协议》（以下简称《协议》）是世界贸易组织（WTO）多边贸易体系中的一个重要协议。在全球贸易中，政府采购占有较大的份额，对贸易自由化进程的影响越来越大。《协议》被称为"诸边"协议，世界贸易组织的成员可自觉参加。《协议》建立了一个从国际到国内政府采购的法律框架，其基础是非歧视原则以及最惠国待遇和国民待遇。各成员国在进行采购时，要平等对待该协议成员国方的投诉者。为了落实非歧视原则，《协议》特别强调采购程序的透明。

1. 《协议》的基本目标和一般原则

（1）《协议》的基本目标

1）通过建立一个有效的关于政府采购的法律、规则、程序和措施方面的权利与义务的多边框架，实现世界贸易的扩大和更大程度的自由化，改善协调世界贸易运行的环境。

2）通过政府采购中竞争的扩大，加强透明度和客观性，促进政府采购程序的经济性和效率。

（2）《协议》的一般原则

1）国民待遇原则和非歧视原则。不得通过拟定、采取或实施政府采购的法律、法规、程序和做法来保护国内产品或供应商而歧视外国产品或供应商。

2）公开原则。有关政府采购的法律、规则、程序和做法都应公开。

3）对发展中国家的优惠待遇原则。考虑到发展中国家的经济和社会的发展目标、国际收支状况等，有关缔约方应向发展中国家，尤其是对不发达国家提供特殊的优惠待遇，以照顾其发展、资金和贸易的需求。

2. 《协议》的适用范围

1）从采购主体来看，《协议》适用于一国政府部门、机构或其代理机构。各国在加入该协议时应提供一份采购实体清单，归入《协议》的附件。只有被列入清单的实体才受《协议》约束，清单以外的其他政府部门的采购和地方政府的采购则不受约束。

2）从采购对象来看，《协议》适用于建筑工程、货物和服务的采购，也适用于产品加服务的采购，但排除了基本建设工程的特许合同的采购，如BOT基本建设合同。

3）从契约形式上看，《协议》适用于任何契约形式的采购，包括购买、租赁、租买以及产品加服务的采购。

4）从采购限额上看，《协议》适用于限额规定在附件中，对中央政府的采购，最低限额是13万特别提款权，而对地方政府的采购则由各国自己规定在《协议》附件中。

5）适用的排除。政府在采购国家安全所需的物资时可不适用《协议》，但对国家安全的标准则没有明确解释。《协议》也不禁止缔约方为维护公共道德、秩序或安全，人类、动植物的生命与健康，知识产权，或为保护残疾人、慈善机构或劳改产品或服务所采取的必要措施。

3. 采购方法

《协议》所采用的采购方法有以下四种：

1）公开招标（Open Tendering）。所有有兴趣的供应商均可进行投标。

2）选择性招标（Selective Tendering）。只有在《协议》规定的情况下被邀请的供应商才可进行投标。

3）有限招标（Limited Tendering）。在《协议》第十五条规定的条件下采购实体可以与供应商进行个别联系。比如在公开招标或选择性招标时，无人投标、勾结投标或所有投标不符合要求；对于艺术品，或与保护知识产权有关的原因只能由某个特定的供应商提供的；对现有设备换件或扩充而增加订货，改变供应者会影响设备互换性；紧急情况；重复合同；在商品市场上采购的产品；只有短时间内出现的条件极为有利的采购；与设计竞赛获胜者签订的合同等。

4）谈判采购（Negotiation）。《协议》第十四条允许在严格的限制条件下，在授予合同程序中同投标人进行谈判。这些条件包括：采购方在发出招标邀请时已表达这种意图；通过评估，没有一个投标明显优于其他投标；谈判应主要用来鉴定各个投标的优劣；在谈判中，采购人不得在不同的供应商中实行差别待遇。

4. 招标程序

《协议》规定了严格的招标投标程序，包括以下几个。

1）采购邀请。《协议》第九条规定了招标邀请的方式、内容以及应最大限度地邀请国内外供应商参加投标，以保证充分的国际竞争的要求。

2）招标文件。《协议》第十二条对招标文件的内容、招标文件的解释做出了规定。

3）供应商资格审查。《协议》第八条规定，审查供应者的资格时，在条件上不得在外商之间或内外商之间实行差别待遇；对审查的条件和时间也有原则上的规定。

4）产品技术规格。《协议》第六条对产品或服务的技术规格提出了具体的要求：技术规格应说明产品或服务的性能而不是其设计或描述特征；技术规格应基于国际或国家标准；不应要求或专指某一特定商标、专利、设计或型号、具体原产地、生产商或供应商。

5）投标、接标、开标和授予合同。《协议》第十一条规定，投标呈递的时间为40天，投标应以书面直接或通过邮寄提供。

5. 发展中国家的特殊待遇与差别待遇

《协议》规定，签署国应保证向来自另一国的产品、服务和供应商提供国民待遇和非差别待遇。但对于发展中国家，可以提供特殊与差别待遇。《协议》第五条规定，各方在实施和执行本《协议》时，应依据本《协议》规定，适当考虑发展中国家，特别是最不发达国家的发展、财政和贸易的需要。在技术援助、资料提供等方面向发展中国家提供帮助。但对享受此待遇，又规定了严格的条件和限制。

6. 质疑

1）当某一供货商对一项采购违反《协议》的情况提出质疑时，每一缔约方应与采购实体进行磋商来解决。

2) 每一缔约方应提供一套非歧视的、及时的、透明且有效的程序,以便提出质疑。

3) 供货商应从知道或应当知道质疑起的规定时间内开始质疑程序。

4) 缔约方应在3年内保留与采购过程各方面有关的文件。

5) 应由法院或与采购无关的独立公正的审议机构进行审理。

6) 质疑程序应规定纠正违反《协议》的行为、保留商业机会的临时性措施。

7. 争端解决

《协议》规定,建立WTO的协议中关于争端解决程序和规则之谅解,除下述具体规定外,适用于本《协议》。

1) 任一缔约方在本《协议》下利益受到侵害,或为了实现本《协议》的目标而受到阻碍,可提出根据"关于争端解决程序和规则之谅解"建立争端解决机构。

2) 争端解决机构有权建立专家组,根据专家组和上诉机构的报告,对争端提出建议或做出裁决,并监督执行。

3) 为了尽快解决争端,专家组在不迟于组成人员和商定职权后的4个月内,如有延误不迟于7个月,向争端当事方提出最后报告。

1.4.3 世界银行的《采购指南》

由世界银行制定的《采购指南》,全称为《国际复兴开发银行贷款和国际开发协会信贷采购指南》,于1964年首次出版。此后,世界银行又对其进行了不断的修改和补充,使其得到日臻完善。

《采购指南》是世界银行为向其成员国提供项目贷款制定的统一规则,它使项目贷款能够规范化运作,并对贷款的使用进行监督和管理。世界银行是联合国系统的一个专门发展机构,宗旨是为发展中国家提供中长期资金支持和技术援助,项目采购是其一种主要的贷款形式。这种贷款大部分用于对借款国经济具有战略性影响的部门,如农业与农村发展、基础设施建设、教育、卫生、环境保护等领域。目的是运用采购方面的经济政策,促进发展中国家成员国的经济发展。我国长期得到世界银行的贷款援助,对项目贷款的使用也就必须严格按照《采购指南》的规定去做。

1. 《采购指南》的目的和原则

1) 《采购指南》的目的在于,使那些负责由国际复兴开发银行或国际开发协会提供贷款予以部分或全部资助的项目的人员,了解在项目采购所需要的货物和工程方面所做的安排。但是,《采购指南》不适用于咨询服务。

2) 世界银行贷款项目在采购中必须遵守如下四条原则:
① 在项目实施包括有关货物和工程的采购中必须注意经济效率。
② 世界银行愿为所有合格的投标者提供竞争合同的机会。
③ 世界银行愿意促进借款国本国承包业和制造业的发展。
④ 采购过程要有较高的透明度。

2. 《采购指南》适用范围

（1）采购项目的范围

《采购指南》适用于全部或部分由世界银行贷款资助的项目中,有关货物、工程及相关服务的采购。这里的相关服务是指围绕采购所需的运输、保险、安装、调试、培训和初期的维修等，但《采购指南》不包括咨询服务的内容。有关咨询服务的内容，在《世界银行借款人和世界银行作为执行机构聘请咨询专家指南》中有所规定。

（2）投标资格的范围

1) 世界银行贷款资金只能用于支付由会员国国民提供的，在会员国生产的，或由会员国提供的货物和工程的费用。因此，会员国以外的其他国家的投标者无资格参加那些由世界银行提供全部或部分贷款的项目招标。

2) 在下列情况中，会员国企业或会员国制造的货物被拒绝投标。

① 根据法律或官方规定，借款国禁止与该国有商业往来。

② 响应联合国安理会的有关决议，借款国今后禁止该国进口货物或向该国的企业、个人支付贷款。

3. 国际竞争性招标

世界银行认为，国际竞争性招标能充分实现资金的经济和效率要求的方式，因此要求借款人采取国际竞争性招标方式采购货物和工程。

1) 合同类型和规模。单个合同的规模取决于项目大小、性质和地点。对于需要多种土建工程和货物的项目，通常对工程和货物的各主要部分分别招标，也可对一组类似的合同进行招标。所有单项和组合投标都应在同一截标时间收到，并同时开标和评标。

2) 公告和广告。在国际竞争性招标中，借款人应向世界银行提交一份采购总公告草稿。世界银行将安排把公告刊登于《联合国发展商业报》。其内容包括借款人名称、贷款金额及用途、采购的范围、借款人负责采购的单位的名称和地址等。借款人还应将资格预审报告或投标通告刊登在本国普遍发行的一种报纸上。

3) 资格预审。在大型或复杂的工程采购或投标文件成本很高的情况下，借款人可对投标者进行资格预审。资格预审应以投标者圆满履行具体合同的能力和资源为基础，并考虑如下因素：投标者的经历和过去执行类似合同的情况，人员、设备、施工和制造设备方面的能力以及财务状况等。

4) 招标、开标、评标和授标等内容前面已述，在此不再重复。

4. 采购代理机构

采购代理是指当借款人缺乏必要的机构、资源和经验从事采购时，可聘请一家专门从事国际采购的公司为其代理，世界银行也可要求借款人聘请这样的公司为其代理。在采购代理中，代理人必须代表借款人严格遵循贷款协定中规定的所有程序，包括使用世界银行的标准招标文件，遵循审查程序和文件要求。采购代理机构主要是指专门从事国际采购的公司，联合国机构也可以作为采购代理。

此外，还可以采取类似的方法聘请管理承包人，通过付费使其承包紧急情况下的重建、修复、恢复和新建的零散土建工程，或涉及大量小合同的土建工程。

5. 国内优惠

《采购指南》规定，在征得银行同意的情况下，借款可以在国际竞争性招标中给予本国制造的货物以优惠。在此情况下，招标文件应明确写明给予国内制造的货物的优惠以及享受优惠的投标资格文件。制造商或供应商的国籍不是该合格性的条件。比如，对于通过国际竞争性招标授予的土建工程合同，借款人可征得银行的同意，给予国内承包商的投标7.5%的优惠，但必须按《采购指南》附录2规定的评比方法和步骤进行。

6. 银行审查

《采购指南》规定了严格的银行审查制度。借款人的采购程序、采购文件、评标和授标以及合同都要经银行审查，以确保采购过程按照贷款协议的程序进行。由世界银行贷款支付的不同类别的货物和工程的审查程序，在贷款协议中应有明确规定。在《采购指南》附录 1 中，详细规定了银行审查的程序，包括事先审查和事后审查。银行有权根据审查结果，要求借款人对采购活动中的任何决定说明理由和接受银行的建议。

1）银行对采购计划安排的审查。银行应对借款人提出的采购安排，包括合同分包、使用的程序以及采购的时间安排进行审查，确保其符合《采购指南》和拟议的实施计划和支付计划的要求，借款人应该将那些可能严重影响项目合同按时顺利实施的采购进程的延误或其他改动通知银行，并就纠正的措施与银行达成一致。

2）事前审查。根据贷款合同的规定，采购活动中必须经银行事先审查的事项有以下几项。

① 资格预审文件及资格预审结果。借款人应在发出资格预审邀请之前将资格预审文件草稿交银行审查，在资格预审之后、通知资格预审结果之前将资格预审结果交银行审查。

② 对招标文件审查。在招标之前，借款人应将招标文件草稿包括招标通告、投标须知、合同条款和技术规格，连同刊登广告的程序一并报送银行。

③ 授予合同审查。借款人在收到投标书和完成评标之后，在做出授予合同的最后决定之前，应将评标报告和授予合同的建议以及银行合理要求的其他材料报送银行审查。

④ 延长投标有效期审查。通常是借款人要求延长投标有效期以便有足够的时间完成评标、获得必要的批准和澄清以及授予合同，此时要报请银行审查。

⑤ 事后审查。借款人应在合同生效后，在第一次根据合同向银行申请从贷款账户中提款之前，将该合同和副本一式两份连同对各个投标书的分析、合同授予建议以及银行合理要求的其他资料及时报送银行。如果银行认为授予合同或合同本身与贷款协定不符，银行会及时通知借款人并说明理由。

1.5 《中华人民共和国政府采购法》

政府采购制度是公共财政的重要组成部分，是加强财政支出管理的一项有效措施。我国自 1996 年开展政府采购试点工作以来，为了规范政府采购行为，提高政府采购资金的使用效益，维护国家利益和社会公共利益，保护政府采购当事人的合法权益，促进廉政建设，众所期盼的《中华人民共和国政府采购法》（以下简称《政府采购法》）于 2002 年 6 月 29 日由全国人民代表大会常务委员会审议通过，自 2003 年 1 月 1 日起施行。该法的颁布，是我国财政体制改革和财政法制建设的一件大事，是政府采购工作法制改革和财政法制建设的一件大事，是政府采购工作法制化建设所取得的重要成果，对于更好地贯彻落实党的十五届六中全会决定精神和中纪委确定的反腐倡廉措施，全面提高依法行政水平，开创政府采购工作新局面，都具有十分重要的现实意义和深远的历史意义。2014 年，全国人民代表大会常务委员会对《政府采购法》主要修改了三处，主要涉及内容有将对采购机构的资质放宽，不再限定政府认定资格；同时，对在政府采购中的违法行为以一至三年的禁止令取代资格取消的处罚。

1.5.1 《政府采购法》的立法目的

《政府采购法》第一条从五个方面提出了立法目的。

1. 规范政府采购行为

规范政府采购行为是建立我国社会主义市场经济体制和依法行政机制的需要。市场经济的基本特征之一是公平竞争,通过公平竞争实现资源的合理配置和依法行政。在政府采购制度运行中,政府行为具有双重性。政府从事管理时,是代表国家履行管理职责;而在采购交易时,作为采购的一方,又是市场的参与者。如果缺乏法律规范和刚性约束,这种双重性在实际采购中则会常常被混淆,所以出现了一些部门凭借手中的权力,凌驾于市场规则之上,从而损害了正常的市场秩序和政府采购制度。正因如此,政府的采购行为对市场和宏观经济运行有着举足轻重的影响,与单纯的商业行为是有本质区别的。《政府采购法》的建立,可以明晰管理职能与采购职能,一方面要使政府采购受市场规则和法律的约束,实现交易行为平等;另一方面又要保证政府通过采购政策调控经济,维护市场秩序,真正形成管理职能与采购职能相分离的管理机制。

规范政府采购行为也是提高依法理财水平的客观要求。政府采购资金都是财政性资金,采购过程实际上是财政支出的使用过程,从硬化预算约束、加强财政支出管理、提高财政资金使用效益的要求出发,必然要规范采购行为。采购行为规范化管理体现了依法理财的要求,有利于依法理财水平的提高。

《政府采购法》将规范政府采购行为作为立法的首要目标,目的是要求适用本法调整范围的政府采购主体在采购货物、工程和服务时,必须按照本法制定的规则,即政府采购应当遵循的基本原则、采购方式、采购程序等开展采购活动。要通过这些规则将政府采购纳入法制化轨道,实行政府采购的法制化和规范化管理,改变原来政府采购行为无法可依、自由、分散、随意采购的局面,有效解决或抑制现行采购中存在的各种问题和弊端,维护政府形象。

2. 提高政府采购资金的使用效益

政府采购资金主要是指财政性资金,通俗地讲就是预算资金。长期以来,我国受传统经济体制的制约,在财政管理中存在重预算安排、轻支出管理,重货币分配、轻实物购买等问题,严重影响了财政管理的均衡发展。推行政府采购制度,制定法律规范,就是使财政管理不仅重预算,也要重支出分配及其使用,将财政监督管理延伸到使用环节,从货币形态延伸到实物形态,增强财政履行分配职能的力度和水平,保证政府采购资金按预算目标使用,做到少花钱、多办事、办好事,从而降低采购成本,提高财政资金的使用效益。国际经验表明,实行政府采购后,采购资金的节约率一般都在10%以上,其中工程项目的节支幅度最高,有的项目达到了50%。以山东省为例,2015年全省政府采购规模达到1 415亿元,居全国第三位,节约财政资金153亿元;全省政府购买服务规模达到303亿元,比2014年增长十多倍。2017年1~9月份,全省政府采购额为1 489.7亿元,比上年同期增长67.6%;政府购买服务规模为260.3亿元,增长63%,继续保持了较快增长的态势。

3. 维护国家利益和社会公共利益

政府采购的一个重要特征,就是它既不同于一般商业采购活动,也不同于企业和个人采购，它是政府行为，要体现国家利益和政策要求；同时，国家和政府可以通过政府采购制度的实施，发挥宏观调控作用。换句话说，就是政府采购有着维护国家利益和社会公共利益的责任和义务，其行为要符合人民大众的意愿，应当在维护国家利益和社会公共利益方面做出贡献。因此，要通过制定本法，将政府采购的政策性作用法律化，为政府发挥政府采购的宏观调控作用、维护国家利益和社会公共利益提供法律依据和保障。

4. 政府采购当事人的合法权益

按照《政府采购法》的规定，政府采购的当事人包括各级政府的国家机关、事业单位、团体组织、供应商以及采购代理机构（集中采购机构、招标代理公司等社会中介机构）。政府采购活动在进入采购交易时，政府和供应商都是市场参与者，其行为属于商业性行为，并且各当事人之间是平等的。但是在实际工作中，由于采购人都是政府采购单位，处于强势，容易出现政府采购人将政府行为和行政权限带到交易活动中，个别采购人甚至受利益的驱动出现欺诈、钱权交易、不按合同履约等行为，给一方或多方当事人造成损失，形成事实上的不平等。而其他当事人因有求于采购机构，处于被动地位。制定本法的目的之一，就是要规定政府采购必须遵循公开透明、公平竞争、公正和诚实信用原则，建立政府采购各当事人之间平等互利的关系和按规定的权利、义务参加政府采购活动的规则。从保护弱者的角度考虑，还特别赋予供应商对采购机构和采购活动投诉的权利，加强监督和制约，在保护采购机构合法权益的同时也要保护供应商和中介机构的合法权益。

5. 促进廉政建设

由于政府采购项目多、规模大，其采购合同成为各供应商的竞争目标，所以，在具体采购活动中，经常出现采购人将政府行为与商业行为混淆的现象。如果缺乏完善的监督机制，就极其容易出现索贿、行贿、钱权交易等贪污腐败问题。从 1999 年开始，中央纪委就把推行政府采购制度作为从源头上预防和治理腐败的重要措施之一加以执行，党的十五届六中全会通过的《中共中央关于加强和改进党的作风建设的决定》中明确提出，推行政府采购制度是党风建设的一项重要内容。政府采购纳入法制范围内后，强化了对采购行为的约束力，增强了有效地抑制政府采购中各种腐败现象滋生的可行性，进而有助于上述措施和决定的落实，净化交易环境，使政府采购成为名副其实的"阳光下的交易"，从源头上抑制腐败现象的发生，促进廉政建设。同时，为惩处腐败提供了法律依据和手段。

1.5.2 《政府采购法》的适用范围

《政府采购法》第二条对此做出了规定，即在中华人民共和国境内进行的政府采购适用本法。政府采购是指各级国家机关、事业单位和团体组织，使用财政性资金采购依法制定的集中采购目录以内的或者采购限额标准以上的货物、工程和服务的行为。政府集中采购目录和采购限额标准依照政府采购法规定的权限制定。

《政府采购法》从地域、采购人、采购资金、采购形式、采购项目以及采购对象等方面，确定了该法的适用范围。凡是同时符合这些要素的采购项目，都属于政府采购项目，必须依照本法开展采购活动。

1. 地域范围

根据《政府采购法》第二条的规定，在中华人民共和国境内发生的政府采购活动，统一按照该法规定进行。

2. 例外规定

鉴于政府采购客观上存在一些特殊情况，该法在确定适用范围时，在其他条款中做了必要的例外规定。一是军事采购。按照有关规定，军队也属于国家机关，但该法考虑到我国军事采购的特殊性，在附则中规定，"军事采购法规由中央军事委员会另行制定"，表明军事采购要根据该法有关原则性规定另行制定管理和实施办法。二是采购人使用国际组织和外国政府贷款进行的政府采购，贷款方、资金提供方与中方达成的协议对采购的具体条件另有规定的，可以适用其规定。三是对因严重自然灾害和其他不可抗力事件所实施的紧急采购和涉及国家安全和秘密的采购，不适用该法。四是我国的香港、澳门两个特别行政区的政府采购不适用该法。由于我国的香港和澳门实行的是"一国两制"，根据《香港特别行政区基本法》第十八条、《澳门特别行政区基本法》第十八条的规定，全国性法律除列入"基本法"附件三者外，不在特别行政区实施。

3. 采购人范围

《政府采购法》规定的采购人是指各级国家机关、事业单位和团体组织，不包括国有企业。根据我国宪法规定，国家机关包括国家权力机关、国家行政机关、国家审判机关、国家检察机关、军事机关等。事业单位是指政府为实现特定目的而批准设立的事业法人；团体组织是指各党派及政府批准的社会团体。该法规定的采购人不包括国有企业，主要是考虑到企业是生产经营性单位，其购买行为在某种意义上属于生产行为（为制造某产品而购买，不是消费性的），其资金来源多元化，企业作为市场主体应当按照市场规律自主经营。所以，无论从理论上还是实际操作上，都不宜将企业纳入政府采购范围。同时，我国政府采购工作还处于起步阶段，将企业公益性采购和投资性采购全面纳入政府采购范围的条件还不成熟。因此，该法确定的采购人都是采购资金主要来源于财政性资金的预算单位。

4. 采购资金范围

明确采购人，并非说明只要是采购人，其采购活动都要执行该法，是否适用该法还要看采购项目的资金来源。按照《政府采购法》的规定，采购人按照该法规定开展采购活动的采购项目，其项目资金应当为财政性资金。

根据现行财政管理制度，财政性资金包括财政预算资金和预算外资金。财政预算资金是指年初预算安排的资金和预算执行中财政追加的资金；预算外资金是指政府批准的各类收费或基金等。该法所称的使用财政性资金的含义是"全部或部分用财政性资金进行采购的"，即采购人的采购项目只要含财政性资金，都要执行该法规定。采购人全部用非财政性资金开展的采购活动，不受该法约束。非财政性资金主要是指事业单位和团体组织的自有收入，包括经营收入、捐助收入、不用财政性资金偿还的借款等。

5. 采购项目范围

按照《政府采购法》的规定，采购人用财政性资金组织采购活动，是否适用该法还要视具体项目而定。只有纳入了集中采购目录以内或者限额标准以上的项目，才要求按照该法规定执行。

由于政府购买的项目品种很多，性质各异，数额大到工程项目小到铅笔，既有采购公务用车又有因公临时和随时购买支出。在当前情况下，该法不可能将所有购买性支出项目列入政府采购法的适用范围，要通过设定科学标准予以界定。该法规定了两个标准：一是纳入集中采购目录的采购项目；二是排除在集中采购目录之外，但在规定的采购限额标准以上的采购项目。前者实行集中采购，后者实行分散采购。集中采购目录的确定方法在《政府采购法》第七条中做了规定，其中属于中央预算的政府采购项目，其集中采购目录由国务院确定并公布；属于地方预算的政府采购预算项目，其集中采购目录由省、自治区和直辖市人民政府或者其授权的机构确定并公布。该法第八条规定了限额标准的确定方法，即属于中央预算的政府采购项目，由国务院确定并颁布；属于地方预算的政府采购项目，由省、自治区、直辖市人民政府或者其授权的机构确定并公布。

按照《政府采购法》的规定，采购人用财政性资金采购限额标准以下的采购项目，可以不执行该法规定。

6. 采购形式范围

《政府采购法》所称采购是指以合同方式有偿取得货物、工程和服务的行为，包括购买、租赁、委托和雇佣等。此规定有三个要点：一是采购活动必须能够以签订的合同形式来体现；二是采购活动必须是有偿的，确切地讲就是实现等价交换原则的所有方式，不包括赠送、采购人之间无偿调剂等行为；三是采购的方式不仅仅只是购买，还包括租赁、委托和雇佣等。

按照《政府采购法》的规定，采购人接受赠送、采购人之间无偿调剂等无偿获得货物、工程和服务的行为，不受该法规范。

7. 采购对象范围

采购对象是指采购人无论是采购货物、工程还是服务，都要执行该法规定。也就是说，符合该法规定的货物、工程和服务都是该法的采购对象范围。

1.5.3 政府采购的原则

《政府采购法》第三条对此做出了规定，即政府采购应当遵循公开透明原则、公平竞争原则、公正原则和诚实信用原则。

大致分为三个方面：一是核心原则，即公平竞争，它是建立政府采购制度的基石；二是通用原则，主要是透明度原则、公平交易原则、物有所值原则和公正原则等；三是涉外原则，即开放政府采购市场后应当遵循的原则，主要是国民待遇和非歧视性原则。其中，国民待遇原则是指缔约国之间相互保证给予对方的自然人（公民）、法人（企业）在本国境内享有与本国自然人、法人同等的待遇。通俗地讲，就是外国供应商与本国供应商享受同等待遇，即把外国的商品当作本国商品对待，把外国企业当作本国企业对待。非歧视性原则，也就是无歧视待遇原则。

《政府采购法》规定的政府采购原则，除涉外性原则外，基本上涵盖了国际上通行的基本原则，充分体现了该法立法宗旨的要求，在执行中应当严格遵循。

总结我国政府采购试点情况的经验与教训，在该法执行中，应当注意以下几个方面的问题。

1）不得擅自使用涉外性原则。
2）要消除地区封锁和行业垄断，促进充分竞争。
3）要提高政府采购的透明度。
4）要抑制个人偏好，避免因干预正常采购活动而影响政府采购原则贯彻落实。

1.5.4 政府采购工程招标投标适用《招标投标法》

《政府采购法》第四条对此做出了规定,即政府采购工程进行招标投标的,适用《中华人民共和国招标投标法》(以下简称《招标投标法》)。

按照《政府采购法》的规定,工程属于政府采购范围,但已经颁布实施的《招标投标法》又对工程实行招标投标作了具体规定,所以政府采购工程将受到《招标投标法》和《政府采购法》的双重约束。为了避免在招标投标上发生矛盾和不衔接,有必要在该法中对此做出专门规定。

关于政府采购工程,《政府采购法》有规定的应当执行该法规定,该法没有规定的应当执行《招标投标法》的规定。

《政府采购法》第四条的主要含义是,只有达到国务院规定的招标限额以上的工程项目在采取招标投标方式时,才执行招标投标法规定;同时,该法对工程采购有规定的,还要执行该法规定。对于招标限额以下的工程项目,本身不适用《招标投标法》,应当按照该法有关规定开展采购活动。

1. 政府采购工程首先要执行《招标投标法》规定

为了规范招标投标行为,我国于1999年8月颁布了《招标投标法》。2017年12月27日第十二届全国人民代表大会常务委员会第三十一次会议修订,自2017年12月28日起施行。

《招标投标法》的适用范围原则上是中华人民共和国境内的招标投标行为,强制适用范围是建设工程。由于建设工程既有政府采购工程又有民间工程,其中的政府采购工程采取招标投标方式的,也要执行《招标投标法》的规定。

2. 政府采购工程还应当执行该法规定

政府采购工程达到国务院招标限额的,只有在采用招标方式时,按招标投标法规定执行,除此之外,该法有规定的,应当执行该法规定。

招标投标是一种采购方法,是工程实现规范管理的具体形式之一。政府采购工程在执行《招标投标法》的同时,还应当执行本法有关规定,如编制政府采购预算、采购资金实行财政直接拨付等。另外,不适用《招标投标法》的政府采购工程项目,应当按照该法规定执行。

按照政府采购制度的要求,对政府采购工程的规范还要考虑到下列情况:一是工程采购项目全部采用招标方式有困难,客观上存在不必要招标、来不及招标、不能招标等情况,但同样应有相应的采购方式予以规范。二是招标投标流程只是采购流程中的一个环节。招标投标流程始于招标文件的制作,止于中标供应商的确定。采购流程始于采购预算的编制,止于采购资金的支付,比招标投标流程长得多。《招标投标法》只能规范部分采购流程,不能规范其余环节,而其余环节也应当加以规范。三是《招标投标法》属于程序法,只能对招标和投标程序做出规范。要全面规范政府采购工程的采购行为,不仅要明确采购方式和程序,还要从实体上予以规范,包括工程项目采购预算编制要求、采购过程中应当接受的监督管理、采购活动中应当坚持的政策取向、采购合同的订立、采购资金的拨付等。《政府采购法》延伸了工程采购流程,强化了工程采购项目的监督管理,为实体法。因此,工程采购在执行招标投标规定的同时,还要按该法的有关规定执行。

3. 货物和服务采购采取招标投标方式的，是否执行《招标投标法》不是强制性的

结合《政府采购法》的有关规定，表明招标投标是政府采购的方式，并且只有应当招标的工程适用《招标投标法》，并未规定货物和服务采购在采用招标投标方式时也要适用《招标投标法》。这些规定说明，货物和服务采用招标采购方式的，可以执行《招标投标法》的规定，但不是强制性的。主要考虑的是，《招标投标法》主要是针对工程采购要求制定的，其许多规定不适合货物和服务项目。《政府采购货物和服务招标投标管理办法》（财政部令第 18 号）已于 2004 年 8 月 11 日公布，自 2004 年 9 月 11 日起施行。2017 年，财政部对《政府采购货物和服务招标投标管理办法》（财政部令第 18 号）进行了修订，修订后的《政府采购货物和服务招标投标管理办法》已经部务会议审议通过，自 2017 年 10 月 1 日起施行。针对工程、货物和服务的特点制定不同的招标投标方法，也有国际惯例可循，如欧盟的《政府采购指令》就是分门别类确定招投标方式的。

1.5.5 政府采购预算

《政府采购法》第六条对此做出了规定，即政府采购应当严格按照批准的预算执行。

依照批准的预算进行采购是政府采购制度的基础，明确政府采购要纳入预算，政府采购活动应当严格按照预算规定的用途和核定的金额执行。

政府采购制度与原体制下采购的根本区别就是要加强采购的计划性管理，以解决过去随意采购、监督缺乏依据、不能形成规模采购效益等问题。一是政府采购资金是国家财政预算资金，预算资金的支出使用必须要有预算，这就决定了政府采购也必须实行预算管理，与预算资金的执行有机结合。二是国库集中收付制度改革客观要求政府采购要有预算，以便为实行财政直接拨付办法提供支付依据。三是为了有效地全过程监督政府采购行为，也必须要编制政府采购预算。本条主要有以下三个方面的含义：

1）政府采购项目必须列入财政预算。
2）政府采购项目必须按规定用途使用。
3）采购项目不得超过预算定额。

1.5.6 政府采购模式及集中采购目录的确定

《政府采购法》第七条对此做出了规定，即政府采购实行集中采购和分散采购相结合。集中采购的范围由省级以上人民政府公布的集中采购目录确定。属于中央预算的政府采购项目，其集中采购目录由国务院确定并公布；属于地方预算的政府采购预算项目，其集中采购目录由省、自治区和直辖市人民政府或者其授权的机构确定并公布。纳入集中采购目录的政府采购项目，应当实行集中采购。

1.5.7 政府采购限额标准的管理体制

《政府采购法》第八条对此做出了规定，即政府采购限额标准，属于中央预算的政府采购项目，由国务院确定并公布；属于地方预算的政府采购项目，由省、自治区、直辖市人民政府或者其授权的机构确定并公布。该规定的主要含义是，政府采购限额标准的制定，实行分级管理。其中，属于中央预算的政府采购项目，限额标准由国务院确定并公布；属于地方预算的政府采购项目，由省、自治区、直辖市人民政府或者其授权的机构确定并公布。

《政府采购法》第二十七条对公开招标的范围、具体数额确定的管理方式等做出了规定，因特殊情况需要采用公开招标以外的采购方式的，需要在采购活动开始前获得设区的市、自治州以上人民政府采购监督管理部门的批准。

1）数额标准是界定是否采用公开招标方式的界线，此标准是强制性的。凡是达到公开招标数额标准的货物和服务采购，都必须采取公开招标方式。

2）公开招标数额标准适用于集中采购项目，也适用于集中采购以外限额标准以上的政府采购项目。

3）公开招标数额标准，按照预算管理体制确定，属于中央预算的政府采购项目由国务院规定，属于地方预算的政府采购项目由省级人民政府规定。

4）达到数额标准的政府采购项目，因特殊情况需要采用公开招标以外的采购方式的，应当在采购活动开始前获得设区的市、自治州以上人民政府采购监督管理部门的批准。

1.5.8　政府采购的政策取向

《政府采购法》第九条对此做出了规定，即政府采购应当有助于实现国家的经济和社会发展政策目标，包括保护环境、扶持不发达地区和少数民族地区以及促进中小企业发展等。

该规定的主要含义是，政府采购在执行本法规定的方式、程序等项规定的同时，还要兼顾有关的社会和经济目标。

1. 保护环境

这一目标是要求政府采购要有利于促进产品制造环境的改造，并采购符合环境保护要求的产品。也就是说，政府采购不能采购制造环境不合格企业生产的产品，如小造纸厂生产的纸张；也不能采购不符合环境保护要求的产品，如北京市及许多城市购买排气符合环境达标要求的汽车，就与环境保护直接相关。政府采购要考虑环保要求，通过将政府采购形成的商业机会向符合环境保护要求的企业或产品倾斜，鼓励和支持这类企业的发展。

2. 扶持不发达地区和少数民族地区的发展

不发达地区和少数民族地区的经济发展水平不高，企业竞争实力普遍不强，促进这些地区的发展是国家经济实现均衡发展的客观要求，完全靠市场经济作用很难实现这一要求。再者，也不能延续只靠直接向这些地区政府或企业提供财政资金的老办法进行扶持，必须通过规范的机制，政府采购就是其中之一。政府采购可以将其形成的商业机会尤其是中央单位的政府采购向这些地区倾斜，在竞争的前提下，将采购合同优先授予相对有实力的不发达地区和少数民族地区的供应商，支持企业发展，提高企业的竞争实力，从而达到培育财源的目的，促进企业发展与财源增长的良性循环，逐步改变不发达的状况。

3. 促进中小企业的发展

在政府采购活动中，中小企业因规模小、竞争力不强、处于弱势地位，所以通常难以拿到相应的采购合同。但是，中小企业也是纳税人，有权利享受政府采购带来的商机。同时，中小企业是社会就业的主要渠道，对维护社会稳定起着至关重要的作用，应当给予必要的扶持。因此,政府采购应当将一定限额以下的采购项目或者在适合中小企业承担的基础上,适度向中小企业倾斜,甚至可以规定将年度政府采购总额的一定比例留给中小企业,以此扶持中小企业发展。

1.5.9　政府采购应当采购本国货物、工程和服务

《政府采购法》第十条对此做出了规定,即政府采购应当采购本国货物、工程和服务,但有下列情形之一的除外。

1)需要采购的货物、工程或者服务在中国境内无法获取或者无法以合理的商业条件获取的。

2)为在中国境外使用而进行采购的。

3)其他法律、行政法规另有规定的。

前款所称本国货物、工程和服务的界定,依照国务院有关规定执行。

1.5.10　政府采购信息公开

《政府采购法》第十一条对此做出了规定,即政府采购的信息应当在政府采购监督管理部门指定的媒体上及时向社会公开发布,但涉及商业秘密的除外。

1. 政府采购信息要及时向社会公开发布

政府采购信息直接影响到政府采购活动的公开、公正和公平,应当及时向社会公开发布,使社会公众及时了解政府采购制度的发展变化、商业机会、采购要求以及采购活动的进展情况,提高政府采购的透明度,广泛接受社会公众监督。

2. 政府采购信息发布渠道必须是政府采购监督管理部门指定的媒体

政府采购信息必须在指定媒体上公开,这些媒体是指政府采购监督管理部门指定的专门媒体。之所以要指定媒体,一是使信息披露具有一定的权威性;二是信息载体相对固定,方便社会各个方面了解;三是能体现公益性,费用较低。《政府采购法》第十一条所称的政府采购监督管理部门是指财政部。目前,财政部已经分别指定《中国财经报》、"中国政府采购网"(www.ccgp.gov.cn)以及《中国政府采购》杂志为全国政府采购的信息发布媒体,在这些媒体上刊登法定的政府采购信息全部免费。

3. 涉及商业秘密的政府采购信息不应当公开

政府采购信息原则上要及时向社会公布,但是,当其中有关信息涉及供应商的商业秘密时,如特定的管理技术、专利、成本费用等,《政府采购法》规定不应当公开,以保护供应商的合法权益。

政府采购信息公开,无论是政府采购制度建设、社会公众、采购人还是供应商都是受益者。政府采购信息公开可以提高政府采购的透明度,方便社会公众监督,减少采购人的信息公告支出,便于供应商公平地获得采购信息。

1.5.11　政府采购回避制度

《政府采购法》第十二条对此做出了规定,即在政府采购活动中,采购人员及其相关人员与供应商有利害关系的,必须回避。前款所称相关人员,包括招标采购中评标委员会的组成人员、竞争性谈判采购中谈判小组的组成人员、询价采购中询价小组的组成人员等。该规定的主要含义包括以下三个方面:

1. 建立回避制度

根据《政府采购法》的规定,在具体的采购活动中,采购人员及其相关人员与供

应商有利害关系的,必须回避。

2. 规定必须回避的对象

根据《政府采购法》的规定,采购人及招标采购中评标委员会的组成人员、竞争性谈判采购中谈判小组的组成人员、询价采购中询价小组的组成人员等相关人员,与供应商存在利害关系的,必须回避,由其他无利害关系的人员替代。

3. 应当回避不回避的要强制其回避

根据《政府采购法》的规定,如果采购人员及相关人员与参加当次采购的供应商存在关系却不自觉回避的,其他供应商可以向采购执行机构提出申请。采购执行机构在核实情况属实时,应当责令其回避。

1.5.12 政府采购监督管理

《政府采购法》第十三条对此做出了规定,即各级人民政府财政部门是负责政府采购监督管理的部门,依法履行对政府采购活动的监督管理职责。各级人民政府其他有关部门依法履行与政府采购活动有关的监督管理职责。

1. 政府采购的监督管理部门为各级人民政府财政部门

将各级人民政府财政部门规定为政府采购的监督管理部门,主要考虑到财政部门具备相应的职能和监督管理条件。

第一,是政府赋予的职能。在1998年机构改革中,国务院赋予了财政部"拟定和执行政府采购政策"的职能,确立了财政部门为政府采购监督管理部门的地位。

第二,是财政部门应有的职能。政府采购是财政支出管理的一项制度。政府采购资金主要来源于财政支出,可以说没有财政支出就没有政府采购行为。政府采购行为是财政支出由货币形态向实物形态的转变过程,因此,实行政府采购制度是财政管理职能由预算分配延伸到支出使用过程,由货币形态延伸到实物和其他形态,通过采购资金的管理规范采购行为,通过采购行为的规范促进采购资金的管理,提高采购资金的使用效益。政府采购与财政支出管理是一个事物的两个方面,不可分割,不可替代,是财政部门的内在职能。

第三,其他部门不能替代财政部门在政府采购管理方面的职能。政府采购是对采购项目的全过程管理,包括编制采购预算、选择采购方式、执行采购程序、拨付采购资金等,其中的预算编制、采购资金拨付等事务是财政部门的职能,其他部门不可替代。

第四,财政部门具有推动政府采购工作的手段。其中,最有力的手段是采购资金的支付。采购单位不按《政府采购法》规定开展采购活动,财政部门可以拒绝支付采购资金,从而促进政府采购工作全面、规范地开展。

2. 其他有关部门负有对政府采购活动的监督管理职责

该条所称的其他有关部门主要是指国务院有关负责招投标活动行政监督的部门以及审计机关和监察机关。

审计机关主要负责对政府采购监督管理部门、政府采购各当事人有关政府采购活动进行审计监督。审计监督属于事后监督,监督重点是采购资金使用的合法性及有关财经纪律问题。政府采购监督管理部门、政府采购各当事人有关政府采购活动,应当接受审计机关的审计监督。执行该法关于审计机关监督的规定,需要注意的是,审计机关对政府采购进行审计监督应当是全方位的监督,除了对政府采购监督管理部门、采购人、集中采购机构进行审计监督外,还可以对其他采购代理机构、供应商实施审计监督。

监察机关主要负责对参与政府采购活动的国家机关、公务员和国家行政机关任命的其他人员实施监察。监察机关的监督也属于事后监督,监督重点是政府采购及公职人员的行为。

监察机关应当加强对参与政府采购活动的国家机关、国家公务员和国家行政机关任命的其他人员实施监察。

3. 政府采购监督管理部门监督检查的职责和主要内容

《政府采购法》第五十九条对政府采购监督管理部门的监督检查职责和主要内容做出了规定,即政府采购监督管理部门应当加强对政府采购活动及集中采购机构的监督检查。监督检查的主要内容有:一是有关政府采购的法律、行政法规和规章的执行情况;二是采购范围、采购方式和采购程序的执行情况;三是政府采购人员的职业素质和专业技能。

政府采购监督管理部门应当对政府采购项目的采购活动进行检查,政府采购当事人应当如实反映情况,提供有关材料。

1.5.13 关于采购人

采购人在政府采购活动中应当维护国家利益和社会公共利益,公正廉洁,诚实守信,执行政府采购政策,建立政府采购内部管理制度,厉行节约,科学合理地确定采购需求。

采购人不得向供应商索要或者接受其给予的赠品、回扣或者与采购无关的其他商品、服务。

1)集中采购机构为采购代理机构。设区的市、自治州以上人民政府根据本级政府采购项目组织集中采购的需要设立集中采购机构。集中采购机构是非营利事业法人,根据采购人的委托办理采购事宜。

集中采购机构进行政府采购活动,应当符合采购价格低于市场平均价格、采购效率更高、采购质量优良和服务良好的要求。

2)采购人采购纳入集中采购目录的政府采购项目,必须委托集中采购机构代理采购;采购未纳入集中采购目录的政府采购项目,可以自行采购,也可以委托集中采购机构在委托的范围内代理采购。纳入集中采购目录属于通用的政府采购项目的,应当委托集中采购机构代理采购;属于本部门、本系统有特殊要求的项目,应当实行部门集中采购;属于本单位有特殊要求的项目,经省级以上人民政府批准,可以自行采购。

3)采购人可以委托经国务院有关部门或者省级人民政府有关部门认定资格的采购代理机构,在委托的范围内办理政府采购事宜。这些代理机构是指社会中介代理机构,如招标公司等。采购人有权自行选择采购代理机构,如招标公司等。采购人有权自行选择采购代理机构,任何单位和个人不得以任何方式为采购人指定采购代理机构。

4)政府采购监督管理部门不得设置集中采购机构,不得参与政府采购项目的采购活动。采购代理机构与行政机关不得存在隶属关系或者其他利益关系。

5)集中采购机构应当建立健全内部监督管理制度。采购活动的决策和执行程序应当明确,并相互监督、相互制约。经办采购的人员与负责采购合同审核、验收人员的职责权限应当明确,并相互分离。

6）集中采购机构的采购人员应当具有相关职业素质和专业技能，符合政府采购监督管理部门规定的专业岗位任职要求。集中采购机构对其工作人员应当加强教育和培训；对采购人员的专业水平、工作实绩和职业道德状况定期进行考核。采购人员经考核不合格的，不得继续任职。

7）政府采购监督管理部门应当对集中采购机构的采购价格、节约资金效果、服务质量、信誉状况、有无违法行为等事项进行考核，并定期如实公布考核结果。

1.5.14 关于供应商、联合体及其资格要求

任何单位和个人不得采用任何方式阻挠和限制供应商自由进入本地区和本行业的政府采购市场。给予供应商自由进入各地区、各行业政府采购市场的权利，消除地区封锁和行业垄断，促进全国统一政府采购市场的形成。

1）供应商是指向采购人提供货物、工程或者服务的法人、其他组织或者自然人。

2）供应商参加政府采购活动应当具备下列条件：

① 具有独立承担民事责任的能力。
② 具有良好的商业信誉和健全的财务会计制度。
③ 具有履行合同所必需的设备和专业技术能力。
④ 有依法缴纳税收和社会保障资金的良好记录。
⑤ 参加政府采购活动前三年内，在经营活动中没有重大违法记录。
⑥ 法律、行政法规规定的其他条件。

采购人可以根据采购项目的特殊要求，规定供应商的特定条件，但不得以不合理的条件对供应商实行差别待遇或者歧视待遇。

3）采购人可以要求参加政府采购的供应商提供有关资质证明文件和业绩情况，并根据本法规定的供应商条件和采购项目对供应商的特定要求，对供应商的资格进行审查。

4）两个以上自然人、法人或者其他组织可以组成一个联合体，以一个供应商的身份共同参加政府采购。以联合体形式进行政府采购的，参加联合体的供应商应当具备《政府采购法》第二十二条规定的条件，并应当向采购人提交联合协议，载明联合体各方承担的工作和义务。联合体各方应当共同与采购人签订采购合同，就采购合同约定的事项对采购人承担连带责任。

1.5.15 政府采购方式

《政府采购法》第二十六条对政府采购方式做了规定，即政府采购方式为公开招标、邀请招标、竞争性谈判、单一来源采购、询价和国务院政府采购监督管理部门认定的其他采购方式。公开招标应作为政府采购的主要采购方式。

1）开展政府采购活动时，必须采用《政府采购法》规定的采购方式以及国务院政府采购监督管理部门认定的其他采购方式，不得采用《政府采购法》规定以外的方式。

2）公开招标是政府采购的主要采购方式，与其他采购方式不是并行的关系。政府采购监督管理部门在审批公开招标以外其他采购方式以及未达到公开招标数额标准，可以采取其他采购方式的，必须按照《政府采购法》规定的适用情形选择相应的采购方式。

3）如果采用五种特定采购方式以外的其他采购方式，必须报国务院政府采购监督

管理部门认定。本条比较明确地规定了采购方式，但在执行中仍应注意两个问题：一是不应当将五种采购方式并行同等对待。按照《政府采购法》的规定，首选应当采用公开招标方式。二是不应当未经国务院政府采购监督管理部门认定而采用已经明确的五种采购方式以外的采购方式。

4）采购人必须按照《政府采购法》规定的采购方式和采购程序进行采购。任何单位和个人不得违反该法规定，要求采购人或者采购工作人员向其指定的供应商进行采购。

1.5.16 政府采购预算的编制与审批

根据《政府采购法》第六条原则规定，第三十三条对政府采购预算的编制和审批管理做出了具体规定，即负有编制部门预算职责的部门在编制下一财政年度部门预算时，应当将该财政年度政府采购的项目及资金预算列出，报本级财政部门汇总。部门预算的审批，按预算管理权限和程序进行。具体有四个要点：一是本条规定是政府采购程序的第一个环节；二是部门和单位在编制的下一财政年度部门预算中应当将政府采购的项目及资金预算列出，并报本级财政部门；三是部门预算的审批按预算管理权限和程序进行，而不是单独建立政府采购预算审批程序；四是经批准的部门预算才是政府采购执行的依据。

1.5.17 政府采购项目采购标准和采购结果的公开

《政府采购法》第六十三条对政府采购项目的采购标准和采购结果的公开问题做出了规定，即政府采购项目的采购标准应当公开。采用《政府采购法》规定的采购方式的，采购人在采购活动完成后，应当将采购结果予以公布。

1. 政府采购项目的采购标准应当公开

所谓采购标准，是指采购人按照国家有关规定、国际或者国内公认的标准以及采购人实际需要确定的采购对象规格、性能等方面的基本要求。采购标准是供应商衡量其参加采购活动能力、风险与利益，确定是否参加以及如何参加政府采购的重要依据，是政府采购监督管理部门以及其他监督部门对采购活动实施监督的主要内容，也是采购人保证采购质量、完成采购任务的基础。因此，采购人应当准确地确定采购标准并按照规定予以公开。

2. 采用《政府采购法》规定的采购方式的，采购人在采购活动完成后应当将采购结果予以公布

采购结果的公布与采购标准的公开具有同样的重要意义。根据《政府采购法》的规定，政府采购可以采用公开招标、邀请招标、竞争性谈判、单一来源采购、询价以及国务院政府采购监督管理部门认定的其他采购方式。凡是采用《政府采购法》规定的采购方式的，其采购结果都应当由采购人予以公布。

1.5.18 政府采购活动的社会监督

《政府采购法》第七十条对政府采购活动的社会监督问题做出了规定，即任何单位和个人对政府采购活动中的违法行为有权控告和检举，有关部门、机关应当依照各自职责及时处理。

1）任何单位和个人对政府采购活动中的违法行为，有权控告和检举。对政府采购活动中的违法行为依法进行控告和检举，是任何单位和个人的法定权利，各级国家机关、各企业事业单位、社会团体、其他各种组织和公民个人都可以依法行使这一权利。控告和检举的对象，包括政府采购当事人、政府采购监督管理部门和政府其他有关部门在政府采购活动中的任何违法行为。

2）对于任何单位和个人对政府采购活动中的违法行为的控告和检举，有关部门、机关应当依照各自职责及时处理。在处理控告和检举事项时，有关部门、机关应当依法进行调查、核实，及时进行处理，并将处理结果告知控告人和检举人。

执行《政府采购法》关于政府采购活动社会监督问题的规定，需要注意的是，有关部门、机关收到控告和检举后，对不属于本部门、本机关管辖的事项应当及时转送有管辖权的部门和机关负责处理。

复习思考题

一、简答题

1. 项目采购管理有哪些主要过程？
2. 项目采购的方式有哪些？
3. 国际竞争性招标程序如何？
4. 建筑工程管理模式有哪几种？各自的特点是什么？
5. EPC 模式的基本特征有哪些？
6. 项目合同如何进行分类？
7. 何为 BOT 模式？其运作程序如何？
8. Partnering 模式的特征主要表现在哪几个方面？
9. 有关国际组织对国际项目采购有哪些规定？
10. 世界银行《采购指南》适用范围有哪些？
11. 我国项目招标投标的法律法规体系是什么？
12. 《建筑法》对工程的承发包有哪些规定？
13. 《政府采购法》的立法目的有哪些？
14. 政府采购的政策取向有哪些？

二、判断题

1. 建筑工程依法实行招标发包，对不适于招标发包的可以直接发包。（ ）
2. 施工总承包的，建筑工程主体结构的施工必须由总承包单位自行完成。（ ）
3. 应当由一个承包单位完成的建筑工程可以肢解成若干个部分发包给几个承包单位。（ ）

三、单选题

1. 项目采购按采购内容不包括（ ）。
   A. 货物采购　　　B. 土建工程采购　　　C. 咨询服务采购　　　D. 招标采购
2. 以下不属于项目周期阶段的是（ ）。
   A. 鉴定阶段　　　B. 准备阶段　　　C. 谈判阶段　　　D. 规划阶段
3. 招标采购不包括（ ）。
   A. 国际竞争性招标　　　　　　　　B. 有限国际招标
   C. 国内竞争性招标　　　　　　　　D. 直接采购

四、多选题

1. 采购计划编制的依据包括（　　）。
   A. 产品说明　　　　　　　B. 约束条件　　　　　　C. 采购文档
   D. 合格的卖主清单　　　　E. 合同
2. 供方选择的方法包括（　　）。
   A. 自制外购分析　　　　　B. 标准表格　　　　　　C. 加权系统
   D. 筛选系统　　　　　　　E. 独立估算
3. 国内竞争性招标适用于下列（　　）情况。
   A. 合同金额小　　　　　　B. 劳力密集型的土建工程
   C. 在国内能够采购到的货物或工程，其价格低于国际市场的价格
   D. 有能力提供所需货物的供货商、服务的提供者或工程的承包商数量有限
   E. 所需设备具有专营性，只能从一家厂商购买

主要内容
- 工程项目采购概述
- 工程项目采购招标的程序
- 工程项目采购招标文件
- 工程项目采购的开标、评标与决标

第 2 章

工程项目采购

2.1 工程项目采购概述

2.1.1 招标投标的产生和发展

1. 招标投标产生的历史原因

18世纪80年代,在英国和美国出现了人类最早的招标投标活动,并继之走向了法制化的轨道。20世纪50年代后,世界各国和国际经济组织,如世界银行、亚洲开发银行,在产品采购和工程建设上也普遍采用招标投标,并且招标投标由政府走向了民间,成为企业与企业之间产品和劳务的一种常见的交易方式。

(1) 招标投标的产生

1) 招标投标的发端。招标投标最早产生于英、美政府的采购活动(商品和劳务采购)中,并逐步通过立法把招标投标这种交易形式固定下来。

英国是最早使政府采购规范化的国家。1782年,英国就设立了文具公用局,负责采购政府各部门所需物资。1803年,英国政府以法令形式推行招标制,规定政府机构购买批量较大的货物以及开展较大的工程项目时,采取招标方法。此后,于1861年出台了一部联邦法案,从量上对招标做了界定,它规定超过一定金额的联邦政府的采购都必须采取公开招标的方式。

美国则是对招标投标最早立法的国家,它在1761年就颁布了《联邦采购法》,对政府购买商品和开发工程建设进行法制化管理。1809年,美国国会又通过了第一部秘密招标的法律,1861年美国国会还通过立法规定密封招标制为政府授予合同的基本方式。这一方式一直延续到1984年通过采购法为止。

2) 招标投标产生的历史原因。英、美两国成为人类经济史上招标投标活动的历史起点,有其深刻的历史原因。

① 英国是最早出现产业革命并成为市场经济的国家,美国独立后也逐步步入了市场经济轨道。在市场经济条件下,市场配置着资本、劳动和技术等物质资源。但由于市场自身的缺陷,公共产品(如国防、教育、服务于公众的基础设施)所需的资源配置

却由政府行使。随着市场经济的发展，政府提供全国性共用品和地方性共用品的职责也随之扩大，政府从而面临大宗产品的采购和公用设施建设的任务，使政府与企业的交易变为经常的、频繁的活动。如何使这种交易活动规范化、法制化，就成为当时英、美政府共同面临而必须解决的课题。

② 政府作为行使公共权力的机构，其资源配置权力既要遵循公开、公平、公正和诚实守信的原则，又要保护社会公共利益，确保所购买的产品和劳务的质量，提高经济效益。要使政府在购买商品和劳务过程的行为规范，使政府权力在交易活动中不被官员们滥用，就必须找到一种既能监控政府权力又能满足市场原则、优化配置资源的交易形式。政府采购中的招标投标交易形式正是这一内在要求下的历史产物。

历史表明，招标投标活动不仅使政府的交易行为更加规范，堵塞了官员们以权谋私的途径，而且在使交易行为公平公正的同时，又使政府手中公共财富支配由于引入竞争机制而达到最优化。

（2）招标投标的发展

英、美两国的招标投标形式在19世纪已经普遍地为欧美发达的工业化国家所采用，20世纪中叶（第二次世界大战后）普遍为世界各国、国际经济组织、国际财团所采用，并得到立法推行。比如，1977年国际工程师联合会和欧洲建筑工程委员会编制的《土木工程国际通用合同条件》已广泛运用于国际建筑工程市场，该条件以招标承包制为基础，规定了承包过程的管理条件。

2. 我国招标投标的确立和现状

早在1902年我国就出现了招标投标的交易形式，但科学意义上的招标投标却在时隔大半个世纪后，伴随着中国市场经济的发展才开始产生和确立。

（1）我国招标投标的确立

据史料记载，我国最早于1902年采用招标方式发包工程。其时，张之洞在创办湖北皮革厂的过程中采用了招商比价方式，选择了5家竞标商人参加开标和比价，最后张同升中标，招标方随之与他签订了以质量保证、施工工期、付款方法为主要内容的承包合同。

这一事件开了中国招标投标的先河。1918年，汉阳铁矿的两项扩建工程也采用了公开招标。值得一提的是，1929年武汉市采办委员会曾制定招标规则，规定公有建筑或一次物料采购大于3 000元以上时，均需通过招标决定承包厂商。这可看作是中国最早将招标纳入法制化轨道的第一次尝试。但这些尝试只是昙花一现，科学意义的招标投标到了20世纪80年代后才在中国土地上生根发芽、开花结果。

1978年党的十一届三中全会后，神州大地迎来了改革开放的新时代，计划经济体制开始向市场经济体制转化。在建立市场经济的过程中，我国的招标投标活动经历了由外到内、由局部到整体、由试点到全国的发展过程后，于2000年1月1日正式确立。

1979年，我国土木建筑企业走出国门，参与国际建筑市场的投标竞争。他们在投标竞争中获得了承包中东、亚洲、非洲地区的工程业务，取得了国际工程投标的经验与信誉。1980年，世界银行向我国提供第一笔贷款（一个大学发展项目）时，把招标承包引入了国内，它要求以国际竞争性招标方式开展其项目采购建设活动。1980年10月，国务院颁布了《关于开展和保护社会主义竞争机制的暂行规定》，正式提出"对一些适宜于承包的生产建设项目和经营项目，可以试行招标投标的办法"。国务院规定的出台，标志着招标投标从国外走到了国内，也标志着招标投标在国内局部的开展。

国内局部开展招标投标表现在以下两个方面：

1）部分行业率先开展招标投标。例如，1981年在深圳试行国内建筑业招标，1983年在武汉试行国内机电设备招标，1984年上海市成套公司、北京成套局分别采用成套设备招标形式等。

2）部分地区率先开展招标投标。1997年11月深圳市政府以公开招标形式采购27辆公务用车，同年底重庆市也第一次以公开招标形式采购65辆公用车。此外，河北、山东、北京等省市都进行了政府采购招标投标的试点工作。

经验证明，招标投标的局部展开取得了良好的社会效益和经济效益。以政府采购招标投标为例：深圳市1997年的公务用车的总标成交价比市场价低7.1%，使财政资金节省额达70多万元；重庆市的成交价则比市财政安排的资金低350万元，开支节约率达20%。统计资料显示，试点地区通过招标平均的节约率普遍为12%~15%，少数项目甚至可达50%。若按政府采购总金额2 000亿元、采购节约率为10%计算，成本可减少200亿元。局部展开的成功，使得招标投标得以向全国逐步推广。具体来说，自1980年后从基本建设项目、机械成套设备、机电设备、科技项目、项目融资、土地承包、城镇土地使用权出让到政府采购等许多政府投资及公共采购领域，都逐步推行了招标投标制度。

以局部（国家重点建设项目）的法规建设为例，1984年原国家计委（现已改为国家发展和改革委员会，简称国家发改委）、原城乡建设环境保护部（现已改为国家住房和城乡建设部）在制定了《建设工程招标投标暂行规定》后，1985年又发布了《工程设计招标投标暂行办法》。经过了几年实践，1991年2月，原国家计委出台了《关于加强国家重点建设项目及大型项目招标投标管理的通知》，1996年4月和6月又先后发布了《关于实行建设项目法人责任制的暂行规定》和《国家重点建设项目管理办法》。这一系列行政法规对建设工程的招标投标的各个环节、各个侧面做了具体而翔实的规定，使国家重点建设项目招标投标有章可循、有法可依，走向成熟。

招标投标局部成熟的累积效应最终覆盖全国，催生着各行业招标投标活动的立法时机成熟。1999年8月30日，第九届全国人民代表大会常务委员会第十一次会议通过了《招标投标法》，2000年1月1日正式实施；2002年6月29日第九届全国人民代表大会常务委员会第28次会议又通过了《政府采购法》。这两个立法的颁布标志着招标投标活动在21世纪的中国大地上确立了法定地位。2011年11月30日国务院第183次常务会议又通过了《中华人民共和国招标投标法实施条例》（以下简称《条例》），自2012年2月1日起施行；并于2017年12月27日第十二届全国人民代表大会常务委员会第31次会议对《招标投标法》进行了修订。

（2）我国招标投标的现状

《招标投标法》自2000年1月1日施行以来，对于推进招标采购制度的实施，促进公平竞争，加强反腐败制度建设，节约公共采购资金，保证采购质量，发挥了重要作用。

但是，随着招标采购方式的广泛应用，招标投标活动也出现了一些亟待解决的突出问题：一些依法必须招标的项目规避招标或者搞"明招暗定"的虚假招标，有的领导干部利用权力插手干预招标投标活动，搞权钱交易，使工程建设和其他公共采购领域成为腐败现象易发、多发的重灾区；一些招标投标活动当事人相互串通、围标串标，严重扰乱招标投标活动的正常秩序，破坏公平竞争。

招标投标活动中存在的突出问题明显违反了法律、法规已有的规定，同时也有相关制度需要进一步完善的问题。因此，认真总结《招标投标法》实施以来的实践经验，制定出台配套行政法规，将法律规定进一步具体化，增强可操作性，并针对新情况、新问题充实完善有关规定，进一步筑牢工程建设和其他公共采购领域预防和惩治腐败的制度屏障，维护招标投标活动的正常秩序，是很有必要的。2011年制定出台《条例》，是落实中央部署、推动工程建设领域反腐败长效机制建设的一项重要任务，是解决招标投标领域突出问题、促进公平竞争、预防和惩治腐败的一项重要举措。2017年对《招标投标法》的修订，有助于深化招标投标领域"放管服"改革，不断增强招标投标制度的适用性和前瞻性，推动政府职能转变，助力供给侧结构性改革，促进经济社会持续健康发展。

3. 当代国际招标投标活动的特点

（1）设立招标投标监督管理机构

政府和议会设立专门机构实施招标投标监督和管理已成为国际惯例。例如，英国议会设立有"公共支出委员会"，专门负责对各政府部门采购招标的监控；新西兰设立"中央采购部"，专门负责政府采购招标；乌干达设立"中央招标局"，专门负责招标工作；日本按WTO要求，设立了中央采购招标机关和地方采购招标机关等。

（2）招标投标已纳入法制化、规范化的轨道

联合国、世界银行及各国政府都已通过立法将招标投标活动纳入法制化管理的范围，对不执行或违背法制化管理的行为一律按违法行为进行处置，使招标投标活动的全过程都处于法律的监督之下。例如，韩国的《建设产业基本法》规定：在招标投标中如有串通，串通者一律受罚；同时还规定违背该法者，处5年以下有期徒刑和5 000万韩元以下罚金。

与此同时，联合国、世界银行及各国政府均制定了一系列招标投标制度。例如，美国的招标制度、作业标准化制度、供应商资格评审制度和缴款追查制度等。又如，联合国、WTO及欧盟等制定了强制公开招标的制度。这些制度对招标主体、招标信息的发布、招标方式、投标人资格及审查、评标、中标标准、合同签订和履行做了具体而详细的规定，它的颁布和执行使招标投标有据可循，走向规范，利于操作。

（3）坚守"三公"及诚信原则

"三公"即公开、公平、公正原则，诚信即诚实守信的原则。实践证明，联合国、世界银行及各国政府均要求招标投标活动的全过程在"阳光下"展开，严禁暗箱操作，以贯彻市场经济所要求的公开、公平、公正和诚实守信的原则。所谓公开，指招标投标的每一阶段的活动都要公布，即招标信息、开标程序、评标标准和程序、中标结果要公开。所谓公平、公正，要求招标方对投标人一视同仁，不得有高低轻疏之分。所谓诚实守信，则要求招标方、投标方不得有哄骗、欺诈及背叛的行为。

（4）竞争原则

市场优化配置资源的功能是通过竞争来实现的，招标投标活动必须贯彻竞争原则。这具体体现在世界各国和国际组织对投标参与者的数量规定上，通行的规定是参与投标的法人或自然人不得低于三人，以创造竞争环境。近年来，还表现在中标标准的规定

上，比如世界银行规定了最低价的中标标准。

2.1.2 工程项目采购应具备的条件

1. 招标工程项目采购应具备的条件

采用国际/国内竞争性招标方法，择优选用承包人的工程项目，也必须按照基本建设程序办事。因此，项目单位在工程招标之前也要具备一定的条件，方能进行招标。根据我国《建设工程招标投标暂行规定》，实行工程施工招标，必须有经过批准的工程建设计划、设计文件和所需的资金；对于世界银行项目来说，就是国内配套资金。在实际工作中，各地主管部门大都将这些条件规定得更加具体。一般来说，必须具备的条件有以下几个。

(1) 工程建设项目或计划业已批准

工程建设项目已经主管部门批准，并已列入年度投资计划。建设项目的批准是基本建设程序的重要内容和重要环节。按照规定，没有列入国家计划或地区计划的建设工程，是不能组织施工的；即使是外资和融资的建设工程，也必须有立项审批的程序。所以，没有列入计划的建设项目，也就不能进行施工招标。

(2) 设计文件已经批准

工程项目的设计文件包括：初步设计和费用概算，或技术设计和修正概算（如果是三阶段设计的话），或施工图设计和费用预算，按项目的规模和等级的不同而定。

我国许多项目的实践表明，只要时间允许，招标时应尽可能采用施工图设计和费用预算，才最有利于项目业主单位编写招标文件和准备标底。在授标和签订合同后，在其他有关条件（征地拆迁和配套资金落实）已经具备时即可开工，而且在工程施工中也很少变更。但是在实际工作中，一个建设项目一经立项，出于种种原因，往往就急于开工。因此在招标的有关办法中规定，"初步设计和概算文件已经批准"是实行施工招标的必备条件之一，这也是编写投标文件的起码条件。

按照国际上的通常做法，依据 FIDIC 合同条件招标的合同属于计量型的单价合同，是可以采用初步设计和费用概算进行招标的。在这种情况下，随着工程的进行，项目业主或其委托的监理咨询公司要不断地向承包人提供施工详图，而工程量清单中的各项估计数量也均以实际完成数量和承包人所报的单价为准进行支付。

(3) 建设资金已经落实

对于世界银行项目而言，建设资金有两层含义：一是指世界银行贷款已经取得承诺，完成了项目评估，将要签订贷款协定；二是指国内配套资金已经落实或基本落实，两者缺一不可。对于国内项目而言，建设资金包括自有资金和银行贷款。通常，自有资金不少于项目投资总额的30%，而银行贷款也必须已经落实。资金没有落实，不能进行招标，也不能进行资格预审。

(4) 招标文件已经编写完成并经批准

招标文件的重要性和主要内容是进行项目施工招标的前提条件，应该经有关部门批准。

(5) 施工准备工作已就绪

施工准备工作，包括征地拆迁、移民安置、环保措施、临时道路、公用设施、通信设备等现场条件的准备已经就绪，当地的施工许可证已经取得。

2. 招标单位及代理机构应具备的条件

(1) 招标单位应具备的条件

根据我国《招标投标法》的规定,"招标人应是提出招标项目,进行招标的法人或者其他组织。""招标人应当有进行招标项目的相应资金或者资金来源已经落实,并应当在招标文件中如实载明。"同时,"招标人具有编制招标文件和组织评标能力的,可以自行办理招标事宜。"

按照住房和城乡建设部的有关规定,依法必须进行施工招标的工程,招标人自行办理施工招标事宜的,应当具有编制招标文件和组织评标的能力。

1) 有专门的施工招标组织机构。

2) 有与工程规模、复杂程度相适应,并具有同类工程施工招标经验、熟悉有关工程施工招标法律法规的工程技术、概预算及工程管理的专业人员。

不具备上述条件的,招标人应当委托具有相应资格的工程招标代理机构代理施工招标。

(2) 招标代理机构应具备的条件

建设部第79号令《工程建设项目招标代理机构资格认定办法》对工程招标代理机构资格的相关问题进行了规定。

1) 申请工程招标代理机构资格的单位,应当具备如下条件:

① 是依法设立的中介组织。

② 与行政机关和其他国家机关没有行政隶属关系或者其他利益关系。

③ 有固定的营业场所和开展工程招标代理业务所需的设施及办公条件。

④ 有健全的组织机构和内部管理的规章制度。

⑤ 具备编制招标文件和组织评标的相应专业力量。

2) 工程招标代理机构资格分为甲、乙两级。

① 申请甲级工程招标代理机构资格,除具备上述第1)条规定的条件外,还应当具备下列条件:近三年内代理中标金额3 000万元以上的工程不少于10个,或者代理招标的工程累计中标金额在8亿元以上(以中标通知为依据,下同);具有工程建设类执业注册资格或者中级以上专业技术职称的专职人员不少于20人,其中具有造价工程师执业资格人员不少于2人;法定代表人、技术经济负责人、财会人员为本单位专职人员,其中技术经济负责人具有高级职称或者相应执业注册资格并有10年以上从事工程管理的经验;注册资金不少于100万元。

② 申请乙级工程招标代理机构资格,除具备上述第1)条规定的条件外,还应当具备下列条件:近三年内代理中标金额1 000万元以上的工程不少于10个,或者代理招标的工程累计中标金额在3亿元以上;具有工程建设类执业注册资格或者中级以上专业技术职称的专职人员不少于10人,其中具有造价工程师执业资格人员不少于2人;法定代表人、技术经济负责人、财会人员为本单位专职人员,其中技术经济负责人具有高级职称或者相应执业注册资格并有7年以上从事工程管理的经验;注册资金不少于50万元。

乙级工程招标代理机构只能承担工程投资额(不含征地费、市政配套费与拆迁补偿费)3 000万元以下的工程招标代理业务。

3. 必须采用招标方式选择承包单位的建设项目

在我国《招标投标法》中，并没有分别对工程、货物以及咨询服务（勘察、设计、监理等）必须进行强制招标的范围进行规定，而是将三者集中在一起进行规定。因此，为了清楚起见，在此一并予以介绍。

（1）必须招标的范围

我国《招标投标法》指出，凡在中华人民共和国境内进行下列工程，包括项目的勘察、设计、施工、监理以及与工程建设有关的重要设备、材料等的采购，必须进行招标。

第一，大型基础设施、公用事业等关系社会公共利益、公共安全的项目。

第二，全部或者部分使用国有资金投资或国家融资的项目。

第三，使用国际组织或者外国政府贷款、援助资金的项目。

依据《招标投标法》的基本原则，原国家计委颁布了《工程建设项目招标范围和规模标准规定》，对上述工程建设项目招标范围和规模标准又做出了以下具体规定。

1）关系社会公共利益、公众安全的基础设施项目。关系社会公共利益、公众安全的基础设施项目的范围包括：煤炭、石油、天然气、电力、新能源等能源项目；铁路、公路、管道、水运、航空等交通运输项目；邮政、电信枢纽、通信、信息网络等邮电通信项目；防洪、灌溉、排涝、引（供）水、滩涂治理、水土保持、水利枢纽等水利项目；道路、桥梁、地铁和轻轨交通、污水排放及处理、垃圾处理、地下管道、公共停车场等城市设施项目；生态环境保护项目；其他基础设施项目。

2）关系社会公共利益、公众安全的公用事业项目。关系社会公共利益、公众安全的公用事业项目的范围包括：供水、供电、供气、供热等市政工程项目；科技、教育、文化等项目；体育、旅游等项目；卫生、社会福利等项目；商品住宅，包括经济适用住房；其他公用事业项目。

3）使用国有资金投资项目。使用国有资金投资项目的范围包括：使用各级财政预算资金的项目；使用纳入财政管理的各种政府性专项建设资金的项目；使用国有企、事业单位自有资金，并且国有资产投资者实际拥有控制权的项目。

4）国家融资项目。国家融资项目的范围包括使用国家发行债券所筹资金的项目、使用国家对外借款或者担保所筹资金的项目、使用国家政策性贷款的项目、国家授权投资主体融资的项目以及国家特许的融资项目。

5）使用国际组织或者外国政府资金的项目。使用国际组织或者外国政府资金的项目的范围包括：使用世界银行、亚洲开发银行等国际组织贷款资金的项目，使用外国政府及其机构贷款资金的项目，使用国际组织或者外国政府援助资金的项目。

以上第1）～5）条规定范围内的各类工程建设项目，包括项目的勘察、设计、施工、监理以及与工程建设有关的重要设备、材料等的采购，达到下列标准之一的，必须进行招标：

① 施工单项合同估算价在400万元人民币以上的。

② 重要设备、材料等货物的采购，单项合同估算价在200万元人民币以上的。

③ 勘察、设计、监理等服务的采购，单项合同估算价在100万元人民币以上的。

依法必须进行招标的项目，全部使用国有资金投资或者国有资金投资占控股或者主导地位的，应当公开招标。

凡按照规定应该招标的工程不进行招标，应该公开招标的工程不公开招标的，招标单位所确定的承包单位一律无效。建设行政主管部门按照《中华人民共和国建筑法》（以下简称《建筑法》）第八条规定，不予颁发施工许可证；对于违反规定擅自施工的，依据《建筑法》第六十四条规定，追究其法律责任。

（2）可以不进行招标的范围

按照规定，属于下列情形之一的，可以不进行招标，采用直接委托的方式发包建设任务：

1）需要采用不可替代的专利或者专有技术的。
2）采购人依法能够自行建设、生产或者提供。
3）已通过招标方式选定的特许经营项目投资人依法能够自行建设、生产或者提供。
4）需要向原中标人采购工程、货物或者服务，否则将影响施工或者功能配套要求。
5）国家规定的其他特殊情形。

案例2-1：自行招标

新疆某水库大坝工程是新疆维吾尔自治区重点建设项目的骨干工程，总投资金额17 000万元。其中，对工程概算为6 644万元的大坝填筑及基础灌浆工程进行招标。

本次招标采取了邀请招标的方式，由建设单位自行组织招标。1997年6月中旬，由工程建设单位组织的资格评审小组对申请投标的20家施工企业进行资格审查。1998年6月20日，建设单位向10家通过资格审查的企业发售了招标文件，并组织了现场勘察和答疑。建设单位于7月16日首次与政府有关部门联系，向政府有关部门发出参加招标活动的邀请。1998年7月18日，由投资方、建设方、技术部门等各方代表参加的评标委员会组成。7月20日13时公开开标。当日下午至次日上午，评标委员会的商务组、技术组对10家投标企业递交的标书进行审查，并向建设单位按顺序推荐了中标候选人。有关部门派员参与了开标和评标监督。建设单位认为评标委员会推荐的中标候选人不如名单之外的××部水电××局提出的优惠条件好（实际上是垫资施工），决定让××部水电××局中标。但在有关单位的干预和协调下，建设单位最终从评标委员会推荐的中标候选人中选择了承包商。问题：你认为本案例招标中有哪些不妥之处？

分析：
（1）招标范围不符合我国《招标投标法》的规定。
（2）招标方式选择不当。
（3）自行招标应向有关部门进行备案。
（4）评标委员会组成不合法。
（5）招标人确定中标人之外的单位中标的做法违反法律规定。

2.1.3 工程项目采购的方式

1. 根据竞争的程度可以分为公开招标和邀请招标

从竞争的程度进行划分，可以把招标分为公开招标和邀请招标，也可以分为无限竞争性招标（Unlimited Competitive Bidding）和有限竞争性招标（Limited Competitive Bidding），这种划分方式可以说是招标方式的基本划分方法，这也是我国《招标投标法》

规定的招标方式。

(1) 公开招标

公开招标是指招标人以招标公告的方式邀请不特定的法人或者其他组织投标。这是一种由招标人按照法定程序，在公开出版物上或者以其他公开方式发布招标公告，所有符合条件的承包商都可以平等参加投标竞争，从中择优选择中标者的招标方式。由于这种招标方式对竞争没有限制，因此又被称为无限竞争性招标。从招标的本质来讲，这种招标方式是最符合招标宗旨的，因此应当尽量采用公开招标方式进行招标。

1) 公开招标的特点。招标人以招标公告的方式邀请招标；可以参加投标的法人或者其他组织是不特定的。

2) 公开招标的优点。

① 有效地防止腐败。公开招标要求招标过程应当公开、公正、公平，并且在"三公"的程度上要求很高。因此，与邀请招标相比，公开招标能更有效地防止腐败。当然，为了达到这一目的，需要有其他制度的配合，也需要完善公开招标的一些具体程序。

② 能够最好地达到经济性的目的。这是招标制度最原始的目的，因为公开招标允许所有合格的投标人参加投标。因此，能够让最有竞争力、条件最优厚的潜在投标人参加投标。

③ 能够为潜在的投标人提供均等的机会。邀请招标只有接到投标邀请函的潜在投标人才有资格参加投标，这对于招标人不了解的潜在投标人或者新产生、新发展起来的潜在投标人是不公平的，特别对于政府投资的项目，这种公平性是十分重要的。

3) 公开招标的缺点。

① 完全以书面材料决定中标人。公开招标只能以书面材料决定中标人，这本身就有一定的缺陷。即使撇开有些投标人存在弄虚作假的情况，有时书面材料并不能反映投标人真实的水平和情况。

② 招标成本较高。公开招标对招标文件的发布有一定要求，一般也会导致投标人较多。这样，从招标的总成本（包括招标人的成本和投标人的成本）看，必然是比较高的，招标人的评标成本也较高。

③ 招标周期较长。从理论上说，公开招标应当保证所有的潜在投标人能够获得招标信息，这就导致其时间必然长于由招标人直接向潜在投标人发出投标邀请函的邀请招标。所以相对于邀请招标，公开招标的周期较长。

(2) 邀请招标

邀请招标是指招标人以投标邀请函的方式邀请特定的法人或者其他组织投标。邀请招标是由接到投标邀请函的法人或者其他组织才能参加投标的一种招标方式，其他潜在的投标人则被排除在投标竞争之外，因此也被称为有限竞争性招标。

邀请招标必须向三个以上的潜在投标人发出邀请，并且被邀请的法人或者其他组织必须具备以下条件：

1) 具备承担招标项目的能力。如施工招标，被邀请的施工企业必须具备与招标项目相应的施工资质等级。

2) 资信良好。

在公开招标之外规定邀请招标方式的原因在于，公开招标虽然最符合招标的宗旨，但也存在着一些缺陷。但是，公开招标的缺点是次要的，其优点则是主要的。因此，邀请招标只有在招标项目符合一定的条件时才可以采用。我国《招标投标法》规定，国务院发展计划部门确定的地方重点项目不适宜公开招标的，经国务院或省、自治区、直辖市人民政府批准，才可以进行邀请招标。一般可以考虑采用邀请招标的情况有以下两种：

① 技术复杂、有特殊要求或者受自然环境限制，只有少量潜在投标人可供选择。
② 采用公开招标方式的费用占项目合同金额的比例过大。

在《招标投标法》颁布以前，我国的许多规范性文件都规定议标是招标方式之一，如原建设部1992年11月6日发布的《工程建设施工招标投标管理办法》第十三条规定的招标方式包括公开招标、邀请招标和议标三种，其他部委、地方也有类似的规定。议标是由招标人直接与投标人通过协商议定标价及有关事宜的合同订立方式。从我国在议标方面的实施效果看，议标所占的比重非常大，并没有达到预期的效果，幕后交易、暗箱操作的情况很多，许多腐败都与议标有关。《中华人民共和国招标投标法（草案）》在征求意见过程中，多数部门和专家不赞成将议标作为一种招标方式，认为议标是通过协商达成交易的一种方式，通常是在非公开状态下采取一对一谈判方式进行的，因此，草案仅规定了公开招标和邀请招标两种招标方式（第九条），没有规定议标。《招标投标法》没有把议标规定为招标方式，这对我国招标投标制度的完善和健全有积极的意义。

2. 根据招标的范围可分为国际招标和国内招标

从招标的范围进行划分，可以分为国际招标（International Bidding）与国内招标（Local Bidding）。国际招标是允许所有国家的潜在投标人参加投标的招标方式，当然也包括国内的潜在投标人；而国内招标则是只允许国内的潜在投标人参加投标的招标方式。如果在国际招标中采用无限竞争性招标，则成为被广泛采用的国际竞争性招标（International Competitive Bidding，ICB）。

原国家经贸委将国际招标界定为"是指符合招标文件规定的国内、国外法人或其他组织，单独或联合其他法人或其他组织参加投标，并按招标文件规定的币种结算的招标活动"；国内投标"是指符合招标文件规定的国内法人或其他组织，单独或联合其他国内法人或其他组织参加投标，并用人民币币种结算的招标活动"。

从世界各国的立法来看，成熟的招标投标市场都没有将国内再按照地区进行划分，并进行地区内招标的情况。

案例2-2：某住宅项目招标

某房地产公司计划在北京市昌平区开发60 000m^2的住宅项目，可行性研究报告已经通过国家发改委批准，资金为自筹方式，资金尚未完全到位，仅有初步设计图。因急于开工，组织销售，在此情况下决定采用邀请招标的方式，随后向7家施工单位发出了投标邀请函。

问题：

（1）建设工程施工招标的必备条件有哪些？
（2）本项目在上述条件下是否可以进行工程施工招标？
（3）通常情况下，哪些工程项目适宜采用邀请招标的方式进行招标？

分析：

(1) 建设工程施工招标的必备条件有：
1) 招标人已经依法成立。
2) 初步设计及概算应当履行审批手续的，已经批准。
3) 招标范围、招标方式和招标组织形式等应当履行核准手续的，已经核准。
4) 有相应资金或资金来源已经落实。
5) 有招标所需的设计图及技术资料。
(2) 本工程不完全具备招标条件，不应进行施工招标。
(3) 有下列情形之一的，经批准可以进行邀请招标：
1) 项目技术复杂或有特殊要求，只有少量几家潜在投标人可供选择的。
2) 受自然地域环境限制的。
3) 涉及国家安全、国家秘密或者抢险救灾，适宜招标但不宜公开招标的。
4) 拟公开招标的费用与项目的价值相比，不值得的。
5) 法律、法规规定不宜公开招标的。

2.1.4 工程项目采购的参与者

1. 业主

业主是项目的提出者、组织论证立项者、投资决策者、资金筹集者、项目实施的组织者，也是项目的产权所有者，并负责项目生产、经营和偿还贷款。业主机构可以是政府部门、社会法人、国有企业、股份公司、私人公司以及个人。

业主的性质影响到项目实施的各个方面，尤其是在项目采购和合同管理方面。相对而言，私营业主在决策时有更多的自由。

2. 承包商

承包商通常指承担项目实施及设备和材料采购的公司、个人或其联合体。如果业主将一个项目分为若干独立的合同，并分别与几个承包商签订合同，凡直接与业主签订承包合同的都称为承包商。如果一家公司与业主签订合同，将整个项目承包下来，则可称为总承包商。还有一种公司可以提供从投资前咨询、设计到设备和材料采购、施工和安装等贯穿项目建设全过程服务的承包公司，这种公司多半拥有自己的设计部门，规模较大、技术先进。在特殊项目中，这类大型公司有时甚至可以提供融资服务。这种公司可作为管理承包商或管理总承包商，承担CM经理的角色。

3. 建筑师/工程师

建筑师/工程师均指不同领域和阶段负责咨询或设计的专业公司和专业人员，因为他们的专业领域不同，在不同国家和不同性质的工作中担任的角色可能不一致。但在项目管理中，建筑师/工程师担任的角色和承担的责任是近似的。在各国不同的合同条件中，可能称该角色为建筑师、工程师或咨询工程师。各国均有严格的资格认证及注册制度，作为专业人员必须通过相应专业协会的资格认证，而有关公司或事务所必须在政府有关部门注册。

建筑师/工程师提供的服务内容很广泛，一般包括项目的调查、规划与可行性研究、工程各阶段的设计、工程监理、竣工验收、试车和培训、项目后评价以及各类专题咨询，同时对建筑师/工程师的职业道德和行为准则也有很高的要求，主要包括：努力提高专业水平，发挥自己的才能为委托人提供高质量的服务；按照法律和合同处理问题；

保持独立和公正；不得接受业主支付的酬金之外的任何报酬，特别是不得与承包商、制造商、供货商有业务合伙和经济关系等。

4. 分包商

分包商是指那些直接与承包商签订合同，分担一部分承包商与业主签订合同中的任务的公司。广义的分包商还包括供货商与设计分包商。业主和工程师不直接管理分包商，他们对分包商的工作有要求时，一般通过承包商来处理。

许多专业承包商和小型承包商在某些领域有特长，在成本、质量、工期控制等方面有优势。从数量上看，占多数的是大批小承包商。从宏观来看，大小并存、专业分工的局面有利于提高项目建设的效率。专业承包商和小承包商在大型项目中都是分包商的角色。

另外，指定分包商是指业主方在招标文件中或在开工后指定的分包商或供货商。指定分包商仍应与承包商签订分包合同。

5. 供货商

供货商是指为工程实施提供工程设备、材料和建筑机械的公司和个人。一般供货商不参与工程的施工，但是有一些设备供货商由于所提供设备的安装要求比较高，往往既承担供货又承担安装和调试工作，如电梯、大型发电机组等。供货商既可以与业主直接签订供货合同，也可以直接与承包商或分包商签订供货合同。

6. 工料测量师

工料测量师是英联邦国家以及我国香港地区对工程经济管理人员的称谓，在美国称造价工程师或成本咨询工程师，在日本称建筑测量师。

工料测量师的主要任务是为委托人（一般是业主，也可以是承包商）进行工程造价管理，协助委托人将工程成本控制在预定目标之内。工料测量师受雇于业主时，协助业主编制工程的成本计划，建议采用的合同类型，在招标阶段编制工程量表及计算标底，也可在工程实施阶段进行支付控制，直至编制竣工决算报表。工料测量师受雇于承包商时，可为承包商估算工程量，确定投标报价或在工程实施阶段进行造价管理。

不同的合同类型，不同的项目采购管理模式有不同的参与方，即使是同一个参与方（如建筑师），也可能在不同合同类型和不同的实施阶段中，承担不同的职责。

在项目采购与合同实施的整个管理过程中，应该特别提倡参与各方的协作精神，共同实现项目的既定目标。在合同条件中，合同双方的权利和义务有时表现为相互间存在矛盾、相互制约的关系。但实际上，实现合同目标必然是一个相互协作解决矛盾的过程。在这个过程中，工程师起着十分重要的协调作用。一个成功的项目，必定是业主、承包商、工程师以及所有参与合同管理的各方按照一种项目伙伴关系，以协作的团队精神共同努力完成项目。

2.2 工程项目采购招标的程序

2.2.1 工程项目采购招标的准备工作

项目采购招标涉及建筑企业能否选择到一个合格、胜任的承包商来完成既定的项目，能否对项目的投资、进度和质量进行有效控制，使项目能按时投产、顺利运行。因此，招标对于业主来说是进行项目管理的极为重要的一环。而要做好招标工作，最重要的是编好招标文件。

1. 招标文件的准备

项目采购招标文件是提供给投标者的投标依据。在招标文件中，应明白无误地向投标者介绍项目有关内容的实施要求，包括项目基本情况、工期要求、工程及设备质量要求以及工程实施过程的各类具体规定等。

项目采购招标文件也是签订合同的基础，90%左右的招标文件的内容将成为合同的内容。尽管在准备过程中业主一方可能会对招标文件内容和要求提出补充和修改意见，在投标和谈判过程中承包商一方也会对招标文件提出一些修改的要求和建议，但是无论如何，招标文件是建设单位对项目采购的基本要求，不会进行大的变动，而据之签订的合同则是在整个项目实施和完成过程中最重要的文件。

招标文件是业主拟定的项目采购的蓝图，如何理解和掌握招标文件的内容，是能否成功投标、签订合同以及顺利实施项目的关键。

在招标文件中，既要体现业主对项目的技术和经济要求，又要体现业主对项目实施管理的要求，编制一份完善的招标文件也是高水平咨询工作的体现。工程师必须全面而深入地理解和掌握招标文件的内容，因为据之签订的合同中将详细而具体地规定工程师的职责和权限，是工程师进行合同管理的最重要的文件。

2. 项目的分标

项目的分标指的是建设单位（及其雇佣的咨询人员）将准备招标的项目分成几个部分单独招标，即对几个部分都编写独立的招标文件进行招标。这几个部分既可同时招标也可分批招标，即可由数家承包商分别承包也可由一家承包商全部中标总承包。

项目采购招标的分标原则是要有利于吸引更多的投标者参与投标，以发挥各个承包商的专长，降低造价，保证质量，加快过程进度。但分标也要考虑到便于施工管理、减少施工干扰，使工程能有条不紊地进行。

分标时应考虑的主要因素有以下几个。

1) 工程特点。如果工程场地集中、工程量不大、技术上不太复杂，由一家承包商总承包比较容易管理，一般不分标。如果工地场面大、工作战线长、工程量大，或有特殊技术要求，则应考虑分标。比如高速公路，就应考虑当地地形、河流、城镇和居民情况等对土建工程进行分标，而道路监控系统又可以是一个独立的标段。

2) 对工程造价的影响。一般来说，一个项目由一家承包商承包，不但干预小、便于管理，而且由于临时工程少，人力、机械设备可以统一调度使用，因而可望得到较低的报价。如果是一个大型的、复杂的项目（如特大型水电站），则对承包商的施工能力、施工经验、施工设备等有很高的要求。在这种情况下，如果不分标就可能使有资格参加此项工程投标的承包商数量大大减少。竞争对手减少必然导致报价上涨，反而得不到比较合理的报价。

3) 工地管理。从工地管理的角度看，分标时应考虑两方面的问题：一是工程进度的衔接；二是工地现场的布置和干扰。工程进度的衔接很重要，特别是关键的项目，一定要选择施工水平高、能力强、信誉好的承包商，以防止这类项目的施工进度影响其他承包商的进度。从现场布置的角度看，则承包商越少越好。分标时，要对几个承包商在现场的施工场地（其中主要包括现场分配、附属企业、生活营地、交通运输直至其他场地等）进行细致周密的安排。

4）有利于发挥承包商的专长，增加对承包商的吸引力，使更多的承包商前来投标。比如大型海港工程，既有水中的工程，又有陆域工程，还有码头上与装卸有关的工程以及轮船导航设施等，施工技术复杂。码头工程要求承包商不但具备丰富的码头施工经验，还要有专用的施工设备；而陆域工程则相对简单得多，只要具备爆破、装卸和运输能力的公司均可投标。项目采购招标的分标方式可以吸引更多的承包商参加竞争。

5）其他因素。比如资金不足可以先部分招标；如果为国际工程，外汇不足时则可将部分改为国内招标；或者为了照顾本国承包商而分标，部分项目可仅对国内招标。

项目采购招标的分标是正式编制招标文件前一项很重要的工作。项目采购部门必须对上述原则及因素综合考虑，有时可拟定几个方案，综合比较确定。

案例 2-3：亚洲开发银行官员打捆分包失误

某省亚洲开发银行贷款高速公路项目的官员，是一位来自南亚某国曾经从事铁道建设工作十余年的资深工程师。项目执行机构原定的分包打捆计划书包括 2 个特大桥、3 个特长隧洞、12 个路段施工合同。但亚洲开发银行官员对此做了否定，提出新的分包打捆计划，即将 2 座位置相邻的特大桥合为 1 个合同，3 个特长隧洞合为 2 个合同（其中，相近的隧洞合为 1 个合同），而全部路段的路基分为 5 个合同，路面分为两个合同。这样，整个项目分为 10 个合同，比原先少了 7 个。

亚洲开发银行官员更改计划的理由是可以让更多的专业化筑路队伍参加竞标，降低工程造价。然而，招标以及项目执行的结果并不理想。一是许多中小企业没有投标资格。大公司中标后，因其无施工实体，层层分包，导致施工管理难度加大。二是路基、路面由不同承包人施工，造成路面承包人与路基承包人对路段质量等问题相互推诿，给监理带来很大困难，最后项目无法在规定的工期内完成，此外还带来其他问题，使业主蒙受较大损失。

3. 资格预审

任何一项工程项目的公开招标采购，都要涉及业主、投标方、招投标中介机构、项目管理公司等各方面。业主或业主委托的采购中介机构在前期的准备工作主要是投标单位的资格预审，只有资格预审合格的投标人才有资格参加投标。即使不采用资格预审的公开采购也应进行资格后审，即在开标后进行资格审查。

资格审查的目的是为了了解投标人的财务状况、技术力量以及类似工程的施工经验，为业主选择优秀的承包商打下良好的基础；事先淘汰不合格的投标人，排除将合同授予不合格的投标人的风险；减少评标阶段的工作时间，减少评标费用；使不合格的投标人节约购买招标文件、现场考察和投标的费用。

（1）资格预审程序

1）编制资格预审文件。由业主组织有关专业人员编制，或委托招标代理机构编制。资格预审文件的主要内容有工程项目简介、对投标人的要求以及各种附表等。资格预审文件应报请有关行政监督部门审查。

2）刊登资格预审通告。资格预审通告应当通过国家指定的报刊、信息网络或者其他媒介发布，邀请有意参加工程投标的承包商申请投标资格预审。

资格预审通告的内容应包括工程项目名称、工程所在位置、概况和合同包含的工作范围、资金来源、资格预审文件的发售日期、地点和价格、递交资格预审文件的日期、地点等。

3）出售资格预审文件。在指定的时间、地点开始出售资格预审文件，资格预审文件售价以收取工本费为宜，资格预审文件发售的持续时间为从开始发售至截止接受资格预审申请时间为止。

4）对资格预审文件的答疑。在资格预审文件发售之后，购买资格预审文件的投标人可能对资格预审文件提出各种疑问，这种疑问可能是由于投标人对资格预审文件理解困难，也可能是资格预审文件中存在着疏漏或需进一步说明的问题。投标人应将这些疑问以书面形式（如信函、传真、电报等）提交招标人；招标人应以书面形式回答，并同时通知所有购买资格预审文件的投标人。

5）报送资格预审文件。投标人应在规定的截止日期之前报送资格预审文件。在报送截止时间之后，不接受任何迟到的资格预审文件。已报送的资格预审文件在规定的截止时间之后不得作任何修改。

6）澄清资格预审文件。招标人在接受投标人报送的资格预审文件后，可以找投标人澄清报送的资格预审文件中的各种疑点，投标人应按实情回答，但不允许投标人修改报送的资格预审文件的内容。

7）评审资格预审文件。组成资格预审评审委员会，对资格预审文件进行评审。

8）向投标人通知评审结果。招标人以书面形式向所有参加资格评审者通知评审结果，在规定的日期、地点向通过资格预审的投标人出售招标文件。资格预审的程序，如图2-1所示。

(2) 资格预审文件的内容

资格预审文件的内容应包括资格预审通告、资格预审须知和资格预审申请书的表格。

1）资格预审通告。

① 工程项目名称、建设地点、工程规模和资金来源。

② 对申请资格预审投标人要求。主要写明投标人应具备以往类似工程的经验和在施工机械设备、人员和资金、技术等方面有能力执行上述工程的令招标人满意的证明，以便通过资格预审。

③ 业主和招标代理机构（如果有的话）名称、工程承包的方式、工程招标的范围、工程计划开工和竣工的时间。

④ 要求投标人就工程的施工、竣工、保修所需的劳务、材料、设备和服务的供应，提交资格预审申请书。

⑤ 获取进一步信息和资格预审文件的办公室名称和地址、负责人姓名、购买资格预审文件的时间和价格。

⑥ 资格评审申请文件递交的截止日期、地址和负责人姓名。

⑦ 向所有参加资格预审的投标人发出资格预审通知书的时间。

2）资格预审须知。

① 总则。在总则中分别列出工程业主名称、资金来源、工程名称和位置、工程概述（其中包括"初步工程量清单"中的主要项目和估计数量、申请人有资格执行的最小合同规模以及资格预审时间表等，可用附件形式列出）。

② 要求投标人应提供的资料和证明。在资格预审通知中应说明对投标人提供资料内容的要求，一般应包括以下几方面：

第 2 章 工程项目采购

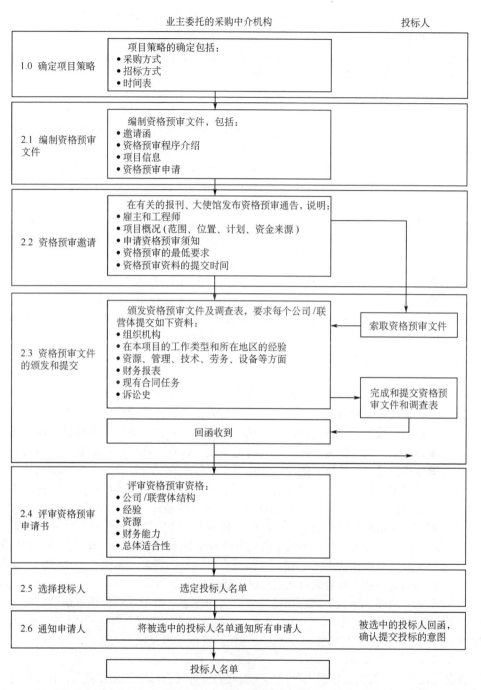

图 2-1 投标人资格预审程序

- 申请人的身份及组织机构，包括该公司或合伙人或联营体各方的章程或法律地位、注册地点、主要营业地点、资质等级等原始文件的复印件。

- 申请人（包括联营体的各方）在近三年（或按资格预审文件规定的年限）内完成的与本工程相似的工程的情况和正在履行的合同的工程情况。
- 管理和执行本合同所配备主要人员资历和经验。
- 执行本合同拟采用的主要施工机械设备情况。
- 提供本工程拟分包的项目及拟承担分包项目分包人的情况。
- 提供近两年（或按资格预审文件规定的年限）经审计的财务报表，今后两年的财务预测以及申请人出具的允许招标人在其开户银行进行查询的授权书。
- 申请人近两年（或按资格预审文件规定的年限）介入的诉讼情况。

③ 资格预审通过的强制性标准。强制性标准以附件的形式列入，它是通过资格预审时对列入工程项目一览表中各主要项目提出的强制性要求。其中包括：强制性经验标准（指主要工程一览表中主要项目的业绩要求）；强制性财务、人员、设备、分包、诉讼及履约标准等。对于达不到标准的，资格预审不能通过。

④ 对联营体提交资格预审申请的要求。对于一个合同项目能凭一家的能力通过资格预审的，应当鼓励以单独的身份参加资格预审。但在许多情况下，对于一个合同项目，往往一家不能单独通过资格预审，需要两家或两家以上组成的联营体才能通过。因此，在资格预审须知中应对联营体通过资格预审做出具体规定，一般规定如下：

- 对于达不到联营体要求的，或企业单位既以单独身份又以所参加的联营体的身份向同一合同投标时，资格预审申请者应遭到拒绝。
- 对每个联营体的成员应满足的要求是：联营体的每个成员必须各自提交申请资格预审的全套文件；通过资格预审后，投标文件以及中标后签订的合同，对联营体各方都产生约束力；联营体协议应随同投标文件一起提交，该协议要规定出联营体各方对项目承担的共同和各自的义务，并声明联营体各方提出的参加并承担本项目的责任和份额以及承担其相应工程的足够能力和经验；联营体必须指定某一成员作为主办人负责与业主联系；在资格预审结束后，新组成的联营体或已通过资格预审的联营体内部发生了变化，应征得业主的书面同意，新的组成或变化不允许从实质上降低竞争力，包含未通过资格预审的单位和降低到资格预审所能接受的最低条件以下；提出联营体成员合格条件的能力要求，如可以要求联营体中每个成员都应具有不低于各项资格要求的25%的能力，对联营体的主办人应具有不低于各项资格要求的40%的能力，所承担的工程应不少于合同总价格的40%；申请并接受资格预审的联营体不能在提出申请后解体或与其他申请人联合而自然地通过资格预审。

⑤ 对通过资格预审投标人所建议的分包人的要求。由于对资格预审申请者所建议的分包人也要进行资格预审，所以如果通过资格预审后，申请人对他所建议的分包人有变更时，必须征得业主的同意。否则，对他们的资格预审被视为无效。

⑥ 对通过资格预审的国内投标人的优惠。世界银行贷款项目对于通过资格预审的国内投标人在投标时，能够提出令招标人满意的符合优惠标准的文件证明，在评标时其投标报价可以享受优惠。一般享受优惠的标准条件为：投标人在工程所在国注册；工程所在国的投标人持有绝大多数股份；分包给国外工程量不超过合同价的50%。具备上述三个条件者，其投标报价在评标排名时可享受7.5%的优惠。

⑦ 其他规定。其他规定包括递交资格预审文件的份数，送交单位的地址、邮编、

电话、传真、负责人、截止日期；招标人要求申请人提供的资料要准确、详尽，并有对资料进行核定和澄清的权利，对于弄虚作假、不真实的介绍可拒绝其申请；对于资格预审者的数量不限，并且有资格参加投一个或多个合同的标；资格预审的结果将以书面形式通知每一位申请人，申请人在收到通知后的规定时间内（如48小时）回复招标人，确认收到通知。随后，招标人将投标邀请函送给每一位通过资格预审的申请人。

⑧ 附件。
- 工程概述。工程概述的内容一般包括：项目的环境，如地点、地形与地貌、地质条件、气象与水文、交通和能源及服务设施等；工程概况，主要说明所包含的主要工程项目的情况，如结构工程、土方工程、合同标段的划分、计划工期等。
- 主要工程一览表。用表格的形式将工程项目中各项工程的名称、数量、尺寸和规模用表格列出，如果一个项目分几个合同招标，应按招标的合同分别列出。
- 强制性标准一览表。对于各工程项目通过资格预审的强制性要求用表格的形式全部列出，并要求申请人填写满足或超过强制性标准的详细情况。因此，该表一般分为三栏：第一栏为提出强制性要求的项目名称；第二栏是强制性业绩要求；第三栏是申请人满足或超过业绩要求的项目评述。
- 资格预审时间表。表中列出发布资格预审通告的时间、出售资格预审文件的时间、递交资格预审申请书的最后日期和通知资格预审合格的投标人名单的日期等。

3）资格预审申请书的表格。为了使资格预审申请人按统一的格式递交申请书，在资格预审文件中按通过资格预审的条件编制成统一的表格，让申请人填报，这对于申请人公平竞争和对其进行评审是非常重要的。一般来说，申请书的表格通常包括如下内容。

① 申请人表。申请人表主要包括申请人的名称、地址、电话、电传、传真、成立日期等。如果是联营体，应首先列明牵头的申请人，然后是所有合伙人的名称、地址等，并附上每个公司的章程、合伙关系的文件等。

② 申请合同表。如果一个工程项目分为几个标段招标，应在申请合同表中分别列出各标段的编号和名称，以便让申请人选择申请资格预审的标段。

③ 组织机构表。组织机构表包括公司简况、领导层名单、股东名单、直属公司名单、驻当地办事处或联络机构名单等。

④ 组织机构框图。组织机构框图主要用框图表述申请者的组织机构，与母公司或子公司的关系，总负责人和主要人员。如果是联营体，应说明合作伙伴关系及在合同中的责任划分。

⑤ 财务状况表。财务状况表包括的基本数据为注册资金、实有资金、总资产、流动资产、总负债、流动负债、未完成工程的年投资额、未完成工程的总投资额、年均完成投资额（近三年或按资格预审文件规定的最近年限）、最大施工能力等。近三年年度营业额和为本项目合同工程提供的营运资金，现在正进行的工程估价，今后两年的财务预算，银行信贷证明。并随附由审计部门审计或由省、市公证部门公证财务报表，包括利润表、资产负债表及其他财务资料。

⑥ 公司人员表。公司人员表包括：管理人员、技术人员、工人及其他人员的数量。

拟为本合同提供的各类专业技术人员数及其从事本专业工作的年限。对于公司主要人员，应提供他们的一般情况和主要工作经历。

⑦ 施工机械设备表。施工机械设备表包括拟用于本合同自有设备，拟新购置设备和租用设备的名称、数量、型号、商标、出厂日期、现值等。

⑧ 分包商表。分包商表包括拟分包工程项目的名称，占总工程价的百分数，分包人的名称、经验、财务状况、主要人员、主要设备等。

⑨ 业绩——已完成的同类工程项目表。它包括项目名称、地点、结构类型、合同价格、竣工日期、工期、业主和监理工程师的地址、电话、电传等。

⑩ 在建项目表。在建项目表包括正在施工和准备施工的项目名称、地点、工程概况、完成日期、合同总价等。

⑪ 介入诉讼事件表。介入诉讼事件表详细说明申请人或联营体内合伙人介入诉讼或仲裁的案件。

注意：对于每一张表格都应有授权人的签字和日期，对于要求提供证明附件的应附在表后。

(3) 资格预审文件的填报

对投标人来说，填好资格预审文件是能否购买招标文件，进行投标的第一步。因此，填写资格预审文件一定要认真细心，严格按照要求逐项填写，不能漏项，每项内容都要填写清楚。投标人应特别注意根据所投标工程的特点，有重点地填写，对在评审内容中可能占有较大比重的内容要多填写，有针对性地多报送资料，并强调本公司的财务、人员、施工设备、施工经验等方面的优势。对报送的预审文件内容应简明准确，装帧美观大方，从而给招标人一个良好的形象。

要做到在较短的时间内填报出高质量的资格预审文件，平时要做好公司财务、人员、施工设备和经验等各方面原始资料的积累与整理工作，并分门别类地存在计算机中，以便随时可以调用和打印出来。例如，公司施工经验方面应详细记录公司近5~10年来所完成和目前正在施工的工程项目名称、地点、规模、合同价格、开工时间、竣工时间；业主名称、地址，监理单位名称、地址；在工程中本公司所担任的角色是独家承包还是联合承包，是联营体负责人还是合伙人，是总承包人还是分承包人；公司在工程项目实施中的地位和作用等。

上述资料应不断加以充实，这也反映出公司信息管理的水平。

(4) 资格预审评审

由评审委员会进行资格预审评审工作。评审委员会一般由招标机构负责组织，参加人员有：业主代表、招标机构、设计咨询单位等部门的人员，其中应包括有关专业技术、财务经济方面的专家。

1) 评审标准。资格预审是为了检查、评估投标人是否具备能令人满意地执行合同的能力。只有表明投标人有能力胜任，公司机构健全，财务状况良好，人员技术管理水平高，施工设备适用，有丰富的类似工程经验，有良好信誉，才能被认为是资格预审合格。

2) 评审方法。

① 资格预审文件的审查。首先对收到的资格预审文件进行整理，看是否对资格预审文件做出实质性的响应，即是否满足资格预审文件的要求。检查资格预审文件的完整

性，并检查资格预审强制性标准的合格性。例如，投标申请人（包括联营体成员）营业执照和授权代理人授权书应有效；投标申请人（包括联营体成员）企业资质和资信登记等级应与拟承担的工程标准和规模相适应；以联营体形式申请资格预审，应提交联营体协议，明确联营体主办人；如果有分包，应满足主体工程限制分包的要求；投标申请人提供财务状况、人员与设备情况及履行合同的情况应满足要求。

只有对资格预审文件做出实质性响应的投标人的申请，才有资格参加进一步评审。

② 对资格预审文件评审。一般情况下，资格预审都采用评分法进行，按一定评分标准逐项进行打分。评选按淘汰法进行，即先淘汰明显不符合要求的申请人，对于满足填报资格预审文件要求的投标人按组织机构与经营管理、财务状况、技术能力和施工经验四个方面逐项打分。只有每项得分均超过最低分数线，而且四项得分之和高于60分（满分为100分）的投标人才能通过资格预审。

最低合格分数线应根据参加资格预审的投标人的数量来决定，如果申请投标人的数量比较多，则适当提高最低合格分数线，这样可以多淘汰一些水平较低的投标申请人，使通过资格预审的投标人的数量不至于太多。

资格预审评审时，上述评分的四个方面的任一方面还可以进一步分为若干因素分别打分，经常引用的打分因素如下所述。

a. 机构与管理（10分）

机构与管理包括：

- 公司管理机构情况。
- 经营方式。
- 以往履约的情况，如获得的各种奖励或处罚等。
- 目前和过去涉及诉讼案件的情况。

b. 财务状况（30分）

财务状况包括：

- 平均年营业额或合同额。
- 财务投标能力。
- 流动资金。
- 信贷能力。

c. 技术能力（30分）

技术能力包括：

- 现场主要管理人员的经验与胜任程度。
- 现场专业技术人员的经验与胜任程度。
- 施工机械的适用来源与已使用的年限。
- 工程分包情况。

d. 施工经验（30分）

施工经验包括：

- 类似工程的施工经验。
- 类似现场条件下的施工经验。
- 完成类似工程中特殊工作的能力。
- 过去完成类似工程的合同额。

上述各个方面，各个因素所占评分权重，应根据项目的性质以及它们在项目实施中的重要性而定。如系复杂的工程项目，人员素质与施工经验应占更大比重；一般的航道疏浚工程、道路土方工程等，则施工设备应占更大比重。

（5）资格预审报告

资格预审评审委员会对评审结果要写出书面报告，预审报告的主要内容包括工程项目概要、资格预审工作简介、资格预审评价标准、资格预审评审程序、资格预审评审结果、资格预审评审委员会名单、资格预审评分汇总表、资格预审分项评分表、资格预审评审细则等。

资格预审报告应上报招标管理部门审查。资格预审评审结果应在资格预审文件规定的期限内通知所有投标申请人，同时向通过资格预审的投标申请人发出投标邀请函。

（6）资格后审

对于一些开工期要求比较早、工程不复杂的工程项目，为了争取早日开工，有时不预先进行资格预审，而进行资格后审。

资格后审是在招标文件中加入资格审查的内容。投标人在填报投标文件的同时，按要求填写资格审查资料。评标委员会在正式评标前先对投标人进行资格审查，然后对资格审查合格的投标人进行评标，对不合格的投标人不进行评标。

资格后审的内容与资格预审的内容大致相同，主要包括投标人的组织机构、财务状况、人员与设备情况、施工经验等方面。

对于某些大型或复杂的项目，投标的第一个重要步骤就是对投标人进行资格预审。业主发布工程投标资格预审广告之后，对该工程感兴趣的承包商会购买资格预审文件，并按规定填好表中的各项内容，按要求日期送给业主；业主经过对送交资格预审文件的所有承包商进行认真审核后，通知那些业主认为有能力实施本工程项目的承包商前来购买招标文件。

案例 2-4：随意的资格预审

2003 年 12 月 15 日，某市人防办在当地媒体上发布公告，称该单位斥资 800 万元要建住宅楼和办公楼，12 月 19 日之前以公告的方式遴选建设单位。某公司和其他 17 家企业报名参加。然而，在资格预审到期这天却没有任何音信。在多方打听之后，某公司得知有 6 家企业被偷偷通知通过了"审核"，另 12 家都"死"得不明不白。更令他们不解的是，6 家入选企业中有一家是当地公司，在招标前的 6 月就已经从招标单位领走了施工图样。某公司认为招标人不书面告知 6 家企业通过的理由，也不告知另外 12 家企业不合格的理由，这是不公正的。同时，有人质询招标单位的负责人为何不让某公司参加投标，该负责人说因为不了解这家企业。

在众多企业的投诉下，2003 年 12 月 20 日，当地建设主管部门责令本次招标废止，要求招标重新进行。政府管理的职能部门还为重新进行的招标定了方案，要求必须严格按照公开招标的程序进行，并重新在媒体上发布公告。

然而，招标人某市人防办没有重新在媒体上发布公告。2004 年 1 月 10 日下午却出现了如下一幕：18 家企业中有 9 家突然接到业主代理机构的电话通知，让 11 日上午每家交纳 5 万多元的投标保证金，时间为上午 8 时至 8 时 30 分，支票不要，过期不候。一些企业当时就懵了：1 月 10 日是星期六，加之通知时是在下午快下班的时候，银行里根本就无法取款。"突然通知"让这些企业明白了，这是业主要手段刁难人！他们明知是双休,没有提前通知,谁会在单位存放大笔现金,而且还故意不收支票。感觉被耍的投标人向银行求助,银行方面不能保证在第二天 8:30 之前提供如此多的现金。9 家被业主幸运点中的企业中有 2 家愤然退出。

问题:你认为本案例招标中有哪些不妥之处?

分析:

(1) 资格预审太随意。

首先,资格预审时间有违反规定要求的嫌疑。

《工程建设项目施工招标投标办法》第 15 条规定:招标人自资格预审文件出售之日起至停止出售之日止,最短不得少于 5 个工作日。

其次,资格预审标准如同橡皮筋。

再次,资格预审结果未及时通知。

(2) 收投标保证金的具体做法不可思议。

首先,提交投标保证金的方式应在投标文件中规定,不应临时口头通知。

其次,提交投标保证金应在资格预审合格并购买招标文件之后、递交招标文件之时。

(3) 某市人防办根本没有进行重新招标的诚意。

2.2.2 工程项目采购招标的主要程序

招标是招标人选择中标人并与其签订合同的过程,而投标则是投标人力争获得实施合同的竞争过程,招标人和投标人均需遵循招标投标法律和法规的规定进行招标投标活动。按照招标人和投标人的参与程度,可将招标过程粗略划分为招标准备阶段、招标投标阶段和决标成交阶段。

1. 招标准备阶段

(1) 申请招标

招标人向建设行政主管部门办理申请招标手续。申请招标文件应说明:招标工作范围、招标方式、计划工期、对投标人的资质要求、招标项目的前期准备工作的完成情况以及自行招标还是委托代理招标等内容。

(2) 编制有关文件

招标准备阶段应编制好招标过程中可能涉及的有关文件,保证招标活动的正常进行。这些文件大致包括招标广告、资格预审文件、招标文件、合同协议书以及资格预审和评标办法。

2. 招标投标阶段

公开招标时,从发布招标公告开始,若为邀请招标,则从发出投标邀请函开始,到投标截止日期为止的期间称为招标投标阶段。在此阶段,招标人应做好组织工作,投标人则应按招标有关文件的规定程序和具体要求进行投标竞争。

(1) 公布招标公告

招标公告的作用是让潜在的投标人获得招标信息,以便进行项目筛选,确定是否参加投标。招标公告或投标邀请函的具体格式可由招标人自定,内容一般包括招标单位名称;建设项目资金来源;工程项目情况和本次招标工作范围的简要介绍;购买资格预审文件的地点、时间和价格等有关事项。

案例 2-5:某公路建设项目招标公告

1. _____（建设单位名称）的_____工程，建设地点在：_____，结构类型：_____，建设规模为_____，该工程报建和招标申请已得到有关行政主管部门批准。现通过公开招标选定承包单位。

2. 工程质量要求达到国家施工验收规范合格标准。计划开工日期为_____年_____月_____日，工期_____天（日历天）。

3. _____受建设单位委托作为招标代理人，现邀请合格的施工单位进行密封投标，以得到必要的劳动力、材料、设备和服务来建设和完成_____工程。

4. 投标人的资质等级须是_____级以上的施工企业，愿意参加投标的施工企业，可携带营业执照、施工资质等级证书向招标人领取招标文件。

5. 该工程的发包方式为（包工包料或者包工不包料）_____，招标范围为_____。

6. 招标工作的安排：
(1) 发放招标文件单位：_____。
(2) 发放招标文件时间：_____年_____月_____日起至_____年_____月_____日止，每日上午：_____，下午：_____（节假日除外）。
(3) 投标地点及时间：_____。
(4) 现场踏勘时间：_____。
(5) 投标预备会时间：_____。
(6) 投标截止时间：_____年_____月_____日_____时。
(7) 开标时间：_____年_____月_____日_____时。
(8) 开标地点：_____。

招标人：（盖章）

法定代表人：（签字、盖章）

地址：

邮政编码：

联系人：

电话：

日期：_____年_____月_____日

(2) 资格预审

资格预审就是对潜在投标人进行资格审查，主要考查该企业总体能力是否具备完成招标工作所要求的条件。公开招标时设置资格预审程序：一是保证参与投标的法人或其他组织在资质和能力等方面能够满足完成招标工作的要求；二是通过评审优选出综合实力较强的一批申请投标人，再请他们参加投标竞争，以减少评标的工作量。

(3) 编制招标文件

招标人根据招标项目特点和需要编制招标文件，它是投标人编制投标文件和报价的依据，因此应当包括招标项目的技术要求、对投标人资格审查的标准、投标报价要求和评标标准等所有实质性要求和条件，以及拟签订合同的主要条款。国家对招标项目的技术、标准有规定的，应在招标文件中提出相应要求。招标项目如果需要划分标段、有工期要求时，也需要在招标文件中载明。招标文件通常分为投标须知、合同条件、技术规范、图样和技术资料、工程量清单几大部分内容。

（4）现场考察

招标人在投标须知规定的时间组织投标人自费进行现场考察。设置此程序的目的有两个：一方面让投标人了解工程项目的现场情况、自然条件、施工条件以及周围环境条件，以便于编制投标书；另一方面要求投标人通过自己的实地考察确定投标的原则和策略，避免合同履行过程中以不了解现场情况为理由推卸应承担的合同责任。

（5）标前会议

投标人研究招标文件和现场考察后以书面形式提出某些质疑问题，招标人可以及时给予书面解答，也可以留待标前会议上解答。如果对某一投标人提出的问题给予书面解答，所回答的问题必须发送给每一位投标人以保证招标的公开和公平。回答函件作为招标文件的组成部分，如果书面解答的问题与招标文件中的规定不一致，以函件的解答为准。

3. 决标成交阶段

（1）开标

公开招标和邀请招标均应举行开标会议，体现招标的公平、公正和公开原则。在投标须知规定的时间和地点由招标人主持开标会议，所有投标人均应参加，并邀请项目建设有关部门代表出席。开标时，由投标人或其推选的代表检验投标文件的密封情况。确认无误后，工作人员当众拆封，宣读投标人名称、投标价格和投标文件的其他主要内容。所有在投标致函中提出的附加条件、补充声明、优惠条件、替代方案等均应宣读，如果有标底也应公布。开标工程应当记录，并存档备查。开标后，任何投标人都不允许更改投标书的内容和报价，也不允许再增加优惠条件。投标书经启封后不得再更改招标文件中说明的评标、定标办法。

在开标时，如果发现投标文件出现下列情形之一，应当作为无效投标文件，不再进入评标：

① 投标文件未按照招标文件的要求予以密封。

② 投标文件中的投标函未加盖投标人的企业及企业法定代表人印章，或者企业法定代表人委托代理人没有合法、有效地委托书（原件）及委托代理人印章。

③ 投标文件的关键内容字迹模糊、无法辨认。

④ 投标人未按照招标文件的要求提供投标保证金或者投标保函。

⑤ 组成联合体投标的，投标文件未附联合体各方共同投标协议。

（2）评标

1）评标委员会的组建。评标委员会由招标人的代表和有关技术、经济等方面的专家组成，成员人数为5人以上单数，其中招标人以外的专家不得少于成员总数的2/3。专家人选应来自于国务院有关部门或省、自治区、直辖市政府有关部门提供的专家名册中，以随机抽取方式确定。与投标人有利害关系的人不得进入评标委员会，已经进入的应当更换，以保证评标的公平和公正。

2）初步评审。初步评审的内容包括对投标文件的符合性评审、技术性评审和商务性评审。

① 符合性评审。投标文件应实质上响应招标文件的所有条款、条件。

② 技术性评审。包括方案可行性评审，关键工序评审，劳务、材料、机械设备、质量控制测试评估以及施工现场周围环境的保护措施的评估。

③ 商务性评审。包括投标报价校核，审查全部报价数据计算的正确性，分析报价构成的合理性，并与标底价格进行对比分析。

3）详细评审。经初步评审合格的投标文件，评标委员会应当根据招标文件确定的评标标准和方法，对其技术部分和商务部分作进一步评审、比较。设有标底的招标项目，评标委员会在评标时应当参考标底，评标只对有效投标进行评审。

4）编制评标报告。评标报告是评标委员会经过对各投标书评审后向招标人提出的结论性报告，并作为定标的主要依据。评标报告应包括评标情况说明、对各个合格投标书的评价、推荐合格的中标候选人等内容。评标委员会完成评标后，应当向招标人提出书面评标报告。

如果评标委员会经过评审，认为所有投标都不符合招标文件的要求，可以否决所有投标。当出现这种情况后，招标人应认真分析招标文件的有关要求以及招标过程，对招标工作范围或招标文件的有关内容做出实质性修改后，再重新进行招标。

（3）定标

1）定标程序。确定中标人之前，招标人不得与投标人就投标价格、投标方案等实质性内容进行谈判。招标人应该根据评标委员会提出的评标报告和推荐的中标候选人来确定中标人，也可以授权评标委员会直接确定中标人。中标人确定后，招标人应向中标人发出中标通知书，通过电话将中标结果通知未中标的投标人，并退还他们的投标保证金或保函。中标通知书对招标人和中标人具有法律效力，招标人改变中标结果或中标人拒绝签订合同均要承担相应的法律责任。

中标通知书发出后的30天内，双方应按照招标文件和投标文件订立书面合同，不得作实质性修改。招标人不得向中标人提出任何不合理的要求作为订立合同的条件，双方也不得私下订立背离合同实质性内容的协议。

招标人确定中标人后15天内，应向有关行政监督部门提交招标投标情况的书面报告。

2）定标原则。《招标投标法》规定，中标人的投标应当符合下列条件之一：

① 能够最大限度地满足招标文件中规定的各项综合评价标准。

② 能够满足招标文件的各项要求，并经评审的价格最低，但投标价格低于成本的除外。

案例2-6：某市一工程招标

某市一工程全部由政府投资。该项目为该市建设规划的重要项目之一，且已列入地方年度固定资产投资计划，概算已经主管部门批准，征地工作尚未全部完成，施工图及有关技术资料齐全。现决定对该项目进行施工招标。因估计除本市施工企业参加投标外，还可能有外省市施工企业参加投标，于是业主委托咨询单位编制了两个标底，准备分别用于对本市和外省市施工企业投标价的评定。业主对投标单位就招标文件所提出的所有问题统一做了书面答复，并以备忘录的形式分发给各投标单位。为了简明起见，采用表格形式（见表2-1）。

表2-1　投标文件问答

序　号	问　题	提问单位	提问时间	答　复
1				
⋮				
n				

在书面答复投标单位的提问后，业主组织各投标单位进行了施工现场踏勘。在投标截止日期前10天，业主书面通知各投标单位，由于某种原因，决定将收费站工程从原招标范围内删除。

问题：该项目施工招标在哪些方面存在问题或不当之处？

分析：

（1）本项目征地工作尚未全部完成，且尚不具备施工招标的必要条件，因而尚不能进行施工招标。

（2）不应编制两个标底，因为根据规定，一个工程只能编制一个标底，不能对不同的投标单位采用不同的标底进行评标。

（3）业主对投标单位提问只能针对具体的问题做出明确答复，但不应提及具体的提问单位（投标单位），也不必提及提问的时间，因为根据我国《招标投标法》第二十二条的规定，招标人不得向他人透露已获取招标文件的潜在投标人的名称、数量以及可能影响公平竞争的有关招标投标的其他情况。

（4）根据我国《招标投标法》的规定，若招标人需改变招标范围或变更招标文件，应在投标截止日期至少15天（而不是10天）前以书面形式通知所有招标文件收受人。若迟于这一时限发出变更招标文件的通知，则应将原定的投标截止日期适当延长，以便投标单位有足够的时间充分考虑这种变更对报价的影响，并将其在投标文件中反映出来。本案例背景资料未说明投标截止日期已相应延长。

（5）现场踏勘应安排在书面答复投标单位提问之前，因为投标单位对施工现场条件也可能提出问题。

案例2-7：某承包商的投标

某承包商通过资格预审后，对招标文件进行了仔细分析，发现业主所提出的工期要求过于苛刻，且合同条款中规定每拖延1天工期罚合同价的1‰，若要保证实现该工期要求，必须采取特殊措施，从而大大增加成本。还发现原设计结构方案采用框架剪力墙体系过于保守。因此，该承包商在投标文件中说明业主的工期要求难以实现，因而按自己认为的合理工期（比业主要求的工期增加6个月）编制施工进度计划并据此报价，还建议将框架剪力墙体系改为框架体系，并对这两种结构体系进行技术经济分析和比较，证明框架体系不仅能保证工程结构的可靠性和安全性、增加使用面积、提高空间利用的灵活性，而且还可降低造价约3%。该承包商将技术标和商务标分别封装，在封口处加盖本单位公章和项目经理签字后，在投标截止日期前1天上午将投标文件报送业主。次日（即投标截止当天）下午，在规定的开标前1小时，该承包商又递交了一份补充材料，其中声明将原报价降低4%。但是，招标单位的有关工作人员认为，根据国际上"一标一投"的惯例，一个承包商不得递交两份投标文件，因而拒收承包商的补充材料。

开标会由市招标办的工作人员主持，市公证处有关人员到会，各投标单位代表均到场。开标前，市公证处人员对每个投标单位的资质进行审查，并对所有投标文件进行审查，确认所有投标文件均有效后，正式开标。主持人宣读投标单位名称、投标价格、投标工期和有关投标文件的重要说明。

问题：从所介绍的背景资料来看，在该项目招标程序中存在哪些问题？请分别做出简单说明。

分析：

本案例关于招标程序的问题仅涉及资格审查的时间、投标文件的有效性和合法性、开标会的主持、公证人员在开标时的作用。这些问题都应按照我国《招标投标法》和有关法规的规定回答。

该项目在投标程序中存在以下问题：

（1）招标单位的有关工作人员不应拒收承包商的补充文件，因为承包商在投标截止时间之前多递交的任何正式书面文件都是有效文件，都是投标文件的有效组成部分，也就是说，补充文件与原投标文件共同构成一份投标文件，而不是两份相互独立的投标文件。

（2）根据我国《招标投标法》，应由招标人主持开标会，并宣读投标单位名称、投标价格等内容，而不应由市招投标办工作人员主持宣读。

（3）资格审查应在投标之前进行（背景资料说明了承包商已通过资格预审），公证处人员无权对承包商资格进行审查，其到场的作用在于确定开标的公正性和合法性（包括投标文件的合法性）。

（4）公证处人员确认所有投标文件均为有效标书是错误的，因为该承包商的投标文件仅有单位公章和项目经理的签字，而无法定代表人或其代理人的印鉴，应作为废标处理。即使该承包商的法定代表人赋予该项目经理有合同签字权，且有正式的委托书，该投标文件仍应作废标处理。

案例2-8：某建设项目招标程序

某建设单位经相关主管部门批准，组织某建设项目全过程总承包的公开招标工作，确定招标程序如下。

（1）成立该工程招标领导机构。
（2）委托招标代理机构代理招标。
（3）发出投标邀请函。
（4）对报名参加投标者进行资格预审，并将结果通知合格的申请投标人。
（5）向所有获得投标资格的投标人发售招标文件。
（6）召开投标预备会并踏勘现场。
（7）招标文件的澄清与修改。
（8）建立评标组织，制定标底和评标、定标办法。
（9）召开开标会议，审查投标书。
（10）组织评标。
（11）与合格的投标者进行质疑澄清。

(12) 决定中标单位。
(13) 发出中标通知书。
(14) 建设单位与中标单位签订承发包合同。

问题：此项目招标程序是否有不妥？如有不妥，请改正。

分析：

(1) 第（3）条发出招标邀请函不妥，应为发布招标公告。
(2) 第（4）条将资格预审结果仅通知合格的申请投标人不妥，资格预审的结果应通知到所有投标人。
(3) 第（6）条召开投标预备会前应先组织投标单位踏勘现场。
(4) 第（8）条制定标底和评标定标办法不妥，该工作不应安排在此进行。

2.3 工程项目采购招标文件

2.3.1 工程项目采购招标文件的定义

工程项目采购招标文件是招标人向投标人提供的为进行投标工作所必需的文件，是说明需要采购货物或工程的性质，通报招标依据的规则和程序，告知订立合同的条件。招标文件既是投标商准备投标文件和参加投标的依据，又是采购方与中标商签订合同的基础。因此，招标文件在整个招标投标活动中起着至关重要的作用。

2.3.2 工程项目采购招标文件编制的要求

招标人在拟订建设工程项目的招标文件时，必须遵循相关的法规及国际惯例，本着尽力维护自身经济利益和本国主权的基本原则，力求按照内容全面、条件合理、标注明确、文字规范简练等要求做好招标文件的拟定工作。

1. 内容全面

编制建设工程招标文件，首先必须注意文件内容的系统性和完整性，应当根据国际惯例和现行的政策规定，对工程项目招标投标工作中需要涉及的所有问题都予以细致、周密的规定，最大限度地为投标人提供编制该项工程投标报价所需的全部资料和要求。招标文件只有内容全面，才能确保该工程招标投标各项工作的进行有据可依。

建设工程招标文件一般都必须包括下列文件和资料：招标书文件或投标邀请函文件；投标人须知文件；合同条件（包括通用合同条件和专用合同条件两部分）；协议书（工程承发包合同）格式；技术规范；投标书及其附件格式；工程量清单及报价表；图样等设计资料；辅助资料等。

2. 条件合理

合同条件是对业主、承包商、工程师的权利、责任、义务的具体规定，一般包括通用条件和专用条件两大部分。条件合理主要是指招标文件中的合同条件应当具有合理性，应遵循诸如招标投标法、建筑法、合同法等多项有关的法律、法规。如果是国际组织贷款，应符合该组织的各项规定和要求，应符合国际惯例，有利于比较公正地维护各方的经济利益。

合同条件是工程承发包双方建立经济关系的法律基础，是承包人计算工程投标报价的根本依据。招标人在制定合同条件时不能过于苛刻，不能造成对任何有资格投标的承包商的歧视，既应力求做到最大限度地采用国际通用的标准合同条件（如 FIDIC 合同条件),保证合同条件根据不同应用和解释的一致性,又应实事求是,根据不同项目规定适宜的条件,比较公正地规定承发包双方的权利和义务,合理地处理承发包双方的经济利益关系。

3. 标准明确

标准明确是要求招标人在编制招标文件时,对下列事项或问题的标准必须予以明确的规定:投标人应具备的资格标准;工程的地点、内容、规模、费用项目划分、分部分项工程划分及其工程量计算标准;工程的主要材料、设备的技术规格和质量及工程施工技术的质量标准、工程验收标准;投标人投标报价的价格形式及标书使用的语言标准;投标有效期及可以参加开标的完整、合格的投标书标准;投标保证金、履约保证金等标准;合同签订及履行过程中承发包双方有关的奖罚标准;有关优惠标准;各种货币支付的百分比标准;投标文件文本应包括的内容、资料及其具体格式,报送投标文件的时间、份数等有关标准;招标人评标及授予合同的基本标准等。

以上事项的问题都是关系到招投标工作的成败,影响工程承发包双方经济利益的根本性问题。招标人对这些重要问题的标准规定绝不能有含混不清、模棱两可之处,而应努力使之明白、正确,以便投标人一目了然,据以顺利提出合理的投标报价。

4. 文字规范、简练

根据国际惯例,国际工程承包市场上的建设工程招标文件所使用的语言应为国际商业通用的语言,即英文、法文和西班牙文三者之一,并以该种文字为准。若根据世界银行的一项规定,招标人可以在以英文、法文和西班牙文发出招标文件以外,同时发出本国文字的招标文件,但只有本国的投标人才能够选择用本国文字投标。

由于建设工程招标文件涉及的内容很广,条款繁多,篇幅较长,稍有疏漏就会出现时间、人力、经济等方面不同程度的浪费。因此,编制建设工程招标文件对文字方面的要求很高,一定要注意字斟句酌,言简意赅,文字准确而不含糊,并且高度简练。这样才可以最大限度地减少工程招标投标全部工作中承发包双方的矛盾、争议、纠纷,保障合同文件顺利地付诸实施。

2.3.3 工程项目采购招标文件编制的原则

工程项目采购招标文件的主要编制的原则有:

1. 遵守法律和法规

应遵守项目所在国家的法律和法规,如合同法、招标投标法等多项有关的法律法规。如项目采购招标文件的规定不符合国家的法律、法规,就有可能导致本次招标作废,有时业主一方还要赔偿损失。

2. 遵守国际组织规定

如果是国际组织贷款,必须遵守该组织的各项规定和要求,特别要注意各种规定的审核批准程序,应该遵守国际惯例。

3. 说明投标书的编制要求

投标书是投标人对其投标内容的书面声明,包括投标文件构成、投标保证金、总标价和投标书的有效期等内容。投标书中的总投标价应分别以数字和文字表示。投标书的有效期是投标人确认受其投标书的约束的期限,该期限应与投标须知中规定的期限一致。

4. 注意风险的合理分担

应注意公正地处理业主和承包商的利益。如果不适当地将过多的风险转移给承包商一方，势必迫使承包商加大风险费，提高投标报价，最终还是业主一方增加支出。

5. 反映项目的实际情况

招标文件应该正确、详细反映项目的实际情况，以使投标人的投标能建立在可靠的基础上，这样也可减少履约过程中的争议。

6. 文件内容力求统一

招标文件包括许多内容，从投标者须知、合同条件，到规范、图样、工程量表，这些内容应该力求统一，尽量减少和避免各份文件之间出现矛盾。招标文件的矛盾会为承包商创造许多索赔的机会。招标文件的用语应力求严谨、明确，以便在产生争议时易于根据合同文件判断解决。

例如，世界银行编制的项目采购的标准招标文件有以下规定和特点：

1）标准招标文件在全部或部分世界银行贷款超过 1 000 万美元的项目中必须强制使用。

2）标准招标文件中的"投标人须知"和合同条件的第一部分——"通用合同条件"对任何同类工程都是不变的，如要修改可放在"招标资料"和"专用合同条款"中。

3）使用本招标文件的所有较重要的工程均应进行资格预审，否则，经世界银行预先同意，可在评标时进行资格后审。

4）对超过 5 000 万美元的合同（包括不可预见费），需强制采用三人争端审议委员会（Dispute Review Board，DRB）方法，而不宜由工程师来充当准司法的角色。低于 5 000 万美元的项目的争端处理办法由业主自行选择，可选择三人 DRB、一位争端审议专家（Dispute Review Expert，DRE）或提交工程师作决定，但工程师必须独立于业主之外。

5）本招标文件一般仅适用于单价合同。如欲用于总价合同，必须对支付方法、调价方法、工程量表、进度表等进行重新改编。

工程项目采购标准招标文件包括以下内容：投标邀请函、投标人须知、招标资料表、通用合同条件、专家合同条件、技术规范、投标书格式、投标书附录和投标保函格式、工程量表、协议书格式、履约保证格式、预付款银行保函格式、图样、说明性注解、资格后审、争端解决程序、世界银行资助的采购中提供货物、土建和服务的合格性。

2.3.4 工程项目采购招标文件的内容

1. 投标邀请函

经过资格预审，招标邀请函（Invitation for Bids，IFB）只发售给资格预审合格的投标人。投标邀请函是用来邀请资格预审合格的投标人，按招标人规定的条件和时间前来投标。它一般应说明以下几点：

1）业主单位，招标性质。
2）资金来源。
3）工程简况，分标情况，主要工程量，工期要求。

4）承包商为完成本工程所需提供的服务内容，如施工、设备和材料采购、劳务等。

5）发售招标文件的时间、地点、售价。

6）投标文件送交的地点、份数和截止时间。

7）提交投标保证金的规定额度和时间。

8）开标的日期、时间和地点。

9）现场考察和召开标前会议的日期、时间和地点。

以下是世界银行贷款项目招标文件范本中的投标邀请函格式。

投标邀请函

致_____（承包商名称）_____（日期）
_____（地址）
_____
_____

关于：世界银行贷款号、合同名称与招标编号

敬启者：

我们通知您，你们已经通过上述合同的资格预审。

1. 我们代表业主_____（填入业主名称）邀请你们与其他资格审查合格的投标人，为实施并完成此合同递交密封的投标文件。

2. 按下述地址你们可在我们的办公处所获取进一步的信息、查阅并取得招标文件：_____（邮政地址、电报、电话和传真）。

3. 在交纳一笔不可退还的费用_____（填入金额和币别）后可购得一套完整的招标文件。

4. 所有的投标文件均应有按招标文件规定的格式和金额递交的投标保证金，并且应于_____（时间和日期）之时或之前送至下述地点：_____（地址和准确地点）。开标仪式随即开始，投标人可派代表参加。

5. 请以书面形式（电报、传真或电话）立即确认已收到此函。如果您不准备参与投标，亦请尽快通知我们，我们将不胜感谢。

授权代表签名：_____   授权代表签名：_____
姓名和职务：_____   姓名和职务：_____
采购代理：_____   业主：_____

2. 投标人须知

投标人须知是招标文件的重要组成部分，它是业主或其委托的咨询公司为投标人如何投标所编制的指导性文件。下面介绍投标人须知的有关内容。

（1）总则（General）

1）投标范围（Scope of Bid）。预期中标的投标人应从开工之日起在招标资料表和投标书附录中规定的时期内完成投标人须知所描述的及招标资料表所概述的工程。

2）资金来源（Source of Funds）。业主招标项目的资金来源，如系国际金融机构（如世界银行）的贷款，应说明贷款机构名称及贷款支付使用的限制条件。

3）合格的投标人（Eligible Bidders）。任何投标人都应满足以下几个条件：

① 投标人不得与在本工程或作为本项目组成部分的工程的准备阶段已向业主提供了有关工程的咨询服务的公司或实体有关系，同时也不应与已被业主雇佣或拟被雇佣作为本合同的工程师有关系。

② 投标人必须是得到业主通知已通过资格预审者。

③ 投标人不属于本须知发布的具有腐败和欺诈行为之列。

④ 当业主提出合理的要求时，投标人应提供令业主继续满意其资格的证明材料。

4）合格的材料、工程设备、供货和服务。国际金融组织贷款项目要求为工程所提供的全部材料、工程设备、供货和服务必须来源于合格的国家。

5）投标人的资格（Qualification of the Bidder）。

① 作为投标文件的一部分，投标人应同时递交一份投标人委托签署投标书的书面授权书；此外，投标人应更新所有随资格预审申请书递交的且已经变更的资料，务必更新在招标资料表中指明的资料，而且应使这些资料继续满足资格预审文件中规定的最低要求。

② 对于联营体递交的投标文件应满足以下要求：

- 投标文件中应包括上述①中指明的所有资料。
- 投标文件和中标后的协议书予以签署，以使所有联营成员均受法律约束。
- 应推荐一家联营体成员作为主办人，且应提交一份由所有联营体成员的合法代表签署的授权书。
- 应授权联营体主办人代表任何和所有联营体成员承担责任和接受指示，而且整个合同的实施（包括支付）应全部由联营体主办人负责。
- 在上述的授权书、投标文件和协议书中应声明所有联营体成员为实施合同所共同和分别承担的责任。
- 应随投标文件同时提交一份联营体各成员签署的联营体协议。

6）一标一投（One Bid per Bidder）。每个投标人只应自己单独或作为联营体的成员投一个标。

7）投标费用（Cost of Bidding）。一般国际惯例规定，无论投标结果如何，投标人应承担其投标文件准备与递交所涉及的一切费用，业主不负担此类费用。

8）现场考察（Site Visit）。建议投标人对工程现场和周围环境进行考察，以便获取有关投标准备和签署合同所需的资料。考察现场的费用和人身及财产损失由投标人自己负责。

（2）招标文件（Bidding Documents）

1）招标文件的内容（Content of Bidding Documents）。招标文件包括下列格式与内容：

第一卷　商务条款
　第一章　投标邀请函
　第二章　投标人须知
　第三章　投标资料表
　第四章　合同通用条件
　第五章　合同专用条件
第二卷　技术规范

第六章　技术规范
第三卷　投标文件
第七章　投标书、投标书附录和投标保函的格式
第八章　工程量清单与报价表
第九章　协议书格式、履约保函格式、预付款保函格式
第十章　辅助资料表
第四卷　图样
第十一章　图样

2）招标文件的澄清（Clarification of Documents）。投标人在收到招标文件时应仔细阅读和研究，如发现有遗漏、错误、词义模糊等情况，应按招标文件中规定的地址以书面或电报、电传、传真等方式向业主咨询，否则后果自负。招标文件中应规定提交咨询的日期限制（如投标截止日28天以前）。业主将书面答复所有咨询的问题的附本交给所有已购买招标文件的投标人。

3）招标文件的修改（Amendment of Bidding Documents）。在递交投标文件以前的任何时候，业主可能以补遗书的方式对招标文件进行修改。所有补遗书均将构成招标文件的一个组成部分，投标人应以电报方式尽快确认收到每份补遗书。

为了使投标人在准备投标书时能有合理的时间将补遗书的内容考虑进去，业主应酌情延长递交投标书的截止时间。

(3) 投标书准备（Preparation of Bids）

1）投标文件的语言（Language of Bid）。投标文件及投标任何业主之间的与投标有关的来往函电和文件，均应使用规定的语言（Ruling Language）。投标人递交的证明材料和印刷品可以是另外一种语言，但其中相关段落应配有上述规定的语言的准确译文，且投标文件的解释将以此译文为准。

2）投标文件组成（Documents Comprising the Bid）。投标人递交的投标文件应包含下列文件：正确填写的投标书格式和投标书附录、投标保函、已报价的工程量表、被邀请提供的替代方案。

如果招标资料表中有规定，将此合同与其他合同组成一个包投标的投标人，应在投标文件中予以声明，并且给出授予一个以上合同时所提供的任何折扣。

3）投标价格（Bid Prices）。投标价格是指按照投标人提交的工程量表中的单价和工程量为依据，计算得出的工程总标价。投标人未填报单价和价格的项目费用将被视为已包含在工程量表的其他单价和价格中，业主在执行期间将不予以支付。

所有根据合同或由于其他原因，截止到投标截止日前28天，由投标人支付的关税、税费和其他捐税都要包含在投标人呈报的单价、价格和总投标报价中。

投标人填报的单价和价格在合同执行期间将根据合同条件的规定予以调整。投标人应在投标书附录中为价格调整公式填写价格指数和权重系数，并随投标文件递交证明材料。

4）投标货币与支付货币（Currencies of Bid and Payment）。在投标报价时和在以后工程实施过程中结算支付时所用的货币种类，可以选择以下两个方案之一：

① 投标人报价时，完全采用工程所在国的货币表示，若投标人预计有来自工程所在国以外的工程投入会产生其他币种的费用（外汇需求），投标人应在投标书附录中列

出其外汇需求占投标价格（除暂定金额外）的百分比（%），投标人应在投标书附录中列明外汇需求和采用的汇率。业主可能会要求投标人澄清其外汇需求，此时投标人应递交一份详细的外汇需求表。

② 采用两种报价，即对于在工程所在国应支付的费用，如当地劳务、当地材料、设备、运输等费用以当地货币报价，而对在工程所在国以外采购所需费用则以外币报价。

5）投标文件的有效期（Bid Validity）。投标文件应在招标资料表中规定的期限内保持有效，如果有特殊情况，业主可在原投标有效期结束后，以书面和电报形式要求投标人延长一个写明的期限。投标人可拒绝这种要求，业主不得以此为理由没收其投标保证金。同意延期的投标人将不得要求在此期间修改其投标文件，但需要相应延长投标保证金的有效期，并符合有关投标保证金的所有要求。

对于固定总价合同，若投标有效期延长超过8周，则对于应付给未来中标人的当地货币和外币的金额，将按招标资料表或要求延期函中为超过8周的期限所定的系数，分别对当地货币和外币部分进行调价。评标时仍以投标价为依据，不考虑上述的价格调整。

6）投标保证金（Bid Security）。为了对业主进行必要的保护，招标文件要求投标人投标必须提供投标保证金。根据投标人的选择，投标保证金可以是保兑支票、信用证或由投标人选择的任一合格国家的有信誉的银行出具的保函。银行保函的格式应符合招标文件的要求，其有效期应为直至投标文件有效期满后的第28天，或根据业主要求的延期时间。

未能按要求提供投标保证金的投标文件，业主视其为不响应投标而予以拒绝。联营体应以联营体的名义提交投标保证金。

未中标的投标人的投标保证金在最迟不超过投标有效期满后的28天退还，中标人的投标保证金将在其签约并按要求提供了履约保证金后予以退还。

如果投标人在投标有效期内撤回投标文件，或中标人未能在规定的期限内签署协议并提供履约保证金，则投标保证金将被没收。

7）投标人的选择报价（Alternative Proposals by Bidders）。如果明确邀请投标人报出选择工期，则应在招标资料表中进行说明，同时应规定评审不同工期的办法。

若允许投标人对工程的某些指定部分提供技术选择方案，则应在招标文件的"技术规范"中进行说明；除此情况之外，对于希望提供满足招标文件要求的技术选择方案的投标人，应首先按招标文件描述的业主的设计进行报价，然后再向业主提供为了全面评审其技术选择方案所需的全部资料。如有技术选择方案，只有符合基本技术要求且评标价最低的投标人递交的技术选择方案，业主才予以考虑。

8）标前会议（Pre-Bid Meeting）。召开标前会议的目的是为了澄清投标人对招标文件的疑问，解答问题。如果举行标前会议，投标人的指定代表可按照招标资料表中规定的时间、地点出席会议。业主不能以不出席标前会议作为投标人不合格的理由。

投标人应尽可能在会议召开前一星期，以书面形式或电报向业主提交问题，迟交的问题可能无法在会上回答，但所有问题和答复（包括会上回答的和会后准备的答复）都将以会议纪要的形式提供给所有投标人。

对由于标前会议而产生的对招标文件的任何修改，只能由业主按照本须知招标文件第3）条的规定，以补遗书的方式进行，而不以标前会议纪要的形式发出。

9）投标文件的形式和签署（Format and Signing of Bid）。招标文件中应规定投标需提供的正本和副本的份数。正本是指投标人填写所购买的招标文件的表格以及招标人须知中所需要提交的全部文件和资料，副本是正本的复印件。正本与副本有不一致时，以正本为准。

投标文件应由投标人正式授权的一个人或几个人签署，对于有增加或修正的地方，均应由一位或几位投标文件的签字人进行小签。

(4) 投标文件的递交（Submission of Bids）

1）投标文件的密封与标志（Sealing and Marking of Bids）。投标人应将正本和副本分别封装在信封（内信封）中，并在信封上标明"正本"和"副本"，所有这些信封都应密封在一个外信封中。内、外信封上均应标明业主的地址、合同名称、合同号、开标时间及开标日期前不得启封的字样；此外，内信封还应标明投标人的名称和地址，以使业主能在不开封的情况下将迟到的投标文件退回投标人。

如果未按规定书写和密封，业主对由此引起的一切后果概不负责。

2）投标截止日期（Deadline for Submission of Bids）。投标文件应由业主在规定的地址、不迟于招标资料表中规定的日期和时间收到。在特殊情况下，业主可自行以补遗书的形式延长投标截止日期。

3）迟到的投标文件（Late Bids）。业主在规定的投标截止日期以后收到的任何投标文件，都将原封退给投标人。

4）投标文件的修改、替代与撤回（Modification, Substitution and Withdrawal of Bids）。投标人在递交投标文件截止日期前，可以通过书面形式通知业主，对已提交的投标文件进行修改、替代或撤回。

(5) 开标与评标（Bid Opening and Evaluation）

1）开标（Bid Opening）。业主按照招标资料表规定的时间、日期和地点开标。

标明"撤回"和"替代"的信封将首先开封并宣布投标人的名称。已递交了可接受的撤回通知函的投标文件将不予开封。

开标时，将宣读投标人的名称、投标报价（包括任何选择报价或偏离）、折扣、投标文件修改和撤回、投标保证金的提供与否及其他业主认为合适的内容。标明"修改"的信封将被开封，其中的适当内容将被宣读。除迟到的投标文件外，开标时不应废除任何投标文件。以上宣布的内容都将记录在开标记录中。

2）过程保密（Process to be Confidential）。开标后，在评标过程中应对与评标工作无关的人员和投标人严格保密。投标人对业主评审或授标工作施加影响的任何努力都可能导致其投标文件被拒绝。

3）投标文件的澄清（Clarification of Bids and Contacting the Employer）。为有助于投标文件的审查、评价和比较，业主可要求任何投标人澄清其投标文件。有关澄清的要求与答复应以书面或电报方式进行。但不应寻求、提出或允许对价格或实质性的内容进行更改。

4）投标文件的检查与响应性的确定。在详细评标前，业主要检查各投标文件是否做到如下几点：被适当签署；提供了符合要求的投标保证金；对招标文件的要求做出了实质性的响应；提交了业主要求提供的、确定其响应性的澄清材料和（或）证明文件。

业主会拒绝没有对招标文件做出实质性响应的投标书。

5）错误的修正（Correction of Errors）。对那些对招标文件做出实质性响应的投标文件，可按照一定原则修改投标文件中存在的计算错误、书写错误和数字表示与文字表示不一致的错误。修改后，在征得投标人同意的情况下，修正后的金额对投标人起约束作用。若投标人不接受修正后的金额，则其投标将被拒绝，并且其投标保证金将被没收。

6）为评标换算为单一的货币。为比较各投标书，应将投标报价换算为单一货币。

① 对于投标人须知投标书准备第4）条中所列的第①种投标报价方案，应首先根据投标人在投标书附录中写明的汇率，将投标报价换算为不同支付币别的相应金额；然后将投标报价中应支付的各种货币，按照招标资料表中指定的机构，在规定的日期公布的卖出价汇率换算为业主所在国的货币；或者是将外币支付部分的金额，按招标资料表中规定的国际报刊在规定的日期公布的卖出价汇率，换算为一种招标资料表中指定的国际贸易中广泛使用的货币，将业主所在国的货币，按照指定的机构在规定的日期公布的卖出价汇率也换算为那种广泛使用的货币。

② 对于投标人须知投标书准备第4）条中所列的第②种投标报价方案，可将投标报价中应支付的各种货币的金额，根据指定的机构在规定的日期公布的卖出价汇率，换算为业主所在国的货币；或者先将外汇需求部分根据规定的国际报刊在规定的日期公布的卖出价汇率，换算为一种指定的国际贸易中广泛使用的货币，再将业主所在国货币根据规定的机构在规定的日期公布的卖出价汇率换算为那种广泛使用的货币。

7）投标文件的评价与比较（Evaluation and Comparison of Bids）。对于实质上符合招标文件要求的投标文件，在评价与比较时，业主对投标价格进行以下调整，以确定每份投标文件的评标价格：

① 修正投标人须知开标与评标第5）条中提及的错误。

② 在工程量汇总表中扣除暂定金额，但应包括具有竞争性标价的计日工。

③ 将能上能下两项金额按开标与评标第6）条的规定换算为单一货币。

④ 对具有满意的技术和（或）财务效果的其他可量化、可接受的变更、偏离或其他选择报价，其投标价应进行适当的调整。

⑤ 若招标资料表中允许并规定了调价方法，应对投标人报的不同工期进行调价。

⑥ 如果本合同与其他合同被同时招标，投标人为授予一个以上合同而提供的折扣应计入评标价。

业主保留接受或拒绝任何变更、偏离或选择性报价的权利。凡超出招标文件规定的变更、偏离或其他因素，在评标时将不予考虑。在评标时，对适用于合同执行期间的价格调整因素不予考虑。

若最低评标价的投标文件出现明显的不平衡报价，业主可要求投标人对工程量表的任何或所有细目提供详细的价格分析，并对分析的结果考虑采取保护措施。

8）国内优惠（Preference for Domestic Bidders）。国际金融组织，如世界银行的贷款项目规定，贷款国的投标人在符合下列所有条件时，在与其他投标人按投标报价排列顺序时，可享受7.5%的优惠。

① 在工程所在国注册。

② 工程所在国公民拥有大部分所有权。

③ 分包给国外公司的工程量不大于合同总价（不包括暂定金额）的50%。

④ 满足招标资料表中规定的其他标准。

对于工程所在国承包商与国外承包商组成的联营体，在具备以下条件时，也可获得优惠。

- 国内的一个或几个合伙人分别满足上述优惠条件，或国内合伙人能证明他（们）在联营中的收入不少于50%。
- 国内合伙人按所提方案，至少应完成除暂定金额外的合同价格50%的工程量，并且这50%不应包括国内合伙人拟进口的任何材料或设备。
- 满足招标资料表中规定的其他标准。

评标时，将投标人分为享受优惠和不享受优惠两类，在不享受优惠的投标人报价上加上7.5%，再统一排队、比较。

（6）授予合同（Award of Contract）

1）授标（Award）。授标是指业主将把合同授予投标文件实质上响应的招标文件要求，并经审查认为有足够能力和资产来完成本合同，满足上述各项资格要求，而且投标报价最低的投标人。

2）业主接受投标和拒绝任何或所有投标的权利。业主在授予合同前的任何时候均有权接受或拒绝任何投标、宣布投标程序无效或拒绝所有投标。

3）中标通知书（Notification of Award）。在投标有效期截止前，业主将以电传、传真或电报的形式通知中标人，并以挂号信的形式寄出正式的中标通知书。中标通知书将成为合同的组成部分。

4）合同协议的签署（Signing of Agreement）。业主通知中标人中标的同时，还应寄去招标文件中所提供的合同协议书格式。在收到合同协议书28天内，中标人应签署此协议书，并连同履约保证金一并送交业主。此时，业主应通知其他未中标者，他们的投标文件没有被接受，并尽快退还其投标保证金。

5）履约保证（Performance Security）。在接到中标通知书28天内，中标人应按招标资料表和合同条件中规定的形式向业主提交履约保证。

若中标人不遵守投标人须知的规定，将构成对合同的违约，业主有理由废除授标，没收投标保证金，并寻求可能从合同中得到的补偿。业主可以寻求将合同授予名列第二的投标人。

6）争端审议委员会（Disputes Review Board）。应在招标资料表中规定争端解决的办法。如果选择的办法是争端审议委员会或争端审议专家，指定的人选将在招标资料表中明确，投标人如果不同意，应在其投标文件中指出。如果业主和中标人不能就最初指定的委员任命达成一致，任何一方可要求合同专用条款指定的"任命机构"做出此项任命。

7）腐败和欺诈行为（Corrupt or Fraudulent Practices）。拒绝将合同授予有"腐败行为"和"欺诈行为"的投标人。

3. 招标资料表

招标资料表（Bidding Date）是招标文件的一个重要组成部分，招标资料表应与投标人须知中的有关各条相对应，为投标人提供具体资料、数据、要求和规定。投标人须知中的文字和规定不允许修改，只能在招标资料表中对之进行补充和修改。招标资料表中的内容与投标人须知不一致时，则以招标资料表为准。表2-2列出的是世界银行土建工程国际竞争性招标文件中的招标资料表格式（已作删减）。

表 2-2　招标资料表

投标人须知条款号	内容
1.1	工程说明
1.1	本款第一句应由下述文字代替：招标资料表和投标书附录所定义的业主和采购代理（以下称业主和采购代理），在投标资料表中，所有"业主"一词均应由"业主和代表业主的采购代理"代替
1.1	业主名称和地址
1.1	采购代理的名称和代理
1.1	业主对采购代理的授权范围（根据业主与招标代理之间的有关协议）
1.2	工期
2.1	借款人
2.1	项目名称及其描述、世界银行贷款的金额和类型
5.1	应更新的资格预审材料
9.1	此条款应由下列条款完全替代 ① 招标文件的内容 ② 招标文件包含下列文件，它们应与按投标人须知招标文件第3）条发布的补遗共同阅读（文件名称略）
12.1	投标语言：英语
13.2	指明此合同是否与其他合同以组合标的形式同时招标
13.2	在第13.2款末增加下述段落 当几个合同（段）同时招标时，下述规定将适用：评标将针对每个合同（段）单独进行，合同将授予整体成本最低的标的或组合标。投标人必须至少对一个完整的合同（段）进行投标。如果被授予一个以上的合同时，投标人提供的折扣将在评标时予以考虑。应注意，只有在开标时已被宣读的并且在评标报告中写明的折扣才予以考虑
14.4	指明合同是否调价
15.1	指明投标货币是选择第15条的A
15.2	业主国别
15.2	业主国货币
16.1	投标有效期
16.3	货币部分调价的年百分比（%） 当地货币部分调价的年百分比（%）
17.1	投标保证金的金额 投标保证金的有效期应到投标书有效期截止日前的第30天
17.3	删除最后一句并代之以："联营体的投标保证金，应以递交投标文件的所有联营体成员的名义出具"

（续）

投标人须知条款号	内容
18.1	投标可在最短_____天和最长_____天之间进行工期的选择报价，对它的评标办法在投标人须知中做出了规定。中标人提出的竣工时间将作为合同的竣工工期
19.1	标前会的时间、地点
20.1	投标文件副本的份数
21.2	递交投标文件的地点
21.2	合同编号
22.1	投标截止日期
25.1	开标时间、地点
30.2	为换算而选择的货币 汇率来源 汇率日期
31.2（e）	竣工期的选择报价将以下述方式进行评审
32.1	指明国内投标人在评标时是否享受国内优惠：是_____否_____
37	业主可接受的履约保函的格式和金额
38	争端解决方式 业主建议的争端审议委员会成员或争端审议专家
38	A. 如果争端发生于业主和国内承包商之间，争端应按业主所在国法律解决 B. 如果争端发生于业主和国外承包商之间，按业主所在国法律解决或按照 UNCITRAL 规则（除非投标人在递交投标文件时已提出）解决

注：如果不适用，应在相应栏中注明"不适用"。任何对投标人须知的修改均应在招标资料表后的"修改清单"中反映，并保持原条款号不变。

4. 合同条件

合同条件一般也称合同条款，它是合同中商务条款的重要组成部分。合同条件主要是论述在合同执行中，当事人双方的职责范围、权利和义务、监理工程师的职责和授权范围，遇到各类问题（如工程进度、质量、检验、支付、索赔、争议、仲裁等）时各方应遵循的原则及采取的措施等。目前在国际上，由于承发包双方的需要，已编写了许多合同条件模式，在这些合同条件中有许多通用条件几乎已经标准化、国际化，无论在何处施工都能适应承发包双方的需要。

国际上通用的工程合同条件一般分为两大部分，即"通用条件"和"专用条件"。前者不分具体工程项目、不论项目所在国别均可适用，具有国际普遍适应性；而后者则是针对某一特定工程项目合同的有关具体规定，用以将通用条件加以具体化，对通用条件进行某些修改和补充。这种将合同条件分为两部分的做法，既可以节省业主编写招标文件的工作量，又可以方便投标人投标。

FIDIC 编制的系列合同条件，不仅 FIDIC 成员采用，世界银行、亚洲开发银行的贷款项目也采用。各成员可以稍加修改后用于国内。因此，在熟悉了 FIDIC 的各种合同条件后，对于编制自己的合同条件和投标都是十分有用的。

四种新版本的 FIDIC 合同条件（2017 年第 2 版），继承了以往合同条件的优点，并根据多年来工程实践中取得的经验以及专家、学者和相关各方的建议，在内容、结构和措辞等方面作了较大调整。四种新版本 FIDIC 合同条件如下：

（1）《施工合同条件》（Conditions of Contract for Construction）

推荐用于有雇主或其代表（工程师）设计的建筑或工程项目，主要用于单价合同。在这种合同形式下，通常由工程师负责监理，由承包商按照雇主提供的设计施工，也可以包含由承包商设计的土木、机械、电气和构筑物的某些部分。

（2）《生产设备和设计、施工合同条件》（Conditions of Contract for Plant and Design-Build）

推荐用于电气和（或）机械设备供货和建筑或工程的设计与施工，通常采用总价合同。由承包商按照雇主的要求，设计和提供生产设备和（或）其他工程，可以包括土木、机械、电气和建筑物的任何组合进行工程总承包，也可以对部分工程采用单价合同。

（3）《设计采购施工（EPC）/交钥匙工程合同条件》（Conditions of Contract for PEC/Turnkey Projects）

可适用于以交钥匙方式提供工厂或类似设施的加工或动力设备、基础设施项目或其他类型的开发项目，采用总价合同。这种合同条件下，项目的最终价格和要求的工期具有更大程度的确定性；由承包商承担项目实施的全部责任，雇主很少介入，即由承包商进行所有的设计、采购和施工，最后提供一个设施配备完整、可以投产运行的项目。

（4）《简明合同格式》（Short Form of Contract）

适用于投资金额较小的建筑或工程项目。根据工程的类型和具体情况，这种合同格式也可用于投资金额较大的工程，特别是较简单的重复性的或工期短的工程。在该合同格式下，一般都由承包商按照雇主或其代表——工程师提供的设计实施工程，但对于部分或完全由承包商设计的土木、机械、电气和（或）构筑物的工程，此合同也同样适用。

我国住房和城乡建设部、交通部以及国家电力公司等部门在各自编制的"招标文件范本"中，考虑了国际上通用的合同条件的编写方法，并结合我国的特点，将"合同条件"划分为"通用条件"和"专用条件"两部分，因而具有普遍适用性。

5. 技术规范

技术规范即指工程实施要求的说明文件，它是招标文件中一个非常重要的组成部分，技术规范和图样两者反映了业主对工程项目应达到的技术要求，也是施工过程中承包商控制质量和监理工程师检查验收的主要依据。严格按规范施工与验收才能保证最终获得合格的工程产品。

技术规范、图样和工程量清单三者都是投标人在投标时必不可少的资料。因为依据这些资料，投标人才能拟定施工计划，包括施工方案、进度计划、施工工艺等，并据之进行工程估价和确定投标价。因此，在拟定技术规范时，既要满足设计要求，保证工程的施工质量，又不能过于苛刻，因为太苛刻的技术要求必然导致投标人提高投标价格。

编写技术规范时，一般可引用国家有关各部门正式颁布的规范，同时往往还需要由咨询工程师再编制一部分具体适用于本工程的技术要求和规定。正式签订合同之后，承包商必须遵循合同列入的规范要求。

技术规范一般包含工程的全面描述、工程所采用材料的要求、施工质量要求、工程计量方法、验收标准和规定以及其他规定等内容。技术规范可分为总体规范和各项规范两部分。

（1）总体规范

总体规范通常包括工程范围及说明、水文气象条件、工地内外交通、开工日期、完工日期、对承包商提供材料的质量要求、技术标准、工地内供水与排水、临建工程、安全、测量工程、环境卫生、仓库及车间等。下面就某些内容作简要说明。

1）工程范围和说明。它包括工程总体介绍，分标情况，本合同工作范围，其他承包商完成工作范围，分配给各承包商使用的施工场地、生活区和交通道路等。

2）技术标准。即为已选定的适用于本工程的技术规范，总体规定中应列出编制规范的部门和名称。

3）一般现场设施。它包括施工现场道路等级、对外交通、桥梁设计、工地供电电荷范围和供电质量、供水、生活及服务设施、工地保卫、照明通信和环保要求等。

4）安全防护设施。对承包商在工地应采取的安全措施做出规定，安全措施包括安全员的任用、安全规程的考核和执行、安全栏网的设置、防水、照明、信号等有关安全设施。

5）水土保持与环境。由于工程的大量土石方开挖，破坏了植被，影响了环境的美化，为此应提出有关水土保持和环境保护的要求。

6）测量。监理工程师应向承包商提供水准基点、测量基线以及适当比例的地形图等，并应对这些资料的正确性负责。日常测量、放样均由承包商承担，承包商应对现场测量放样精度、现场控制点设置与保护、人员、设备配备等负责。

7）试验室与试验设备。按照国际惯例，土建工程的试验工作（包括材料试验等）多由承包商承担，因此在规范中对要求进行试验的项目、内容及要求等应做出明确的规定；并对试验室的仪器设备等提出要求，以便投标人在投标报价中考虑到这一笔费用，对试验费的支付也应有明确的规定。

（2）各项规范

根据设计要求，各项规范应对工程每一个部位的材料和施工工艺提出明确的要求。

各项技术规范一般按照施工内容和性质来划分，例如一般土建工程包括临时工程、土方工程、基础处理、模板工程、钢筋工程、混凝土工程、混凝土结构、金属结构、装修工程等；水利工程还包括施工导流、灌浆工程、隧洞开挖工程；港口工程则有基床工程、沉箱预制、板桩工程等。

各项技术规范中应对计量要求做出明确规定，因为这涉及实施阶段计算工程量与支付问题，以避免和减少争议。

6. 投标书格式和投标保函格式

（1）投标书格式

投标书是由投标人充分授权的代表签署的一份投标文件，它是对业主和承包商双方均有约束力的合同的一个重要组成部分。

投标书包含投标书及其附录，一般都是由业主或咨询工程师拟定好固定的格式，由投标人填写。

下面列举的是投标书及其附录，投标人应填写其中的空白处内容。

投 标 书

合同名称：_____
致：_____
_____（填入业主名称）

先生们：

1）按照合同条款、技术规范、工程量表和第_____号、第_____号补遗书，我方愿以_____（以数字和文字形式填入金额）的总价承担上述工程的施工、建成和维修工作。

2）我方确认投标书附录是我方投标的组成部分。

3）如果贵方接受我方投标，我方保证在接到工程师开工令后尽快开工，并在投标书附录中规定的期限内完成并交付合同规定的全部工程。

4）我方同意在从规定的递交投标文件截止之日起的_____天内遵守本投标，在期满前本投标对我方始终有约束力，并可随时被接受。

5）在正式合同协议制定和签署之前，本投标书连同贵方的中标通知书应成为约束贵方和我方双方的合同。

6）我方理解，贵方不一定接受最低标价的投标或其他任何你们可能收到的投标。

7）与此投标书和授予合同的履行相关的应付给代理的佣金或报酬如下所列：

代理的名称和地址	金额和货币	给予佣金或报酬的目的
_____	_____	_____
_____	_____	_____
_____	_____	_____

（如没有，注明"无"）

日期：_____年_____月_____日
签名：_____
以_____资格
经授权代表：_____签署投标文件
地址：_____
证人：_____
地址：_____
职务：_____

投标书附录
（填入协议条款号）

履约保证金	合同价的_____%
银行保函金额	合同价的_____%（5%）
履约担保书金额	合同价的_____%（10%）
提交进度计划	在_____天内
发出开工令的时间	签订合同协议书后_____天内
工期	_____天

误期赔偿费金额　　　　　　　　_____/天
误期赔偿费限额　　　　　　　　最终合同价的_____%
提前工期奖励　　　　　　　　　_____/天（如不适用填入0）
提前工期奖励限额　　　　　　　合同价的_____%
缺陷责任期　　　　　　　　　　_____天（年）
中期支付证书的最低金额　　　　_____
拖期支付利率　　　　　　　　　_____%/年
保留金　　　　　　　　　　　　_____
动员预付款金额　　　　　　　　合同价的_____%
动员预付款开始回扣时间　　　　_____
指定争端审议委员会或专家机构　_____
仲裁语言　　　　　　　　　　　_____

投标单位：（盖章）

法定代表人：（签字 盖章）

日期：_____年_____月_____日

(2) 投标保函格式

在国际工程承包中，当事一方为避免因对方违约而遭受经济损失，一般都要求对方提供可靠的第三方保证。这里的第三方保证是指第三者（如银行、担保公司、保险公司或其他金融机构、商业团体或个人）应当事一方的要求，以其自身信用，为担保交易项下的某种责任或义务的履行而做出的一种具有一定金额、一定期限、承担其中支付责任或经济赔偿责任的书面付款保证承诺。

与工程项目建设有关的保证主要有投标保证、履约保证和动员预付款保证等，履约保证和动员预付款保证将在后面介绍。常用的保证形式有两种：一种是由银行提供的保函（Bank Guarantee）；另一种是由担保公司（Surety Company）或保险公司提供的担保（Bond）。

投标保函的主要目的是担保投标人在业主定标前不撤销其投标。投标保函通常为投标人报价总额的2.5%，有效期与报价有效期相同，一般为90天。下面是投标保函的格式。

投标保函
（银行保函）

鉴于_____（投标人名称）（以下称"投标人"）已于_____（日期）递交了建设_____（合同名称）的投标文件（以下称"投标文件"）。

兹宣布，我行，_____（银行的国家）的_____（银行名称）注册于_____（以下称"银行"）向业主_____（业主名称）（以下称"业主"）立约担保支付_____的保证金，本保函对银行及其继承人和受让人均有约束力。

加盖本行印章，于_____年_____月_____日

本保证责任的条件是：

(1) 如果投标人在投标文件中规定的投标文件有效期内撤回投标文件。

(2) 如果投标人拒绝接受对其投标文件错误的修正。

(3) 如果投标人在投标文件有效期内业主所发的中标通知书后：

1) 未能或拒绝根据投标人须知的规定，按要求签署协议书。

2) 未能或拒绝按投标人须知的规定提供履约保证金。

我行保证在收到业主第一次书面要求后，即对业主支付上述款额，无须业主出具任何证明，只需在其书面要求中说明索款是由于出现了上述条件中的一种或两种，并具体说明情况。

本保证书在投标人须知规定的有效期后的 28 天内或在业主要求延期的时限（此延期通知无须通知银行）内保持有效，任何索款要求应在上述日期前交到银行。

日期：_____   银行签署：_____

证人：_____   盖　　章：_____

（签名、名称、地址）

7. 工程量表

工程量表（也叫工程量清单）就是对合同规定要实施的工程全部项目和内容按工程部位、性质等列在一系列表内。每个表中既有工程部位需实施的各个分项，又有每个分项的工程量和计价要求（单价与合价或包干价）以及每个表的总计等，后两个栏目留给投标人填写。

工程量清单的用途之一是为投标人提供了一个共同的竞争性投标的基础。投标人根据施工图和技术规范的要求以及拟定的施工方法，通过单价分析并参照本公司以往的经验，对表中各栏目进行报价，并逐项汇总为各部位以及整个工程的投标报价；用途之二是工程实施过程中，每月结算时可按照表中已实施的项目的单价和价格计算应付给承包商的款项；用途之三是在工程变更增加新项目或索赔时，可以选用或参照工程量清单中的单价确定新项目或索赔项目的单价和价格。

工程量清单与招标文件中的图样一样，是随着设计深度的不同而有粗细程度的不同，利用施工详图就可以编得较细致。

工程量清单中的计价办法一般分为两类：一类是按"单价"计价项目，如模板每平方米多少钱、土方开挖每立方米多少钱等，投标文件中此栏一般按实际单价计算。另一类按"项"包干计价项目，如竣工场地清理费；也有将某一项设备的安装作为一"项"计价的，如闸门采购与安装（包括闸门、预埋件、启闭设备、电器操作设备及仪表等的采购、安装和调试）。编写这类项目时要在括号内把有关项目写全，最好将所采用的图样号也注明，方便承包商报价。

工程量清单一般包括前言、工程细目表、计日工表和汇总表。

(1) 前言

前言中应说明以下有关问题：

1) 应将工程量清单与投标人须知、合同条件、技术规范、图样和图表资料等综合起来阅读。

2) 工程量清单中的工程量是业主估算的和临时性的，只能作为投标报价时的依据。付款的依据是实际完成的工程量和工程量清单中确定的费率。实际完成的工程量可由承包商计量，监理工程师核准，或按规定的其他方式。

3) 除合同另有规定外，工程量清单中填入的单价和合价必须包括全部施工设备、劳务、管理、损耗、燃料、材料、安装、维修、保险、利润、税收以及风险费等全部费用。

4)每一行的项目内容中,不论写入工程数量与否,投标人均应填入单价或价格,对于没有填写单价或价格的项目的费用,则认为已包含在工程量清单的其他项目之中。

5)工程量清单不再重复或概括工程和材料的一般说明,在编制工程量清单的每一项单价和合价时,应参考合同文件中有关章节对有关项目的描述。

6)测量已完成的工程数量用以计算价格时,应根据业主选定的工程测量标准计量方法为准。所有工程量均为完工以后测量的净值。

(2)工程细目表

编制工程细目表时,要注意将不同等级要求的工程区分开,将同一性质但不属于同一部位的工作区分开,将情况不同、可能进行不同报价的项目区分开。

编制工程细目表划分项目时要做到简单明了,使表中所列的项目既具有高度的概括性、条目简明又不漏掉项目和应该计价的内容。例如,港口工程中的沉箱预制是一项混凝土方量很大的项目,在沉箱预制中有一些小的预埋件(如小块铁板、塑料管等),在编制工程量清单时不要单列,而应包含在一个项目内,即沉箱混凝土浇筑(包含××号图样中列举的所有预埋件)。一份概括很好的工程量清单反映了咨询工程师的编标水平。按上述原则编制的工程量清单既不影响报价和结算又大大地节省了编制工程量清单、计算标底、投标报价的时间,特别是节省了工程实施过程中每月结算和最终工程结算的工作量。表2-3为某土方工程工程量清单示例。

表2-3 工程量清单

序 号	内 容	单 位	数 量	单价(元)	总价(元)
201	开挖表土(最深25cm),废弃不用	m³	50 000		
202	开挖表土(25~50cm),储存备用,最远距离1km	m³	45 000		
206	从批准的取土场开挖土料用于回填,运距1km,堆积备用	m³	258 000		
207	岩石开挖(任何深度),弃渣	m³	15 000		
207	其他				

(3)计日工表

在招标文件中一般有劳务、材料和施工机械三个计日工表。

计日工是指在工程实施过程中,业主有一些临时性的或新增加的项目需要按计日(或计时)使用人工、材料和施工机械时,则应按承包商投标时在上述3个表中填写的费率计价。未经监理工程师书面指令,任何工程不得按计日工施工计价。

在编制计日工表时需对每个表中的工作费用应该包含哪些内容,以及如何计算时间做出说明和规定。计日工劳务的工时计算是由到达工作地点并开始从事指定的工作算起,到返回原出发地点为止的时间,扣去用餐和工间休息时间。

承包商可以得到用于计日工劳务的全部工时的支付,此支付应按计日工劳务单价表(见表2-4)中所填报的基本单价计算,加上一定百分比的管理费、税金、利润等附加费。

表 2-4 劳务计日工单价表

项目编号	说　明	单　位	估计数量	基本单价	总　价
D100	工长	h	500		
D101	普工	h	5 000		
D102	瓦工	h	500		
D103	木工	h	500		
D104	钢筋工	h	500		
D113	卡车司机	h	1 000		
D114	装载机或起重机司机	h	500		
D115	推土机或松土机司机	h	500		
D116	其他				
小计					
加承包商的上级管理费、税金、利润等					
总计					

计日工材料费的支付，应按计日工材料单价表中所列的基本单价计算，加上一定百分比的管理费、税金、利润等附加费。

按计日工作业的施工机械费用的支付，应按计日工施工机械单价表中所列的单价计算，该单价应包括施工机械的折旧、维修、保养、零配件、保险、燃料和其他辅助材料的费用，加上相关的管理费、税金和利润等附加费用。

有的计日工表中将管理费、税金和利润等附加费不单列，而统一包含在上述单价中。

(4) 汇总表

将各个区段、分部工程中的各类施工项目报价表的总额汇总就是整个工程项目的总的计算标价。

8. 履约保函和预付款保函的格式

(1) 履约保函

履约保函的目的是担保承包商按照合同规定正常履约，防止承包商中途毁约，以保证业主在承包商圆满实施合同时能得到资金赔偿。履约保函通常为合同额的10%，有效期到缺陷责任期结束。

如前文所述，履约保函有履约担保和银行履约保函两种形式，而履约担保的含义与银行履约保函的含义是不同的。在使用范围上，担保远大于保函。提供担保的担保公司不仅承担支付的责任，而且要保证整个合同的履行。一旦承包商违约，业主在要求担保公司承担责任之前，必须证实投标人或承包商确已违约。这时担保公司可以采取以下措施之一：

1) 按照原合同的要求继续完成该工程。

2) 另选承包商与业主签订新合同完成此工程，在原合同价之外所增加的费用由担保公司承担，但不能超过规定的担保金额。

3) 按业主要求支付给业主款额，但款额不超过规定的担保金额。

由前述可知，银行保函作用更类似于保险，可保证某一方免受某种风险所造成的损

109

失。而担保的作用则是保证某种特定合同义务的履行。

由于保函与担保保证的含义不同，其保证金额也不同。通常均按合同总价的百分比计算，担保金额的比例通常要大得多。在美洲，履约担保金额能达到合同金额的50%以上，在中东地区的一些国家，履约担保金额甚至达到合同金额的100%。

银行履约保函有两种类型：一种称为无条件（Unconditional or On Demand）银行履约保函。其保证的含义是：如果业主在任何时候提出声明，认为承包商违约，而且提出的索赔日期和金额在保函有效期和保证金额的限额之内，银行即无条件履行保证，对业主进行支付。另一种是有条件（Conditional）银行履约保函。其保证的含义是：在银行支付之前，业主必须提出理由，指出承包商执行合同失败、不能履行其义务或违约，并由业主或工程师出示证据，提供所受损失的计算数值等。赔偿的最大金额为保函的投保金额。相对第一种形式的保函来说，第二种保函的特点是赔偿金额的支付不是一次性的，而是按照按价赔偿的原则进行，从而能更好地保护承包商的利益。

下面列出无条件银行履约保函的格式。

银行履约保函（无条件的）

致：_____
_____（业主名称）

鉴于_____（承包商名称与地址）（以下称"承包商"）已保证按_____合同（_____年_____月_____日签约）的规定实施_____（合同名称和工程简述）（以下称"合同"）。

鉴于你方在上述合同中提到，承包商必须按规定金额提交一份业经认可的银行保证函，作为履约担保。

我们因此同意作为保证人，并代表承包商以支付合同价款所用的货币种类和比例，向你方承担总额为_____（保证金额）_____（大写金额）。银行在收到业主第一次书面付款要求后，不挑剔、不争辩，即在上述担保的金额范围内，向你方支付_____（保证金数额）。你方无须出具证明或陈述提出要求的理由。

在你方向我方提出索款要求之前，我们并不要求你方应先对承包商就上述付款进行说明。

我方还同意任何业主与承包商之间可能对合同条件的修改，对规范和其他合同文件进行变动补充，都丝毫不能免除我方按本保证书所应承担的责任，因此，有关上述变动、补充和修改无须通知我方。

本保证书在根据合同规定从签约到发放接收证书之后28天内一直保持有效。

保证人签字盖章：_____
银行名称：_____
地址：_____
日期：_____

（2）预付款保函

一般在合同的专用条件中均注明承包商应向业主呈交预付款保函（也称动员预付款保函），主要目的是担保承包商按照合同规定偿还业主垫付的全部动员预付款，防止出现承包商拿到动员预付款后卷款逃走的情况发生。动员预付款的担保金额与业主支付的预付款等额，有效期直到工程竣工（实际在扣完动员预付款后即自动失效）。预付款保函的格式如下：

预付款保函

致：＿＿＿＿＿＿＿＿＿＿＿＿＿＿＿＿＿＿＿＿＿＿＿＿＿＿＿＿＿＿＿
＿＿＿＿＿＿＿＿＿＿＿＿＿＿＿＿＿＿＿＿＿＿＿＿＿＿（业主名称）

先生们：

根据上述合同中合同条件第 60.14 款和第 60.15 款（"预付款"）的规定，＿＿＿＿＿＿（承包商名称与地址）（以下称"承包商"）应向＿＿＿＿＿＿（业主名称）业主支付一笔金额为＿＿＿＿＿＿（担保金额）＿＿＿＿＿＿（大写金额）的银行保证金，作为其按合同条件履约的担保。

我方＿＿＿＿＿＿（银行或金融机构），受承包商的委托，不仅作为担保人而且作为主要负责人，无条件地和不可改变地同意在收到业主提出因承包商没有履行上述条款规定的义务，而要求收回动员预付款的要求后，向业主＿＿＿＿＿＿（业主名称）支付数额不超过＿＿＿＿＿＿（保证金数额）＿＿＿＿＿＿（大写金额）担保金，并按上述合同价款向业主担保。不管我方是否有任何反对的权利，也不管业主享有从本合同承包商索回全部或部分动员预付款的权利。我方还同意，任何＿＿＿＿＿＿（业主名称）与承包商之间可能对合同条件的修改，对规范或其他合同文件进行变动补充，都丝毫不能免除我方按本担保书应承担的责任，因此，有关上述变动、补充和修改无须通知我方。

只有在我们收到你们已按合同规定将上述预付款支付给承包商的通知后，你们才可能从本保函中进行扣款。

本保函从动员预付款支出之日起生效，直到＿＿＿＿＿＿（业主名称）收回承包商同样数量的全部款项为止。

签字盖章：＿＿＿＿＿＿＿＿＿＿＿＿＿＿＿
银行或金融机构的名称：＿＿＿＿＿＿＿＿＿＿＿＿＿
地址：＿＿＿＿＿＿＿＿＿＿＿＿＿
日期：＿＿＿＿＿＿＿＿＿＿＿＿＿

案例 2-9：掩耳盗铃式的招标文件

在某水电工程中，业主做了地质勘察，发现地质情况复杂，但业主担心承包商如果知道地质情况复杂投标时会提高报价，所以在招标时将一些复杂的地质报告隐瞒起来，不向承包商提供。随招标文件提供给投标人的地质报告给人的印象是"地质情况不复杂"，造成承包商的错觉。结果在施工中出现了十分复杂的地质条件，中标承包商的原施工方案无效，必须实施新的方案。原施工计划出现了大的调整，工期出现大幅度的拖延。

业主引用招标文件及合同文件中"承包商应对业主所提供的水文和地下情况资料的理解自行负责"的规定，不同意承担工期和费用的赔偿。承包商则引用合同中"在施工过程中，承包商在现场遇到了一个有经验的承包商无法预见的自然条件或外界障碍，经工程师证明，业主应支付因此条件而加给承包商的额外费用"的规定予以反驳。

问题：你认为业主应承担工期和费用的赔偿责任吗？

分析：

业主应承担工期和费用的赔偿责任是确定无疑的。

首先，承包商原来的施工方案是建立在业主提供的"地质情况不复杂"的地质报告之上的，对地质报告的理解没有错。

其次，实际地质情况是一个有经验的承包商不能预见的。承包商对地质情况的了解只能通过地质报告，不可能通过一般的现场考察或市场调查方式自行确定。

再次，业主的行为违反了诚实守信的原则。业主把本来十分清楚的"地质情况复杂"的实情"隐瞒起来"，这种自作聪明的伎俩纯属掩耳盗铃、自欺欺人。

案例 2-10：为了获得最低的价格而拒绝所有投标

某招标人招标采购一批学校设备，并收到了一定数量价格合理的投标。但随后招标人发现他可以从未投标的当地某公司以比所有投标报价更低的价格买到所需设备。招标人提出要废弃所有投标，而在规格不变的情况下从当地某公司直接购入。

问题：这一建议是否正确？

分析：

招标投标是有法律约束力的民事行为。在投标结束后，招标人不能擅自中止招标投标活动，更不能以获得更低的价格为理由废除所有有效投标，这是国际惯例。本案例的行为，起码是属于违反诚实守信原则的行为。

案例 2-11：投标人决定的中标

2003年8月22日，温州市区某大酒店进行着一次非同寻常的会议。长沙A公司、浙江B公司、浙江C公司、上海D公司、中国E公司、北京F公司、宁波G公司等参与温州重点工程南大道二期工程第三标段投标的全体入围企业齐聚一堂，只是会议召集人不是业主单位，也不是招标代理单位，而是长沙A公司。会议讨论的议题是如何投标。经过激烈的争论，大家取得共识：业主单位没有时间再进行第二次招标或者寻求其他单位承包，项目报价即使高一些业主单位也不得不接受。经过反复协商，7家单位一致同意温州重点工程南大道二期工程第三标段由长沙A公司中标，中标利益大家均沾，7家共同签署协议书规定：长沙A公司拿出中标金额的1%作为其他6家投标公司的合理利润——即每家分得90万元——各家利润于投标前由长沙A公司先预付1/3，正式中标后一次结算。

问题：

(1) 投标人决定"中标"的行为属于什么性质？

(2) 投标人的串通投标有哪些表现？

分析：

本案例是一起典型的串通投标事件。串通投标是投标人为谋取中标利益而同招标人或其他投标人暗中合谋，具有很强的欺骗性和隐蔽性。一般具有如下特征：秘密进行、相互通气、达成某种默契、彼此配合。

案例 2-12：某事业单位项目招标

某事业单位（以下称招标单位）建设某工程项目，该项目受自然地域环境限制，拟采用公开招标的方式进行招标。该项目初步设计及概算应当履行的审批手续，已经批准；资金来源尚未落实；有招标所需的设计图样和技术资料。

考虑到参加投标的施工企业来自各地，招标单位委托咨询单位编制了两个标底，分别用于对本市和外省市施工企业的评标。

招标公告发布后，有10家施工企业响应。在资格预审阶段，招标单位对投标单位与机构的概况、近两年完成工程情况、目前正在履行的合同情况、资源方面的情况等进行了审查。其中一家本地公司提交的资质等材料齐全，有项目负责人签字、单位盖章。招标单位认定其具备投标资格。

某投标单位收到招标文件后，分别于第5天和第10天对招标文件中的几处疑问以书面形式向招标单位提出。招标单位以提出疑问不及时为由拒绝做出说明。

投标过程中，因了解到招标单位对本市和外省市的投标单位区别对待，8家投标单位退出了投标。招标单位经研究决定，招标继续进行。剩余的投标单位在招标文件要求提交投标文件的截止日期前，对投标文件进行了补充、修改。招标单位拒绝接受补充、修改的部分。

问题：该工程项目施工招投标程序在哪些方面存在不妥之处？应如何处理？（请逐一说明）

分析：

该工程项目施工招投标程序存在诸多不妥之处：

（1）招标单位采用的招标方式不妥。受自然地域环境限制的工程项目，宜采用邀请招标的方式进行招标。

（2）该工程项目尚不具备招标条件。依法必须招标的工程建设项目，应当具备下列条件才能进行施工招标：

① 招标人已经依法成立。

② 初步设计及概算应当履行审批手续的，已经批准。

③ 招标范围、招标方式和招标组织形式等应当履行核准手续的，已经核准。

④ 有相应资金或资金来源已经落实。

⑤ 有招标所需的设计图样和技术资料。

（3）招标单位编制两个标底不妥。标底由招标单位自行编制或委托中介机构编制。一个工程只能编制一个标底。

（4）资格预审的内容存在不妥。招标单位应对投标单位近三年完成工程情况进行审查。

（5）招标单位对上述提及的本地公司具备投标资格的认定不妥。投标单位提交的资质等资料应由法人代表签章。

（6）招标单位以提出疑问不及时为由拒绝做出说明不妥。投标单位对招标文件中的疑问，应在收到招标文件后的7日内以书面形式向招标单位提出。对于投标单位第10天提出的书面疑问，招标单位有权拒绝说明。

（7）招标单位决定招标继续进行不妥。提交投标文件的投标单位少于3个的，招标人应当依法重新招标。重新招标后投标人仍少于3个的，属于必须审批的工程建设项目，报经原审批部门批准后可以不再进行招标；其他工程建设项目，招标人可自行决定不再进行招标。

（8）招标单位对投标单位补充、修改投标文件拒绝接受不妥。投标单位在招标文件要求提交投标文件的截止日期前，可以对投标文件进行补充、修改。该补充、修改的内容，为投标文件的组成部分。

2.4 工程项目采购的开标、评标与决标

2.4.1 开标

开标应当在招标文件规定提交投标文件截止时间的同一时间公开进行,地点应为招标文件中预先确定的地点。若变更开标日期和地点,应提前3天通知投标企业和有关单位。

开标由招标单位的法人代表或其指定的代理人主持。开标时,应邀请招标单位的上级主管部门和有关单位参加。国家重点工程、重要工程以及大型工程和中外合资工程应通知建设银行派代表参加。开标的一般程序如下所述:

1) 招标单位工作人员介绍各方到会人员,宣读会议主持人及招标单位法定代表证件或法定代表人委托书。

2) 会议主持人检验投标企业法定代表人或其指定代理人的证件、委托书。

3) 主持人重申招标文件要点,宣布评标办法和评标小组成员名单。

4) 主持人当众检验启封投标书。其中属于无效标书的,需经评标小组半数以上成员确认,并当众宣布。

5) 投标企业法定代表人或其指定的代理人申明对招标文件是否确认。

6) 按标书送标时间或以抽签方式排列投标企业唱标顺序。

7) 各投标企业代表按顺序唱标。

8) 当众启封公布标底。

9) 招标单位指定专人监唱,做好开标记录(工程开标汇总表),并由各投标企业的法定代表人或其指定的代理人在记录上签字。

工程开标汇总表格式见表2-5。

表2-5 工程开标汇总表

建设项目名称						建筑面积	m^2		
投标单位	报价/万元			施工日历天	开工日期	竣工日期	三大材料耗用量		
	总计	土建	安装				钢材/t	木材/m^3	水泥/t
							开标日期:	年 月 日	
							记录:		

招标单位:
评标小组代表:
　　注:本表一式两份,一份签章后报上级招标管理机构。

2.4.2 评标

1. 评标机构

评标由评标委员会负责。评标委员由招标人的代表和有关技术、经济等方面的专家组成,成员为5人以上单数,其中技术、经济等方面的专家不得少于成员总数的2/3。这些专家应当从事相关领域工作满8年,并具有高级职称或具有同等专业水平,由招标人从国务院有关部门或省、自治区、直辖市人民政府有关部门提供的专家名册或者招标代理机构的专家库内的相关专业的专家名单中确定。一般项目可以采取随机抽取的方式,特殊招标项目可以由招标人直接确定。与投标人有利害关系的人不得进入评标委员会,已经进入的,应当更换。

评标委员会的评标工作受有关行政监督部门监督。

2. 评标原则

评标工作应按照严肃认真、公平公正、科学合理、客观全面、竞争优选、严格保密的原则进行,保证所有投标人的合法权益。

招标人应当采取必要的措施,保证评标秘密进行,在宣布授予中标人合同之前,凡属于投标书的审查、澄清、评价和比较及有关授予合同的信息,都不应向投标人或与该过程无关的其他人泄露。

任何单位和个人不得非法干预、影响评标的过程和结果。如果投标人试图对评标过程或授标决议施加影响,则会导致其投标被拒绝;如果投标人以他人名义投标或者以其他方式弄虚作假、骗取中标的,则中标无效,并将依法受到惩处;如果招标人与投标人串通投标,损害国家利益、社会公共利益或者他人合法权益,则中标无效,并将依法受到惩处。

3. 评标程序与内容

(1) 行政性评审

对所有的投标文件都要进行行政性评审,其目的是从众多的投标文件中筛选出符合最低要求标准的合格投标文件,淘汰那些基本不合格的投标,以免浪费时间和精力去进行技术评审和商务评审。

1) 投标人的合格性检查。若为国际金融组织的贷款项目,投标人必须是合格成员国的公民或合法实体;若是联营体,则其中的各方均应来自合格的成员国,并且联营体也应注册在一个合格的成员国。此外,根据世界银行贷款项目的评标规则,若投标人(包括一个联营体的所有成员和分包商)与为项目提供过相关咨询服务的公司有隶属关系,或如投标人是业主所在国的一个缺乏法律和财务自主权的公有企业,该投标人可被认定无资格投标。

2) 投标文件的有效性。有效的投标文件应具备必要的条件。例如,投标人必须已通过资格预审;总标价必须与开标会议宣布的一致;投标保证金必须与招标文件中规定的一致;投标书必须有投标人的法定代表签字或盖章;若投标人是联营体,必须提交联营协议;如果投标人是代理人,应提供相应的代理授权书等。

3) 投标文件的完整性。投标文件必须包括招标文件中规定的应提交的全部文件。例如,除工程量表和报价单外,还应该按要求提交工程进度表、施工方案、现金流动计划、主要施工设备清单等。随同投标文件,还应提交必要的证明文件和资料。例如，除招标中有关设备供货可能要求提供样本外，还要提供该设备的性能证明文件，如设备已在何时何地使用并被使用者证明性能良好，或制造者提供的性能实验证书等。除此之外，若投标文件正本缺页会导致废标。

4）报价计算的正确性。各种计算上的错误包括分项报价与总价的算术错误过多，这至少说明投标人是不认真和不注意工作质量的，不但会给评审委员留下不良印象，而且可能在评审意见中提出不利于中标的结论。对于报价中的遗漏，则可能被判定为"不完整投标"而被拒绝。

5）投标书的实质性响应。对于招标文件提出的要求应当在投标书中"有问必答"，要避免"答非所问"，这就是投标文件的实质性响应。所谓实质性响应是指投标文件与招标文件的全部条款、条件和技术规范相符，无重大偏差。这里的重大偏差是指：有损于招标目的的实现或在与满足招标文件要求的投标进行比较时有碍公正的偏差。判断一份投标文件是否有重大偏差的基本原则是要考虑对其他投标人是否公平。在其他投标人没有同等机会的情况下，如果默认或允许一份投标文件的偏差可能会严重影响其他投标人的竞争能力，则这种偏差就应被视为重大偏差。

重大偏差的例子有：固定价投标时提出价格调整；未能响应技术规范；合同起始、交货、安装或施工的分段与所要求的关键日期或进度标志不一致；以实质上超出所允许的金额和方式进行分包；拒绝承担招标文件中分配的重要责任和义务，如履约保证和保险范围；对关键性条款表示异议或例外（保留），如适用法律、税收及争端解决程序；那些在投标人须知中列明的可能导致废标的偏差。

若投标文件存在重大偏差，有两种处理方式：一是以世界银行为代表的处理方式，即业主对存在重大偏差的投标将予以拒绝，并且不允许投标人通过修改投标文件而使之符合招标文件的要求；二是国际工程师联合会推荐的投标程序中规定的处理方法，即如果业主不接受投标人提出的偏差，则业主可通知投标人在不改变报价的前提下撤回此类偏差。

通常，行政性评审是评审的第一步，只有经过行政性评审，被认为是合格的投标文件，才有资格进入技术评审和商务评审；否则，将被列为废标而予以排除。

（2）技术评审

技术评审的目的是确认备选的中标人完成本工程的能力，以及他们的施工方案的可靠性。技术评审的主要内容有以下几方面：

1）技术资料的完备。应当审查是否按招标文件要求提交了除报价外的一切必要的技术文件资料。例如，施工方案及其说明、施工进度计划及其保证措施、技术质量控制和管理、现场临时工程设施计划、施工机具设备清单、施工材料供应渠道和计划等。

2）施工方案的可行性。对各类工程（包括土石方工程、混凝土工程、钢筋工程、钢结构工程等）施工方法的审查，主要是机具的性能和数量选择，施工现场及临时设施的安排，施工顺序及其互相衔接等。特别是要对该项目的最难点和要害部位的施工方法进行可行性论证。

3）施工进度计划的可靠性。审查施工进度计划是否满足业主对工程竣工时间的要求。如果从表面上可看出其进度能满足要求，则应审查其计划是否科学和严谨，是否切实可行，不管是采用线条法还是网络法表示施工计划，都要审查其关键部位或线路的合理安排；还要审查保证施工进度的措施。

4）施工质量的保证。审查投标文件中提出的质量控制和管理措施，包括质量管理人员的配备、质量检查仪器设备的配置和质量管理制度。

5）工程材料和机器设备供应的技术性能符合设计技术要求。审查投标书中关于主要材料和设备的样本、型号、规格和制造厂家名称地址等，判断其技术性能是否可靠和达到技术要求的标准。

6）分包商的技术能力和施工经验。招标文件可能要求投标人列出其拟指定的专业分包商，因此应审查这些分包商的能力和经验，甚至调查主要分包商过去的业绩和声誉。

7）审查投标文件中有何保留意见，审查投标文件中对某些技术要求有何保留性意见。

8）对于投标文件中按招标文件规定提交的建设方案做出技术评审。这种评审主要对建议方案的技术可靠性和优缺点进行评价，并与原招标方案进行对比分析。

（3）商务评审

商务评审的目的是从成本、财务和经济分析等方面评审投标报价的正确性、合理性、经济效益和风险等，估量授标给不同投标人产生不同的后果。商务评审的主要内容有以下几方面：

1）报价的正确和合理。

① 审查全部报价数据计算的正确性。包括报价的范围和内容是否有遗漏或修改；报价中每一单项的价格的计算是否正确。

② 分析报价构成的合理性。例如，从分析投标报价中有关前期费用、管理费用、主体工程和各专业工程价格的比例关系，可以判断投标报价是否合理，还可以判定投标人是否采用了严重脱离实际的"不平衡的价法"。

③ 从用于额外工程的日工报价和机械台班报价以及可供选择项目的材料和工程施工报价，可以分析其基本报价的合理性。

④ 审查投标人报价中的外汇支付比例的合理性。

2）投标文件中的支付和财务问题。

① 资金流量表的合理性。通常在招标文件中要求投标人填报整个施工期的资金流量计划。有些缺乏工程投标和承包经验的承包商经常忽略了正确填报资金流量表的重要性，比较草率、随意地填报工程的资金流量计划。其实，在评审中的专家完全可以从资金流量表中看出承包商的资金管理水平和财务能力。

② 审查投标人对支付工程款有何要求，或者对业主有何优惠条件。

3）关于价格调整问题。如果招标文件规定该项目为可调价格合同，则应分析投标人在调价公式中采用的基价和指数的合理性，估量调价方面的可能影响幅度和风险。

4）审查投标保证金。尽管在公开开标会议上已经对投标保证金作了初步的审查，但在商务评审过程中仍应详细审查投标保证金的内容，特别是是否有附带条件。

5）其他条件。

① 评标货币。按投标人须知中的规定将投标报价中应支付的各种货币（不包括暂定金额）转换成单一币种货币。

② 若在投标行政性评审时，允许通过将偏差折算成一个货币值在商务评审时计入标价作为"惩罚"，从而使包含偏差的投标转变为具有实质性响应的投标，则此时应将

偏差按评标货币折价计入标价中。

③ 国内优惠。如果在评标中，允许给国内投标人优惠，则在投标人须知中应注明并提供确定优惠合理性的具体程度及优惠金额的百分比。

④ 交叉折扣。在对同一投标人授予一个以上的合同或合同包时，这个投标人会提供有条件的折扣，此时业主应在投标人满足资格条件的前提下，以总合同包成本最低的原则选择授标的最佳组合。

6）对建议方案的商务评审。应当与技术评审共同协调地审查建议方案的可行性和可靠性，应当分析对比原方案和建议方案的各方面利弊，特别是接受建议方案在财务方面可能发生的潜在风险。

（4）澄清投标书文件的问题

这里所指的澄清问题，是为了正确地做出评审报告，有必要对评审工作中遇到的问题，约见投标人予以澄清，其内容和规则包括：要求投标人补充报送某些报价计算的细节资料；要求特别对其具有某些特点的施工方案做出进一步的解释，证明其可靠性和可行性，澄清这种施工方案对工程价格可能产生的影响；要求投标人对其提出的新建议方案做出详细的说明，也可能要求补充其选用设备的技术数据和说明书；要求投标人补充说明其施工经验和能力，澄清对某些外国并不知名的潜在中标人的疑虑。

（5）综合评价与比较

综合评价与比较是在以上工作的基础上，根据事先拟定好的评标原则、评价指标和评标办法，对筛选出来的若干个具有实质性响应的投标文件综合评价与比较，最后选定中标人。中标人的投标应当符合下列条件之一：

- 能最大限度地满足招标文件中规定的各项综合评价标准。
- 能满足招标文件各项要求，并且经评审的投标价格最低，但投标价格低于成本的除外。

一般设置的评价指标包括：投标报价；施工方案（或施工组织设计）与工期；质量标准与质量管理措施；投标人的业绩、财务状况、信誉等；评标方法可采用打分法或评议法。

打分法是由每一位评委独立地对各份投标文件分别打分，即对每一项指标采用百分制打分，并乘以该项权重，得出该项指标实际得分，然后将各项指标实际得分相加之和为总得分。最后评标委员统计打分结果，评出中标人。

评议法不量化评价指标，通过对投标人的投标报价、施工方案、业绩等内容进行定性的分析与比较，选择投标人在各项指标都较优良者为中标人，也可以用表决的方式确定中标人，或者选择能够满足招标文件各项要求，并且经过评审的投标价格最低、标价合理者为中标人。

上述打分法和评议法即是通常所说的综合评分法和经评审的最低投标价法，这两种方法在应用过程中都有各自的优缺点。目前有不少国际组织和国家推荐采用经评审的最低评标价法，也称为合理最低评标价法，这种方法可以认为是前两种方法相结合的一种方法，它有以下几个方面的含义：

1）能够满足招标文件的实质性要求，这是投标中标的前提条件。
2）经过评审的投标价格为最低，这是评标定标的核心。
3）投标价格应当处于不低于自身成本的合理范围之内，这是为了制止不正当的竞争、垄断和倾销的国际通行做法。

综合评分法一般用于大型建设工程或是部分技术非常复杂、施工难度很大的工程，经评审的最低投标报价法一般适用于简单的或标准化的采购，而合理最低评标价法适用于多数的技术一般、施工难度不大的工程。最近几年，这种方法在我国也被广泛采用，它能够有效减少一些人为因素，有利于防止腐败现象在招投标领域的发生，有利于建筑市场的良性竞争发展，有利于提高建筑业管理水平。但是这种方法在实施过程中由于受现行体制和环境的制约，也出现了一些问题，遇到了一些困难。特别是对投标报价是否低于成本的评审和界定问题，不仅取决于企业成本如何评定，也取决于评委会中专家评委的业务水平和评审态度，目前没有形成统一的方法，这往往会影响评标的结果。这种评标办法的实施是一项系统工程，需要在实践中不断完善，需要项目法人负责制、建设监理、合理管理、工程风险管理（工程保险和工程保证担保）、资质管理、工程质量监督管理等制度的配套实施。

下面列出在评标实践中常用的几种评标办法，供读者参考。

评标办法（一）

本工程评定标，依据我国《建筑法》第二十条、第二十一条的规定，综合本工程具体情况将评标内容分为5项，即投标报价、工期、工程质量、社会信誉、施工方案及保证措施。

评标采取记分评标法，以得分最高的投标人中标，各项分值的分配为：投标报价30分、工期20分、工程质量20分、社会信誉13分、施工方案及保证措施17分，合计100分。

各项分值取小数点后三位，不四舍五入，投标企业之间如出现并列最高得分相同或并列第一时，由评委投票表决排列名次或由招标人从中任选一名中标。

各项证书加分时，就高不就低，不重复计算。质量加分以拟投入施工的项目经理部所交验的工程为准。

附：评标记分表（一），如表2-6所示。

表2-6 评标记分表（一）

评标项目	分值分析	评标内容
投标报价 30分	（1）基本分+20分	投标报价与标底相比以±5%范围得基本分
	（2）浮动分+10分	投标报价与标底相比每上下浮动1%，减加2分，最高浮动5%（含5%）。上下浮动超过5%，投标报价计0分。但造价下调应有切实可行措施
工期 20分	（1）基本分+10分	投标工期符合招标书规定工期要求的得基本分
	（2）增加分+10分	投标工期比招标书规定工期每提前1%加2分，提前最高为5%，加满10分
	（3）工期延误	投标工期比招标书规定工期延长者，每延长1%扣2分
工程质量 20分	（1）基本分+10分	投标书所报质量等级符合招标文件规定优良（合格）等级的得基本分
	（2）增加分+10分	近三年以来每交验一项市、省、部优工程，分别加0.5分、1分、1.5分，最高加满5分

(续)

评标项目	分值分析	评标内容
社会信誉 13 分	(1) 基本分 +6 分	由评委根据投标企业近3年来生产经营服务、安全生产情况综合评定（但最低不低于4分）
	(2) 增加分 +7 分	近3年以来荣获一项生产经营荣誉称号，市、省、部级分别加1分、1.5分、2分，最高加满7分
施工方案及保证措施 17 分	(1) 基本分 +10 分	其中：综合进度计划、施工平面图、保证优良措施、工期保证措施、安全措施、劳动力机具计划各1分，主要项目施工方法及消除质量通病措施各2分，共10分
	(2) 评议分 +7 分	由评委根据方案措施综合评议，分别计4~7分

评标办法（二）

本工程评定标，依据我国《建筑法》第二十条、第二十一条的规定，评标内容共分6项，即投标报价、"三材"耗用量、工期、工程质量、社会信誉、施工方案及保证措施。

评标采取记分评标法，以得分最高的前两名投标企业为中标候选单位，定标由评标领导小组确定，各项分值的分配为：投标报价40分、"三材"耗用量10分、工期10分、工程质量18分、社会信誉10分、施工方案及保证措施12分，合计100分。

各项分值取小数点后三位，不四舍五入，投标企业之间出现得分相同时，由评委投票表决排列名次。计算投标单位得分时，去掉一个最高分，去掉一个最低分，经加权平均后为最终得分。

各项证书加分时，就高不就低，不重复计算。

附：评标记分表（二），如表2-7所示。

表2-7 评标记分表（二）

评标项目	分值分析	评标内容
投标报价 40 分	(1) 基本分 +26 分	投标报价与标底相比以±5%、-7%范围得基本分
	(2) 增加分 +14 分	投标报价与标底相比每向下浮动1%，加2分，最高浮动7%（含7%）。超过7%投标报价为0分
	(3) 减分	投标报价与标底相比每上浮1%，在基本分基础上扣2分，最高上浮5%（含5%）。超过5%投标报价为0分
"三材"耗用量 10 分	(1) 基本分 +5 分	其中：钢材2分、木材1.5分、水泥1.5分，投标量在标底±5%范围内得基本分
	(2) 浮动分 +5 分	其中：钢材2分、木材1.5分、水泥1.5分，钢材每上下浮动1%，减加0.4分，木材、水泥每上下浮动1%，减加0.3分，超过5%（不含5%）不得"三材"分
工期 10 分	(1) 基本分 +5 分	投标工程符合招标书规定工期要求的得基本分
	(2) 增加分 +5 分	投标工期比招标书规定工期每提前1%加1分，最高加满5分
	(3) 工期延误	投标工期比招标书规定工期延长者标书作废

(续)

评标项目	分值分析	评标内容
工程质量 18 分	(1) 基本分 +8 分	投标所报质量等级符合招标书优良规定的，得基本分
	(2) 增加分 +8 分	近三年以来项目经理组织交验一项市、省、部优工程，分别加 1 分、2 分、3 分，最高加满 8 分
	(3) 措施分 +2 分	创优措施切实可行计 2 分，一般计 1 分。措施不力者不得措施分
社会信誉 10 分	(1) 基本分 +4 分	由评委根据投标企业近三年来生产经营、优质服务、安全生产情况综合评定（但最低不低于 2 分）
	(2) 增加分 +6 分	近三年以来荣获一项生产经营荣誉称号，市、省、部级分别计 1 分、1.5 分、2 分，最高加满 6 分
施工方案及保证措施 12 分	(1) 基本分 +8 分	其中：综合进度计划、施工平面图、劳动计划、机具计划、安全措施各 1 分，主要项目施工方法、消除质量通病措施各 1.5 分，共 8 分
	(2) 增加分 +4 分	由评委根据方案措施综合评价，分别计 2~4 分

评标办法（三）

本工程评标，依据我国《建筑法》第二十条、第二十一条的规定，评标内容共分 5 项，即投标报价、工期、工程质量、社会信誉、施工方案及保证措施。

评标采取记分评标法，以得分最高的投标企业中标，各项分值的分配为：投标报价 26 分、工期 20 分、工程质量 20 分、社会信誉 16 分、施工方案及保证措施 18 分，合计 100 分。

各项分值取小数点后三位，不四舍五入，投标企业之间出现并列最高得分时，由评委投票表决排列名次或由招标人从中任选一名中标者。

各项证书加分时，就高不就低，不重复计算。

附：评标记分表（三），如表 2-8 所示。

表 2-8 评标记分表（三）

评标项目	分值分析	评标内容
投标报价 26 分	(1) 基本分 +20 分	投标明确结算方式符合招标文件要求的得基本分
	(2) 浮动分 +6 分	投标书明确竣工结算值（税前），每上下浮动 1%，减加 2 分，最高浮动 3%（含 3%）。上浮超过 3%，投标报价计 0 分。下调超过 3%，不再加分。但下调应有切实可行措施，加分才有效
工期 20 分	(1) 基本分 +10 分	投标工程符合招标书规定工期要求的得基本分
	(2) 增加分 +10 分	投标工期比招标书规定工期每提前一天加 0.25 分，提前最高为 40 天，加满 10 分
	(3) 工期延误	投标工期比招标书规定工期延长者标书作废

(续)

评标项目	分值分析	评标内容
工程质量 20 分	(1) 基本分 +10 分	投标书所报质量等级符合招标文件规定的优良等级的得基本分
	(2) 增加分 +10 分	近 3 年以来投标单位每交验一项市、省、部优工程,分别加 0.5 分、1 分、1.5 分,最高加满 10 分。优良工程证书以年度编号为准
社会信誉 16 分	(1) 基本分 +8 分	由评委根据投标企业近 3 年来生产经营服务、安全生产情况综合评定(但最低不低于 5 分)
	(2) 增加分 +8 分	近 3 年以来荣获一项生产经营荣誉称号,市、省、部级分别加 0.5 分、1 分、1.5 分,最高加满 8 分。包括先进单位、获重合同守信用、科技进步、安全生产奖
施工方案及保证措施 18 分	(1) 基本分 +10 分	其中:综合进度计划、施工平面图、保证优良措施、工期保证措施、安全措施、劳动力机具计划各 1 分,主要项目施工方法及消除质量通病措施各 2 分,共 10 分
	(2) 附加分 +4 分	① 有新生工艺新技术加 1 分,合理化建议加 1 分 ② 标书编制完整加 2 分
	(3) 评标分 +4 分	由评委根据方案措施综合评议,分别计 2~4 分

评标办法 (四)

为了保证本次工程评标工作的顺利进行,本着客观公正的原则,依据现行有关法律、法规的规定,结合目前建筑市场的情况,制定本工程的评标定标办法。

一、评标原则和依据

(1) 本工程的评标原则和依据执行现行有关法律法规和招标文件。

(2) 无效标和弃权标的规定按现行有关规定及招标文件的规定执行。

(3) 评标小组按照有关文件的规定,对各投标单位的报价、质量、工期、以往业绩、社会信誉、施工方案和施工组织设计等内容进行综合评标和比较。

二、评标标底的确定

1. 投标报价

当投标单位在本次所报投标文件中没有调整报价或优惠报价时,以本次投标文件投标书中的报价作为投标报价;当投标单位在本次所报投标文件中有调整报价或优惠报价时,以调整报价或优惠报价作为最终投标报价。一个投标单位不得同时有两个报价,其投标报价应控制在有效范围内,即控制在招标办审定标底的上浮 3% 至下调 7% 之间,否则视为无效报价。

2. 评标标底

评标标底由有效范围上浮 3% 至下调 7% 内的各投标单位投标报价平均值的 50% 与招标办审定标底的 50% 之和得出。

三、评分方法及说明

1. 报价最高 60 分

(1) 当投标报价在评标标底合理浮动范围±3%之内的得基本分30分。

(2) 报价竞争分最高30分，当投标报价为评标标底的+3%时得0分，每降低1%增加5分，中间值采取插值法（保留两位小数）。

(3) 报价总分＝基本得分（30分）＋竞争得分。

2. 质量2分

当质量标准承诺符合招标文件要求的质量标准时，得2分。

3. 工期2分

当工期承诺符合招标文件要求的工期时，得2分。

4. 施工组织设计或施工方案最高10分

施工组织设计或施工方案合理、可行，施工组织设计或施工方案应包括：综合说明、平面布置、主要部位的施工方法、质量保证措施、主要机械设备（型号、数量）、现场文明施工、环保措施和经审计的年度报告等主要内容，满分得10分。

5. 企业信誉及实力最高得分15分

(1) "信誉称号"分为"国家级荣誉称号"和"省（自治区、直辖市）级荣誉称号"。"国家级荣誉称号"指"中国建筑工程鲁班奖"、"国家金质工程奖"、"国家银质工程奖"和国家有关部委命名的"重合同守信誉企业"、"优秀施工企业"等；"省（自治区、直辖市）级荣誉称号"指"重合同守信誉企业"及上一年度在工程质量和项目管理上做出优秀成绩，被建设行政主管部门评为的"优秀企业"。

(2) "国家级荣誉称号"有效期为5年，"省（自治区、直辖市）级荣誉称号"有效期为3年，有效期自证书签发之日算起。"荣誉称号"在公布年度内有效。

(3) "国家级荣誉称号"每一项得3分，"省（自治区、直辖市）级荣誉称号"每一项得1分。如遇同一项工程同获上述两项荣誉称号的按最高奖项计分，不重复计分。"国家级荣誉称号"的工程奖仅限于在本地区承建的工程。

(4) 评标时上述奖项得分可累计计算，但最高得分为15分。

6. 企业及项目经理资质等级最高5分

(1) 企业资质等级得分：

1) 一级施工资质3分。

2) 二级施工资质2分。

3) 三级施工资质1分。

(2) 项目经理等级得分：

1) 一级项目经理2分。

2) 二级项目经理1分。

7. 企业遵纪守法状况最高6分

(1) 企业无质量事故处罚记录的，得2分；企业有质量事故处罚记录的，在受处罚期内不得分。

(2) 企业无安全事故处罚记录的，得2分；企业有安全事故处罚记录的，在受处罚期内不得分。

(3) 企业无违规违纪处罚记录的，得2分；企业有违规违纪处罚记录的，在受处罚期内不得分。

2.4.3 决标和授标

决标即最后决定中标人;授标是指向最后决定的中标人发出通知,接受其投标书,并将由项目业主与中标人签订承包该项工程的合同。决标和授标是工程项目招标阶段的最后一项非常重要的工作。

1. 决标

通常由招标机构和业主共同商讨决定中标人。如果业主是一家公司,通常由该公司董事会根据评标报告决定中标人;如果是政府部门的项目招标,则政府会授权该部门首脑通过召开会议讨论决定中标人;如果是国际金融机构或财团贷款建设的项目招标,除借款人做出决定外,还要报送贷款的金融机构征询意见。贷款的金融机构如果认为借款人的决定是不合理或不公平的,可能要求借款人重新审议后再作决定。如果借款人与国际贷款机构之间对中标人的选择有严重分歧而不能协调,则可能导致重新招标。

2. 授标

在决定中标人后,业主向投标人发出中标通知书。中标通知书也称中标函,它连同承包商的书面回函(如果投标书已作修订)对业主和承包商之间具有约束力。中标函会直接写明该投标人的投标书已被接受,授标的价格是多少,应在何时、何地与业主签订合同。有时在中标函之前有一意向书,在意向书中已表达了接受投标的意愿,但又附有限制条件。意向书只是向投标人说明授标的意向,但之后取决于业主和该投标人进一步谈判的结论。

投标人中标后即成此项工程的承包商,按照国际惯例,承包商应立即向业主提交履约保证,用履约保证换回投标保证金。

在向中标的投标人授标并商签合同后,对未能中标的其他投标人,也应发出一份未能中标的通知书,不必说明未中标的原因,但应注明退还投标人投标保证金的方法。

3. 拒绝全部投标

在招标文件中一般规定业主有权拒绝所有投标,但绝不允许为了压低标价再以同样的条件招标。

一般在下述三种情况下,业主可以拒绝全部投标:

1)具有响应性的最低标价大大超过标底(超过20%以上),业主无力接受招标。
2)投标文件基本上不符合招标文件的要求。
3)投标人过少(不超过3家),没有竞争性。

如果发生上述情况之一时,业主应研究发生的原因,采取相应的措施,如扩大招标通告范围,或与最低标价的投标人进行谈判等。按照国际惯例,若准备重新招标,必须对原招标文件的项目、规定、条款进行审定修改,将以前作为招标文件补遗颁发的修正内容和(或)对投标人的质疑的解答包括进去。

案例2-13:某办公楼项目招标

某投资公司建设一幢办公楼,采用公开招标方式选择施工单位,投标保证金有效时间同投标有效期,提交投标文件截止时间为2017年5月30日。该公司于2017年3月6日发出招标公告,后有A、B、C、D、E 5家建筑施工单位参加了投标,E单位由于工作人员疏忽于6月2日提交投标保证金。开标会于6月3日由该省建委主持,D单位在开标前向投资公司要求撤回投标文件。经过综合评选,最终确定B单位中标。双方按规定签订了施工承包合同。

问题：
(1) E 单位的投标文件按要求如何处理？为什么？
(2) 对 D 单位撤回投标文件的要求应当如何处理？为什么？
(3) 上述招标投标程序中，有哪些不妥之处？请说明理由。

分析：
(1) E 单位的投标文件应当被认为是无效投标而拒绝，因为招标文件规定的投标保证金是投标文件的组成部分。因此，对于未能按照要求提交投标保证金的投标（包括期限），招标单位将视为不响应招标而予以拒绝。

(2) 对 D 单位撤回投标文件的要求，应当没收其投标保证金。因为投标行为是一种要约，在投标有效期内撤回其投标文件，应视为违约行为。

(3) 上述招标投标程序中有以下两个不妥之处。

1) 提交投标文件的截止时间与举行开标会的时间不是同一时间。按照《招标投标法》的规定，开标应当在招标文件确定的提交投标文件截止时间的同一时间公开进行。

2) 开标应当由招标人或者招标代理人主持，省建委作为行政管理机关只能监督招投标的活动，不能作为开标会的主持人。

复习思考题

一、简答题

1. 当代国际招标投标活动有什么特点？
2. 招标工程项目采购应具备什么条件？
3. 工程项目采购的方式有哪些？
4. 工程项目采购招标的主要程序是什么？
5. 我国工程项目采购招标文件包括哪些主要内容？
6. 某建设项目经当地主管部门批准，自行组织某项建设项目施工公开招标工作，招标程序如下：
 (1) 成立招标工作小组。
 (2) 发出招标邀请函。
 (3) 编制招标文件。
 (4) 编制标底。
 (5) 发出招标文件。
 (6) 投标单位资格预审。
 (7) 组织现场勘察和招标答疑。
 (8) 接收投标文件。
 (9) 开标。
 (10) 确定中标单位。
 (11) 发出中标通知书。
 (12) 签订承包合同。

问题：该工程的招标工作是否妥当？为什么？

7. 有一工程施工项目采用邀请招标方式，经研究考察，确定邀请 5 家具备资质等级的施工企业参加投标，各投标人按照技术、经济分为两个标书，分别装订报送，经招标领导小组研究确定评标原则为：

（1）技术标占总分 30%。

（2）经济标占总分 70%，其中报价占 30%、工期占 20%、企业信誉占 10%、施工经验占 10%。

（3）各单项评分满分均为 100 分，计算中取小数点后一位。

（4）报价评分原则为：以标底的 ±3% 为合理报价，超过则认为是不合理报价，计分以合理报价的下限为 100 分，标价上升 0.5% 扣 5 分。

（5）工期评分原则为：以定额工期为准，提前 15% 为 100 分，每延后 2.5% 扣 5 分，超过定额工期者被淘汰。

（6）企业信誉评分原则为：以企业近三年工程优良率为准，100% 为满分，如有国家级获奖工程，每项加 20%，如有省市优良工程奖每项加 10%。

（7）施工经验的评分原则为：按企业近三年承建的类似工程与承建总工程百分比计算，100% 为 100 分。

下面是 5 家投标单位投标报价及技术标的评标情况：

技术方案标：经专家对各投标单位所报方案比较，针对总平面布置、施工组织网络、施工方法及工期、质量、安全、文明施工措施、机具设备配置、新技术、新工艺、新材料推广应用等项综合评定打分为：A 单位为 95 分、B 单位为 87 分、C 单位为 93 分、D 单位为 85 分、E 单位为 80 分。经济标汇总表如表 2-9 所示。

表 2-9 经济标汇总表

投标单位	报价（万元）	工期（月）	企业信誉	施工经验
A	5 970	36	50%，获省优工程一项	30%
B	5 880	37	40%	30%
C	5 850	34	55%，获国家级奖工程一项	40%
D	6 150	38	40%	50%
E	6 090	35	50%	20%
标底	6 000	40		

问题：请根据评标原则进行评标，确定中标人。

二、单项选择题

1. 下列施工项目不属于必须招标范围的是（　　）。
   A. 大型基础设施项目
   B. 使用世界银行贷款建设项目
   C. 政府投资的经济适用房建设项目
   D. 施工主要技术采用特定专利的建设项目

2. 《工程建设项目招标范围和规模标准规定》中规定重要设备、材料等货物的采购，单项合同估算价在（　　）万元以上的，必须进行招标。
   A. 50　　　　　B. 100　　　　　C. 150　　　　　D. 200

3. 《招标投标法》规定，招标投标活动应当遵循公开、公平、公正和诚实信用的原则。公开原则，首先要求招标信息公开，其次，还要求（　　）公开。
   A. 评标方式　　　B. 招标投标过程　　C. 招标单位　　　D. 投标单位
4. 评标委员会由招标人的代表和有关技术、经济方面的专家组成，成员为5人以上，其中经济、技术等方面的专家不得少于成员总数的（　　）。
   A. 2/3　　　　　B. 1/2　　　　　C. 1/3　　　　　D. 3/4
5. 根据我国《招标投标法》的有关规定，下列选项中不符合开标程序的是（　　）。
   A. 开标应当在招标文件确定的提交投标文件截止时间的同一时间公开进行
   B. 开标地点应当为招标文件中预先确定的地点
   C. 开标由招标人主持，邀请部分投标人参加
   D. 开标时都应当当众予以拆封、宣读
6. 中标人确定后，招标人应（　　）。
   A. 向中标人发出通知书，可不将中标结果通知未中标人，但须退还投标保证金或保函
   B. 向中标人发出通知书，同时将中标结果通知未中标人，但无须退还投标保证金或保函
   C. 向中标人发出通知书，可不将中标结果通知未中标人，也可不必退还投标保证金或保函
   D. 向中标人发出通知书，同时将中标结果通知所有未中标人，并向未中标人退还投标保证金
7. 根据《招标投标法》，两个以上法人或者其他组织组成一个联合体，以一个投标人的身份共同投标是（　　）。
   A. 联合投标　　　B. 协商投标　　　C. 合作投标　　　D. 独立投标
8. 中标通知书（　　）具有法律效力。
   A. 对招标人和投标人　　　　　　B. 只对招标人
   C. 只对投标人　　　　　　　　　D. 对招标人和投标人均不
9. 关于投标有效期的说法正确的是（　　）。
   A. 投标有效期从发售招标文件之日起计算
   B. 投标有效期由招标人和投标人约定
   C. 投标有效期应当在招标文件中载明
   D. 投标有效期应当超过投标保证金的有效期
10. 关于开标程序的说法正确的是（　　）。
    A. 开标唱标的监标人必须由纪检部门担任
    B. 检查投标文件的密封完好应当由行政监督部门认定
    C. 投标人对开标有异议应当现场提出
    D. 对于明显废标的文件招标人现场可以宣布废标

三、多项选择题
1. 《招标投标法》规定，招标投标活动应当遵循（　　）的原则。
   A. 公开　　　　　B. 合法　　　　　C. 公平
   D. 公正　　　　　E. 诚实信用
2. 下列可以做投标保证金的有（　　）。

A. 现金支票　　　　　　B. 银行保函　　　　　　C. 银行汇票
D. 担保单位的信用担保　　E. 保兑支票

3. 依据招标投标法及其条例的规定，下列依法必须招标项目可以不招标的是(　　)。

A. 某集团公司具有特级工程总承包资质，其子公司借用其资质自建厂房（预算1亿元）

B. 某集团公司没有工程施工资质，其子公司具有相应资质，集团公司作为采购人新建职工宿舍（预算3 000万元），招标文件经专家审核公平

C. 某BT项目集团公司具有相应资质经投标并中标，该项目公司组织实施的项目

D. 某招标人采购具有变频技术（专利）的节能的空调设备

E. 某电力线路设施项目配套变压器招标

4. 招标人具备自行招标的能力表现为（　　）。

A. 必须是法人组织　　　　B. 有编制招标文件的能力
C. 有审查投标人资质的能力　D. 招标人的资格经主管部门批准
E. 有组织评标定标的能力

5. 根据《招标投标法》，评标委员会人员组成中应满足（　　）。

A. 总人数为5人以上的单数

B. 必须有政府主管部门的人员参加评标

C. 技术经济专家不得少于总人数的2/3

D. 技术经济专家不得少于3人

E. 技术经济专家5人以上

主要内容
- ➢ 货物采购概述
- ➢ 货物非招标采购
- ➢ 货物招标采购
- ➢ 货物采购供应商的选择和管理

第 3 章

货 物 采 购

3.1 货物采购概述

3.1.1 货物采购的重要性

货物采购在项目实施中具有举足轻重的地位,是项目建设成败的关键因素之一。从某种意义上来讲,货物采购工作是项目的物质基础,合理有效地进行货物采购,对整个项目的成本控制、质量控制、进度控制等都是十分有利的。

1. 控制项目成本

在一个项目中,设备、材料的费用通常占整个项目费用的主要部分。能否经济有效地进行采购,直接影响着能否降低项目成本,也关系到项目建成后的经济效益。健全的货物采购工作,要求采购前对市场情况进行认真调查分析,制订的预算切合实际并留有一定余地,以便有效避免费用超支,同时要避免留下隐患,因为低质的物资必然给项目建成后的运行和维护造成沉重的经济负担。

2. 保证项目进度

周密、严谨的采购计划不但可以保证供货商按时交货,而且为工程项目其他部分的顺利实施提供了有力保障。反之,可能由于关键路径上某一项货物供应的延迟而导致整个项目的延误。因此,整个项目的计划和规划必须体现货物采购的内容。

3. 保障项目质量

货物采购工作的优劣会影响到项目建设的质量。如果采购到的设备、材料不符合项目设计或规范要求,则必然会降低项目的质量,甚至导致整个项目的失败。

4. 减少项目纠纷

良好的采购工作可以有效地避免在货物制造、运输、移交、检验等过程中各种纠纷的发生,为项目法人和供货商树立良好的信誉和形象。

5. 防止贪污受贿

由于项目的货物采购往往涉及巨额资金和复杂的横向关系,因此如果没有一套严密而周全的程序和制度,可能会出现浪费,甚至贪污、受贿等腐败现象,而严格周密的采购程序与管理可以从制度上最大限度地抑制此类不良现象的发生。

3.1.2 货物采购管理的内容与过程

采购管理的基本任务有三个：一是要保证所需的各种物资的供应；二是要从资源市场获取各种信息，为物资采购和施工决策提供信息支持；三是要与资源市场供应商建立起友好且有效的关系，为项目业主营造一个宽松有效的资源环境。

为了实现采购管理的基本职能，需要有一系列的业务内容和业务模式。采购管理的基本内容和模式，如图3-1所示。

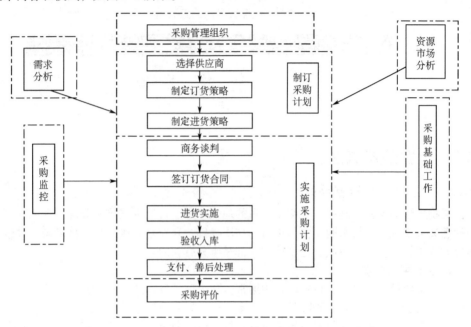

图3-1 采购管理的内容和模式

1）采购管理组织。它是采购管理最基本的组成部分，为了搞好复杂繁多的采购管理工作，需要一个合理的管理机制和一个精悍的管理组织机构，要有一些能干的管理人员和操作人员。

2）需求分析。要弄清楚企业需要采购什么品种、需要采购多少，什么时候需要什么品种、需要多少等问题。

3）资源市场分析。根据企业所需求的物资品种，分析资源市场的情况，包括资源分布情况、供应商情况、品种质量、价格情况、交通运输情况等。分析的目的是为我们制订采购订货计划做准备。

4）制订采购计划。根据需求品种情况和供应商的情况，制订出切实可行的采购订货计划，包括选择供应商、制定订货策略、制定进货策略以及具体的实施进度计划等，具体地解决什么时候订货、订购什么、订多少、向谁订、怎样订、怎样进货等问题。它为整个采购订货画了一张蓝图。

5）实施采购计划。把制订的采购订货计划分配落实到人，根据既定的进度进行实施。具体包括去联系指定的供应商、进行商务谈判、签订订货合同、进货实施、到货验收入库、支付货款以及善后处理等。

6) 采购评价。在一次采购完成以后对这次采购的评估，或月末、季末、年末对一定时期内的采购活动的总结评估。主要在于评估采购活动的效果、总结经验教训、找出问题、提出改进方法等。

7) 采购监控。对采购活动进行的监控活动，包括对采购的有关人员、采购资金、采购事物活动的监控。

8) 采购基础工作。为建立科学、有效的采购系统，需要进行一些基础建设工作，包括管理基础工作、软件基础工作和硬件基础工作。

从以上的讨论可以看出采购管理应考虑的问题，如图3-2所示。

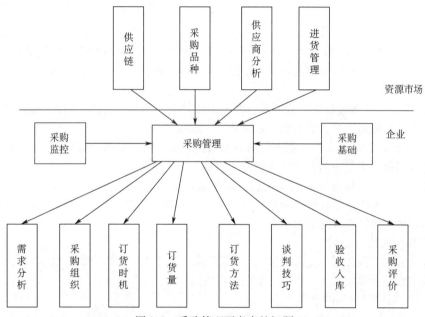

图3-2　采购管理要考虑的问题

3.1.3　货物采购的方式

货物采购的方式可以分为询价采购、直接采购、竞争性谈判、公开招标采购和邀请招标采购等，如图3-3所示。

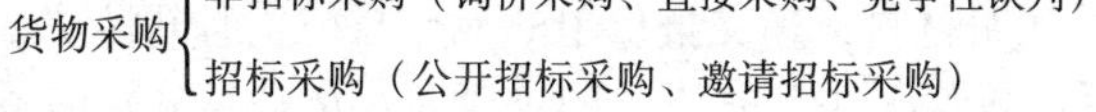

$$\text{货物采购}\begin{cases}\text{非招标采购（询价采购、直接采购、竞争性谈判）}\\\text{招标采购（公开招标采购、邀请招标采购）}\end{cases}$$

图3-3　货物采购的方式

各种货物采购方式都不是完美无缺的，都有自身的优点和缺点。例如，招标采购方式虽然能充分体现公平竞争的原则，但并不是在任何情况下都是最经济、最有效的采购方式。对于货物采购数量不大的情况，选用询价采购或其他非招标采购方式，可能会更为经济可行。

选择合适的采购方式，可以节省投资、节省外汇、简化采购程序、加快采购速度。当然，选择哪种方式进行货物采购主要取决于项目的特点和国际、国内的相关规定。例如，我国《招标投标法》规定范围内的各类工程建设项目中，重要设备、材料等货物的采购单项合同估算价在 100 万元以上的，必须进行招标。

3.2 货物非招标采购

3.2.1 询价采购

1. 询价采购的概念和特点

询价采购是一种购货方选定几个有关的国内外供应商（通常不少于 3 家）向他们发出询价单，并让他们报价，从而根据各个供应商的报价确定最后供应商的非招标采购方式，是一种货比三家的采购方式。询价采购包括国内询价采购和国际询价采购两种方式。

询价采购的优点：

1）虽然选择供应商不是面向整个社会而是筛选了一些比较有实力的供应商，并且数量不多，但是这些供应商的产品质量好、服务好、有过良好的合作且信用度高，采购风险相对较小。

2）由于供应商数量少、范围窄，因而通信联系、采购进货比较方便，采购程序也比较简单，采购周期短、成本低、效率高。

3）不同时召集所有供应商进行面对面谈判，而是向各个供应商发出询价单，这样不会导致因面对面竞争而发生价格扭曲、质量走样的情况。

由于询价采购具有以上诸多优点，如今该方式已被广泛地应用于政府采购活动之中。不过询价采购还是具有一定的局限性，由于购货方选择的供应商数量少、范围窄，因而可能遗漏掉许多优秀的供应商。

2. 询价采购的步骤

询价采购一般包括确定供应商的选择范围、编制并发出询价函、供应商报价、评审、确定成交供应商等几个步骤，如图 3-4 所示。

（1）确定供应商的选择范围

在对供应商充分调查的基础上，筛选出一些产品质量好、价格低、企业实力强、服务好、信用度高的供应商，所选择的供应商数量不应过多，这是询价采购最关键的一步。

（2）编制并发出询价函

与招标等采购方式不同，询价采购应尽量简化程序，提高效率，编制简单明了的询价函。询价函的主要内容应包括：货物名称、数量、技术参数要求；交货期限及地点；供应商应携带的资质证明材料；递交报价单的地点与截止时间等。

编制好询价函后，发给至少 3 家以上的供应商。通常是分别向各个供应商发出询价函，这样可以避免由于面对面的竞争所导致的价格扭曲、质量走样的现象，保证报价时的产品价格质量比较客观、合理。

（3）供应商报价

按照询价函的要求，供应商应将报价单密封并在封口处加盖公章，于报价截止日期前递交给购货方。

（4）评审

购货方应组织评审小组，对供应商的报价单进行详细分析和比较。对于一些专业性

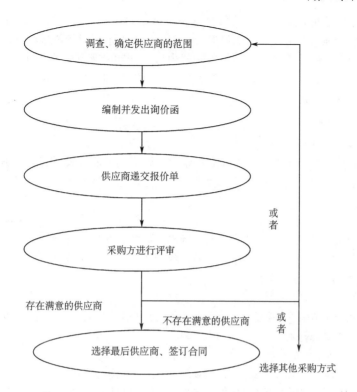

图 3-4 询价采购的步骤

较强或非常规的货物,为了确保货物的质量和性能达到购货方要求,双方可以共同磋商,或现场考察货物的质量和运行环境。为了节约资金,可在原有报价的基础上与供应商进行两轮谈判,尽量做到少花钱、多办事、办好事。但不能无限度地压价,因为这容易导致供应商之间的恶性竞争。

(5) 确定成交供应商

确定最终的供应商后,购货方与其签订采购合同,明确采购货物名称、数量、金额、交货方式、履约期限、双方权利与义务、保修期、验收方法、付款方式及违约责任等重要事项。为了保证合同履行,最后确定的供应商在签订合同时必须向购货方交纳一定数额的履约保证金。合同履行完毕,若质量无问题,购货方将如数退还履约保证金。

在询价采购过程中,如果邀请到的供应商不足3家,或3家报价均高于控制价格,则应根据具体情况采取二次询价或者改变采购方式来确定供应商。

3. 询价采购的限制条件

询价采购通常用于以下情况:

1)项目所需货物可采购现货或数量少、价值低的标准规格货物,可考虑采用询价采购方式。

2)投标文件的审查所需时间较长、供应商准备投票文件费用高以及供应商资格审查条件过于复杂,而项目所需货物又属于急需商品时,采用询价采购不失为一种更为经济的方法。

各国通常对于询价采购的范围、金额等都做了明确的规定。例如,我国《政府采购法》第三十二条的规定，采购的货物规格、标准统一，现货货源充足且价格变化幅度小的政府采购项目，可以采用询价方式采购。再如，世界银行贷款项目协定对国际或国内询价采购方式的确定是根据项目采购的内容、合同金额（通常单个合同在 20 万美元以下，累计合同金额不超过 500 万美元）的大小以及询价采购的金额占贷款采购量的比例等因素而确定的。

3.2.2 直接采购

1. 直接采购的概念

直接采购是指购货人从一个供应商那里直接购买的采购方式，有时也称为单一来源采购。在购货人对供应商比较熟悉或者已经建立了固定采购关系的情况下，可以考虑采用直接采购。

直接采购方式与询价采购方式一样，采购程序简单、采购周期短、采购成本低、效率高。但由于供应商没有竞争对手，容易造成垄断。因此在对货物价格、质量进行谈判时，要将成本核算和质量检验做好，并确定合理的价格，继而签订采购合同。

2. 直接采购的适用情况

（1）政府采购中的直接采购

我国《政府采购法》第三十一条规定，符合下列情形之一的货物或服务，可以采用单一来源方式进行采购。

1）只能从唯一供应商处采购的。

2）发生了不可预见的紧急情况，不能从其他供应商处采购的。

3）必须保证原采购项目一致性或者服务配套的要求，需要继续从原供应商处添购，且添购资金总额不超过原合同采购金额的 10%。

（2）世界银行贷款项目的直接采购

对于世界银行贷款项目的采购，直接采购适合以下各种情况：

1）对于已按照世界银行同意的程序授标并签约且正在实施中的货物或工程合同，在需要增加类似的工程量或供货商的情况下，可通过这种方式延续合同。此时，必须向世界银行说明进一步的竞争带来的坏处，并取得认可，而且延续合同的价格必须合理。

2）为了保证与现有设备配套的设备或备件的标准化方面一致，有必要采用直接采购的方式向原来的供货厂商增购货物。而且原合同货物必须适应要求，增加购买的数量应少于现有货物的数量，价格应当合理。

3）所需设备只能从一家厂商购买，具有专营性。

4）负责工艺设计的承包人要求从指定的一家厂商购买关键的部件，以此作为保证达到设计性能或质量的条件。

5）某些特殊情况发生时，如抵御自然灾害或需要尽早交货，可采用直接采购方式，目的是避免因延误而花费过多。再如，在采用了竞争性招标方式（包括重新招标）后仍不能找到中意的供应商时，也可直接采购，但是要经过世界银行的同意。

项目中哪些子项目需要采用直接采购、金额多大以及世界银行的相关要求，通常在贷款协定和评估报告中都有具体规定，项目单位不得私自改变采购方式。不得以进行改变或调整时，要事先征得世界银行的批准。

除了政府采购和世界银行贷款项目外，其他的项目采购是否采用直接采购，可以根据项目的具体情况和有关规定而定。在直接采购中，供应商处于垄断的地位，因此要求购货方在谈判之前应做好充分的准备，如成本核算、质量检验等。

3.2.3 竞争性谈判

1. 竞争性谈判的概念

竞争性谈判采购是指购货方与多个供应商进行直接谈判并从中选择满意供应商的一种采购方式，这种采购方式主要用于紧急情况下的采购或特殊产品（如高科技应用产品）的采购。某些需要采用招标采购的项目，一旦出现了不可预见的紧急情况或灾难事件，采用招标程序或任何其他采购方法就会延误时机。此时，如果至少有3个以上的供应商，竞争性谈判采购方法就能派上用场。与招标采购相比，采用竞争性谈判方式进行采购的货物通常具有特别的设计、很少形成竞争性的市场、没有明确的价格等特点。因此，在买卖双方对货物的制造、移交和服务的成本存在不同的估价时，就不可避免地要采用谈判方式。

2. 竞争性谈判的适用情况

1）招标后没有供应商投票或者没有合格标的或者重新招标未能成立的。
2）技术复杂或者性质特殊，不能确定详细规格或者具体要求的。
3）采用招标所需时间不能满足用户紧急需要的。
4）不能事先计算出价格总额的。

3. 竞争性谈判的两种形式

竞争性谈判有供应商相互面谈和不当面谈判两种形式。

1）当面谈判。这种形式容易引起激烈的竞争，甚至导致争论、吵闹、打架的局面，很难得出恰当的结果。
2）不当面谈判。这种形式可以避免以上当面谈判的缺点，但是通常需要多轮谈判，有时还要随时公开谈判的进展情况，以便引起供应商的竞争。

3.3 货物招标采购

3.3.1 货物招标采购的范围

货物采购是项目实施中的重要工作之一，采购货物质量的好坏和价格的高低，对项目的投资效益影响极大。根据我国有关规定，在我国境内进行与项目建设有关的重要货物的采购，必须进行招标。为了将这方面的工作做好，应根据采购的标的物的具体特点，正确选择货物的招标投标方式，进而正确选择好设备、材料供应商。

1. 公开招标的范围

货物采购的公开招标是由招标单位通过报刊、广播、电视等媒体公开发表招标广告，在尽量大的范围内征集供应商。货物采购采用公开招标，能够引起最大范围的竞争，可以使货物采购者以合理价格获得所需的设备和材料，可以促进供应商进行技术改造以降低成本、提高质量，有利于采购的公平和公正。

货物采购的公开招标一般组织方式严密，涉及环节众多，所需工作时间较长，成本较高。因此，一些紧急需要或价值较小的设备和材料的采购不适宜这种方式。

货物采购的公开招标在国际上又分为国际竞争性招标和国内竞争性招标。

（1）国际竞争性招标

我国政府和世界银行商定，凡工业项目采购额在100万美元以上的，均需采用国际竞争性招标。通过这种招标方式，一般可以使买主以有利的价格采购到所需要的设备、材料，可引进国外先进的设备、技术和管理经验，并且可以保证所有合格的投标人都有参加投标的机会，保证采购工作公开而客观地进行。

（2）国内竞争性招标

国内竞争性招标适合于合同金额小、工程地点分散且施工时间拖得很长、劳动密集型生产或国内获得货物的价格低于国际市场价格、行政与财务上不适于采用国际竞争性招标等情况。国内竞争性招标要求具有充分的竞争性，程序公开，对所有的投标人一视同仁，并且根据事先公布的评选标准，授予最符合标准且标价最低的投标人。

2. 邀请招标采购

货物采购的邀请招标是由招标单位向具备设备、材料制造或供应能力的单位直接发出投标邀请函，并且受邀参加投标的单位不得少于3家。这种方式是一种不需公开刊登广告而直接邀请供应商进行竞争性投标的采购方法。货物采购采用邀请招标可以简化程序、节省时间和费用，但可能遗漏合格的有竞争力的供应商。

货物采购的邀请招标适于合同金额不大，或所需特点货物的供应商数目有限，或需要尽早交货等情况。具体来说，主要有以下几种情况。

1）招标单位对拟采购货物在世界上（或国内）的制造商的分布情况比较清楚，并且货物技术复杂或有特殊要求，只有少量几家潜在投标人可供选择。

2）已经掌握拟采购货物的供应商或制造商及其他代理商的有关情况，对他们的履约能力、资信状况等已经了解。

3）项目工期较短，不允许拿出更多时间进行货物采购，因而采用邀请招标。

4）拟公开招标的费用与拟公开招标的节资相比，得不偿失。

5）还有一些不宜进行公开招标的项目，如涉及国家安全、国家秘密、军事技术、抢险救灾等项目。

6）法律、行政法规规定不宜公开招标的。

3.3.2 货物招标采购的准备

1. 货物采购的分标

货物商投标的基本单位是包，在一次招标时既可以投全部的合同包也可以只投一个或其中几个包，但不能仅投一个包中的某几项。货物采购分标时应有利于吸引更多的投标人参加竞争，以发挥各个供货商的专长，达到降低货物价格、保证供货时间和质量的目的，同时还要考虑便于招标工作的管理。业主在进行货物采购的分标和分包方案时，应遵循以下几个基本原则。

（1）合理安排时间原则

在制订分包计划时，项目所需的各种货物应按需求时间划分为几个标，分别编制招标文件，陆续招请供货商，如施工机具招标、主要材料供应招标、永久工程设备招标等。

时间合理原则要求充分考虑供货时间满足项目进度计划要求的问题，再综合考虑资金、制造周期、运输、仓储能力等条件进行分标。既不能延误项目实施的需要，也不应过早提前到货。过早到货虽然对施工需要有保证，但它会影响资金的周转，以及额外支出对货物的保管与保养费用。按时供应质量合格的货物，是项目能够正常执行的物质保证。

（2）分包大小恰当原则

此原则要求根据项目所需货物之间的关系、预计金额的大小进行适当的分标和分包。如果标和包划分得过大，一般中小承包商无力问津，有实力参与竞争的承包商过少就会引起投标价格较高。反之，如果标分得过小，虽然可以吸引较多的中小供货商，但很难吸引实力较强的供货商，尤其是外国供货商来参加投标；若包分得过细，则不可避免地会增大招标、评标的工作量。因此，分标、分包要大小恰当，既要吸引更多的供货商参与投票竞争，又要便于买方挑选，并有利于合同履行过程中的管理。

（3）符合货物性质原则

每次招标时，可根据货物的性质只发一个合同包或划分成几个合同分别发包，如电气设备包、电梯包等。在每个包内又可以细分成若干个项，如钢材采购的合同包内包括型钢、带钢、线材、管材、板材等项。

对于成套设备，为了保证零备件的标准化和机组连接性能，最好只划分为一个标，由某一供货商来承包。

专用产品因为对货物的性能和质量有特殊要求，所以应按行业来划分。

（4）降低采购成本原则

如果工程的施工点比较分散，则所需货物的供货地点也势必分散，因此应考虑外地供货商和当地供货商的供货能力、运输条件、仓储条件等进行分标，以利于保证供应和降低成本。

凡国内制造厂家可以生产达到技术要求的设备，应单列一个标进行国内招标；国内制造有困难的设备，则需要进行国际招标。

（5）采购次数合理原则

大型项目所需采购的货物往往种类多、数量大，特别是大型工程建设需要大量建筑材料和较多的设备，如果一次采购可能会因需求过大而引起价格上涨，因此应合理计划、分批采购。

（6）加快资金周转原则

由于项目投资来源多元化，因此应考虑资金的到位情况和周转计划，进行合理分标分项采购。

2. 货物招标的资格审查

货物采购招标过程中的资格审查分为资格预审和资格后审。资格预审是指招标人出售招标文件或者发出投标邀请函前对潜在投标人进行的资格审查。资格预审一般适用于潜在投标人较多或者大型、技术复杂货物的公开招标以及需要公开选择潜在投标人的邀请招标。资格后审是指在开标后对投标人进行的资格审查，资格后审一般在评标过程中的初步评审开始时进行。

在货物采购的招标程序中，对投标人的资格审查，包括投标人资质的审查和所提供货物的合格性审查两个方面。

（1）对投标人资质的审查

投标人填报的资格证明文件应能表明其有资格参加投标和一旦投标被接受后有履行合同的能力。如果投标人是生产厂家，则它必须具有履行合同所需的财务、技术和生产能力。若投标人按合同提供的货物不是自己制造或生产的，则应提供货物制造厂家或生产厂家正式授权同意提供该货物的证明资料。要求投标人提交供审查的证明资格的文件，一般包括以下几方面内容。

1）营业执照的复印件。
2）法人代表的授权书或制造厂家的授权信。
3）银行出具的资信证明。
4）产品鉴定书。
5）生产许可证。
6）产品荣获国优、部优的荣誉证书。
7）制造厂家的资格证明。制造厂家的资格证明除了厂家的名称、地址、注册或成立的时间、主管部门等情况外，还应有以下内容：
① 职工情况调查，主要指技术工人、管理人员的数量调查。
② 近期资产负债表。
③ 生产能力调查，包括生产项目、年生产能力，哪些货物可以自己生产、哪些自己不能生产而需要从其他厂家购买主要零部件。
④ 近三年该货物主要销售给国内外单位的情况。
⑤ 近三年的年营业额。
⑥ 易损件的供应条件。
⑦ 其他情况。
8）贸易公司（作为代理）的资格证明。
9）审定资格时需提供的其他证明材料。

（2）对所提供货物的合格性审查

投标人应提交根据招标要求提供的所有货物及其辅助服务的合格性证明文件，这些文件可以是手册、图样和资料说明等。证明资料应说明以下情况：

1）表明货物的主要技术指标和操作性能。
2）为使货物正常、连续使用，应提供货物使用两年内所需的零配件和特种工具等清单，包括货源和现行价格情况。
3）资格预审文件或招标文件中指出的工艺、材料、设备、参照的商标或样本目录号码仅作为基本要求的说明，并不作为严格的限制条件。投标人可以在标书说明文件中选用替代标准，但替代标准必须优于或相当于技术规范所要求的标准。

3.3.3 货物招标采购的程序

货物采购的招标程序分为发出招标公告或投标邀请函、资格审查、编制并发出招标文件、投标、开标、评标和定标等几个步骤，只是由于货物自身的特点决定了在具体内容上有所不同。货物采购招标的一般程序如下所述：

1）办理招标委托手续。
2）招标单位编制招标文件、制定评标原则、确定标底。
3）发出招标公告或投标邀请函。
4）对投标单位进行资格审查。
5）发放招标文件和有关技术资料，进行技术交底，解答投标单位提出的有关招标文件的疑问。

6）在规定的时间、地点接受投标。

7）开标。

8）评标、定标。

9）发出中标通知，货物需方和中标单位签订供货合同。

3.3.4 货物招标采购文件的内容

货物采购的招标文件是投标和评标的主要依据，内容应当做到完整、准确，所提供的招标条件应当公平、合理，符合有关规定。货物采购的招标文件主要由招标书，投标须知，招标货物清单、技术要求及图样，主要合同条款，投标书和其他需要说明的事项等部分组成。

1. 招标书

招标书包括招标单位名称和地址；项目名称及简介；招标货物的名称、数量、技术规格、资金来源；交货的地点和时间；获取招标文件或者资格预审文件的地点、时间及收取的费用；投标截止日期和地点；对投标人的资格要求等。

2. 投标须知

投标须知主要包括招标文件的说明及对投标者和投标文件的基本要求，评标、定标的基本原则等内容。

3. 招标货物清单、技术要求及图样

1）招标文件中技术条款是举足轻重的，对货物的技术参数和性能要求应根据实际情况确定，要求过高就会增大费用。主要技术参数要全面、具体、准确，不能有太大的响应幅度，否则将会使投标报价差异过大，不利于评标。

2）应明确货物的质量要求、交货期限、交货方式、交货地点和验收标准等，专用、非标准设备应有设计技术资料说明及齐全的整套图样，以及可提供的原材料清单、价格、供应时间、地点和交货方式。

3）投标单位应提供的备品、配件数量和价格要求。

4）售前、售后服务要求。

4. 主要合同条款

主要合同条款包括货物价格及付款方式、交货条件、质量验收标准、技术培训、售后服务以及违约罚款等内容，条款要详细、严谨，防止事后发生纠纷。

5. 投标书

投标书是投标单位遵守招标文件内容要求的一种书面承诺，它包括投标货物的数量及价目表格式，售前、售后服务内容和优惠条件等。

6. 其他需要说明的事项

招标人应当在招标文件中规定实质性要求和条件，说明不满足其中任何一项实质性要求和条件的投标将被拒绝，并用醒目的方式标明；没有标明的要求和条件在评标时不得作为实质性要求和条件。对于非实质性要求和条件，应规定允许偏差的最大范围、最高项数，以及对这些偏差进行调整的方法。国家对招标货物的技术、标准、质量等有特殊要求的，招标人应当在招标文件中提出相应的特殊要求，并将其作为实质性要求和条件。

案例 3-1：车辆招标采购

2001 年 10 月中旬，新区采购中心受××局的委托，为该局招标采购 20 辆公务用车。

1. 招标采购的准备

新区采购中心所做的招标准备工作有：

（1）该局报送所需采购车辆的具体型号，项目经办人对定点采购积累的车型、价格等信息进行核对。考虑到该项目具有一定批量且××局需求紧迫等原因，确定采用邀请招标方式。

（2）新区采购中心办公室提供了 A、B、C、D 共 4 家供应商。

（3）制作招标文件。招标文件包括投标邀请、投标方须知、招标要求、合同条款、附件等内容。

本次招标共分为两包，第一包为 18 辆 Q 型轿车；第二包为 2 辆 B 型轿车和新区一家单位的 1 辆 P 型轿车。这样分包旨在使供应商在其有竞争力的车型上充分发挥优势。

（4）确定评标原则。因为车辆具体型号、配置等都已经确定，所以采用符合性检查基础上的最低价中标法，由各包报价最低的供应商中标。

2. 招标过程

2001 年 10 月 30 日下午 16：00 为截止时间，4 家供应商前来购买标书。2001 年 11 月 2 日该项目正式开标，4 家供应商投标。开标后采购中心和该局代表进行了询标，在不对标书实质性内容做出改动的前提下要求供应商澄清有关细节性问题。在符合性检查的基础上，根据最低价中标的原则，第一包 A 公司中标，第二包 B 公司中标。××局本次车辆采购预算约为 500 万元，实际采购金额为 470.42 万元，节约率为 5.9%。

3. 决标后的插曲

事后才知道，这次所邀请的 4 家供应商存在微妙的关系，C 公司是××汽车制造股份有限公司在当地的三家总代理之一，A 公司是 C 公司的分销商；B、D 公司又是××公司在上海另外一家总代理的分销商。如果事先知道这种错综复杂的关系，直接邀请 3 家总代理前来竞标可能会取得更好的效果。对于邀请招标、询价等采购方式，供应商资质、信用的高低从某种程度上直接决定了采购工作的成败。

决标后，C 公司销售代表前往采购中心，出示制造商 "××汽车制造股份有限公司" 的 "限价令"，A 公司的报价在制造商的限价之下，而 A 公司是 C 公司的分销商，根据 "限价令" C 公司不得向 A 公司供货。采购中心认为这是汽车制造、销售厂商之间的内部协议，不影响本次招标结果，届时 A 公司如不能按时供货将承担违约责任，并由候选的 C 公司自然替补。A 公司通过与各方进行沟通后，最终如期履约，决标后的插曲告一段落。

案例 3-2：挂壁式搪瓷书写绿板招标采购

1. 案例背景

随着新区政府采购制度的不断深入，采购项目不断扩展，原各部门自行采购的项目逐步纳入政府采购。教室用挂壁式搪瓷书写绿板（以下简称绿板）就是其中具有代表性的一例，新区每年更新的绿板数量非常可观。集中采购可以最大限度地发挥批量采购的价格效应，降低采购成本和保证采购质量，节省财政支出，有利于加强政府采购的管理和监督，规范采购活动。

2. 拟定采购方案

（1）确定采购目标。根据绿板的特点，借助集中采购可批量生产的优势，在保证学校正常需要的前提下降低采购价格、提高绿板的质量、延长绿板的使用寿命是本次采购的目标。

（2）选择采购方式。本次采购中心委托某社会中介机构进行，中心派员参加，对各个环节进行把关。本次采购绿板数量较大，达1 190块，财政拨款金额达数百万元。根据《××市政府采购管理办法》第十五条的规定，单项采购金额或者一次批量采购总额在规定限额以上的应当实行招标采购。本次招标金额已超出批量限额，因为采购时间较紧，所以采用有限竞争性招标（邀请招标）的采购方式择优选定供应商。

3. 招标过程

该社会中介机构根据使用单位确定的绿板的技术及有关交货期等商务要求编制招标文件，本次邀请招标共邀请5家供应商分别为A、B、C、D、E。7月27日发标，发标当天售出标书3份，D、E因无此进口原料产品未来购买标书，8月3日投标截止时间仅收到A一份标书，B、C退出投标。根据《××市政府采购招标投标暂行办法》第十二条第一款的规定，招标采购必须有三份以上（含三份）的有效投标方为有效；对少于三份有效投标的应宣布本次招标中止，并按本办法另行组织招标采购。因此，本次绿板招标中止。当天采购中心会同有关部门协商达成统一意见，重新组织招标。第二次招标又邀请了F、G与A共同投标。F因无法满足8月25日之前交货的招标要求而放弃投标，G在投标时间截止前未给予明答复，至此有效投标仍为A。根据《××市政府采购招标投标暂行办法》第十二条第二款的规定，连续两次招标采购无效的，采用竞争性谈判采购方式，但多家供应商却因交货期无法满足要求，而本项目的特点是不允许延迟交货，故仅A满足要求参与投标。为此，预算单位特向采购中心打报告要求定向采购，采购中心将此情况以签报形式上报采管办得到批准。最后××普发书写板有限公司以204.442万元中标，节约资金4.19%。

4. 综合分析

（1）招标时间紧。该项目计划在6月中旬下达，根据项目的性质采购中心委托社会中介机构操作，由于该项目要求在暑假完成以保证新学期的使用，社会中介机构和预算单位以项目的轻重缓急排序，先操作了其他项目，再操作绿板、多媒体及实验室。至7月24日，社会中介机构收到预算单位提供的绿板的技术要求距8月25日交货期仅一个月的时间，在这一个月的时间内包括招标选择供应商、供应商产品的生产及1 190块绿板送到各个学校。这样一来，招标的时间就压缩得很紧。

（2）技术要求高。本次招标的绿板为进口材料，技术要求如下：

1）板面材料为P3珐琅书写搪瓷板材料，面板带磁性，板面材料厚度大于0.40mm以上。

2）表面珐琅层厚度为95μm。

3）背面珐琅层厚度为35μm。

4）钢板总厚度为0.4~0.6mm。

5）表面平滑度为2%~14%。

6）背钢板为优质镀锌板，厚度不小于0.34mm。

7）中间采用10mm瓦楞板或机制板。

8）框架为铝合金材料，表面氧化处理采用银白亚光或古铜亚光框架，铝合金壁厚度大于1.5mm，笔槽铝合金壁厚度大于2mm。

9）质量要求为书写流畅、光泽度低、清晰易擦、色面牢固、耐腐蚀、耐酸碱、耐磨、不反光和无刺眼等，使用年限为15年以上。

（3）供应商选择余地小。

由于时间紧，P3绿板又要求为进口原料，供应商的交货期往往无法满足，因为从原料的进口到绿板的生产需要时间，从而使得供应商的选择余地很小。

5. 经验体会

（1）从以上分析来看，两次招标失败后不得不采用定向采购的主要原因是招标至供货期的时间很紧，导致供应商无法满足招标要求而放弃投标。这次投标，××普发书写板有限公司是在不知其他投标单位已退出投标的情况下报价的，否则一家供应商的价格很难控制，集中采购的批量效应难以实现。

（2）该社会中介机构所拥有的供应商信息量不足，在招标时已将所有的供应商请到。要弥补这一点，其一是在工作中逐步积累；其二是采用公开招标的形式，在媒体发布信息招募供应商。而这些都需要以花费时间为前提。

（3）在以后的项目采购中应抓紧每一个环节，尽可能地提早做好采购项目计划的申报、审批及下达，给予招标充裕的时间让供应商有竞争的机会和条件，从而择优选定供应商。

3.3.5 货物招标采购评标应考虑的因素和评标方法

1. 货物招标采购评标应考虑的因素

1）投标价。对投标人的报价，既包括货物生产制造的出厂价格，还包括投标人所报的安装、调试、协作等价格。

2）运输费。运输费主要包括运费、保险费和其他费用（如对超大件运输时道路、桥梁加固所需的费用等）。

3）交货期。交货期以招标文件中规定的交货期为标准，如投标书中所提出的交货期早于规定时间，一般不给予评标优惠。因为当项目还不需要时会增加业主的仓储管理费和货物的保养费。如果迟于规定的交货日期，但推迟日期尚属于在可以接受的范围之内，则在评标时应考虑这一因素。

4）性能和质量。主要比较设备的生产效率和适应能力，还应考虑设备的运营费用，即设备的燃料、原材料消耗、维修费用和所需运行人员费等。如果设备性能超过招标文件要求，使业主受益时，评标时也应将这一因素予以考虑。

5）备件价格。对于各类备件，特别是易损备件，应将在两年内取得的途径和价格作为评标考虑因素。

6）支付要求。合同内规定了购买货物的付款条件，如果标书内投标人提出了付款的优惠条件或其他的支付要求，尽管与招标文件规定的偏离是可以接受的，也应在评标时加以计算和比较。

7）售后服务。售后服务主要包括可否提供备件、进行维修服务，以及安装监督、调试、人员培训等可能性和价格。

8）其他与招标文件偏离或不符合的因素等。

2. 货物招标采购评标的主要方法

货物采购的评标方法通常包括最低投标价法、综合评标价法、以寿命周期成本为基础的评标价法和打分法四种形式。

(1) 最低投标价法

采购简单商品、半成品、原材料，以及其他性能、质量相同或容易进行比较的货物时，投标价（应包括运杂费）可以作为评标时唯一的尺度，即将合同授予报价最低的单位。

国内生产的货物，报价应为出厂价。出厂价包括货物生产过程中所消耗的各种资源费用以及各种税款，但不包括货物售出后所征收的销售税以及其他类似税款。如果所提供的货物是投标人早已从国外进口而目前已在国内的，则应报仓库交货价或展室价。该价格应包括进口货物时所交付的进口关税，但不包括销售税。

(2) 综合评标价法

综合评标价法是指以投标报价为基础，将评标时所应考虑的其他因素折算为相应的价格，并在投标报价的基础上增加或减掉这些价格，形成综合评标价，然后再以各评标价中最低者为中标人。采购机组、车辆等大型设备时，大多采用这种方法。评标时，除投标价格以外的其他因素折算为相应价格的方式是不尽相同的。

1) 运费、保险及其他费用。按照铁路（公路、水路）运输、保险公司，以及其他部门公布的费用标准，计算货物运抵最终目的地所要发生的运费、保险费及其他费用，并将这些费用加到投标价上去。

2) 交货期。评标时，以招标文件中"供货一览表"规定的具体交货时间作为标准。若投标书中的交货时间早于规定时间，则评标时一般不给予优惠；如果迟于规定时间，则需计算折算价，并将其加到投标报价上，例如，每迟交货一个月，可按投标报价的一定百分比（货物一般为2%）计算折算价。

3) 付款条件。投标人应按照招标文件中规定的付款条件进行报价，对于不符合规定的投标，一般可视为非响应性投标而予以拒绝。但在采购大型设备的招标中，如果投标人在投标致函中提出采用不同的付款条件可使其报价降低而供业主选择时，则这一付款要求在评标过程中也应予以考虑。当投标人提出的付款要求偏离招标文件的规定不是很大，尚属可接受的范围时，应根据偏离程度计算给业主带来的费用增加（资金利息等），并按招标文件中规定的贴现率换算成评标时的净现值，作为评标价格的一部分加到在投标致函中提出的修改报价上。

4) 零配件和售后服务。零配件的供应和售后服务费用要视招标文件的规定区别对待。若这些费用已要求投标人包括在报价之内，则评标时不再考虑这些因素；若要求投标人单报这些费用，则应将其加到报价上。如果招标文件中没有做出上述任何一种规定，那么在评标时要按技术规范中开列由投标人填报的，该设备在运行前两年可能需要的主要部件、零配件和名称、数量计算可能需要支付的总价格，并将其加到报价上去。售后服务费用如果需要业主自己安排，也应加到报价上去。

5) 性能、生产能力。投标设备应具备技术规范中规定的生产效率，投标人应在标书内说明其设备的保证运营能力或效率。若设备的性能、生产能力等技术指标没有达到技术规范要求的基准参数，则凡每种参数比基准参数降低1%时，评标时应以投标设备实际生产效率单位成本为基础计算，在报价上增加若干金额。

根据以上各项因素的折算价格对投标价进行调整，计算出各标书的评标价，选出最低评标价者为中标单位。

(3) 以寿命周期成本为基础的评标价法

在采购生产线、成套设备、车辆等运行期内各种后续费用（零配件、油料及燃料、维修等）很高的货物时，可采用以寿命周期成本为基础的评标价法。评标时应首先确定一个统一的设备评审寿命周期，然后根据各投标文件的实际情况，在投标报价上加上该寿命期内所发生的各项费用，再减去寿命期末的设备残值（扣除寿命期内各年折旧费后的设备剩余值）。在计算各项费用或残值时，都应按招标文件中规定的贴现率折算成现值。

这种方法是在综合评标价法的基础上，加上一定运行期内的费用作为评审价格。这些以贴现值计算的费用包括以下三部分：

1）估算寿命期内所需的燃料费。

2）估算寿命期内所需零配件及维修费用。零配件费用可按投标人在技术规范附件中提供的担保数字，或过去已用过可作参考的类似设备实际消耗数据为基础，并根据运行时间和采购价格来计算。

3）估算寿命周末的残值。

(4) 打分法

打分法是预选对各评分因素按其重要性确定评分标准，按此标准对各投标人提供的投标报价和各种服务进行打分，得分最高者中标。

货物采购的评分因素一般主要包括：投标价格；运输费、保险费和其他费用；投所报交货期；偏离招标文件规定的付款条件；备件价格和售后服务；设备的性能、质量生产能力；技术服务和培训等几方面。

评分因素确定后，应依据采购货物的性质、特点、生产的通用性程序以及各因素对采购方总投资的影响程度，具体确定各种因素所占的比例（权重）和评分标准。例如，世界银行贷款项目通常采用的权重分配比例，如表 3-1 所示。

表 3-1　世界银行贷款项目货物采购的评分因素及权重

评 分 因 素	权重分配比例/分
投标价	65～70
零配件价格	0～10
技术性能、维修、运行费	0～10
售后服务	0～5
标准备件等	0～5
总分	100

打分法的优点在于简便易行，评标考虑的因素全面，可以将难以用金额表示的各项因素量化后进行比较，从中选出最好的投标书。当然，由于该方法采用评标人独立打分的方式，也会导致主观随意性大、对评标人的水平和知识要求高等缺陷。

案例 3-3：电力工程设备采购的评标方法

本案例主要介绍国家电力公司对 50 万元以上设备和装置性材料规定的评标方法。

1. 评标委员会

(1) 评标委员会的成员由项目法人、招标代理机构、工程设计单位及聘请的专家组成，总人数为5人以上单数，其中受聘专家不应少于2/3。

(2) 评标委员会分成技术评审组和商务评审组相对独立工作。尽可能减少对评标委员产生先入为主的干扰而影响评标的客观性和公正性。但技术评审组有义务向商务评审组提供其评标所必需的资料，商务评审组也有义务与技术评审组核对投标人的投标范围等内容。两个组的工作都独立完成后，再合到一起进行综合评定和比较。

2. 评标程序

(1) 评标委员阅读标书，整理资料。

1) 各分组分别阅读标书，整理资料，详细列出主要技术数据、性能和商务条款对照表及偏差表。

2) 对投标文件中不满足招标文件要求、不明确之处进行专门标注和记录，整理出需要投标人澄清的问题。

(2) 对某一投标书中的疑问，约请投标人对投标书的内容进行澄清。

1) 根据情况，评标小组可以要求投标人进行必要的澄清，澄清一般以召开澄清会的形式进行，经批准也可采取其他形式进行澄清。

2) 澄清后应以有效的书面文件（有授权人签字或法人公章及日期）作为投标文件的有效补充材料。

3) 澄清不得对原投标文件作实质性修改。

(3) 初评。

(4) 详评。对投标文件的详细评价按两条线进行，即技术详评和商务详评。

(5) 综合排序。

3. 初评

(1) 如果对投标人的资质没有进行预审，则首先要对投标人进行资格审查，排除不合格的厂商。

(2) 评标小组对投标文件进行审查，检查投标文件是否对招标文件做出了实质性的响应，投标文件与招标文件有无实质性偏差，以确定其是否为有效的投标文件。对于投标文件与招标文件的主要技术和商务条款有实质性差异或背离或价格超出标底值规定范围（一般为±5%，具体值可根据设备品种的情况而定）的投标人应予以排除。但进入详评阶段的投标人一般不应少于两家。各投标人投标价均超过标底值5%时，应按废标处理并重新招标。

4. 技术详评

(1) 评标因素。评标内容应根据设备特点确定，包括：

1) 容量/能力。

2) 经济性能（包括热耗、电耗、效率等）。

3) 供货范围（含备品、备件等）。

4) 可靠性。设备可靠性一般按其近三年的情况考虑，进行评价时可参考电力部可靠性中心发布的有关数据、主要参数和其他重要性能指标。

5) 寿命（包括易损件）。

6) 结构/配置特点（含材质、配置）。

7）运行特性、检修条件。
8）服务。
9）制造质量。制造质量评价可参考国家电力公司成套局每年编发的有关设备质量问题资料，以及国家电力公司有关部门发布的资料。
10）供货业绩等。

（2）量化评定。技术评标采用技术评分和经济计算（计算评标价）相结合的方法，评标因素中不能以金额合理计算的，则采用打分的办法。

1）技术评分选择其主要内容作为评标因素。评标因素的选取应从实际效果出发，但不宜过多。根据各因素的重要程度合理确定每一因素所占的权重，技术评分采用百分制。

2）经济计算。凡可用金额直接合理计算的评标因素，均应按其保证值折算成一定金额。投标人提出的保证值，应有同类设备的实测数据证明，否则评标专家应分析其保证值的可信度。

- 按已确定的单位容量/能力的价值折算因能力差异而使投标价增加或减少的金额。
- 按汽机热耗、锅炉效率及其他设备效率的经济性能差异折算投标价增加或减少的金额。
- 根据电耗（厂用电率）的差异按"成本法"或"煤耗法加补偿装机"折算投标价增加或减少的金额。
- 对投标人的详细供货范围和进口部套件进行确认，提交商务组。

5. 商务详评

（1）商务评审的因素有：商务条款；供货范围；融资、付款；币种折算；运输、仓储、保险、税费等；技术职务、人员培训；交货时间；比较报价。

对招标文件做出实质性响应的投标书进行商务评标时应采用评标价法。

（2）价格计算方法

1）投标人应按招标文件规定的币种进行报价。若报价币种与招标文件规定不符，则对各投标人提供的不同币种的报价按开标前一天国家公布的汇率（卖出价）折算为招标文件规定的币种报价。汇率风险由投标人自行承担。

2）对各投标人的融资、付款方式和付款条件按现值法折算至同一基准。

3）以设备到达安装现场为基准折算各投标人的运输费、仓储费、税费、保险费。

4）调整各投标人的供货范围（包括备品备件）至同一基准。增加或减少的供货范围的设备价格按本次招标其他投标人相应在项目的最高报价或最新相同或类似设备合同价格或估价折算，调整投标价格。

5）对各投标人的设计、技术服务、人员培训费用等折算至同一标准。

6）根据各投标人报的价格增长指数调整交货年度至同一基准。

7）按招标文件规定，计算其他需评价的商务费用。

通过以上折算，然后以报价为基础计算出商务评标价。

6. 综合排序

根据商务组和技术组的评标结果排出各投标书的优劣顺序，进行综合排序时应避免纯技术或纯经济的倾向，由技术组和商务组的组长等人共同确定投标书的排序，综合排序原则是：

(1) 评标价格低且技术评分高者优先。

(2) 评标价格相同而技术评分不同时，技术评分高者优先。

(3) 评标价格不同而技术评分相同时，评标价格低者优先。

(4) 评标价格高且技术评分也高或评标价格低且技术评分也低时，排序可采用下列方式：

1) 当技术评分相近，评标价格相差较大时，评标价格低者优先。

2) 当技术评分相差较大，评标价格相近时，技术评分高者优先。

3) 价格"相近"和分数"相近"尺度由评标小组提交项目招标领导小组确定，一般可控制在评标价和技术评分的1%~2%范围内。

对技术评分和评标价格，当有条件时也可以转换成同一价格形式进行综合排序。分组评定时采用评分法和计算评标价结合方式进行量化，综合评标时也可以将按评分法计算的各投标人技术评分差值合理换算为金额。根据投标总价、技术复杂程度由评标委员会确定每一分值的金额。最终以综合评标价的高低衡量。

对推荐的中标人资格应进行复审确认，并将复审确认结果写入评标报告。

案例3-4：某国家机关监护仪采购的招标评标方法

在某大型中央级招标公司代理某国家机关监护仪的招标采购中，由于采购量大，参加投标的公司非常多，竞争异常激烈。参加投标的公司中包括具有丰富投标经验的甲公司（投标产品为世界500强的美国某著名公司生产）和在国内市场占有率相当高的位于中国南方的乙公司。投标价格甲公司为每台3.7万元，乙公司为每台2.3万元，其他公司投标价格为2.1万~5.2万元不等。招标文件规定评标采用综合打分法，价格30分、技术水平50分、售后服务承诺15分和业绩5分。结果，甲公司中标。

得知中标结果后，乙公司认为自己的产品完全符合招标文件的要求，而且某些指标甚至优于招标文件，在专家打分时乙公司的产品技术得分最高，同时价格比中标产品低38%。因此，对评标结果提出了质疑。

招标公司收到质疑后认为，评标委员会是按照招标文件和既定的评标细则进行评标的。尽管乙公司产品技术得分最高，但价格得分低，综合得分低于甲公司，因此不能中标。

分析：

本项目争议的关键是价格打分的方法。招标公司只在招标文件中规定了价格分的最高分值为30分，但未规定计算方法。而在评标开始前招标公司提供给评标委员会的评标细则中的价格分计算方法为平均价格法，即去掉一个最高价和一个最低价后计算平均值为基准价，高于或低于基准价的都要进行扣分。由于甲公司价格与基准价相比差距较小，因此得了28分；而乙公司价格与基准价相比差距较大，仅得了16分。尽管乙公司在技术评分上取得了最高分，但仍由于价格分差距太大，总分低于甲公司而未能中标。

招标公司强调，评标是按照程序进行的，因此结果只能如此。那么，本项目的评标程序真的没有问题吗？实际上是有问题的。

1. 本项目评标采用的价格分计算方法不符合招标文件规定，违背了招标最根本的竞争原则

《招标投标法》第四十条规定："评标委员会应当按照招标文件确定的评标标准和

方法对招标文件进行比较。"《政府采购货物和服务招标投标管理办法》(财政部18号令)第五十五条规定:"在评标中,不得改变招标文件规定的评标标准、方法和中标条件。"招标公司只在招标文件中规定了价格分的最高分值为30分,但未规定具体计算方法。按照一般的理解,招标竞争是价格、技术和服务的综合竞争。投标价格越低(低于成本除外)、质量越高、服务越好,得分应该越高。在招标文件没有给出具体价格打分方法的情况下,投标商进行价格竞争是无可厚非的,也是符合招标采购的根本目的的。可是,评标委员会在评标时采用了平均价格法进行价格计算,造成价格越低得分越低的不正常现象,因此使得投标价格低的投标人的利益受到了损害。由于平均价格法不是本项目招标文件规定的价格分计算方法,因此不能在本项目评标中使用。那么,招标文件没有规定具体价格打分方法,平均价格法又不能使用,本项目应该怎样计算价格分呢?作者认为应该采用一般人通常理解的价格得分原则,即价格越低得分越高的原则进行本项目评标。具体方法应该由评标委员会在不知道开标价格的情况下制定。

2. 货物招标的价格分析计算方法应采用低价高分的原则

如前所述,在进行价格、技术和服务的综合竞争时,价格越低其得分应该越高。这种情况适合所有货物的招标。因此,低价高分的价格分计算方法应该是货物招标采用的评标办法。而平均价格法只是在市场竞争不成熟、法制不健全、企业信用缺失情况下的权宜之计。这种方法干扰和阻碍了投标商的价格竞争,很容易造成投标商在价格上进行投机。有些采购单位在进行货物招标时喜欢采用平均价格法,这是不符合政府采购的基本原则的。确实,在工程施工和部分服务的招标中,目前还比较普遍地采用平均价格法计算价格分。这是因为对于工程施工招标,为了避免施工单位低价抢标后在建筑材料上以次充好造成豆腐渣工程,各地建筑主管部门采用了统一的定额价格法进行计价,因此工程施工招标在目前阶段仍采用平均价格法进行价格得分的计算。但无论如何,要采用平均价格法,必须在招标文件中进行明示,以便投标人采取相应的投标价格策略。

3. 评标方法应该进入招标文件

目前国内的招标采购中,招标文件中只告诉投标人综合打分的分值,而具体打分办法在评标前提供给评标委员会的现象很普遍。然而根据国家法规,评标方法应该作为招标文件的一部分在发售招标文件时发给投标人,让所有投标人都知道。只有这样,才能使所有投标人在公平的环境下进行竞争。比如,如果本项目招标文件中规定了具体的价格打分办法,就不会出现争议了。当然,乙公司也不会再以本案投标价格进行投标。

政府采购制度在我国实行的时间还不长,还有很多环节需要规范。在看到政府采购数量增长的同时,还要重视政府采购的质量,要使每一次采购都按照国家法律法规的规定严格执行。只有这样,才能使政府采购真正成为阳光工程。

3.4 货物采购供应商的选择和管理

3.4.1 货物采购供应商的选择

1. 供应商选择的原则

(1) 平等性原则

市场经济条件下参与项目的企业是自负盈亏的经济实体,采购者与供方之间的关系是以产品为纽带、以经济效益为原则结成的相对稳定的合作关系,其法律地位是平等的。充分尊重供方有利于调动供方的积极性,因此必须坚持平等性原则。

(2) 互惠互利原则

在项目采购工作中,降低采购成本是非常必要的。但是,如果过分强调节约成本则可能迫使供方不断降价,还会导致采购的产品质量低劣、交付拖延,最终给项目带来不良的影响,使项目陷入困境。因此,供方选择应坚持互惠互利原则。

(3) 适度竞争原则

对于供方的选择,既可以选择独家供应也可以选择多家供应,这要根据项目所面临的具体情况来考虑。独家供应易于管理,也可以享受到批量大的优惠,但这种方式不容易把握市场动态,疏于管理,还可能造成质量和服务下降。选择多家供方来供应可以促进相互之间的竞争,不断提高产品质量。

(4) 密切合作原则

买方在考虑自身利益的同时,也要充分考虑供方的利益,应与供方保持密切的合作关系。从长远利益出发,相互配合,不断改进产品质量,共同降低成本,对采购者和供方双方都是有利的。

(5) 系统性原则

建立和使用一个全面的供方综合评价标准体系,对供方做出全面、具体、客观的评价,综合分析供方的业绩、设备管理、人力资源开发、质量控制、成本控制、技术开发、用户满意度、交货协议等各个方面。

(6) 科学性原则

供方评价和选择过程应透明化、制度化和科学化,对供方的评价方法也应尽可能科学合理,评价体系应该客观、全面、可操作性强,同时还应注意评价标准的统一,尽量减少主观因素的影响。

2. 供应商选择的评价标准

为了能够公平、公正地评价和选择供应方,与他们建立良好的伙伴关系,采购方必须建立有效的评价标准,对供方进行评价。评价应该基于产品的品质、成本、交付期、供方的管理、服务水平和合同履行等因素进行。如果评价结果不能达到买方要求的标准,就应要求供方进行必要的改善。

(1) 产品价格

项目所需产品的采购价格是选择供方的一个重要条件。如果能够有效降低采购价格,就可以大大增强项目效益。在选择供方时还应综合考虑产品质量、交货时间等方面的要求,因为如果产品质量和交货时间出现问题,也会变相地增加项目所花费的费用。

(2) 产品质量

项目所需采购产品的品质要求应该符合项目的要求,既不能过高也不能过低。片面强调降低采购成本可能会导致产品的性能和质量达不到要求,带来项目实施中一系列的质量问题,最终导致采购方总成本的增加。当然,买方也不是一味地要求质量越高越好。如果质量要求过高,买方就必须付出较高的价格,就会增加采购成本。

(3) 交付期

选择供方还应考虑产品交付期这个重要因素,这是因为卖方能否及时交货将直接影响到项目的进度。因此,应根据卖方的物流能力、生产周期、生产计划的准确程度等因素综合考虑其交货的及时性和准确性。

(4) 服务水平

选择供方时,服务水平是否符合要求也是一个很重要的考虑因素。供方不但要提供物美价廉的商品,同时还应提供一系列细致周全的服务(如安装服务、培训服务和售后服务等),这是项目顺利实施的重要保障。

(5) 组织管理水平

供方的组织管理能力也是在选择供方时应考虑的一个因素,卖方是否具备或者是否能够建立保证项目成功的管理方法和程序,卖方的组织管理水平高低,都直接关系到所购产品的性能、质量、产品交货期和服务的水平。一个组织结构良好、管理方法正确的卖方能够大大加强供货的效率和供货的准确性,保证高品质的供货质量。

(6) 财务管理能力

供方的财务管理是否健康,直接影响到所提供产品的质量和供应的效率。如果卖方的财务管理混乱,就会影响正常的供货,从而影响项目的进度,进而给项目带来重大损失。因此,在选择供方时还应对其财务管理能力进行考察。

(7) 履约能力

供方能否及时、准确地履行合同应作为供方选择的一个重要考察方面。考察供方履行合同的能力,可以参照供方以往的历史记录来考察其所提供产品的数量、质量、性能等是否满足合同要求。

3. 供应商选择的工具和技术

(1) 合同谈判

买主是通过与卖主签订项目采购合同的方式从外部获得各种产品的。当买主制订出项目采购计划后,就需要开始按照该计划开展寻找卖主的工作,他们将产品需求公之于众或者送交给可能的卖主,或者采用招投标或要约的方式寻求合适的供应方。卖主则需要向买主提交报价或投标申请书,然后由买主根据预选设计的评价标准对卖主的报价或投标申请书进行评估和筛选。在这期间也可能需要对卖主的报价和投标书进行一些质询活动,最终在选出满意的卖主后,买主就将与卖主进入实质性的项目采购合同谈判工作。

项目采购合同谈判在项目采购管理过程中是一个非常关键的技术和工具。买卖双方不但要在项目采购合同谈判中达成一致意见,并签署采购合同,而且为使双方尽量获得最大的利益和减少日后的纠纷,还需要双方运用各种谈判技术和方法认真地进行采购合同条款的谈判,因为这是双方利益分配和双方履约与合作的基础性工作。

1) 项目采购合同谈判的阶段划分。项目采购管理中的合同谈判一般分为如下几个阶段:

① 初步洽谈阶段。这一阶段又分为前期准备和初步接洽两个具体阶段。在前期准备中,要求谈判双方做好市场调查、签约资格审查、信用审查等工作。其中,签约资格审查是指对签约者的法人地位、资产财务状况、企业技术装备和能力以及企业信用和业绩等方面所做的评审。在初步接洽过程中,双方当事人一般为了达到预期效果都会就各自关心的事项向对方提出要求或说明并澄清一些问题。这方面的问题一般包括:项目名称、规模、任务、目标和要求;当事人双方的主体性质、资质状况和信誉;项目已具备的实施条件等。

② 实质性谈判阶段。实质性谈判是买卖双方在取得一定的相互了解的基础上所开

展的正式谈判。在实质性谈判中需要对项目采购合同需要涵盖的所有主题进行全面的谈判，这主要包括双方的责任和权利、合同中应用的术语说明、适用的法律、在产品提供过程中所使用的技术手段和管理方法、合同融资方式以及价格等。一般在这种谈判中，双方需要针对合同的必要条件进行逐条协商，包括合同的标的、数量和质量、价格和支付办法、履约的要求、验收和交付、违约责任等。下面对这些必须讨论的问题予以说明。

- 合同的标的。这是指要从供应方那里购买的产品，是双方权利和义务所指向的对象。在合同中，对于合同标的必须完整、详细、准确地叙述。双方有必要对合同中涉及标的的术语进行约定和说明，使双方的认识相互一致。
- 数量和质量。对于合同标的所要求的数量和质量的描述必须规范、清晰且无歧义。尤其是对标的质量要求标准和检验方法，双方必须达成共识。
- 价格和支付办法。价格和支付办法事关买卖双方的直接利益，所以也是项目采购合同谈判中的主要议题。其中，支付办法涉及各种结算方面的办法，包括时间、方式、预付金额等。如果是涉外采购合同，则还必须明确支付的币种、到岸港口等。

例如，合同需要规定是按进度付款（即随着事先定义好的里程碑的完成付款），还是按花费的时间、购买的材料实行按月付款，或者按项目周期付款（如每月付款的数额，或规定首付款、末付款）。对于成本补偿合同，买卖双方要具体商谈费用的构成，这里费用的构成就意味着项目的利润。对于成本加固定酬金合同，谈判的焦点在于这笔固定的酬金，而不是完成项目的实际成本。对于成本加浮动酬金合同，则要列出付款计划，反映出如果卖方的工作比计划出色，奖金应如何增加；反之，如果进度推迟或预算超支，奖金应如何减少。

- 合同履行的时间、地点和方式。合同履行的方式和地点直接关系到双方的利益和以后发生合同纠纷时的法律管辖地等问题。此外，在项目采购合同谈判中，还需要确定相关的交货方式、运输方式和程序等条件，以及运杂费、保险费和如何担负等问题。
- 产品的验收与交付。关于采购产品的验收时间、验收标准、验收方法、验收人员或机构等内容也都必须在实质性谈判阶段达成一致意见。另外，有关产品的最终交付也需要通过谈判来决定。
- 违约责任。买卖双方当事人应就在合同履行期间可能出现的错误或失误，以及由此引发的各种问题和其他违约责任问题，订立违约责任条款并明确双方的违约责任。这方面的具体约定，还应符合相关法律有关违约责任和赔偿责任的规定。
- 其他事项。对于项目采购合同而言，还有一些其他事项（可能是一个具体项目采购合同所特有的条款），这需要根据采购标的和内容来确定。例如，订立的采购合同是否合乎有关政府部门的规定和要求，是采用标准合同格式还是专用合同格式等。

③ 签约阶段。买卖双方在完成合同谈判之后就进入签约阶段。所签订的项目采购合同要尽可能明确、具体，条款完备，双方权利和义务清楚，避免使用含混不清的词句和条款。一般应严格控制合同中的开放性条款，明确规定合同生效的条件、有效期，以及延长、中止和变更的条件与程序，对仲裁和法律适用条款也要做出说明和规定，对仲裁和诉讼的选择要做出明确规定。另外，在合同正式签订之前，有时需要组织有关专业人员和顾问（如会计师、律师等）对合同进行必要的审查，以确保没有引起歧义、问题或违反法律的地方。

2）项目采购合同谈判的技巧或手段。买卖双方之间的合同谈判是一种有高度人际关系和专业技能要求的事情。因为谈判最基本的就是组织或个人之间的讨价还价，在这个过程中涉及个人和组织的需求、动机、行为以及大量的心理因素。下面的这些基本法则可以在项目采购合同的谈判中使用，从而获得有利的谈判地位，并在谈判中获得实际利益。

① 努力将谈判地点放在自己组织的所在地。努力将谈判放在自己组织的所在地举行会有"主场"优势，使对方在为客的谈判环境中产生一种压力。例如，可以准备一个庄严、舒适、光线充足、不受干扰的承发包合同谈判会场，将自己的谈判小组安排在首席位置上并争取把对方小组的成员分散开来安排等。

② 尽量让供方在谈判中多发言。合同谈判不是谁说得多谁就会占优势，因为多说不但会说错，而且会说出各种让步和自己的底线。在项目采购合同谈判开始时，应尽可能让对方先对自己的价格和交易要求进行解释，如果能运用恰当的抑制态度，对方就会做出连他自己也意想不到的让步或透露许多有用信息。

③ 谈判发言必须充分准备，不能杂乱无章。谈判如果没有很好的准备，发言时往往就会把情况和数字搞得杂乱无章，那样就会在谈判中无意地泄露一些重要信息和数据。只有提前充分准备，发言才能清楚、谨慎、有条理且不会泄露信息，对方就会因为情报缺乏和不了解内情而在心理上处于极为不利的境地。

④ 谈判争论时发言不要激动。在辩驳供方的理由或说法甚至在谈判中发生争论时，发言一定不要激动。否则，就违背了通过谈判实现"双赢"的真正目的，而且可能危及自己的利益和地位。一个人如果让激动或愤怒支配了自己和他人的关系，常常就会导致他远离自己预定的目标。

⑤ 谈判双方要相互顾全体面。如果供方在某一点上做出了让步，一定要顾全他的体面。举例来说，如果发现对方在成本估算和报价中有些错误，一定不要指责他狡诈或无能，妥当的办法是建议他修改，因为这种指责对实现项目采购合同谈判的目标不但没有帮助，反而有害。

⑥ 谈判一定要避免过早摊牌。项目采购合同的谈判一定要避免过早摊牌，因为一旦摊牌或发出最后通牒，谈判双方就很难再做进一步的让步了。不要逼对方说"这就是我的条件，要么接受，要么就拉倒"，这会导致谈判破裂。因此，在确认最后的让步之前，要确认是否已经得到了想要的最后结果。

⑦ 要满足谈判对手感情上的需求。在项目采购合同的谈判中要努力满足供应方感情上的需求，要给对手这样的印象：尽管是在和他们讨价还价，但还是很尊重他们的利益，并把他们看作是利益一致的伙伴。

在项目采购合同谈判中需要强调的是，双方除了为各自争夺利益之外，更重要的目的是使双方对于合同的结构和要求逐步澄清，并协商达成合意，最终合同必须反映双方的合意。对于一个复杂的项目采购合同而言，合同谈判是一个独立的过程，有其自己的投入（如会谈场地、时间和成本等）和产出（如合同、备忘录、谈判纪要等），所以必须严格管理。

（2）加权法

加权法是一种将定性数据量化的方法，可以尽量减少人为偏见对供方选择的影响。

1）主要步骤。加权法在应用过程中一般包括以下四个步骤：

① 每个评价标准设定一个权重。
② 对每个评价标准为每个可能的供方进行打分。
③ 对所得分数乘以该标准的权重，然后将乘积相加汇总后得到一个总分。
④ 根据每个可能供方的总分进行排序、比较和选择。

2）权重的确定。加权法要求对各评价标准进行量化，也就是确定各个评价标准的权重和具体打分的方法。一般来说，评价标准的设置、权重和具体打分方法的确定，并无一定之规，也没有统一的标准，应充分考虑项目采购的具体情况，确保采购方选择出对项目来说最有利的供方。采用加权法时，确定各个评价标准权重的方法有很多，一般需要考虑以下几个因素：

① 评价标准的重要程度。在所有评价标准中，重要或比较重要的评价标准的权重应高些，不重要或不太重要的评价标准的权重应低些。

② 评价标准对竞争性的体现程度。对竞争性体现程度高的评价标准，即不只是某一可能供方的强项，而是对所有可能供方都具有较强竞争性的评价标准，如价格标准等，权重应高些；而对竞争性体现程度不高的评价标准，即对所有可能供方而言共同的竞争性不太明显的标准，权重应低些。

③ 评价标准对采购意图的体现程度。评价标准的权重应根据采购意向的不同侧重点进行确定。能明显体现出采购意图的评价标准的权重，可以适当高些；不能体现采购意图的评价标准的权重可适当低些。例如，如果是工程采购，为了突出对工程质量的要求高，可以将施工方案、质量等评价标准的权重适当提高；为了突出工期紧迫，可以将工期等评价标准的权重适当提高；为了突出对履约信誉的重视，可以将信誉、业绩等评价标准的权重适当提高。

④ 评价标准与资格审查内容的关系。如果在采购过程中需要对供方进行资格审查，那么在确定各个评价标准的权重时，就应处理好评价标准与资格审查内容的关系。对于在资格审查时作为审查内容已审查过的评价标准，其权重可适当低些；资格审查时列入审查内容的评价标准，其权重可适当高些。

评价标准权重的确定是一项既需要经验又需要技术的工作，为了克服主观因素的影响，可以采用层次分析法等。

(3) 筛选法

筛选法是根据一个或多个评价标准确定采购的最低限度要求的方法。例如，在评价过程中，首先考虑可能的供方推荐的项目经理必须是项目管理专业人员（Project Management Professional，PMP），然后才考虑建议书的其余部分。如果可能的供方不能满足这一要求，则被淘汰。

(4) 独立估算

很多采购项目可能需要采购组织自己编制一个采购的估算，用以检查卖方的报价。如果这个估算与卖方的报价相比有明显差异，则意味着工作说明书（SOW）不充分，或者卖方对工作说明书有误解，或者卖方未能对工作说明书做出完全回应。独立估算通常又称为"合理费用"估算。

3.4.2 货物采购供应商的管理

1. 项目采购供应商管理的意义

供应商可以是生产企业，也可以是流通企业。企业要维持正常生产，就必须有一批可靠的供应商为企业提供各种各样的物资供应。因此，供应商对企业的物资供应起着非常重要的作用。采购管理就是直接和供应商打交道而从供应商那里获得各种物资。因此，采购管理的一个重要工作，就是要做好供应商管理工作。

所谓供应商管理就是对供应商的了解、选择、开发、使用和控制等综合性管理工作的总称。其中，考察了解是基础，选择、开发、控制是手段，使用是目的。供应商管理的目的就是要建立一个稳定可靠的供应商队伍，为企业生产提供可靠的物资供应。

供应商管理的重要意义可以从两个层面来考虑，即技术层面和战略层面。

（1）供应商管理有利于降低商品采购成本

据美国先进制造研究报告表明，采购成本在企业总成本中占有相当大的比重。对美国制造企业而言，原材料采购成本一般占产品单位成本的40%~60%。研究报告指出，采购成本所占比例将随着核心能力的集中和业务外包比例的增加而增加。因此，供应商作为供应链中的结盟企业直接关系着产品的最终成本。

（2）有利于提高产品质量

有研究表明，30%的质量问题是由供应商引起的。因此，提高原材料、零配件的质量是改进产品质量的有效手段。

（3）有利于协调库存管理

减少库存的压力使制造商将前端库存转嫁于供应商身上，将后端库存转嫁于销售商身上，不利于合作伙伴关系的建立，供应商管理可以进行协调库存管理。

（4）有利于缩短交货期

据统计，80%的产品交货期延长是由供应商引起的，缩短产品交货期应从源头做起。

（5）有利于集成制造资源

信息技术和计算机网络技术，尤其是全球性网络Internet的迅速发展为现代制造企业跨地域、跨行业，实现信息和技术的实时传递与交换，提供了必要的条件。制造业面临的是全球性的市场、资源、技术和人员的竞争，制造资源市场已成为一个开放型的大市场。制造资源应被集成起来发挥作用，早已是人们在制造生产中得到的共识。

2. 项目采购供应商管理的必要性

任何供应商都是资源市场的组成部分。资源市场中物资的供应总量、供应价格、竞争态势、技术水平等，都是由资源市场的所有成员共同形成的。而我们企业的采购，只能从这个资源市场中获取物资。采购物资的质量水平、价格水平都必然受到资源市场每个成员的共同影响。

供应商的特点是他们都是一个与购买者独立的利益主体，而且是一个以追求利益最大化为目的的利益主体。供应商和购买者是利益相互冲突的矛盾对立体，供应商希望从购买者手中多得一点，购买者希望向供应商少付一点。为此，常常斤斤计较，甚至在物资商品的质量、数量上做文章，以劣充优、降低质量标准、减少数量，制造假冒伪劣产品坑害购买者。购买者为了防止伪劣质次产品入库，需要花费很多人力、物力加强物资检验，大大增加了物资采购检验的成本。因此，供应商和购买者之间，既相互依赖又相互对立。对购买者来说，物资供应没有可靠的保证，产品质量就没有保障，采购成本太高，这些直接影响企业生产和成本效益。

相反，如果找到了一个好的供应商，不但物资供应稳定可靠、质优价廉、准时供货，而且双方关系融洽、互相支持、共同协调，这对采购管理以及企业的生产和成本效益都会有很多好处。为了创造这样一种供应商关系局面，克服传统的供应商关系观念，我们有必要加强对供应商的管理工作，通过多方面的努力，去了解、选择和开发供应商，合理使用和控制供应商，建立一支可靠的供应商队伍，为企业生产提供稳定可靠的物资供应保障。因此，做好供应商管理也是我们做好采购管理的基础工作。只有建立一个好的供应商队伍，我们的采购工作才能顺利进行。

3. 项目采购供应商管理的基本环节

（1）供应商调查

供应商调查的目的是要了解企业有哪些可能的供应商，各个供应商的基本情况如何，为我们了解资源市场以及选择企业的正式供应商作准备。

（2）供应商初选

对已有的供应商和潜在的供应商进行分析，包括供应商的一些基本信息，如市场信誉度、合作的意愿、财务状况、地理位置等，对供应商进行分类，以识别关键供应商。

（3）供应商开发

在对供应商调查和资源市场调查的基础上，还可能发现比较好的供应商，但是我们不一定能马上得到一个完全合乎企业要求的供应商，需要我们在现有的基础上继续进一步加以开发，才能得到一个基本符合企业需要的供应商。将一个现有的原型供应商转化成一个基本符合企业需要的供应商的过程是一个开发过程，具体包括供应商深入调查、供应商辅导、供应商改进、供应商考核等内容。

（4）供应商评估与考核

供应商评估与考核是一项很重要的工作。在供应商开发过程中需要评估与考核；在供应商选择阶段也需要评估与考核；在供应商使用阶段还需要评估与考核。不过，每个阶段评估与考核的内容和形式并不完全相同。

（5）供应商的选择

在供应商考核的基础上，选定合适的供应商。

（6）供应商关系管理

建立不同层次的供应商网络，通过减少供应商的数量，致力于与关键供应商建立合作伙伴关系。

案例3-5：××公司的供应商管理办法

为了稳定供应商队伍，建立长期互惠的供求关系，××公司制订了以下办法，该办法适用于向公司长期供应原材料、辅助材料零件、部件及提供配套服务的厂商。

1. 供应商管理原则

"办法"提出了如下的供应商管理原则：

（1）公司采购部或配套部主要负责管理供应商，生产制造、财务、研发等部门予以协助。

（2）对选定的供应商，公司与之签订长期供应合作协议，在协议中具体规定双方的权利与义务、互惠条件。

（3）公司可对供应商评定信用等级，根据不同的等级实施不同的管理。

（4）公司定期或不定期地对供应商进行评价，对不合格的供应商解除长期供应合作协议。

(5) 公司对零部件供应企业可颁发生产配套许可证。

2. 供应商筛选

××公司制定如下筛选与评定供应商级别的指标体系。

(1) 质量水平：供货的优良品率、质量保证体系、样品质量、对质量问题的处理。

(2) 交货能力：交货的及时性、扩大供货的弹性、样品的及时性、增/减订货的响应能力。

(3) 价格水平：优惠程度、消化涨价的能力、成本下降空间。

(4) 技术能力：工艺技术的先进性、后续研发能力、产品设计能力、技术问题的反应能力。

(5) 后援服务：零星订货保证、配套售后服务能力。

(6) 人力资源：经营团队、员工素质。

(7) 现有合作状况：合同签约率、年均供货额外负担和所占比例、合作年限、合作关系。具体筛选与评级供应商时，应根据形成的指标体系，给出各指标的权重和打分标准。相应的筛选程序如下：

1) 对每类物料，采购部进行市场调研后各提出5~10家候选供应商名单。
2) 公司成立一个由采购、质管、技术部门组成的供应商评选小组。
3) 评选小组初审候选厂家后，由采购部实地调查厂家，双方填调查表。
4) 对各候选厂家逐条对照打分，并计算出总分排序后决定取舍。

3. 供应商管理

××公司制定如下供应商管理办法：

(1) 核准的供应商开始采购；没有通过核准的，请其继续改进，保留其未来的候选资格。

(2) 每年对供应商予以重新评估，不合要求的予以淘汰，从候选队伍中再补充合格的供应商。

(3) 公司可对供应商划定不同信用等级进行管理，评级过程参照如上筛选供应商的办法。

(4) 对最高信用的供应商，公司可提供物料免检、优先支付货款等优惠待遇。

(5) 公司对重要的供应商可派遣专职驻厂员，或经常对供应商进行质量检查。

(6) 公司定期或不定期地对所供应的商品进行质量检测或现场检查。

(7) 公司减少对个别供应商大户的过分依赖，分散采购风险。

(8) 公司制定各采购件的验收标准及与供应商的验收交接规程。

(9) 公司采购、研发、生产、技术部门可对供应商进行业务指导和培训，但应注意不扩散、不泄露公司的核心产品或关键技术。

(10) 公司对重要的、有发展潜力的、符合公司投资方针的供应商，可以投资入股，建立与供应商的产权关系。

案例3-6：A公司改造供应商

A公司是中国电信市场的主要供应商之一，并已成功进入全球电信市场，2005年11月成为世界电信巨头沃达丰全球优选供应商，2005年A公司3次登上Frost&Sullivan亚太地区技术大奖的领奖台，获得"年度无线设备供应商""年度NGN设备供应商"和"年度光网络供应商"三项大奖。A公司还赢得了"2005年度无线设备最佳供应商"

的荣誉。

在电信设备的采购者眼里，A公司是一个优秀的供应商，那么A公司对其供应商有什么要求呢？

1. 苛刻的供应商要求

A公司对每一家供应商都要求：为了响应客户的需求，必须使你的管理更高效，你的生产组织更灵活、伸缩性更大。

例如，A公司会尽量减少自己的库存但要求供应商备货；即使产品规格有改动，供应商也要做到交货迅速；技术条件改变以后仍要按照同样价格进行交易，这些要求不仅影响了A公司的直接供应商，也通过供应链直接传递给了末端的那些间接供应商。

在这些供应商看来，为了在A公司的供应链中生存，做这样的改变值得。在过去数年中，这些公司的规模随着A公司的成长而迅速扩大。

2005年，正是这数百家A公司供应商组成的产业生态体系，支撑着A公司86亿美元的全球合同销售额，并且还在继续支撑后者在未来达到30%以上的年增长目标。

2006年2月，A公司与全球最大移动通信运营商沃达丰签订了至少5年的手机采购协议，A公司将为沃达丰在其运营的21个国家的市场上提供定制的WCIMA手机。这是A公司为3G手机首次进入欧洲主流移动运营商的手机采购范围。4月，A公司进入英国电信选定的8家优先供应商名单。为此，它曾用了两年多的时间接受英国电信的评估，花费了数以亿元计的资金来优化自身的管理与服务，并对自己的供应商进行调整。

显然，A公司希望它的供应商也能像它对待客户那样：重视成本和研发，并因客户的需求而改变自己的管理和服务。这样的事情的确在发生：那些与A公司合作多年的供应商，混合着利益、畏惧、警惕、尊重、效仿等多重复杂情感，似乎已变成了另一个"小A公司"——反应迅速、注重质量、对价格敏感，并保持低调神秘。

2. 供应商眼中的A公司

身为A公司供应商，要承受最大的压力来自价格。A公司并不讳言这一点，因为它自己就是靠有策略地打价格牌起家的。最现成的例子是：当时的法国电信运营商NEUF准备在法国全境建设一个骨干光传输网络，为了与老牌运营商法国电信抢市场，A公司的动作不但要更快、更激进，而且"价格也要更便宜"。为此，A公司提出颇具诱惑力的条件，承诺以非常优惠的价格为NEUF建设最初的两个城市的网络并负责运营3个月，然后再交给NEUF评估。结果，A公司进入NEUF的六大供应商之列，随后牢牢占据第一的位置。

A公司会把这样的成本压力均摊到A公司供应链上的每一个供应商身上——从直接供应商到最基础的原料供应商。

多年来，A公司给其供应商留下的印象主要有两个方面。

（1）采购管理专业。A公司的采购都是通过招标进行的，在供应链管理部内专设采购专家团机构，负责评估供应商的资质和产品质量。它的权限很大，既能决定合格供应商的名单和等级又能确定采购份额，而一般的采购人员更多只是负责下单等具体操作。这两个部门相对独立，被某个供应商一起"搞定"的可能性因此低了很多。

这其实符合供应商们的期望。他们可以忍受无休止的砍价，可以忍受更激烈的恶性竞争，也可以忍受A公司哪怕是千奇百怪的诸多要求，但他们希望大家能够站在同一条起跑线上竞赛，规则公开透明，这样至少结果是相对公平的。

（2）付款及时。国内的供应商都领教过客户千奇百怪的内部政策——有的客户甚至告诉自己的财务人员，如果供应商没有着急到要打官司的程度，就可以先拖着不付钱。

"最好的客户不一定要给现款，但是付款要及时准确。"一位 A 公司的供应商说。他宁可与 A 公司这样说话算话的客户以 90 天的账期结算，也不愿意与一个没有信用的公司签 30 天的付款合同。这位供应商曾经也试图与多家电信设备制造商保持供货关系，但他最后还是铁了心要和 A 公司合作，原因就是"我们和 A 公司在谈判时无论如何争执，一旦谈妥，A 公司的结算一般都非常及时准确"。在跟定 A 公司之前，他曾经与其他的厂商合作过，却发现自己总是要被迫去"搞定"该企业财务部里的某个关键人物。

上述两点保证了 A 公司供应链条的相对稳定。"感情和睦"的秘诀在于：A 公司从一开始就遵循公平透明的原则——尽量降低在供应链里的人为作用，防止某一个在这个链条里的权限过大。

复习思考题

一、简答题

1. 货物采购有哪些方式？每种方式适用于哪些情况？各自的优缺点有哪些？
2. 业主在进行货物招标采购时，应如何分标？
3. 货物招标采购的评标方法有哪些？各自适用于什么情况？
4. 业主在选择供应商时一般有哪些方法？
5. 进行供应商有效管理的意义是什么？

二、单项选择题

1. 政府采购项目中符合下列情形之一的货物或者服务，可以依照本法采用询价方式采购：（　　）。
   A. 只能从唯一供应商处采购的
   B. 发生了不可预见的紧急情况不能从其他供应商处采购的
   C. 采购的货物规格、标准统一，现货货源充足且价格变化幅度小
   D. 必须保证原有采购项目一致或者服务配套的要求，需要继续从原供应商处添购，且添购资金总额不超过原合同采购金额 10% 的

2. 下列各项不属于政府采购方式的是（　　）。
   A. 公开招标　　　　　　B. 邀请招标
   C. 国内竞争性招标　　　D. 单一来源采购

3. 关于政府采购方式，下列说法不正确的是（　　）。
   A. 供应商数量有限或采用公开招标方式的成本费用占政府采购项目总价值比例过大而不值得的政府采购项目，可采用邀请招标方式
   B. 达到公开招标限额标准的政府采购项目采用公开招标方式
   C. 采购的货物规格、标准统一，现货货源充足且价格变化幅度小的政府采购项目采用询价方式
   D. 凡未达到政府采购限额标准的项目，均应采用公开招标采购方式

4. （　　）是指采购人从符合相应资格条件的供应商名单中确定不少于 3 家的供应商，向其发出询价通知书让其报价，最后从中确定成交供应商的采购方式。

A. 公开招标　　　　B. 邀请招标　　　　C. 竞争性谈判　　　　D. 询价

5. 在政府采购方式中，采用询价采购方式的程序不包括（　　）。

A. 成立谈判小组　　B. 报价　　　　　　C. 询价　　　　　　D. 确定成交供应商

6. 竞争性谈判中的谈判小组由采购人的代表和有关专家共（　　）个以上的单数组成。

A. 3　　　　　　　B. 5　　　　　　　C. 7　　　　　　　D. 9

7. （　　）是指采购人通过与符合相应资格条件不少于3家的供应商分别谈判，商定价格、条件和合同条款，最后从中确定成交供应商的采购方式。

A. 公开招标　　　　B. 邀请招标　　　　C. 竞争性谈判　　　　D. 询价

三、多项选择题

1. 《政府采购法》规定的可以采用单一来源方式采购的情形有：（　　）。

A. 只能从唯一供应商处采购的

B. 发生了不可预见的紧急情况不能从其他供应商处采购的

C. 必须保证原有采购项目一致性或者服务配套的要求，需要继续从原供应商处添购，且添购资金总额不超过原合同采购金额10%的

D. 采购的货物规格、标准统一、现货货源充足且价格变化幅度小的采购项目

2. 政府采购方式有（　　）。

A. 公开招标　　　　B. 邀请招标　　　　　C. 竞争性谈判

D. 单一来源采购　　E. 询价

3. 下列有关政府采购方式的说法正确的是（　　）。

A. 采用询价方式，供应商可修改其报价

B. 采用公开招标方式，实质响应招标文件的投标人不足3家时应重新招标

C. 凡未达到政府采购限额标准的项目可由采购人自行选择适当的采购方式

D. 采用邀请招标，由采购人从资格评审合格的投标人名单中选取投标价最低的3家及其以上的投标人，邀请其投标

E. 采用询价方式，供应商只能报一次价格，不得更改，最终由采购人确定成交供应商

主要内容
➢ 咨询服务采购概述
➢ 咨询服务合同
➢ 咨询服务招标
➢ 咨询服务评标

咨询服务采购

4.1 咨询服务采购概述

4.1.1 咨询服务的概念

咨询服务是指付出智力劳动获取回报的过程，是一种有偿服务。从广义上讲，咨询服务是人们不断获取知识和信息以求生存的一种本能，这种本能决定了咨询服务是无所不能的，是人类社会普遍存在的社会现象。从狭义上讲，咨询服务主要指咨询活动进入经济领域，它是一种知识服务型产业。咨询服务以专门的知识、信息、技能和经验为资源，帮助用户解决各种复杂问题，提供解决某一问题的建议或方案，或为领导决策提供参谋性意见。

对项目来说，咨询服务工作是贯穿于整个生命周期的。具体来说，主要包括以下几个方面：

1）对整个项目的可行性研究进行咨询，即对业主方人员编制的可行性研究报告进行审查或同业主方人员一起做项目的可行性研究。

2）对整个项目的总体设计进行评审，或参与总体设计。

3）就项目中的某一技术方案或技术指标或工艺流程进行咨询。

4）就项目的某一单项工程的设计方案进行咨询或设计。

5）编制招标文件特别是招标文件中的技术规格部分。世界银行贷款项目一般都必须采用国际竞争性招标来完成，所以编制招标文件包括编写标书、对投标人做资格预审及最后评标，就成为聘请专家的重要因素。

6）帮助项目单位培训人员，包括聘请专家讲课或派人到咨询单位去培训。

4.1.2 咨询服务的行业特点

1. 独立性

咨询公司虽然受业主委托，为业主进行技术服务，但从事的咨询工作应保持高度的独立性，不受外界任何干扰和干预，一切从实际出发，认真细致地进行调查研究，运用科学的分析方法和手段，独立地得出符合客观规律的结论，使项目经得起市场竞争和时间检验，取得最好的经济效益、社会效益和环境效益。

2. 公正性

咨询公司在行使其委托权时，往往涉及项目有关各方的权益。一些单位和个人可能设法对咨询工作施加影响，使之对己方有利。这些影响可能导致不公正的结论或给项目造成损失。因此，咨询者应在任何时候都正直和公正地行使其职权，做到不偏不倚，不接受任何可能导致判断不公的报酬。

3. 综合性

各类项目的决策和建设需要多种专业学科、技术知识和最新信息的综合应用，并要求不断创新和发展。因此，咨询服务不是单独的依靠一门学科或某一方面的专业知识就能满足要求的，而必须是多学科的综合和相互渗透，才能做出正确的决策，有效地实现项目的最终目标。这就要求咨询人员不仅要熟练掌握某一专业领域的知识和技能，并具有广博的知识，更重要的是能针对具体咨询项目有效地组建一个多专业、跨学科的智囊团体，体现综合水平和实力。

4. 系统性

咨询为经济建设服务，要求提出有效地实现项目最终目标的思路、策略、设计方案和实施方法等，而咨询工作的系统性和科学性是保障高质量地完成咨询任务的重要前提。对事物进行科学分析，不仅要拥有丰富的科学知识和大量信息，而且分析方法必须具有整体性和系统性，重视事物之间的相互联系，运用系统工程的知识进行定性和定量分析。面对日趋庞大而复杂的项目，其影响因素日益增多，只有注重系统性和科学性，才能保证咨询服务的质量。

4.1.3 咨询服务的内容

1. 服务类型

不同的企业对服务需求有很大差异。一般来讲，许多企业需要的主要服务内容如下：

1）传播。广告、快信服务、摄影、出版、电视。
2）辅助设施。装饰、设计、建筑、建筑拆除、工程设计、环境维护等。
3）物业管理。楼层管理、积雪清除、环境美化。
4）物流。库存、家具及办公设备的搬运、货物运输。
5）商务。审计、会计、金融、市场调查、数据处理、计算机编程、咨询、监理和促销。
6）保险。
7）法律服务。

2. 咨询服务的主要领域

根据以上主要服务内容，常见的咨询服务主要包括以下几个方面：

（1）项目投资前研究

项目投资前研究是指在确定项目之前进行的调查研究，其目的在于确定投资的优先性和部门方针，确定项目的基本特性及其可行性，提出和明确项目在政府政策、经营管理和机构方面所需的变更和改进。

（2）准备性服务

准备性服务是指为了充分明确项目内容和准备实施项目所需的技术、经济和其他方面的工作，通常包括编制详细的投资概算和营运费用概算，工程详细设计，交钥匙工程合同的实施规范，土建工程和设备招标采购的招标文件。另外，还常常包括与编制采购文件有关的服务，还有如保险要求的确定、专利人和承包人的咨询评审、分析投标书，并且提出投标建议等。

（3）执行服务

执行服务是指工程监理和项目管理，包括检查和督促工作、审核承包商和供货商出具的发票以及与合同文件的解释有关的技术性服务。另外，还可以包括协助采购并且协调同一项目的不同承包商和供货商的投入，以及在开始和营运阶段的各种设施。

（4）技术援助

技术援助是指范围广泛的咨询服务和支持借款人的服务。例如开发计划、行业规划和机构建设，包括组织和管理方面的研究、人员要求和培训方面的研究以及协助实施研究中提出的建议等。

4.1.4 咨询服务采购的特点

咨询服务采购与工程项目采购相比，两者一般都采用竞争性的评选，但从采购程序和合同法律的角度分析，选聘和招标有一系列不同之处，具体表现在以下五个方面。

1）业主在邀请之初提出的任务范围不是已确定的合同条件，只是合同谈判的一项内容，咨询公司可以而且往往会对其提出改进建议；在工程项目采购时提出的采购内容则是正式的合同条件，投标者无权更改，只能在必要时按规定予以澄清。

2）业主可开列短名单，并且只向短名单上的咨询公司直接发邀请；工程项目采购则大多要求通过公开广告直接招标。

3）选聘应当以技术方面的评审为主，选择最佳的咨询公司不应以价格最低为主要标准；工程项目采购一般则是以技术达到标准为前提，必须将合同授予评标价最低的投标者。

4）咨询公司可以对业主的任务大纲提出修改意见；项目采购的投标书则必须以招标书规定的采购内容和技术要求为标准，达不到标准的即为废标。

5）咨询公司的选聘一般不进行公开开标，不宣布应聘者的报价，对于晚于规定期限送到的建议书，也不一定宣布无效而退回；工程项目采购则要求公开开标，宣布所有投标者的报价，迟到的投标书作为废标。

4.1.5 咨询服务采购的方式

世界银行 2004 年新版的《选择咨询公司指南》规定了咨询服务的采购方式。世界银行贷款项目咨询服务的最主要的采购方式是基于质量和费用的选择（Quality and Cost Based Selection，QCBS），其他采购方式有基于质量的选择（Quality Based Selection，QBS）、预算固定时的选择（Selection under a Fixed Budget，FBS）、最低费用选择（Least-Cost Selection，LCS）、基于咨询者资格的选择（Selection Based on Consultants Qualification，CQ）和单一来源选择（Single-Source Selection，SS）。QCBS、FBS 和 LCS 采用单信封或双信封选择咨询者。与货物和土建工程不同，选择咨询公司不要求提交投标保证金和履约保证金，评审时先技术后财务并可用打分的方法，所用的术语与货物和工程采购有很大不同，其对比如表4-1所示。

表4-1 咨询服务采购与货物和工程采购术语对比

咨询服务采购		货物、工程和服务采购	
English	中文	English	中文
Request for Proposal	征询建议书	Bidding	招标
Submit Proposal	提交建议书	Bid	投标
Request for Proposal-RSP	建议书征询文件	Bidding Documents	招标文件
Technical Proposal and Financial Proposal	技术建议书和财务建议书	Bids	投标书/文件
Letter of Invitation-LOI	邀请信	Invitation for Bids-IFB	招标通告
Information to Consultants-ITC	咨询者须知	Instructions to Bidding-ITB	投标须知
Term of Reference-TOR	任务大纲	Specifications	规格/规范
Long List to Short List	长名单到短名单	Prequalification	资格预审
Proposal Evaluation	评审建议书	Bid Evaluation	评标

世界银行贷款项目的采购方式均在贷款项目的贷款协定或项目协定等法律文件以及项目的评估文件（PAD）和实施计划（PIP）中规定，不得违反。

4.1.6 全过程工程咨询服务的定义

2018年3月，住建部发布"关于征求《全过程工程咨询服务发展的指导意见》和《建设工程咨询服务合同示范文本》意见的函"，以进一步完善我国工程建设组织模式，推进全过程工程咨询服务发展。其中，对全过程工程咨询服务定义如下：

全过程工程咨询是对工程建设项目前期研究、决策以及工程项目实施和运行的全生命周期提供包含设计和规划在内的涉及组织、管理、经济和技术等各有关方面的工程咨询服务。全过程工程咨询服务可采用多种组织方式，为项目决策、实施和运营持续提供局部或整体解决方案。

4.2 咨询服务合同

4.2.1 咨询服务合同的类型

按照世界银行2004年5月正式出版、2006年10月最新修订的《世界银行借款人选择和聘用咨询人指南》（以下简称咨询指南）的规定，咨询服务合同按照其规定的付款方式，可以分为如下五种。

1. 总价合同

总价合同被广泛应用于简单的规划和可行性研究、环境研究、标准或普通建筑物的详细设计。采用总价合同时，价格应当作为评选咨询专家的因素之一。总价合同的特点是合同项下的付款总额一旦确定，就不要求按照人力或成本的投入量计算付款。总价合同一般按议定的时间表或进度付款,管理上比较容易,但是谈判可能比较复杂。对于咨询专家应当完成的任务,业主应当有充分的了解。在谈判中,业主应当仔细审查咨询公司提出的合同金额费用概算和计算依据,如所需的人工、工作时间和其他投入。如果合同中无专门规定,在合同执行期间,不论咨询公司的投入高于还是低于预算水平,合同双方均不应要求补偿。采用总价合同时,咨询公司可以根据具体工作的类别,按惯例的百分比报价,但在谈判时仍然应当开列详细的费用预算。总价合同的费用预算通常包括价格不可预见费,但是应当在谈判中检查其是否合理。合同之外的工作通常按计时费率另行支付。

2. 计时制合同

计时制合同又称为人/月合同,主要用于复杂的研究、工程监理、顾问性服务以及大多数的培训任务,这类任务的服务范围和时间长短一般难于确定。付款是基于双方同意的人员(一般在合同中列出名单)按小时、日、周或月计算的费率,以及使用实际支出和双方同意的单价计算的可报销项目费用。人员的费率包括工资、社会成本、管理费、酬金/利润以及特别津贴。这类合同应包括一个对咨询公司付款总数的最高限额。这一付款上限应包括为不可预见的工作量和工作期限留出的备用费,以及在合适的情况下提供的价格调整。以时间为基础的合同需要由业主严密监督和管理以确保该任务的各项工作令人满意地进展,且咨询公司的付款申请是适当的。

3. 雇佣费和/或意外(成功)费合同

当咨询公司(银行或财务公司)为公司的出售或公司的合并(在私有化业务中较为显著)作准备时,这种合同的使用较为广泛。对咨询公司的酬金包括雇佣费和成功费,后者通常表示为资产售价的一定百分比。

4. 百分比合同

百分比合同通常用于建筑方面的服务,也可用于采购代理和检验代理。百分比合同将付给咨询公司的费用与估算的或实际的项目建设成本,或所采购和检验的货物的成本直接挂钩。对这类合同应以服务的市场标准和/或估算的人/月费用为基础进行谈判,或寻求竞争性报价。与总价合同一样,合同项下的付款总额一旦确定,就不要求按照人力或成本的投放量计算付款。这种合同在某些国家一度广为采用,但容易增加工程成本,因此一般是不可取的。因此,只有在合同是以一个固定的目标成本为基础并且合同项下的服务能够精确界定时,才推荐使用此类合同。

5. 不定期执行合同(价格协议)

借款人需要"随叫随到"专业服务,以对某一特定活动提出意见,而提意见的程度和时间在事前无法确定的情况下,可使用这类合同。这类合同通常用于复杂项目的实施、争议解决小组、机构改革、采购建议、技术攻关等保持一批"顾问",合同期限通常为一年或更长时间。借款人和公司就对专家付款的费率单价达成协议,并且按实际工作时间付款。

在实际工作中,业主可以使用国际通用的标准的咨询服务合同,例如,FIDIC颁布的各种咨询服务合同样本,使用时只需要稍加修改。世界银行也有一套咨询服务合同样本,用于世界银行、国际开发协会及联合国开发计划署融资的项目,最常用的主要是计时制和总价合同两种类型。世界银行的这套咨询服务合同范本适用于大型工程建设项目的投资前研究、准备性服务和执行服务，一般为业主和咨询公司之间签订合同的依据。而对于一些短期的技术援助项目，如研讨会、重要的课题研究等，一般都聘请个人咨询专家。对于国内项目单位利用世界银行贷款聘用个人咨询专家，财政部要求统一采用财政部与世界银行共同编制的个人咨询专家服务合同标准范本。个人咨询专家标准咨询服务合同范本，包括短期和长期咨询服务合同两种。

4.2.2 咨询服务合同的重要条款

正常的合同中的财务条款除了关于费用的计算和规定外，一般还应包括不可预见费、货币、价格调整、支付规定、履约保证金及扣留、利益冲突的一些规定。

1. 不可预见费

不可预见费是指为了解决不可预见的增加的工作或由于价格调整而发生的费用上涨问题所产生的费用。关于不可预见的工作，不可预见费只能根据项目单位（业务）的意见并在征得项目单位的同意后，咨询人才能要求付款，列入不可预见费用一项就可以解决项目单位因需要咨询人增加工作而造成的资金困难，不可预见费也应包括对执行价格调整的项目规定而追加的费用。

2. 货币

邀请函应明确说明咨询人可以世界银行任何成员国的货币或以欧元表示其服务的价格。如果咨询人希望以不同的外国货币金额之和来报价，则应限定货币种类不得超过三种，而且项目单位可要求咨询人说明其报价中以借款国货币表示的当地费用部分。

3. 价格调整

咨询合同必须包括价格调整的条款，在正常情况下，对于超过 18 个月以上期限的合同，需要调整以时间为基础的价格率，以反映由于咨询专家所在国及项目所在国生活费的变化而导致的个人工资的升降。对于不到两年，而且是一签到头的合同，可以对第二年的价格调整情况进行估算，并一起做出适用两年的固定的价格率。而对于超过两年以上的合同，则需在合同中写上每年审查一次和可能对合同中的费用进行修正的条款。在合同谈判时，应就容许价格调整的公平方法，包括提出的指数是否适当和将要应用的方式达成协议。

4. 支付规定

谈判时，就应对支付条款达成协议。世界银行的惯常做法是依据合同上协议的按月支付的时间表支付，以使咨询人得到稳定的有保证的收入。在支付的预付款超过 10% 时，应要求咨询人对预付款提供银行担保。

每笔支付都必须符合合同中的支付条款，遵循规定的支付货币和支付方式。对于外国咨询专家，可以直接以外币支付到咨询专家的国外账户上，也可以当地货币兑成外币来支付，但需规定不允许由于兑换率的变化而造成咨询专家亏损或盈利。在合同谈判时就应支付外币及将外币汇出国外的条款达成协议，并征得有关部门的批准。支付给或兑换的外币不应少于咨询人需要在境外开支的数字，通常还包括外国咨询专家所在国办公室的大部分费用，即管理费及利润。

为了及时将款项支付给咨询人，世界银行采取以下四项措施。

1）采用按月支付的时间表中的直接支付规定，当咨询人完成规定的工作量并递送发票要求付款时，由项目单位申请世界银行直接支付给咨询人。

2）只扣留有争议部分的款项，如只对部分单据有争议，只需将这部分扣留以便进一步弄清，其余单据予以支付。

3）提前支付部分折扣。合同中可以协商规定，允许项目单位对在应付日期前提前支付给咨询人的金额，收取折扣。

4）逾期支付部分的利息。合同中可以规定，假如咨询专家未能在合同允许的日期内收到款项（一般规定收到发票后 30~45 天），咨询专家应得到自提交发票之日起算的逾期支付部分的利息。

5. 保证金、业务担保金和扣留

世界银行不要求，一般反对由咨询人提交保证金或业务担保金，因为咨询人不同于工程承包公司，业务担保金毫无意义。如果实在需要业务担保金，则：

1）担保金的费用应作为一项费用列入咨询合同的总费用。

2）担保金不是那种单方面"随要随付"的资金，只有在判断或仲裁后才能调用。

同样，项目单位不能随意扣留一笔应支付的款项。但为了对合同的履行实施某种程度的控制，可以将应该付给咨询人的最后一笔款，在咨询任务按照合同圆满完成后才予以支付，但绝不能随意扣留。

6. 利益冲突条款

咨询人除得到合同规定的报酬外，不应得到任何与该任务有关的报酬。咨询人及其人员不得从事与合同中客户的利益有冲突的咨询活动，并且不能被列入与该任务有关的下游项目供应货物或进行土建施工或购买任何资产或提供任何其他服务的单位及人员名单之中。

此外，在项目单位应提供的帮助、咨询公司的专业责任、人员替换、适用法律和争端解决等条款也应在合同谈判时认真考虑。

4.2.3 世界银行贷款项目咨询合同的标准格式

世界银行制定的咨询服务合同最常用的合同类型有两种，即复杂的以时间为基础的咨询服务合同（Consultants'Services-Complex Time-Based Assignments）和总价合同（Consultants'Services-Lump Sum Remuneration）。下面以第一种合同为例详细介绍其主要合同内容。

复杂的以时间为基础的咨询服务合同包括四个方面的内容，即合同格式、通用合同条件、专用合同条件及合同附件。

1. 合同格式

（1）合同封面

标准的合同封面一般设计为咨询服务名称、业主和咨询公司正式名称及合同签字日期（见合同封面样例）。

（2）合同格式

合同格式包括用法律性文字简明地概述双方签约日期、资金来源、双方应共同遵守的合同条件，最后是合同双方授权代表签字。如果聘请的咨询公司不止一家，那么所有公司的授权代表都需在此签字（见合同格式样例）。

```
          合同封面样例
            （封面）
          咨询服务合同
          （业主名称）

         （咨询公司名称）
          日期：_____
```

合同格式样例

本合同（以下简称"合同"）由一方_____（以下简称"业主"）和另一方_____（以下简称"咨询公司"）于____年____月____日签署。

（注意：如果咨询公司不止由一家组成，则下面一段文字应相应加入：……和另一方由_____和_____组成的联营体（以下简称"咨询公司"）于____年____月____日签署，联营体中每一家都共同承担本合同项下对业主的义务。）

鉴于：

（A）业主要求咨询公司提供通用合同条件中规定的咨询服务（以下简称"服务"）；

（B）咨询公司已经向业主证明具备所需的专业技能、人员和技术资源，同意按照合同规定的条款和条件提供服务；

（C）业主已经从国际复兴开发银行（以下简称"银行"）获得或申请一笔贷款，或从国际开发协会（以下简称"协会"）获得或申请一笔信贷用于支付服务费用，使用贷款或信贷的部分资金用于合同项下的合格支付。双方一致认为：（i）银行或协会的所有支付都是应业主的申请，并得到银行或协会的批准；（ii）所有的支付必须符合贷款或信贷协议；（iii）除业主外，任何一方无权免除贷款或信贷协议规定的权利或无权对贷款或信贷资金进行索赔。

本协议缔约双方现协议如下：

1. 下列所附的文件为合同不可分割的组成部分：
（a）通用合同条件；
（b）合同的专用条件；
（c）下列附件：
（注意：以下附件如未被使用，则应在下划线处注明"不使用"）

附件A：服务描述　　　　　　　_____
附件B：报告要求　　　　　　　_____
附件C：关键人员和分包咨询者　_____
附件D：体检证明　　　　　　　_____

附件 E：关键人员的工作小时_____
附件 F：业主的责任_____
附件 G：外币的成本估算_____
附件 H：当地币的成本估算_____
附件 I：预付款保函格式_____

2. 业主和咨询公司相互的权利和义务在合同中有明确规定，特别是：

（a）咨询公司应根据合同规定履行服务；

（b）业主应该根据合同规定付款。

本协议缔约双方，通过其各自正式授权的代表，于本协议开始所述日期，就本协议以各自的名义予以签署，以昭信守。

代表业主
_____
（授权代表）
代表咨询公司
_____
（授权代表）

注意：如果咨询公司由不止一家组成，所有各方都应在此签字，格式如下：

咨询公司成员之一
_____
（授权代表）
咨询公司成员之二
_____
（授权代表）
（等等）

2. 通用合同条件

（1）总的要求

总的要求是对合同中一般事项总的说明，包括以下具体内容。

1）定义。对合同中特指名词给予了定义，如合同适用的法律、世界银行、国际开发协会、生效日期、外币、当地币等。

2）合同各方的关系。业主和咨询公司之间的雇佣关系只局限于本合同中的规定，咨询公司对其人员和分包咨询者的行为承担全部责任。

3）合同适用的法律。合同及其条款的含义的解释以及各方之间的关系受适用法律的限制。

4）语言。合同执行及解释都需采用专用合同条件中规定的合同语言。

5）标题。合同条件中的子标题不影响合同的含义。

6）通知方式。通知必须以书面形式，按专用合同条件中规定的方式（邮件、电报、电传或传真）及地址送交给对方的授权代表。

7）合同执行地点。附件 A 中有详细规定。

8）负责成员方的权力。如果咨询公司是以联营体的形式组成，那么需要指定某一家公司作为代表负责与业主的联络，履行合同规定的联营体的权利和义务。

9）授权代表。业主和咨询公司依据合同要求采取行动都要由专用合同条件中规定的指定的授权代表来进行。

10）税金和关税。除非专用合同条件中另有规定，否则，咨询公司、其分包咨询者及工作人员都应交纳按适用法律应征收的税金、关税及其他规定的费用。

（2）合同的开始、完成、修改及终止

1）合同生效。从业主通知咨询公司开始工作之日起合同开始生效。通知之前应确保专用合同条件中规定的生效条件已经得到满足。

2）合同未生效前终止。如果合同任一方在合同已经签字但未生效期间，提前4周以书面形式通知另一方终止合同，则另一方不能提出任何索赔条件。

3）开始工作。咨询公司应在合同生效以后，在专用合同条件中规定的时间内开始工作。

4）合同期满。除非根据通用合同条件第2.9款中规定提前终止合同，否则应是专用合同条件中规定的时期期满。

5）全部协议内容。本合同包含了双方同意的所有契约、规定和条款。任何一方的代理人或代表都无权作任何协议内容规定以外的声明、讲话、允诺或协议。

6）修改。对合同条件的任何修改必须以双方书面同意的方式进行，并在得到贷款方（世界银行或国际开发协会）的同意后才有效。

7）不可抗力。包括不可抗力的定义，发生不可抗力时受影响的一方应采取的必要措施，以及有权要求依据合同给予支付的规定等。

8）暂时中止。在合同执行期间，如果业主认为咨询公司未履行义务，可以通知咨询公司暂时中止合同并说明理由，要求咨询公司在收到业主此类通知30天内采取补救措施。如咨询公司仍未按合同履行义务，业主可以以书面形式提出终止对咨询公司的所有支付。

9）终止。说明业主和咨询公司各自在什么情况下，以何种方式终止与支付方的咨询服务、合同终止之前及以后费用如何处理、产生争议时的解决办法。

（3）咨询公司的义务

1）总的要求。此项包括对咨询公司行为规范及法律法规的要求。

2）利益冲突。要求咨询公司及其分包商、代理人在合同执行期间，除合同正当支付外，不得收以任何合同规定之外的报酬（如佣金、回扣等）。遵守贷款方式的采购指南，咨询公司及其有关团体、分包商等均不得参与与本合同有关的采购活动及其他相关商业活动。

3）保密。咨询公司及其相关人员在合同执行期间或合同终止两年内，没有业主书面同意，不得向外泄露任何与服务有关的秘密信息。

4）咨询公司义务。除非专用合同条件中另有规定，否则咨询公司就应履行合同适用法律中规定的义务。

5）咨询公司投保。咨询公司应按业主批准的条件，就专用合同条件中规定的风险进行投保，或要求其分包商进行投保，并向业主提交已投保的证明材料。

6）会计、检查和审计。要求咨询公司按国际通行的会计准则进行会计工作，并妥善保管所有准确、系统的会计资料,允许业主或其指定代表定期或在合同期满或终止一年内检查所有会计资料,并接受业主指定的审计人员的审计。

7) 咨询公司的行为需得到业主事先批准。咨询公司在任命附件 C 中关键人员、分包商,签订分包合同及履行专用合同条件中规定的其他行为时,必须得到业主书面批准。

8) 报告义务。咨询公司应按附件 B(报告要求中)的规定,向业主提交有关的报告和文件。

9) 咨询公司准备的文件归业主所有。咨询公司根据合同要求为业主准备的所有计划、图样、规范、设计、报告、其他文件及软件均属于业主所有。咨询公司需在合同期满或终止时与文件清单一起交给业主。在专用合同条件中规定咨询公司在什么条件下能继续使用这些资料的复印件。

10) 业主提供的设备和材料。在合同执行期间,业主提供给咨询公司的或用业主资金购买的设备和材料均归业主所有。合同期满或终止时,咨询公司应向业主提交详细的设备和材料清单或者根据业主指示加以处理。

(4) 咨询公司的人员和分包咨询者

1) 总的要求。咨询公司可以根据服务需要雇佣或提供合格、有经验的人员和分包咨询者。

2) 人员情况说明。在附件 C 中应详细描述每一位关键人员的职务、工作内容、资历和估计工作时间等。如果有关工作时间有所变动,且这种变动不会影响原来时间的 10% 或多于一周(两者取最长),则不会导致总的合同支付超过限额,咨询公司只需书面通知业主即可。任何其他改变必须得到业主的书面批准。

3) 人员的批准程序。附件 C 中规定了关键人员的职务和姓名。如果咨询公司还有其他提议,应将人员简历及令人满意的体检证书(见附件 D)送业主审查和批准。如果业主在收到这类资料 21 个日历日之内没有书面反对意见,则表明业主已批准。

4) 工作小时、加班、休假等。附件 E 中规定了关键人员工作小时和假期、合同开始和结束时国外专家的旅行等。

5) 人员的调动和替换。非经业主同意,关键人员不得经常变更。如确有需要,咨询公司应提供同样资历的替代人员。如果业主发现任何关键人员有严重失误或犯罪行为,可以要求咨询公司替换相应人员。替换人员的报酬水平不应超过被替换的人员的水平,且应事先征得业主的书面同意,任何额外费用由咨询公司承担。

6) 驻地项目经理。一般在专用合同条件中有明确要求,咨询公司应向业主确保合同执行期间,派一位业主可接受的驻地项目经理负责其所有业务。

(5) 业主的义务

1) 帮助和例外。业主应尽可能提供有利条件帮助咨询公司完成咨询服务,包括提供咨询公司所需的资料、咨询公司人员进出业主所在国的签证手续、清关手续、外汇的提取和支出以及必要的其他帮助。

2) 进入工作地点。业主应确保咨询公司能免费到任何咨询服务需要的任何地点。

3) 适用法律的修改。如果合同适用法律在合同执行期间有所修改,则由此引起咨询公司费用的增减，业主有责任根据双方之间的协议相应增减对咨询公司的支付，但支付调整不得超过合同规定的支付上限。

4）业主的服务、设施和财产。业主应按附件F（业主职责）中的规定向咨询公司及其人员提供执行合同所必需的服务、设施和财产。如果由于业主的原因没有及时提供，则咨询公司可以要求延长服务时间，或自己采购所需的设施而要求业主支付相应的费用。

5）支付。业主应按通过合同条件规定及时对咨询公司予以支付。

6）对口人员。业主应按附件F规定向咨询公司提供对口负责人员。这些人员在咨询公司特别领导下工作。如果对口人员没有履行职责，咨询公司可以要求替换，没有合理理由，业主不能拒绝要求。如业主未按规定提供对口人员，则由此产生的额外费用应由业主支付。

(6) 对咨询公司的支付

1）成本概算、最高限额。以外币计算的成本概算和以当地币计算的成本概算分别列在附件G和附件H中。除非另有规定，否则不论以外币还是当地币的支付都不得超过专用合同条件中规定的最高支付限额。当累计发生费用已达最高限额的80%时，咨询公司应及时通知业主。如果根据通用合同条件业主的义务第3）、4）和6）项的规定需要支付额外费用，限额也应相应增长。

2）报酬和报销费用。业主应支付咨询公司限额以内的报酬和合理的报销费用。如果专用合同条件中有特别规定，则给咨询公司的报酬还应包括价格调整内容。

3）支付货币。在专用合同条件中对哪些费用由外币支付、哪些费用由当地币支付有详细的规定。

4）结账和支付方式。

① 预付款。业主应向咨询公司提供预付款。咨询公司在申请预付款时应按附件I规定的格式或业主书面批准的格式向业主提供一份可接受的银行保函，在咨询公司未全部还清所有预付款时保函将一直有效。

② 每月支付。咨询公司应在每月月底后15天内将支付报表及有关的证明材料（发票、收据凭证等）提交给业主申请支付。支付报表中应列明以外币支付和以当地币支付的金额，并区分开哪些是报酬、哪些是需要报销的费用。业主应在收到咨询公司的支付月报60天内给予支付。如果发现实际发生的费用与合同规定的金额有所出入，业主可以从相应的支付中增减。

③ 最终支付。在咨询公司已经完成合同规定的所有服务，并向业主提交了最终报告，并且业主在收到报告后90个日历日之内对报告无异议，并批准该报告后，业主应按咨询公司提交的最终支付报表给予支付。

(7) 公正和信守

1）信守。双方有责任采取所有合理措施确保合同目标的实现。

2）合同执行。在合同执行期间，双方都应本着公正态度，不损害对方利益，共同排除不利于合同执行的所有因素。如有争议，应按通用合同条件第8款规定解决。

(8) 争议解决

争议解决包括友好解决和提交仲裁两种方式。专用合同条件中对仲裁员的选定、仲裁程序、仲裁费用等有详细的规定。

3. 专用合同条件

专用合同条件是根据不同项目的具体情况对通用合同条件相应条款的补充规定，是合同不可分割的一个组成部分，一般是合同谈判的主要内容。以前述通用合同条件第（6）项对咨询公司的支付为例。在合同谈判期间，双方要就外币和当地币支付最高限额、价格调整公式、预付款及预付款保函、利率及支付账户等问题进行专题讨论，达成一致，写入专用合同条件中。

4. 合同附件

合同附件也是合同的组成部分，一般包括：

（1）附件 A

咨询服务描述，包括给出所提供服务的详细描述、各种任务完成的日期、不同任务进行的地点和业主批准的特殊任务等。

（2）附件 B

报告要求，包括报告格式、次数及内容；收到报告的人员；递交日期等。如果不需要递交报告，应在此处声明。

（3）附件 C

关键人员和分包咨询者，包括人员的姓名、职务、详细的工作描述以及已经获得批准的分包咨询者名单。

（4）附件 D

体检证明，附上可接受的外方人员体检证明表。如果不需要，应在此处注明。

（5）附件 E

关键人员工作小时，列出关键人员的工作小时、外方人员往返工程所在国的旅行时间、有关加班费、病假费、休假费等的规定。

（6）附件 F

业主的义务，包括业主提供给咨询公司的服务、设施和财产以及业主提供给咨询公司的对口人员。

（7）附件 G

以外币估算的成本，包括外方人员（关键人员和其他人员）和以外币支付的当地人员的月费率，各种报销费用，如津贴、交通费、通信费、打印费、设备购置费及其他费用等。

（8）附件 H

以当地货币估算的成本，主要包括当地人员（关键人员和其他人员）的月付费率，各种报销费用，如补贴、津贴、交通费、其他当地服务、租房、设施的费用，以及由咨询公司进口的应由雇主付款的指定设备和材料的采购费。

（9）附件 I

预付款银行保证书格式（见如下样例）。

预付款银行保证书格式样例

致：_____（业主姓名）
　　_____（业主地址）
　　_____（咨询服务合同名称）

先生们：

　　根据上述合同（以下简称"合同"）中通用条件和特殊条款的规定，_____（咨询公司名称和地址）（以下简称"咨询公司"）应为_____（业主名称）存下一笔金额为_____（大写为_____）的银行保证金，作为其正确、忠实地履行上述合同条款的担保。

　　我方_____（银行或金融机构）受咨询公司委托，不仅作为担保人而且作为主要的负责人，无条件地和不可改变地同意在收到业主第一次付款要求后，向_____（业主名称）支付数额不超过_____（保证金额）的担保金。

　　我方还同意，任何_____（业主名称）和咨询公司之间可能对合同条款的增加和修改，都丝毫不能免除我方按本担保所承担的责任，因此，有关上述变动、补充和修改无须通知我方。

　　本保证书从预付款支出之日起生效，直到_____（业主名称）收回咨询公司同样数量的全部数额为止。

　　　　　　　　　您忠实的

　　　　　　　　　签字、盖章：_____

　　　　　　　　　银行/金融机构名称：_____

　　　　　　　　　地址：_____

　　　　　　　　　日期：_____

4.3　咨询服务招标

4.3.1　咨询服务招标的方式

　　国际上通行的咨询服务招标方式有三种，即公开招标、邀请招标和指定招标。

1. 公开招标

　　公开招标也称国际竞争性招标，是指在世界范围内公开招标选择咨询公司。采用这种方式可以为一切有能力的咨询公司提供一个平等的竞争机会，业主也可以从众多的咨询公司中挑选一个比较理想的公司为其提供高质量和高效益的咨询服务。目前国际咨询项目，特别是世界银行、亚洲开发银行等国际金融组织的资助或贷款项目大都要求采用国际竞争性招标，并为此专门制定了选择咨询公司的规章、制度、办法和程序。

2. 邀请招标

邀请招标也称有限竞争性招标，是业主利用自己的经验和调查研究获得的资料，根据咨询公司的技术力量、仪器设备、管理水平、过去承担类似项目的经历和信誉等，选择数目有限的几家咨询公司发出投标邀请函，进行项目竞争。被邀请的公司数目通常以5~7家为宜。采用这种招标方式，参与竞争的公司数量少，招标工作量小，可以节约时间和费用，比较适合工作内容相对不太复杂、金额不大的咨询项目。

3. 指定招标

指定招标也称谈判招标，是由业主直接选定一家公司通过谈判达成协议，为其提供咨询服务。这种方式通常在一些特定情况下采用，例如，业主需要咨询公司承担严格保密的军事工程咨询任务，直接聘用有资格的相关公司；业主需要某些咨询公司独家拥有的专利技术；某咨询公司曾为业主进行过项目决策阶段的研究工作，并建立了良好的信誉，业主认为这个公司具有从事以后阶段的设计咨询任务的技术水平和能力，考虑到工作的连续性，节约再次招标的时间和费用，仍然继续委托该公司承担后续的工作任务。

4.3.2 咨询服务招标的程序

与货物采购和土建工程不同，项目单位选择和聘请咨询公司不必通过竞争性招标，以将标授给经过评定后的最低投标价者，而是主要考核被选执行任务的公司及其人员的能力和资历，咨询意见的质量，客户与咨询人之间的关系如何等，也可将所提的财务条件作为考虑问题的附加因素。

根据世界银行的规定，竞争程序的使用，主要是对列入短名单的咨询人进行质量和费用的双重评审，以确定中标人。但是，由于具体咨询任务的复杂性不同，评审质量和价格的相应权重也应不同。还必须注意，世界银行会就咨询任务的主要目标和总规模发表意见，项目单位只有与世界银行就上述内容协商一致后，才可按下述步骤进行选择咨询人的工作。这些步骤按先后顺序列举如下：

1）编制任务大纲。
2）编制费用概算，即预算。
3）登广告。
4）准备咨询人短名单。
5）准备并发出建议书邀请函（RFP）。
6）向短名单中所列各咨询人发信邀请他们提出咨询建议书。
7）评审各咨询人所提出的咨询建议书，选择一个合适的咨询人进行合同谈判。
8）与选中的咨询人谈判合同。

1. 确定任务大纲

任务大纲（TOR）是指提交咨询人的有关所需完成工作的说明文件，经过修改后成为合同的一部分，鉴于其重要性，世界银行通常需审阅和批准该文件。

确定任务大纲的直接目的有三个：确认项目单位；世界银行和其他有关机构就拟议中的工作任务的目的和范围所达成的协议；将工作目的和设想范围通知被邀请的咨询人。在与被选定公司谈判的合同中，应明确咨询专家应提供的服务。

任务大纲应包括如下内容：
1）简明扼要地说明确切的任务目标。

2）明确咨询服务范围，明确任务，但通常由咨询专家自行决定实施办法。

3）汇报和时间进度表，时间的选择要因任务的多少、难易程度、季节的变化等因素确定，而汇报是指咨询专家在工作完成后应提交的成果（如报告或图表等）。

4）项目单位将投入人力、物力，包括参与咨询的中方对应人员，提供办公室、交通工具、资料及其他服务和设施。

确定任务大纲时，一定要求有明确的具体结果，制定任务大纲的工作人员首先应非常明确任务要求，熟悉国家的政治、经济社会及组织机构情况；为了解任务涉及的部门以及该部门在国家发展计划中所起的作用，工作人员还应实地访问项目所在地区，了解实际情况（如为研究桥梁和渡口而制定的任务大纲应在现场写出）。

项目单位应按照合同和任务大纲监督和审查咨询专家的工作。

2. 进行成本估算

项目单位就拟议中的咨询任务，应做出费用概算，其多少应视所要求的各种人力、物力而定，包括人员的类别和水平，在现场和办公室工作所需时间、物质投入以及服务所需的其他事项。

咨询费用包括咨询公司工作人员费用、当地工作人员费用、飞机票、旅途中住宿费用、车辆、办公设备、工程设备、电传服务、报告复印、调查过程中的花费、生活津贴或每日用费及国内旅行费用等。

要进行准确的费用概算，必须熟悉任务大纲和从事各项咨询任务其他可供选择的办法，同时这也为准备咨询人的短名单、评审咨询建议书、谈判合同和监督咨询任务打下基础。

在发出邀请信时，如不将价格作为选择过程的一个因素，则邀请信中要说明所需人用量或任务预算所作的估算。如果考虑价格因素，邀请信通常应包括咨询任务所需的人/月数，而不必提预算，提供了这一情况，就使咨询公司在设想工作任务的规模时有了依据，对于可行性研究尤其如此。

如果需要对费用加以限制，则世界银行建议列出预算金额，以便使所有被邀请的咨询人能提出有实际意义的技术性建议。但世界银行不接受就咨询专家的人/月费率或其他费率提出限制，因为这会使咨询人员的素质和调配受到影响，同时也是对最有经验、有能力从事这项工作的咨询专家的一种歧视。

3. 刊登广告

世界银行新的《咨询指南》对咨询人的选择和聘用过程的透明度提出了更高的要求，强调应让有资格的咨询人了解有关服务的招标信息，以便他们表达参与竞争的意愿。所以，世界银行规定，项目单位在刊登总采购通告时，就应包括一份预期咨询任务的清单。对于预计超过20万美元的咨询合同，还应将广告刊登在一份国内报纸和联合国商业发展报上，并可选择性地刊登在一份国际性报纸或技术刊物上，同时，项目单位还可与有关使馆、专业组织、或它所了解的咨询人联系，以寻求"意向表示"。

4. 确定短名单

为了确保只邀请有能力进行工作的咨询人提出建议，世界银行要审阅和批准借款人编制的为数不多的咨询人的名单。项目单位应首先考虑那些表示感兴趣而又有相应资格的咨询人。世界银行建议不宜提出过多咨询人。原因是因为：首先，对数目繁多的建议进行认真的评价很费时间,甚至会因而做出不适当的评价;其次,较好的咨询人可能不愿提出建议,而所有的咨询人也可能因为名单太长而感到泄气,以致不肯尽力提出建议;最后,名单太长就会使提出建议而未被选中的咨询人的总费用增加,而这种费用归根结底要由最终选中的咨询人来承担。因此,世界银行主张只准备不少于3家且不多于6家的咨询人短名单。

世界银行要求该名单应包括地区公布广泛的咨询人,来自一个国家的咨询人不得超过两个,并应至少考虑一个其他发展中国家的咨询人,除非在发展中国家找不到有资格的咨询人,同时也鼓励国内咨询人与外国咨询人成立联营体列入短名单。

5. 准备并发出建议书邀请函

世界银行与项目单位就3~6家的咨询人名单达成协议,并对邀请信草稿提出意见并修改后,项目单位即可向名单中的咨询人发出一份建议书邀请函(Request for Proposal,RFP),要求咨询人提出咨询建议书,其中应包括:一封邀请信、咨询人须知、技术建议书格式、财务建议书格式、任务大纲、合同草案。目前,世界银行已经编制了咨询邀请函样本,对于在20万美元以上的合同,强制使用此邀请函,对于20万美元以下的合同,推荐使用此邀请函格式。

(1)邀请函

邀请函(Letter of Invitation,LOI)应详细说明要寻求何种咨询服务、资金来源、项目单位的详细情况以及提交建议书的日期、时间和地点。

(2)咨询人须知

项目单位所提供的资料应尽可能完备,以使咨询人可以据此准备充分合乎要求的建议书,也是为了使所有提出的建议具有可行性。同时,还应介绍评选过程、注明评分标准和因素及其相应的权重和质量分的及格标准、规定建议书的有效期。

具体来说,咨询人须知(Instructions to Consultant,ITC)应包括下列内容:

1)咨询服务的任务简介。
2)技术和财务建议书的标准格式。
3)咨询人可将澄清发给他们或必要时派代表与他们会面的官员的姓名和联系信息。
4)详细的选择和评审程序包括:是否适用两阶段选择及详细描述;技术评审标准的清单和各项标准的权重;财务评审的细节;在以质量和费用为基础进行选择的情况下,质量和费用的相应权重;所需质量的最低分值;财务建议书公开开标的细节。
5)估计咨询人需投入的关键人/月规模、最低经验及学术成果的要求、预算估计。
6)说明任何来自外部的财务资助。
7)咨询人应提供某些财务资料和其他资料供谈判用。
8)建议书提交的时间要求。
9)在评审和支付时使用的货币。
10)与咨询合同有关的项目单位所在国的法律参考资料。
11)独立性声明,表明咨询人及其附属机构与咨询任务不构成利益冲突。
12)建议书的递交方式,要求咨询人将技术及财务建议书均应密封并分别递交以确保技术的评比不受价格的影响。

13）一份对被邀请的咨询人的要求，即要求他们告知邀请函已收到，并通知项目单位是否递交建议书。

14）其他被邀请的咨询人名单，并说明是否接受被列入短名单的咨询人之间的联合。

15）建议书的有效期（一般为 60~90 天），在此期间内，咨询人应保持其建议的关键人员及提出的费率和总价格不变。

16）咨询任务预计的开始日期。

17）咨询人应履行的纳税义务，以便咨询人在准备财务建议书中将准备用来纳税的金额清楚地单列出来。

18）项目单位可提供的服务、设施、设备和人员的细节。

19）咨询任务分阶段的情况。

20）对建议书邀请函中提供的信息进行澄清的程序。

21）分包部分任务的任何条件。

6. 评审

在基于质量和费用的选择程序下，建议书的评审应分两个阶段进行：即质量阶段和费用阶段。进行了技术建议书的评审后，还必须报送世界银行审查和批准，然后才能开启并评审财务建议书。必须明确，评审应按邀请函中规定的标准进行，不得随意改变。

4.3.3 勘察设计招标

1. 勘察设计招标的范围

工程建设项目勘察设计招标分为公开招标和邀请招标。

全部使用国有资金投资或者国有资金投资占控股或者主导地位的工程建设项目，以及国务院发展和改革部门确定的国家重点项目和省、自治区、直辖市人民政府确定的地方重点项目，除符合邀请招标的规定条件并依法获得批准外，应当公开招标。

（1）可邀请招标的项目

依法必须进行勘察设计招标的工程建设项目，在下列情况下可以进行邀请招标：

1）项目的技术性、专业性较强，或者环境资源条件特殊，符合条件的潜在投标人数量有限的。

2）如采用公开招标，所需费用占工程建设项目总投资的比例过大的。

3）建设条件受自然因素限制，如采用公开招标，将影响项目实施时机的。

招标人采用邀请招标方式的，应保证有 3 个以上具备承担招标项目勘察设计的能力，并具有相应资质的特定法人或者其他组织参加投标。

（2）可以不招标的项目

另外，按照国家规定需要政府审批的项目，有下列情形之一的，经批准，项目的勘察设计可以不进行招标：

1）涉及国家安全、国家秘密的。

2）抢险救灾的。

3）主要工艺、技术采用特定专利或者专有技术的。

4）技术复杂或专业性强，能够满足条件的勘察设计单位少于 3 家，不能形成有效竞争的。

5）已建成项目需要改、扩建或者技术改造，由其他单位进行设计影响项目功能配套性的。

2. 勘察设计招标的特点

1）招标人可以依据工程建设项目的不同特点，实行勘察设计一次性总体招标；也可以在保证项目完整性、连续性的前提下，按照技术要求实行分段或分项招标。招标人不得将依法必须进行招标的项目化整为零，或者以其他任何方式规避招标。

2）依法必须招标的工程建设项目，招标人可以对项目的勘察、设计、施工以及与工程建设有关的重要设备、材料的采购，实行总承包招标。

3）依法必须进行勘察设计招标的工程建设项目，在招标时应当具备下列条件：

① 按照国家有关规定需要履行项目审批手续的，已履行审批手续，取得批准。
② 勘察设计所需资金已经落实。
③ 所必需的勘察设计基础资料已经收集完成。
④ 法律法规规定的其他条件。

3. 勘察设计招标文件的内容

1）投标须知。
2）投标文件格式及主要合同条款。
3）项目说明书，包括资金来源情况。
4）勘察设计范围，对勘察设计进度、阶段和深度的要求。
5）勘察设计基础资料。
6）勘察设计费用的支付方式，对未中标人是否给予补偿及补偿标准。
7）投标报价要求。
8）对投标人资格审查的标准。
9）评标标准和方法。
10）投标有效期。

4.3.4 监理招标

1. 监理的范围

监理是基于业主的委托才可实施的建设活动，所以建设工程实施监理应是建立在业主自愿的基础上的。但在国家投资工程中，国家有权以业主的身份要求工程建设项目法人实施监理。对于外资投资建设工程及一些与社会公共利益关系重大的工程，为了确保工程质量和社会公众的生命财产安全，国家也可要求其业主必须实施工程监理，即对这些工程建设活动强制实行监理。我国《建筑法》规定：实行强制监理的建筑工程的范围由国务院规定。国务院于 2000 年 1 月 30 日颁发的《建设工程质量管理条例》及原建设部 2001 年 1 月 17 日颁发的《建设工程监理范围和规模标准规定》中规定，现阶段我国必须实行工程建设监理的工程项目范围如下所述。

（1）国家重点建设工程

国家重点建设工程是指依据《国家重点建设项目管理办法》所确定的对国民经济和社会发展有重大影响的骨干项目。

（2）大、中型公用事业工程

具体包括项目总投资额在 3 000 万元以上的下列工程项目：

1）供水、供电、供气、供热等市政工程项目。
2）科技、教育、文化等项目。
3）体育、旅游、商业等项目。
4）卫生、社会福利等项目。
5）其他公用事业项目。
（3）成片开发建设的住宅小区工程

建筑面积在5万平方米以上的住宅建设工程必须实行监理；5万平方米以下的住宅建设工程，可以实行监理，具体范围和规模标准由省、自治区、直辖市人民政府建设行政主管部门规定。

为了保证住宅质量，对高层住宅及地基、结构复杂的多层住宅应当实行监理。
（4）利用外国政府或国际组织贷款、援助资金的工程
1）使用世界银行、亚洲开发银行等国际组织贷款资金的项目。
2）使用国外政府及其机构贷款资金的项目。
3）使用国际组织或者国外政府援助资金的项目。
（5）国家规定必须实行监理的其他工程

包括项目总投资额在3 000万元以上关系社会公共利益、公众安全的下列基础设施项目：
1）煤炭、石油、化工、天然气、电力、新能源等项目。
2）铁路、公路、管道、水运、民航以及其他交通运输业等项目。
3）邮政、电信枢纽、通信、信息网络等项目。
4）防洪、灌溉、排涝、发电、引（供）水、滩涂治理、水资源保护、水土保持等水利建设项目。
5）道路、桥梁、地铁和轻轨交通、污水排放及处理、垃圾处理、地下管道、公共停车场等城市基础设施项目。
6）生态环境保护项目。
7）其他基础设施项目。

至于学校、影剧院、体育场馆项目，不管总投资额多少，都必须实行监理。

2. 选择监理单位应考虑的因素

影响工程建设成败的原因是多方面的，但选择合适的监理单位对工程的顺利实施有着举足轻重的作用。因此，在选择监理单位时要慎重，应考虑以下主要因素：
1）监理机构的设置应能满足工程监理的需要。
2）有良好的工程业务和监理业务技能，能提供优质的监理服务，具有工程建设监理的实践经验。
3）被选择的监理单位应具有较丰富的工程项目管理经验和较高的管理水平。
4）有良好的信誉及较好的监理业绩。监理单位在科学、自主、守法、公正、诚实、独立等方面应具有良好的声誉，以及在以往工程项目中有良好的监理业绩。
5）被选择的监理单位人员应具有较高的素质，具有可以胜任工程监理业务的能力。
6）选择取得相应级别监理资质证书的专业监理单位。

7）合理的监理费用等。

3. 监理的工作内容

监理的工作内容是控制项目建设的投资、项目工期和项目质量，进行项目建设合同管理，协调有关单位的工作关系。各阶段具体工作内容如下所述。

（1）设计阶段监理的工作内容

1）结合项目特点，收集设计所需技术经济资料。

2）编写设计大纲。

3）组织方案竞赛或设计委托合同。

4）拟订和商谈设计委托合同。

5）向设计单位提供设计所需基础资料。

6）配合设计单位开展技术经济分析，搞好设计方案的比选，优化设计。

7）配合设计进度，组织设计与有关部门，如消防、环保、地震、人防、防汛、园林，以及供水、供电、供气、电信等的协调工作。

8）组织各设计单位之间的协调工作。

9）参与主要设备、材料的造型。

10）组织对设计方案的评审或咨询。

11）审核工程概算、估算。

12）审核主要设备、材料清单。

13）审核施工图样。

14）检查和控制设计进度。

15）组织设计文件的报批。

（2）施工招标阶段监理的工作内容

1）拟订项目招标方案并征得业主同意。

2）办理招标申请。

3）编写招标文件，主要内容有工程综合说明、设计图样及技术说明文件、工程量清单和单价表、投标须知、拟定承包合同的主要条款。

4）编制标底，标底经业主认可后，报送所在地方建设行政主管部门审核。

5）组织投标。

6）组织现场勘察，并回答投标人提出的问题。

7）组织开标、评标及决算工作。

8）与中标单位签订承包合同。

（3）材料等物资供应监理的工作内容

对于有业主负责供应的材料、设备等物资进行监理的主要工作内容有：

1）制订材料等物资供应计划和相应的资金需求计划。

2）通过质量、价格、供货期、维修服务等条件的分析和比选，确定材料、设备等物资的供应厂家。重要设备尚应访问现有使用用户，并考察生产厂家的质量保证系统。

3）拟定并商签材料、设备的订货合同。

（4）施工阶段监理的工作内容

1）施工阶段质量控制。从控制过程来看，是从对投入原材料的质量控制开始，直到完成工程的质量检验为全过程的系统控制。

从控制因素来看，它包括影响工程质量的五个主要方面，即对参与施工人员素质的质量控制，对工程原材料的质量控制，对所用的施工机械的质量控制，对采用的施工方法的质量控制，对生产技术、劳动和管理环境的质量控制。

2）施工阶段进度控制。以确保工程项目在达到所需要的质量标准和质量等级条件下，按期完成工程所进行的控制工作。

3）施工阶段投资控制。

（5）合同监理

1）拟定本项目合同体系及合同管理制度，包括合同草案的拟定、会签、协商、修改、审批、签署、保管等工作制度及流程。

2）协助业主拟订项目的各类合同条款，并参与各类合同的商谈。

3）合同执行情况的分析和跟踪管理。

4）协助业主处理与项目有关的索赔事宜及合同纠纷事宜。

（6）其他委托服务

接受业主委托，承担以下技术服务：

1）协助业主办理项目报建手续。

2）协助业主办理项目申请供水、供电、供气、电信线路等协议或批文。

3）协助业主制订商品房营销方案等。

4. 监理招标文件的内容

1）投标人须知，包括答疑、投标和开标的时间、地点的规定，投标有效期、投标书编写及封装要求，招标文件、投标文件澄清与修改的时限以及无效投标的规定等。

2）工程项目简介，包括项目名称、地点和规模、工程等级、总投资、现场条件、计划开工和竣工时间等。

3）委托监理任务的范围和工作任务大纲。

4）合同条件。

5）评标原则、标准和评标方法。

6）招标人可以向监理人提供的条件，包括办公、住宿、生活、交通、通信条件等。

7）监理投标报价方式及费用构成。

8）项目有关资料。

9）投标书格式和有关表格。

4.4 咨询服务评标

咨询服务评标主要有基于质量和费用的评标方法、基于质量选择咨询人、在预算固定情况下的选择、最低费用选择、单一来源选择、基于咨询人资历的选择和单个咨询专家的选择。

4.4.1 基于质量和费用的评标方法

1. 质量评审

在这种评标方式下，咨询建议通常根据下列五类内容进行评价：

1) 咨询人在咨询任务所涉及的领域中的一般经验。
2) 所建议的工作计划是否适宜及质量。
3) 被提名担任该项工作的关键人员的资格和能力。
4) 咨询人同意的对项目单位的知识转让。
5) 在执行任务所需关键人员中本国人员的参与程度。

在实际评审中,上述五类内容的评审都是通过打分的形式确定的,总分为100分,每项标准按1~100分的范围内打分,并应在建议书邀请函中对所有咨询公司公开。一般来说,咨询公司的专门经验占5~10分、工作计划占20~50分、关键工作人员占30~60分、知识转让占0~10分、本国人员的参与占0~10分。

如有必要,项目单位应将这些标准再详细划分为若干子标准,以利评审。

上述五类内容所占权重按任务种类的不同而各不相同,就详细的工程设计而言,咨询人经验应占更大比重,工作人员的资历所占比重就可以小一些。就建设的监督和其他项目实施性的服务而言,主要工作人员所占比重应大些。根据上述五类内容的分数,评定汇总,60分以下为不及格,通常各咨询人所得总分都在60~90分之间,按其得分多少依次加以排列。

对关键人员的评价,主要通过履历表审查建议的关键人员的资历和经验。履历表必须准确完整,并由咨询人经授权的官员和被推荐的专家本人签字。如果完成任务主要取决于关键人员的表现,还应进行面试。要根据与任务的相关程度,对人员按以下三个标准评价:

① 一般资格,包括所受教育及培训、资历、现任职务及在该公司工作的时间,包括此人在与该项任务所在国相似的发展中国家中的工作经历等。

② 是否胜任该项目的工作,包括在该行业、领域、学科的经验,与特定任务相关的教育程度、培训等情况。

③ 在该地区的经历,对当地语言、文化、管理体制、政府机构的了解情况等。

此外,还应考核整个咨询专家小组的总体结构是否合理。

质量评审的基础是咨询人建议书对任务大纲的响应性,如某份建议书对任务大纲中的重要方面不响应,或达不到邀请函中规定的技术及格分,将会被拒绝。

质量评审结束后,项目单位应编制一份对建议"质量"的评审报告,详细说明得出评审结果的依据和每份建议书的优缺点,并报世界银行审查和批准。所有与评审有关的记录,如个人评分表,应保存到项目及其审计结束时。

2. 费用评审

费用的评审要采取两阶段程序,即将技术与财务建议用密封信封分别提出或将价格建议随后再提出来。如前所述,先评审技术建议,再评审财务建议,使两阶段程序保持完整连贯。

如项目单位评审认为某份建议书对任务大纲中的重要方面不响应,或达不到邀请函中规定的技术及格分,就应通知该咨询人,指出其财务建议书将在选择过程结束后被原封退回。项目单位应同时通知那些达到技术及格分值的咨询人,指明开启财务建议书的日期和时间,开启时间不得早于通知日期后的两个星期。类似于货物和土建工程采购的开标,咨询服务财务建议书的开启,也应在愿意参加的咨询人代表到场的情况下公开开启,开启人应公开唱出咨询人的名称、质量分数以及提出的报价并作记录,开启记录的副本应立即报送世界银行,项目单位还应写出开启记录。

在评审财务建议书之前,项目单位还应校正存在的计算错误,并按官方公布的汇率中的卖出价,将错误建议书中的报价折算成选定的单一货币,以便于评审。所谓官方汇率,即可采用中央银行、商业银行或国际发行的报纸为类似交易报出的汇率。至于时间,不能早于提交建议书截止日期前4周,也不能晚于原定的建议书有效期截止日期,不过这两者都应在建议书、邀请函中规定。

根据世界银行的规定,贷款不能用于支付借款人国内征收的任何税金,所以,在评审咨询"费用"时,也不能含税,但其他可报销费用,如差旅费、翻译费、报告打印费或文秘费则应包含在内。一般来说,报价最低的建议书应得100分,其他建议书的财务得分按其报价成反比递减。

3. 质量和费用综合评审

评审每份建议书的质量和财务得分后,应将这两者加权后相加得出总分,对"费用"因素占多大权重应慎重考虑。之所以考虑费用因素,是希望在保证质量的前提下获得节省开支的好处。但每项咨询任务的费用因素权重应该不同。以下特点会影响考虑价格因素的程度:咨询任务的复杂性,咨询任务对最终产品的影响,应邀的咨询人所提出的建议将导致可以进行比较的成果的可能性。

考虑到上述咨询任务的三大特点,对任何具体情况都应判断价格与技术质量间是否保持了恰当关系。技术质量上10%的差别是否值得降低价格20%,取决于咨询任务的性质和项目单位的判断。因此,在各种情况下,费用和质量因素各占比重如何,都应认真考虑。

评审建议书的首要目的是根据建议书的质量,选择一个最有资格从事这项工作的咨询公司,其次是要决定该咨询人的工作计划和人事安排是否有需要改动之处,以便在谈判中讨论。

评审应由评审委员会对各因素的比重率取得一致意见后进行。特别应该指出的是,如果将费用作为选择过程中的因素之一,则应采用两个阶段的程序,费用的比重应限定在10~20分,在任何情况下不应超过30分。考虑了所有因素后被评为最高分的咨询人应被邀请就咨询任务进行合同谈判。

4.4.2 基于质量选择咨询人

对于技术复杂程度高、工作任务对最终产品影响大的咨询项目,采购时不应考虑费用因素,而应只考虑技术因素。在采用不考虑费用因素的选择方式时,建议书邀请函可要求咨询人只提交技术建议书,即使采用双信封制,其财务建议书也只是根据邀请函中提供的关键人员的工时数估算其费用,经招标人选定得到技术最高分的咨询人后,再根据咨询人提供或咨询人应邀请函提供的财务建议书进行合同谈判。谈判顺利完成后,应将其他财务建议书原封退回。

4.4.3 在预算固定情况下的选择

在预算固定情况下的选择仅适用于咨询服务比较简单和预算被固定的情况,此时建议书、邀请函应指明可获得的预算,并要求咨询人以不同的信封分别提交其按预算范围编制的最佳的技术和财务建议书。在这种方式下,项目单位应特别注意编制好任务大纲,以确保咨询人可在预算范围内完成任务。评审过程类似于"基于质量和费用的选择"方式,首先拒绝超过预算的建议书,而与任何邀请技术建议书得分最高又不超预算的咨询人进行谈判。

4.4.4 最低费用选择

最低费用选择适用于具有标准或常规性质的任务,如审计、非复杂工程的工程设计等,这类任务一般有公认的惯例或标准,而且涉及的金额不大。使用这种方法,项目单位应首先在建议书邀请函中规定咨询人应达到的最低技术合格分值。咨询人按双信封分别提供技术建议书和财务建议书,项目单位先开启技术建议书并进行评审,选择达到最低合格技术分值的所有咨询人,公开开启他们的财务建议书,从中选出价格最低的咨询人进行谈判。应拒绝未达到最低分值合格标准的技术建议书。

4.4.5 单一来源选择

单一来源选择是一种特殊例外的选择,仅适用于以下情况:

1) 咨询服务为该咨询人以前承担的工作的自然连续且该咨询人在前期的工作让人满意。

2) 必须迅速做出选择的紧急情况。

3) 很小的任务。

4) 对该任务而言,只有一家咨询人是合格的或具有特殊价值的经验。

由于这种方式缺乏竞争性,世界银行特别关注其经济性、效率性,以及是否对所有成员国的咨询人提供了尽可能平等的机会。

4.4.6 基于咨询人资历的选择

对于非常小的任务,如果像其他选聘方式一样来准备和评审建议书,则费用太高,因而可采用基于咨询人资历的选择方式。首先由项目单位编制出任务大纲,要求潜在的咨询人提供意向书及其与该任务相关的经验和能力情况,从中挑选出具有最适当资质和相关业绩的咨询人,要求其提交一份合并的技术—财务建议书,以供谈判。

4.4.7 单个咨询专家的选择

以下情况,可考虑雇佣单个咨询专家:

1) 不需要一组或几组咨询人员。

2) 不需要外部的支持。

3) 个人的经验和资历是最重要的要求。

选聘单个咨询专家主要基于其针对咨询任务的能力、经验和资格,根据其学术背景、经验和对当地语言、文化、管理体制以及政府组织的了解,由项目单位通过对咨询任务表示有兴趣的咨询专家的资格进行比较,从中选出最合适的专家,签订合同。

案例 4-1:基于质量和费用评标实例

某港口可行性研究聘请咨询人,评审标准确定技术评审分数占 90%,价格系数占 10%,采用基于质量和费用的评标方法,以总得分的多少确定中选的咨询人。

评审报告如表 4-2 所示。

表 4-2 评审报告
(考虑技术分装和价值)

公司名称	技术分数 (1)	技术系数比重 (1) 的90% (2)	价格 (百万美元) (3)	最低价格咨询人价格的10% (4)	价格比重 (4) 的10% (5)	总分数 (2) + (5) (6)
A	92	82.80	0.90	77.78	7.78	90.58
B	90	81	0.80	87.50	8.75	89.75
				如果降为 0.70	10.00	91.00
C	85	76.50	0.73	95.89	9.59	86.09
D	78	70.20	0.70	100.00	10.00	80.20

由表 4-2 的评审报告，可以看出应选 A 咨询人。

复习思考题

一、简答题

1. 什么是咨询服务？咨询服务行业的特点是什么？
2. 咨询服务采购的特点有哪些？
3. 咨询服务合同的类型有哪些？
4. 咨询服务招标方式有哪些？
5. 咨询服务招标程序是什么？
6. 咨询服务评标有哪些方法？

二、单选题

1. 对项目来说，咨询服务工作贯穿于（　　）。
   A. 前期策划阶段　　B. 实施阶段　　C. 整个生命周期　　D. 运营阶段
2. 咨询公司应在任何时候都正直和公正地行使其职权，做到不偏不倚，这反映了咨询服务行业的（　　）。
   A. 独立性　　B. 公正性　　C. 综合性　　D 系统性
3. 为解决不可预见的增加的工作或由于价格调整而发生的上涨的费用称为（　　）。
   A. 不可预见费　　B. 价格调整费　　C. 履约保证金　　D. 质量保证金
4. 国际竞争性招标是在世界范围内公开选择咨询公司，也称为（　　）。
   A. 公开招标　　B. 邀请招标　　C. 指定招标　　D. 政府招标
5. 咨询服务招标主要步骤有：①登广告 ②编制费用概算 ③编制任务大纲 ④评审咨询建议书 ⑤与选中的咨询人谈判合同，正确的先后顺序为（　　）。
   A. ①②③④⑤　　B. ⑤④③②①　　C. ①③②④⑤　　D. ③②①④⑤
6. 对于技术复杂程度高、工作任务对最终产品影响大的咨询项目，采购时不考虑费用因素，只考虑技术因素，这时评标采用（　　）。
   A. 最低费用选择　　　　　　　　B. 基于咨询人资历的选择
   C. 基于质量选择咨询人　　　　　D. 基于质量和费用的评标方法

三、多选题

1. 与公开招标相比，工程咨询服务邀请招标具有的特点包括（　　）。
   A. 可以节约招标费用　　　　B. 招标工作量较小，所需时间较少
   C. 雇主可以从众多的咨询公司中挑选一个比较理想的公司
   D. 通常用于工作内容不太复杂、投资额不大的咨询项目
   E. 明确项目工作范围和深度

2. 世界银行贷款项目咨询合同中，属于咨询公司义务的有（　　）。
   A. 保密　　　　　　　　　　B. 适用法律的修改　　　　C. 会计、检查和审计
   D. 报告义务　　　　　　　　E. 支付

3. 下面属于合同附件 B 包括内容的有（　　）。
   A. 关键人员和分包咨询者　　　　　　　　　　B. 体检证明
   C. 报告要求　　　　　　　　D. 收到报告的人员　　　　E. 递交日期

4. 下面属于施工阶段监理的工作内容的是（　　）。
   A. 施工阶段质量控制　　　　B. 施工阶段进度控制　　　C. 组织投标
   D. 编写设计大纲　　　　　　E. 合同执行情况的分析和跟踪管理

5. 依法必须进行勘察设计招标的建设项目，在何种情况下可以进行邀请招标（　　）。
   A. 国家重点投资的项目
   B. 项目的技术性、专业性较强，或者环境资源条件特殊，符合条件的潜在投标人数量有限的
   C. 如采用公开招标，所需费用占工程建设项目总投资的比例过大的
   D. 建设条件受自然因素限制的
   E. 抢险救灾的

主要内容
➢ 项目采购合同及合同管理概述
➢ 合同的实施管理
➢ 合同变更管理
➢ 合同索赔
➢ 违约责任
➢ 合同纠纷处理及收尾

第 5 章

项目采购合同及合同管理

5.1 项目采购合同及合同管理概述

5.1.1 项目采购合同及合同管理的概念

合同管理是项目采购管理的实现阶段,也是项目采购管理乃至项目管理的核心所在。合同各方,包括业主、承包商和咨询工程师等,都十分重视合同的管理工作。合同管理直接关系到项目实施是否顺利,各方的利益是否能够得到保障。

招标与授予合同仅仅是项目实施的序曲,而项目的实施或执行则是项目的目的能否实现的关键。因此,如何保证一个项目高质量的、在概算的工程造价范围内、按期完工,乃是项目管理的重要任务。

无论工程采购合同、货物采购合同还是咨询采购合同,都存在合同管理的问题。在这三类合同中,工程采购合同的管理是最复杂的,不仅内容多,而且周期也长。本章以工程采购合同为例,对如何进行合同管理进行阐述。

1. 项目采购合同管理

项目采购合同管理是指参与项目各方均应在合同实施过程中自觉、认真、严格地遵守所签订合同的各项规定和要求,按照各自的职责行使各自的权利、履行各自的义务,发扬协作精神,处理好"伙伴关系",做好各项管理工作,使项目目标得到完整的体现。

合同是一个契约,是指平等主体的自然人、法人、其他组织之间设立、变更、终止民事权利和义务关系的协议。

2. 合同管理

合同管理是指以合同为依据所开展的所有合同管理工作(甚至包括招标投标工作),工程项目合同管理是一项综合性的管理,是各项管理工作的目标和依据。

业主方的一个重要准备工作是选择好工程师。工程师可以由进行工程前期各项工作的咨询设计公司选派，也可以由另一家咨询公司选派。最好能提前选定工程师，以使他们能够参与合同的制定过程，依据他们的经验提出合理化建议，使合同的各项规定更为完善。

承包商一方在合同签订前的准备工作主要是制定投标策略，做好市场调研；在买到招标文件之后，要认真细心地分析研究招标文件，能够理解业主方的招标要求。在此基础上，一方面可以对招标文件中不完善甚至错误之处向业主方提出建议；另一方面也必须做好风险分析，对招标文件中不合理的规定提出自己的意见，并力争在合同谈判中对这些规定进行适当的修改。

5.1.2 项目采购合同管理的内容

1. 项目采购全面合同管理

项目采购合同管理是圆满完成项目目的的重要过程，也只有通过合同管理，即本书将要讨论的按照 FIDIC 合同条件，以第三方监理的方式，实行质量、进度、费用及合同商务、法律方面的全面管理，才能达到提高质量、保证工期、控制投资的目的，从而实现项目评估中预期的经济效益和社会效益。

全面的、广义的合同管理，就是对合同执行的全方位、全过程的管理。对项目采购来说，应包含以下几个主要方面。

（1）工程施工合同的管理

由于与承包人签订的合同文件中，包含合同条款、技术规范、工程图样、工程量清单等，所以项目采购合同管理的范围应包括质量控制、进度控制、费用控制和合同事务（商务与法律方面）的管理。按 FIDIC 条款的要求，这些管理应委托给以独立的第三方身份出现的监理咨询单位负责实行，也就是一般所说的施工监理。在世界银行项目中，施工监理通常由中方与外方专家组成的联合监理组负责。项目业主以监理咨询合同的形式，将自己的合同管理方面的权力，不同程度地授给独立于业主和承包人之间的监理工程师。

（2）监理与咨询服务合同的管理

监理与咨询服务合同的管理包括完成监理咨询服务的邀请、评定和签约后的实施、检查和支付，以及可能产生的违约事件的处理。

（3）其他有关合同或协议的管理

其他有关合同或协议的管理包括移民安置计划、征地拆迁协议或计划的执行与检查、环境保护和文物保护协议的实施与检查、有关费用支付的审查与办理等。由于环境保护工作在世界银行项目中的地位日益突出，监理队伍中也相应地配备了环保专业人员。所以，这一部分工作也在委托的监理服务范围之内。

2. 项目采购合同的商务、法律事务管理

项目采购全面的合同管理中所涉及的质量、进度、费用控制三个方面，既相互关联又相对独立，属于工程管理业务范围内的不同分工。

质量控制主要以技术规范为依据。而技术规范本身，除了它的第一篇（通常称为第 1 章——总则）外，都是工艺、技术上和材料规格方面的要求和规定，具有很强的专业属性；进度控制与 FIDIC 条款内容有密切关系，但是也涉及许多专业上的知识，如关键线路法、网络计划、统筹方法等；费用控制中的计量/支付，按国际惯例是由计量师、测量师和基建财务管理人员负责，也可视为一种专门的业务。

总体来说，尽管FIDIC条款对以上三方面的控制，编写了逻辑性强、程序严密的条款，而且这些条款的内容和操作方法与我们过去（在计划经济体制下）习惯的质量检查、工期和投资控制的方法有诸多不同之处，但是这些工作内容和方法对于我们，只是新颖却并不陌生。然而，对于项目采购合同的商务法律事务方面的条款和管理，则是我们所不熟悉的，是以往在计划经济体制下未采用过的。它是市场经济体制的产物，也是西方国家实行了几十年的国际惯例。

商务法律事务的管理，其主要的方面有投标与合同的担保机制、风险管理与保险安排、合同的分包管理、工程变更、不可抗力、误期偿金、违约与争端的处理以及仲裁机制等。这些问题在每一个项目的管理和施工监理中，都会不同程度地发生。因此，在项目业主和监理机构中，一般要设立一个合同部，具体地处理合同中的商务法律事务，大型和复杂的项目还要聘请合同专家或法律顾问或律师来协助工作。所以，习惯上把这些商务法律方面的合同问题的管理包含在合同管理之中。

5.1.3 项目采购合同管理的方法和过程

做好合同管理工作的要素是：在熟悉合同条款的基础上，有明确的责任划分和严密的合同管理手段，将一切可能产生的"扯皮"、责任漏洞、责任的交叉与重叠等现象事先加以防范。FIDIC合同条件具有逻辑严密、责任与义务划分明确的特点，是实行合同管理的基本依据，合同管理人员对此一定要十分熟悉，知道哪个问题在哪一条款有规定，最好更进一步知道该条款是如何规定的，这一点对搞好合同管理工作是十分重要的。以下从三个方面讨论合同管理的方法。

1. 明确责任划分

这里讲的责任划分指的是项目业主（以下简称业主）、承包人和监理工程师三者之间的责任划分，这是合同责任的最重要的划分机制。

施工（工程）合同的主要当事人是业主和承包人（或称承包商），这是合同的主要两方。监理工程师不属于合同的任何一方，但他在项目的执行过程中起着很重要的作用，FIDIC合同中具体规定了监理工程师的职责。

以下分别对业主、承包人、监理工程师在项目执行过程中各自的责任和义务进行概括说明，而他们的具体责任与义务将在合同的各个条款中详细规定。

（1）业主的责任与义务

自发出中标通知书之日起，项目业主除了要选择和任命监理工程师并将其任命和授权书面通知承包人外，作为合同的一方，还应有以下的责任与义务：

1) 准备合同协议书，在中标通知书的基础上，经过合同谈判（如有必要），与承包人签订合同协议书。

2) 同意或拒绝承包人关于转让本工程的任何部分的要求；同意或拒绝承包人关于分包本工程的任何部分的要求，在批准分包的问题上，业主有时也将一定限额内的分包的批准权，授予监理工程师。

3) 审查承包人提供的履约银行保函及其出具的银行是否合格，并予以批准或拒绝；审查与批准承包人提交的保险单条款、承保人、保险额和免赔额（如果不是业主自己安排投保)。

4) 在承包人提供了动员费预付款保函的基础上,向承包人支付动员费预付款;在监理工程师认证的基础上,支付规定的材料和工程设备的到场预付款。此后,根据监理工程师的中期支付证书、最终支付证书,在合同规定的期限内,向承包人付款。

5) 负责工程用地的征用和移民安置及拆迁等行政手续,并按照工程进度计划,向承包人提供施工用地,同时给予承包人用地权,包括租用计划内的临时用地及协助办理增加的临时用地的租用手续。

6) 如果合同有规定,业主可以接受已实质上竣工的某一或某些区段,并在监理工程师发出了交接证书之后,组织竣工验收。如果发生了承包人应负担的误期赔偿费,业主可根据合同规定,直接在对投标人的支付中,扣除一笔按规定计算出的金额。

7) 合同工程中的变更,当工程变更的数额超过合同价的10%(例如,也有规定为5%或10%以上,应视业主对监理工程师的授权程度而定),或按合同条款第12条——"不利的工程地质条件引起的补偿金额"超过了监理工程师的权限范围时,要由业主负责办理。

8) 在发生承包人违约的情况下,负责处理中止、终止或撤销合同等事务。

9) 按照第44条批准延期方面,在超过了监理工程师的批准权限情况下,负责批准承包人申请的合理延期。

10) 对于按合同要求监理工程师应在发出指示、指令或做出有关金额和时间补偿的决定之前,要和业主协商一致的事情,业主应及时地做出反应,不宜拖延。

此外,业主应负责编制并向上级和贷款单位报送规定的各种财务、统计报表或报告。业主还应负责组成工程验收委员会或小组,进行已完工程的初步验收和最终验收,以及缺陷责任期终了时的检验,并颁发有关证书。

(2) 承包人的责任与义务

总的来说,就是在合同规定的时间内,按照图样和技术规范的要求,为其中的工程进行施工并完成工程;同时,有义务负责维修在缺陷责任期内出现的任何缺陷。其具体的合同义务,在合同文件中规定得非常详尽。FIDIC合同条件的编写者在其总说明中,对承包人的义务也做了综合性的论述,现摘要归纳如下:

1) 在合同规定的时限内,承包人应尽可能迅速地提交合同要求的各种担保和保险单据,并开始施工。他应制订施工进度计划以及现金流计划,并定期地按照监理工程师的要求予以修订,还应采办与提供工程所需的所有材料、施工机械、临时工程、施工的管理、监督和劳务。

2) 选择施工方法并保证其稳妥性、可靠性和安全性。承包人不对永久工程的设计和技术规范负责,也不对任何非其所设计的临时工程负责。在正常情况下,承包人应设计所有的临时工程,并先将有关的建议书和计算书等资料报送工程师阅评。

3) 承包人应接受监理工程师代表业主发出的指示、指令,并在整个施工期间,负责管理和保护其所施工的工程,直到工程正式移交给业主。

4) 承包人要对其职员和劳务人员负责,并为其人员办理必要的保险。必须遵守工程所在国和所在地区的有关法律、法令、法规、条例和规章制度,并保证其所管理的人员也能同样地遵守法制。

5) 在现场遇到无法预见的自然障碍或自然条件,如不良的地质、水文状况等,承包人应通知监理工程师,由监理工程师发布指示。这时,监理工程师要进行实地检查、核实情况,在和业主、承包人协商之后,确定应补给承包人多少额外费用和同意竣工期应延长多少时间(如果需要的话)。

6)如果业主违约,如无理阻挠或拒绝支付由监理工程师签发的支付证书核证的款额,或者由于业主破产、资金无着落、或项目中途下马、或被世界银行停止贷款等不可预见的理由向承包人通知其不可能履行业主的职能时,承包人有权暂停工程、减缓工程进度或终止合同,要求给予延期和(或)额外费用补偿。

7)一般来说,一个合同工程由一个承包人签订合同并总体负责施工完成工程。在项目实际执行中,承包人有权提出把工程的某些部分分包给若干个分包人来施工,这些分包人在材料、操作工艺、作业及进度方面要向承包人负责,而承包人则根据合同对每个分包人的工作和行为负责。但是,合同规定,承包人不得将整个工程分包出去,任何分包都要取得监理工程师以及业主的批准,而且这种批准并不意味着减少或解除承包人的任何责任和义务。

8)如果业主了解到某一具体的承包人有专门技能,或对合同工程的某一分项(某一工序、某一操作)的材料或工程设备特别熟悉,业主希望选用这样的分包商,用这样的方法选择的分包商,就是我们一般所说的"指定分包人"。一旦指定分包人被主要承包人所接受,主要承包人就要像对其他分包人一样,对指定分包人的工作负责。但重要的一点是,"指定分包人"这种方式,业主不可轻易使用,因为指定分包人如果不能令人满意地完成其工作,会在现场造成很多困难。关于使用指定分包人的具体规定,在合同条款第59条中有明确的阐述。这里应说明的是,主要承包人可以依据充分而恰当的理由(如经验不足或财务实力欠缺)来反对业主的上述指定。因为违背主要承包人意愿的"指定"可能打乱施工现场的协调,只有在业主有特殊理由的情况下,才可以采用这种指定分包的方式。

9)对于大型或复杂的工程,几个投标人可以组成联合体,中标后即为联合体承包商。在这种情况下,业主通常要求联合体所有各方具有共同的和各自的责任。

10)对于有多个承包人根据各自的合同,同期在一个现场或同一条路线上进行作业的工程项目,每个承包人必须给予其他承包人合理的协作和方便,以及提供工作的机会。此要求已经在合同条款中规定,还需在施工进度计划中反映出来(在这种情况下,监理工程师在审查进度计划时,将会对此予以足够的注意)。

承包人的合同责任,在一个工程项目的实施中,如果细细地罗列出来,可能有几十条。以上所归纳的承包人的职责10个方面是由国际咨询工程师联合会总结出来的,从合同管理的意义上来说,抓住了工程法律方面的重要环节。

(3)监理工程师的职责

监理工程师不属于业主和承包人之间合同中的任一方,但在业主和监理工程师之间的协议书中,规定了聘用监理工程师的条件。当聘用外国咨询专家担任监理工程师时,这种协议书通常按照世界银行的聘用咨询专家指南和采用标准的咨询服务合同协议书文本。我国协议书格式的范本的新版本已在1998年由财政部世行司编写,并正式出版。

国内监理工程师的聘用,也是采用竞争性招标的方式选择,并按照国内常用的监理合同文本签订协议书,文本的内容与条款与世界银行的标准咨询服务合同文本基本相同,只是条款要简单得多。在准备或选用或拟订国内咨询监理合同文本时,要注意其中对于监理工程师的职责的条款，应与FIDIC条款和合同专用条款中规定的监理工程师的职责和授权范围相一致，避免两者之间在职权范围、工作深度和一些提法上发生任何矛盾。

2. 坚持工地会议制度

在合同管理中，现场会议（也称工地会议）是业主和监理工程师做好项目管理的一种有效措施。按照不同的任务和目的，现场会议可分为第一次现场会议、现场例行会议和每日现场协调3种会议形势。

（1）第一次现场会议

第一次现场会议是承包人进入工地后的首次会议，它可以为监理工程师和承包人之间在开始阶段建立相互合作的良好关系，为今后的合同管理的顺利进行打下一个基础。第1次现场会议的议程，通常由监理工程师拟订，并将该议程送交承包人和业主及有关方面征求意见，这样可以使与会各方有针对性地准备材料和详细资料。第1次现场会议由监理工程师主持，参加的人员有：承包人的代表、项目经理、监理工程师及其代表、业主的代表。

（2）现场例行会议

召开现场例行会议的目的是：对在施工中发现的工程质量问题、施工进度延误以及承包人提出的工期延长或费用索赔的申请或有关的其他问题进行讨论，并做出决定。例行会议一般为每月1~2次，紧急需要时可随时召开。例行会议也要有一个常备的议程，以便事先做好准备工作，避免遗漏事项。例行会议的记录，一经监理工程师和承包人认可，就成为正式的记录，对双方均有约束力。

（3）每日现场协调

每日现场协调或称为日常现场协调，是指每天（或每隔几天，按具体情况而定）在指定的时间和地点，由指定的人员参加的，目的在于协调承包人和监理工程师之间日常工作的一种碰头会。它只是协调工作，讨论、论证有关问题，一般对出现的问题不做出决定。它可以及早地发现问题、及时做出改进和纠正。讨论的内容视工程进展的各阶段的具体情况而定。

3. 严密的管理手段

合同管理工作，既要有明确的责任分工，又要有一系列严密的、行之有效的管理手段，包括严格的审批程序，良好的通信和函电往来系统，以及健全的文档与记录管理制度。

（1）审批程序

按照FIDIC条款进行合同管理，就必须按照各个条款中所规定的报批程序和审查批复的时限办事，否则就会构成不同程度的违约；任何无理拖延都是不允许的，都有损于履行合同的严肃性。

（2）通信和函电往来系统

土建工程，尤其是大型的公路、铁路、水电工程，往往绵延几十或上百公里，或方圆几十平方公里，分成若干个合同段同时施工，没有便利的通信和交通条件，就不能有效地进行管理。按照国际惯例，业主已经把合同管理的任务委托给监理工程师，所以监理工程师的通信和交通设备是否齐全和便利，就是一个十分重要的事情。

在招标文件技术规范中，对监理工程师的通信和交通工具的配备，就有详细的规定。招标文件的批准，意味着对这些装备的合理性的认可，为监理工程师及时地提供这些装备，是承包人的合同义务。

在大型工程项目中，监理工程师的班子配备的通信设备应当包括一般的电话系统、手持电话和为及时做出书面确认所必需的适量的电报、电传或传真机；交通设备应包括一定数量的越野汽车、面包车等。为监理工程师配备的这些车辆是为了工作的实际需要，因为在某些情况下，监理工程师的及时到场和及时处理，可能避免重大的经济损失或工程事故。

(3) 文档与记录管理制度

在整个项目的全过程中，文档与记录的管理，对于合同的管理有重要作用。项目业主、监理工程师和承包商都应重视和做好文档和记录的管理工作。

5.2 合同的实施管理

5.2.1 采购项目合同的签订及履行

采购合同是经济合同的重要组成部分，是保证商业经营过程顺利进行的重要手段。为了实现一定的经济目的，明确相互权利义务关系，自愿平等签订的一种具有法律效力的书面契约。

1. 采购合同签订的原则（见表5-1）

表5-1 合同签订的原则

原　则	说　明
依法签订的原则	● 必须依据《中华人民共和国经济合同法》《建筑安装工程承包合同条例》和《建设工程合同管理办法》等有关法律、法规 ● 合同的内容、形式、签订的程序均不得违法 ● 当事人应当遵守法律、行政法规和社会公德，不得扰乱社会经济秩序，不得损害社会公共利益 ● 根据招标文件的要求，结合合同实施中可能发生的各种情况进行周密、充分的准备，按照"缔约过失责任原则"保护企业的合法权益
平等互利协商 一致的原则	● 发包方、承包方作为合同的当事人，双方均平等地享有经济权利，平等地承担经济义务，其经济法律地位是平等的，没有主从关系 ● 合同的主要内容，须经双方协商、达成一致，不允许一方将自己的意志强加于对方、一方以行政手段干预对方、压服对方等现象发生
等价有偿原则	● 签约双方的经济关系要合理，当事人的权利义务是对等的 ● 合同条款中亦应充分体现等价有偿原则，即：一方给付，另一方必须按价值相等原则做出相应给付；不允许发生无偿占有、使用另一方财产的现象
严密完备的原则	● 条款内容力求完备，避免疏漏，措词力求严谨、准确、规范 ● 对合同变更、纠纷协调、索赔处理等方面应有严格的合同条款作保证，以减少双方矛盾
履行法律程序 的原则	● 签约双方都必须具备签约资格，手续健全齐备 ● 代理人超越代理人权限签订的工程合同无效 ● 签约的程序符合法律规定 ● 签订的合同必须经过合同管理的授权机关鉴证、公证和登记等手续，对合同的真实性、可靠性、合法性进行审查，并给予确认，方能生效 ● 采购合同必须采用书面形式

2. 签订采购合同的程序

签订合同的程序是指合同当事人对合同的内容进行协商，取得一致意见，并签署书面协议的过程。一般有如下5个步骤：

1）订约提议。订约提议是指当事人一方向对方提出的订立合同的要求或建议，也称要约。订约提议应提出订立合同所必须具备的主要条款和希望对方答复的期限等，以供对方考虑是否订立合同。提议人在答复期限内不得拒绝承诺，即提议人在答复期限内受自己提议的约束。

2）接受提议。接受提议是指提议被对方接受，双方对合同的主要内容表示同意，经过双方签署书面契约，合同即可成立，也叫承诺。承诺不能附带任何条件，如果附带其他条件，应认为是拒绝要约，而提出新的要约，新的要约提出后，原要约人变成接受新的要约人，而原承诺人成了新的要约人。实践中签订合同的双方当事人，就合同的内容反复协商的过程，就是要约——新的要约——再要约——……直至承诺的过程。

3）填写合同文本。

4）履行签约手续。

5）报请签证机关签证，或报公证机关公证。有的经济合同，法律规定还应获得主管部门的批准或工商行政管理部门的签订。对没有法律规定必须签证的合同，双方可以协商决定，是否签证或公证。

3. 采购合同的内容

合同具有法律效力，合同上规定签约者应履行和应获得的权利和义务（不能列入与法律相抵触的条款），受到国家法律的承认，维护和监督，违反时要受到法律的制裁。因此，签订合同既是一种经济活动，同时也是一种法律行为，经济合同制是管理经济的一种有效的经济办法，也是一种依据法律办事的法律办法。

签约双方之间达成的一致意见的各项条款构成合同的内容，一般包括：合同的标的，标的数量和质量，价款和酬金，履行的地点，期限和方式，违约责任，合同附则与签署等。因此，零售企业采购合同的条款，应当在力求具体明确，便于执行，避免不必要纠纷的前提下，具备以下主要条款。

（1）商品的品种、规格和数量

商品的品种应具体，避免使用综合品名；商品的规格应具体规定颜色、式样、尺码和牌号等；商品的数量多少应按国家统一的计量单位标出；必要时可附上商品品种、规格、数量明细表。

（2）商品的质量和包装

合同中应规定商品所应符合的质量标准，注明是国家或部颁标准；无国家和部颁标准的应由双方协商或凭样订（交）货；对于副、次品应规定一定的比例，并注明其标准；对实行保换、保修、保退办法的商品，应写明具体条款；对商品包装的方法，使用的包装材料，包装式样、规格、体积、重量、标志，及包装物的处理等，均应有详细规定。

（3）商品的价格和结算方式

合同中对商品的价格要作具体的规定，规定作价的办法和变价处理等，以及规定对副品、次品的扣价办法；规定结算方式和结算程序。

(4) 交货期限、地点和发送方式

交（提）货期限（日期）要按照有关规定，并考虑双方的实际情况、商品特点和交通运输条件等确定。同时，应明确商品的发送方式是送货、代运还是自提。

(5) 商品验收办法

合同中要具体规定在数量上验收和在质量上验收商品的办法、期限和地点。

4. 合同履行注意的问题

签约一方不履行合同，必将影响另一方经济活动的进行，因此违约方应负物质责任，赔偿对方遭受的损失。在签订合同时，应明确规定，供应者有以下三种情况时应付违约金或赔偿金：

1) 不按合同规定的商品数量、品种、规格供应商品。

2) 不按合同中所规定的商品质量标准交货。

3) 逾期发送商品。购买者有逾期结算货款或提货，临时更改到货地点等，应付违约金或赔偿金。

合同中应规定，在什么情况下可变更或解除合同，什么情况下不可变更或解除合同，通过什么手续来变更或解除合同等。此外，采购合同应视实际情况，增加若干具体的补充规定，使签订的合同更切合实际，并行之有效。

5.2.2 建筑材料和设备供应合同

建筑材料和设备是建筑工程必不可少的物资。它涉及面广、品种多、数量大。材料和设备的费用在工程总投资（或工程承包合同价）中占很大比例，一般都在40%以上。

建筑材料和设备按时、按质、按量供应是工程施工顺利、按计划进行的前提。材料和设备的供应必须经过订货、生产（加工）、运输、储存、使用（安装）等各个环节，经历一个非常复杂的过程。建筑材料和设备供应合同是连接生产、流通和使用的纽带，是建筑工程合同的主要组成部分之一。

采购合同中供方一般为物资供应部门或建筑材料和设备的生产厂家，需方一般为建设单位或建筑承包企业。

1. 建筑材料采购合同

(1) 建筑材料的采购方式

建筑材料按批量、货源的不同，采用不同的采购和供应方式。

1) 公开招标。它与工程招标相似（也属于工程招标的一个部分）。需方提出招标文件，详细说明供应条件、品种、数量、质量要求、供应地点等，由供方报价，通过竞争签订供应合同。这种方式适用于大批量采购。

2) "询价—报价"方式。需方按要求向几个供应商发出询价函，由供应商做出答复（报价）。需方经过对比分析，选择一个符合要求、资信好、价格合理的供应商签订合同。

3) 直接采购方式。需方直接向供方采购，双方商谈价格，签订供应合同。另外，还有大量的零星材料（品种多、价格低），以直接采购形式购买，不需签订书面的供应合同。

(2) 建筑材料供应合同的主要内容

1) 标的。标的是供应合同的主要条款。供应合同的标的主要包括：购销物资的名称（注明牌号、商标）、品种、型号、规格、等级、花色、技术标准或质量要求等。

2）数量。数量是供应合同中衡量标的的尺度。供应合同标的数量的计量方法要按照国家或主管部门的规定执行，或按供需双方商定的方法执行，不可以用含糊不清的计量单位。对于某些建筑材料，还应在合同中写明交货数量的正负尾数差、合理磅差和运输途中的自然损耗的规定及计算方法。

3）包装。包括包装的标准和包装物的供应和回收。

产品的包装标准是指产品包装的类型、规格、容量以及印刷标记等。根据《工矿产品购销合同条例》第七条规定：产品包装按国家标准或专业标准规定执行。没有国家标准或专业标准的，可按承运、托运双方商定并在合同中写明的标准进行包装。

包装物除国家明确规定由需方供应的以外，应由建筑材料的供方负责供应。

包装费用一般不得向需方另外收取。如果需方有特殊要求，双方应在合同中商定。如果包装超过原定的标准，超过部分由需方负担费用；低于原标准，应相应降低产品价格。

4）运输方式。运输方式可分为铁路、公路、水路、航空、管道运输及海上运输等。一般由需方在签订合同时提出采取哪一种运输方式。供方代办发运，运费由需方负担。

5）价格。有国家定价的材料，应按国家定价执行；按规定应由国家定价，但国家尚无定价的材料，其价格应报请物价主管部门批准；不属于国家定价的产品，可由供需双方协商确定价格。

6）结算。结算指供需双方对产品货款、实际支付的运杂费和其他费用进行货币清算和了结的一种形式。我国现行结算方式分为现金结算和转账结算两种。转账结算在异地之间进行，可分为托收承付、委托收款、信用证、汇兑或限额结算等方法；转账结算在同城进行有支票、付款委托书、托收无承付和同城托收承付等。

7）违约责任。

8）特殊条款。如果供需双方有一些特殊的要求或条件，可通过协商，经双方认可后作为合同的一项条款，在合同中明确列出。

(3) 建筑材料供应合同的履行

1）计量方法。建筑材料数量的计量方法一般有理论换算计量、检斤计量和计件三种。合同中应注明所采用的计量方法，并明确规定计量单位。

供方发货时所采用的计量单位与计量方法，应与合同中所列的计量单位和计量方法一致，并在发货明细表或质量证明书上明确规定，以便需方检验。运输中转单位也应按供货方发货时所采用的计量方法进行验收和发货。

建筑材料在运输过程中，容易造成自然损耗，如挥发、飞散、干燥、风化、潮解、破碎、漏损等。在装卸操作或检验环节中换装、拆包检查等也都会造成物资数量的减少。这些都属于途中自然减量。途中自然减量的处理规定，由有关部门制定，并在合同中注明。

另外，有些情况不能作为自然减量，如非人力所能抗拒的自然灾害所造成的非常损失；由于工作失职和管理失误造成的损失等。

2）验收的依据。

① 供应合同的具体规定。

② 供方提供的发货单、计量单、装箱单及其他有关凭证。
③ 国家标准或专业标准。
④ 产品合格证、化验单等。
⑤ 图样及其他技术文件。
⑥ 当事人双方共同封存的样品。

3) 验收内容。
① 查明产品的名称、规格、型号、数量、质量是否与供应合同及其他技术文件相符。
② 设备的主机、配件是否齐全。
③ 包装是否完整，外表有无损坏。
④ 对需要化验的材料进行必要的物理化学检验。
⑤ 合同规定的其他需要检验的事项。

4) 验收方式。
① 驻厂验收。即在制造期间，由需方派员驻供应的生产厂家进行材质检验。
② 提运验收。对于加工定制、市场采购和自提自运的物资，由提货人在提取产品时负责检验。
③ 接运验收。由接运人员对整车或零担到达的物资进行检查，发现问题，并当场做出记录。
④ 入库验收。这是大量采用的正式的验收方式，由仓库管理人员负责数量和外观检验。

5) 验收中发现数量不符的处理。
① 供方交付的建筑材料多于合同规定的数量，需方不同意接收，则在托收承付期内可以拒付超量部分的货款和运杂费。
② 供方交付的建筑材料少于合同规定的数量，需方可凭有关合法证明，在到货后10天内将详细情况和处理意见通知供方，否则即被视为数量验收合格；供方应在接到通知后10天内做出答复，否则即被视为认可需方的处理意见。
③ 发货数与实际验收数之差额不超过有关主管部门规定的正、负尾差，合理磅差，自然减量的范围，则不按多交或少交论处，双方互不退补。

6) 验收中发现质量不符的处理。如果在验收中发现建筑材料不符合合同规定的质量要求，需方应将它们妥善保管，并向供方提出书面异议。通常应按如下规定办理：
① 建筑材料的外观、品种、型号、规格不符合同规定，需方应在到货后10天内提出书面异议。
② 建筑材料的内在质量不符合合同规定，需方应在合同规定的条件和期限内检验，提出书面异议。
③ 对某些只有在安装后才能发现内在质量缺陷的产品，除另有规定或当事人双方另有商定的期限外，一般在运转之日起6个月内提出异议。
④ 在书面异议中，应说明合同号和检验情况，提出检验证明，对质量不符合合同规定的产品提出具体处理意见。

7) 验收中供需双方责任的确定。
① 凡所交货物的原包装、原封记、原标志完好无异状，而产品数量短少，应由生

产厂家或包装单位负责。

② 凡由供方组织装车或装船、凭封印交接的产品，需方在卸货时车、船封印完整无其他异状，但件数缺少，应由供方负责。这时需方应向运输部门取得证明，凭运输部门提供的记录证明，在托收承付期内可以拒付短缺部分的货款，并在到货后 10 天内通知供方，否则即被认为验收无误。

供方应在接到通知后 10 天内答复，提出处理意见，逾期不作答复，即按少交论处。

③ 凡由供方组织装车或装船，凭现状或件数交接的产品，而需方在卸货时无法从外部发现产品丢失、短缺、损坏的情况，需方可凭运输单位的交接证明和本单位的验收书面证明，在托收承付期内拒付丢失、短缺、损坏部分的货款，并在到货后 10 天内通知供方，否则即被视为验收无误。

供方应在接到通知后 10 天内做出答复，提出处理意见，否则按少交货论处。

8）验收后提出异议的期限。需方提出异议的通知期限和供方答复期限，应按有关部门规定或当事人双方在合同中商定的期限执行。这里要特别重视交（提）货日期的确定标准。

① 凡供方自备运输工具送货的，以需方收货戳记的日期为准。

② 凡委托运输部门运输、送货或代运的产品的交货日期，不是以向承运部门申请日期为准，而是以供方发运产品时承运部门签发戳记的日期为准。

③ 合同规定需方自提的货物，以供方按合同规定通知的提货日期为准。供方的提货通知中，应给需方以必要的途中时间。实际交、提货日期早于或迟于合同规定的期限，即被视为提前或逾期。

2. 设备供应合同

（1）建设工程中的设备供应方式

1）委托承包。由设备成套公司根据发包单位提供的成套设备清单进行承包供应，并收取设备价格一定百分比的成套业务费。

2）按设备包干。根据发包单位提出的设备清单及双方核定的设备预算总价，由设备成套公司承包供应。

3）招标投标。发包单位对需要的成套设备进行招标，设备成套公司参加投标，按照中标结果承包供应。

除了上述三种方式外，设备成套公司还可以根据项目建设单位的要求以及自身能力，联合科研单位、设计单位、制造厂家和设备安装企业等，对设备进行从工艺、产品设计到现场设备安装、调试的总承包。

（2）设备供应合同的主要内容

成套设备供应合同的一般条款可参照前述建筑材料供应合同的一般条款，主要包括：产品（成套设备）的名称、品种、型号、规格、等级、技术标准或技术性能指标；数量和计量单位；包装标准及包装物的供应与回收的规定；交货单位、交货方式、运输方式、到货地点（包括专用线、码头等）、接（提）货单位；交（提）货期限、验收方法；产品价格；结算方式、开户银行、账户名称、账号、结算单位；违约责任等。

此外，在设备供应合同签订时需注意如下问题：

1）设备价格。设备合同价格应根据承包方式确定。用按设备费包干的方式以及招标方式确定合同价格较为简捷，而按委托承包方式确定合同价格较为复杂。在签订合同时，确定价格有困难的产品，可由供需双方协商暂定价格，并在合同中注明"按供需双方最后商定的价格（或物价部门批准的价格）结算，多退少补"。

2）设备数量。除列明成套设备名称、套数外，还要明确规定随主机的辅机、附件、易损耗备用品、配件和安装修理工具等，并于合同后附详细清单。

3）技术标准。除应注明成套设备系统的主要技术性能外，还要在合同后附各部分设备的主要技术标准和技术性能文件。

4）现场服务。供方应派技术人员现场服务，并要对现场服务的内容明确规定。合同中还要对供方技术人员在现场服务期间的工作条件、生活待遇及费用出处做出明确的规定。

5）验收和保修。成套设备的安装是一项复杂的系统工程。安装成功后，试车是关键。因此，合同中应详细注明成套设备验收办法。需要注意的是，需方应在项目成套设备安装后才能验收。

对某些必须安装运转后才能发现内在质量缺陷的设备，除另有规定或当事人另行商定提出异议的期限外，一般可在运转之日起6个月内提出异议。

成套设备是否保修、保修期限、费用负担者都应在合同中明确规定，不管设备制造企业是谁，都应由设备供应方负责。

(3) 设备供应合同供方的责任

1）组织有关生产企业到现场进行技术服务，处理有关设备技术方面的问题。

2）掌握进度，保证供应。供方应了解、掌握工程建设进度和设备到货、安装进度，协助联系设备的交、到货等工作，按施工现场设备安装的需要保证供应。

3）参与验收。参与大型、专用、关键设备的开箱验收工作，配合建设单位或安装单位处理在接运、检验过程中发现的设备质量和缺损件等问题，明确设备质量问题的责任。

4）处理事故。及时向有关主管单位报告重大设备质量问题，以及项目现场不能解决的其他问题。当出现重大意见分歧或争执，而施工单位或建设单位坚持处理时，应及时写出备忘录备查。

5）参加工程的竣工验收，处理在工程验收中发现的有关设备的质量问题。

6）监督和了解生产企业派驻现场的技术服务人员的工作情况，并对他们的工作进行指导和协调。

7）做好现场服务工作日记，及时记录日常服务工作情况，对现场发生的设备质量问题和处理结果，应定期向有关单位抄送报表，汇报工作情况，做好现场工作总结。

8）成套设备生产企业的责任：

① 按照现场服务组的要求，及时派出技术人员到现场，并在现场服务组的统一领导下开展技术服务工作。

② 对本厂供应的产品的技术、质量、数量、交货期、价格等全面负责。配套设备的技术、质量等问题应由主机生产厂统一负责联系和处理解决。

③ 及时答复或解决现场服务组提出的有关设备的技术、质量、缺损件等问题。

(4) 设备供应合同需方的责任

1）建设单位应向供方提供设备的详细的技术设计资料和施工要求。

2）应配合供方做好设备的计划接运（收）工作，协助驻现场的技术服务组开展工作。

3）按合同要求参与并监督现场的设备供应、验收、安装、试车等工作。

4）组织各有关方面进行工程验收，提出验收报告。

5.2.3 合同分析

合同分析是从合同执行的角度去分析、补充和解释合同的具体内容和要求，将合同目标和合同规定落实到合同实施的具体问题和具体时间上，用以指导具体工作，使合同能符合日常工程管理的需要，使工程按合同要求实施，为合同执行和控制确定依据。

合同分析不同于招投标过程中对招标文件的分析，其目的和侧重点都不同。合同分析往往由企业的合同管理部门或项目中的合同管理人员负责。

1. 承包合同分析

通常，承包合同文本分析主要有如下几个方面的内容。

（1）承包合同的合法性分析

承包合同必须在合同的法律基础的范围内签订和实施，否则会导致承包合同全部或部分无效。这是一个最严重、影响最大的问题。承包合同的合法性分析通常包括如下内容：

1）当事人（发包人和承包人）的资格审查。他们应具有发包和承包工程、签订合同的资质和权能。如符合相应资质，或合法的代理人。

有些招标文件中或当地法规对外地或外国的承包商有一些专门的规定，如在当地注册，获得许可证等。在我国，承包商承包一项工程，不仅需要相应的权利能力（营业执照、许可证），而且要有相应的行为能力（资质等级证书），这样合同主体资格才有效。

2）工程项目已具备招标投标、签订和实施合同的一切条件，包括：

① 具有各种工程建设项目的批准文件。

② 各种工程建设的许可证、建设规划文件、城建部门的批准文件。

③ 招标投标过程符合法定的程序。

3）工程承包合同的内容（条款）和所指的行为符合《合同法》和其他各种法律的要求。例如，税负和免税的规定、外汇额度条款、劳务进出口、劳动保护、环境保护等条款要符合相应的法律规定，或具有相应的标准文件。

4）有些合同需要公证，或由官方批准才能生效，这应在招标文件中做出特别说明。在国际工程中，有些国家项目、政府工程，在合同签订后，或业主向承包商发出授标意向书（甚至通知书）后，还得经政府批准，合同才能正式生效。这应特别予以注意。

在不同的国家，对不同的工程项目，合同合法性的具体内容可能不同。这方面的审查分析，通常由律师完成。这是对承包合同有效性的控制。

（2）承包合同的完备性分析

一个工程承包合同是要完成一个确定范围的工程的施工，则该承包合同所应包含的合同事件（或工程活动），工程本身各种说明，工程过程中所涉及的以及可能出现的各种问题的处理，以及双方责任和权益等，应有一定的范围。所以合同的内容应有一定范围。广义地说，承包合同的完备性包括相关的合同文件的完备性和合同条款的完备性。

1）承包合同文件的完备性是指属于该合同的各种文件（特别是环境、水文地质等方面的说明文件和技术设计文件，如图样，规范等）齐全。在获取招标文件后应对照招标文件目录和图样目录做这方面的检查。如果发现不足，则应要求业主（工程师）补充提供。

2）合同条款的完备性是指合同条款齐全，对各种问题都有规定、不漏项。这是合同完整性分析的重点。通常它与使用什么样的合同文本有关。

① 如果采用标准的合同文本，如使用 FIDIC 条件，则一般认为该合同完整性问题不太大。因为标准文本条款齐全，内容完整，如果又是一般的工程项目，则可以不做合同的完整性分析。但对特殊的工程，双方有一些特殊的要求，有时需要增加内容，即使是 FIDIC 合同也需做一些补充。这里主要分析特殊条款的适宜性。

② 如果未使用标准文本，但存在该类合同的标准文件，则可以以标准文本为样本，将所签订的合同与标准文本的对应条款一一对照，就可以发现该合同缺少哪些必需条款。例如，签订一个国际土木工程施工合同，而合同文本是由业主自己起草的，则可以将它与 FIDIC 条件相比，以检查所签订的合同条款的完整性。

③ 对无标准文本的合同类型（如联营合同、劳务合同），合同起草者应尽可能多地收集实际工程中的同类合同文本，进行对比分析和互相补充，以确定该类合同范围和结构形式，再将被分析的合同按结构拆分开，可以方便地分析该合同是否缺少，或缺少哪些必需条款。这样起草合同就可能比较完备。

合同条款的完备性是相对的。早期的合同都十分简单，条款很少，现在逐渐完备起来，同时也复杂起来。另外，对于常规的工程，双方比较信任，具有完备的规范和惯例，则合同条款可简单一些，合同文件也可以少一些。

在实际工程中有些业主希望合同条件不完备，认为这样他自己更有主动权，可以利用这个不完备推卸自己的责任，增加承包商的合同责任和工作范围；有些承包商也认为合同条件不完备是他的索赔机会。这种想法都是很危险的。这里有如下几方面问题：

● 由于业主起草招标文件，他应对招标文件的缺陷、错误、二义性、矛盾承担责任。

● 虽然业主对它承担责任，但承包商能否有理由提出索赔以及能否取得索赔的成功，都是未知数。在工程中，对索赔的处理业主处于主导地位，业主会以"合同未作明确规定"，而不给承包商付款。

● 合同条件不完备会造成合同双方对权利和责任理解的错误，会引起承包商和业主计划和组织的失误，最终造成工程不能顺利实施，增加双方合同争执。

所以，合同双方都应努力签订一个完备的合同。

(3) 合同双方责任和权益及其关系分析

合同应公平合理地分配双方的责任和权益，使它们达到总体平衡。在合同条件分析中首先按合同条款列出双方各自的责任和权益，在此基础上进行它们的关系分析。

1）合同双方的责任和权益是互为前提条件的。包括：

① 业主有一项合同权益，则必是承包商的一项合同责任；反之，承包商的一项权益，又必是业主的一项合同责任。

② 对于合同任何一方，有一项权益，必然又有与此相关的一项责任；有一项责任，则必然又有与此相关的一项权益。

③ 合同所定义的事件或工程活动之间有一定的联系（即逻辑关系），构成合同事件网络，则双方的责任之间又必然存在一定的逻辑关系。

通过这几方面的分析，可以确定合同双方责权利是否平衡，合同有无逻辑问题，即执行上的矛盾。

2) 在承包合同中要注意合同双方责任和权力的制约关系。

① 如果合同规定业主有一项权力，则要分析该项权力的行使对承包商的影响；该项权力是否需要制约，业主有无滥用这个权力的可能；业主使用该权力应承担什么责任。这样可以提出对这项权力的反制约。如果没有这个制约，则业主的权力不平衡。

例如，业主和工程师对承包商的工程和工作有检查权、认可权、满意权、指令权，FIDIC 规定，工程师有权要求对承包商的材料、设备、工艺进行合同中未指明或规定的检查，承包商必须执行，甚至包括破坏性检查。但如果检查结果表明材料、工程设备和工艺符合合同规定，则业主应承担相应的损失（包括工期和费用赔偿）。这就是对业主和工程师检查权的限制，以及由这个权力导致的合同责任，防止工程师滥用检查权。

② 如果合同规定承包商有一项责任，则他常常又应有相应的权力。这个权力可能是他完成这个责任所必需的，或由这个责任引申的。

例如，承包商对实施方案的安全，稳定负责，则他应有选择更为科学、合理的实施方案的权力，在不妨碍合同总目标，或为了更好地完成合同的条件下，他可以变更或选择更为科学、合理、经济的实施方案。

③ 如果合同规定承包商有一项责任，则应分析，完成这项合同责任有什么前提条件。如果这些前提条件应由业主提供或完成，则应作为业主的一项责任，在合同中做出明确规定，进行反制约。如果缺少这些反制约，则合同双方责权利关系不平衡。

例如，合同规定承包商必须按规定的日期开工，则同时应规定，业主必须按合同及时提供场地、图样、道路、接通水电，及时划拨预付款，办理工程各种许可证，包括劳动力入境、居住、劳动许可证等。这是及时开工的前提条件，必须提出作为对业主的反制约。

④ 在承包工程中，合同双方的有些责任是连环的、互为条件的。例如，某工程的部分设计是由承包商完成的，则对设计和施工双方责任，如图 5-1 所示。

图 5-1 某工程设计和施工责任连环

应具体定义这些活动的责任和时间限定，这在索赔和反索赔中是十分重要的，在确定干扰事件的责任时常常需要分析这种责任连环。

3) 业主和承包商的责任和权益应具体、详细，并注意其范围的限定。

例如，某合同中地质资料说明，地下为普通地质，砂土。合同条件规定，"如果出现岩石地质，则应根据商定的价格调整合同价"。在实际工程中，地下出现建筑垃圾和淤泥，造成施工的困难。承包商提出费用索赔要求，但被业主否决，因为只有"岩石地质"才能索赔。索赔范围太小，承包商的权益受到限制。对于出现"普通砂土地质"

和"岩石地质"之间的其他地质情况,也会造成承包商费用的增加和工期的延长,而按本合同条件规定,属于承包商的风险。如果将合同中"岩石地质"换成"与标书规定的普通地质不符合的情况",则索赔范围就扩大了。

又如,某施工合同中,工期索赔条款规定:"只要业主查明拖期是由于意外暴力造成的,则可以免去承包商的拖期责任"。这里"意外暴力"不具体,比较含糊,而且所指范围太狭窄。最好将"意外暴力"改为"非承包商责任的原因",这样就扩大了承包商的索赔权力范围。

4) 双方权益的保护条款。一个完备的合同应对双方的权益都能形成保护,对双方的行为都有制约,这样才能保证项目的顺利进行。FIDIC 合同在这方面比较公平,例如:

① 业主(包括监理工程师)的权益。包括指令权,工程的绝对的检查权,承包商责任和风险的限定,对转让和分包工程的审批权,变更工程的权力,进度、投资和质量控制的权力,在承包商不履行或不能履行合同,或严重违约情况下的处置权等。

② 承包商的权益。包括业主风险的定义、工期延误罚款的最高限额的规定、承包商的索赔权(合同价调整和工期顺延)、仲裁条款、业主不支付工程款时承包商采取措施的权力、在业主严重违约情况下中止合同的权力等。

(4) 合同条款之间的联系分析

通常,合同分析首先应针对具体的合同条款(或合同结构中的子项)。根据其表达方式,分析它的执行将会带来什么问题和后果。

在此基础上,还应注意合同条款之间的内在联系。同样一种表达方式,在不同的合同环境中、有不同的上下文,则可能有不同的风险。

由于合同条款所定义的合同事件和合同问题具有一定的逻辑关系(如实施顺序关系、空间上和技术上的互相依赖关系、责任和权力的平衡和制约关系、完整性要求等),使得合同条款之间具有一定的内在联系,共同构成一个有机的整体,即一份完整的合同。

例如,施工合同有关工程质量方面的规定,包括承包商完美的施工,全面执行工程师的指令,工程师对承包商质量保证体系的认可权,材料、设备、工艺使用前的认可权,进场时的检查权,隐蔽工程的检查权,工程的验收权,竣工检验,签发各种证书的权力,对不符合合同规定的材料、设备、工程的拒收和处理的权力,在承包商不执行工程师指令的情况下业主行使处罚的权力等。

有关合同价格方面的规定涉及:合同计价方法,量方程序,进度款结算和支付,保留金,预付款,外汇比例,竣工结算和最终结算,合同价格的调整条件、程序、方法等。

工程变更问题涉及:工程范围,变更的权力和程序,有关价格的确定,索赔条件、程序、有效期等。

它们之间互相联系,构成一个有机的整体。通过内在的联系分析,可以看出合同中条款之间的缺陷、矛盾、不足之处和逻辑上的问题等。

(5) 合同实施的后果分析

在合同签订前,必须充分考虑到合同一经签订付诸实施会有什么样的后果。例如:
- 在合同实施中会有哪些意想不到的情况?

- 这些情况发生应如何处理？
- 本工程是否过于复杂或范围过大，超过自己的能力？
- 自己如果完不成合同责任，应承担什么样的法律责任？
- 对方如果完不成合同责任，应承担什么样的法律责任？

2. 合同风险分析

（1）承包商的风险管理

在任何经济活动中，要取得盈利，必然要承担相应的风险。这里的风险是指经济活动中的不确定性，它如果发生就会导致经济损失。一般风险应与盈利机会同时存在，并成正比，即经济活动的风险越大盈利机会（或盈利率）也应越大。从财务的角度，风险程度和盈利机会的关系，可由图5-2表示。

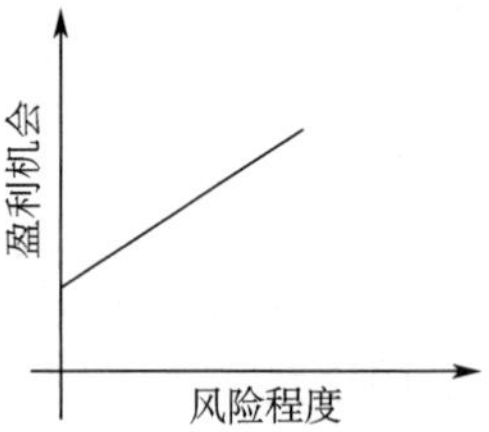

这个原则体现在工程承包合同中，则合同条款应公平合理；合同双方责权利关系应平衡；合同中如果包含风险较大，则承包商应提高合同价格，加大不可预见风险费。

由于承包工程的特点和建筑市场的激烈竞争，承包工程风险很大、范围很广，这是造成承包商失败的主要原因。现在，风险管理已成为衡量承包商管理水平的主要标志之一。

图5-2 风险程度和盈利机会的关系

承包商风险管理的任务主要有如下几方面。

1）在合同签订前对风险作全面分析和预测。主要考虑如下问题：

① 工程实施中可能出现的风险的类型、种类。

② 风险发生的规律，如发生的可能性、发生的时间及分布规律。

③ 风险的影响，即风险如果发生，对承包商的施工过程，对工期和成本（费用）有哪些影响；承包商要承担哪些经济的和法律的责任等。

④ 各风险之间的内在联系，如一起发生或伴随发生的可能。

2）对风险进行有效的对策和计划，即考虑任何规避风险，如果风险发生应采取什么措施予以防止，或降低它的不利影响，为风险做组织、技术、资金等方面的准备。

3）在合同实施中对可能发生，或已经发生的风险进行有效的控制：

① 采取措施防止或避免风险的发生。

② 有效地转移风险，争取让其他方面承担风险造成的损失。

③ 降低风险的不利影响，减少自己的损失。

④ 在风险发生时进行有效的决策，对工程施工进行有效的控制，保证工程顺利实施。

（2）承包工程的风险

承包工程中，常见的风险有技术、经济、法律等方面的风险。

1）现代工程规模大，功能要求高，需要新技术、特殊的工艺、特殊的施工设备，有时业主将工期限制得太紧，承包商无法按时完成。

2）现场条件复杂，干扰因素多；施工技术难度大，特殊的自然环境（如场地狭小、地质条件复杂、气候条件恶劣）；水电供应、建材供应不能保证等。

3）承包商的技术力量、施工力量、装备水平、工程管理水平不足，在投标报价和工程实施过程中会有这样或那样的失误。如技术设计、施工方案、施工计划和组织措施存在缺陷和漏洞，计划不周，报价失误。

4）承包商资金供应不足，周转困难。

5）在国际工程中还常常出现对当地法律、语言不熟悉，对技术文件、工程说明和规范理解不正确或出错的现象。

在国际工程中，以工程所在国的法律作为合同的法律基础，这本身对承包商就是很大的风险。另外，我国许多建筑企业初涉国际承包市场，不了解情况、不熟悉国际工程惯例和国际承包业务，却希望立即就能够承接，或企图承接大的工程。这里也包含很大的风险。

(3) 业主资信风险

业主是工程的所有者，是承包商的最重要的合作者。业主资信情况对承包商的工程施工和工程经济效益有决定性影响。属于业主资信风险的有如下几方面：

1）业主的经济情况变化。如经济状况恶化、濒于倒闭、无力继续实施工程、无力支付工程款、工程被迫中止。

2）业主的信誉差、不诚实，有意拖欠工程款，或对承包商的合理索赔要求不作答复，或拒不支付。

3）业主为了达到不支付或少支付工程款的目的，在工程中苛刻刁难承包商，滥用权力，施行罚款或扣款。

4）业主经常改变主意。如改变设计方案、实施方案，打乱工程施工秩序，但又不愿意给承包商以补偿等。

这些情况无论在国际和国内工程中，都是经常发生的。在国内的许多地方，长期拖欠工程款已成为妨碍施工企业正常生产经营的主要原因之一。在国际工程中，也常有工程结束数年，而工程款仍未收回的实例。

(4) 外界环境的风险

1）在国际工程中，工程所在国政治环境的变化。如发生战争、禁运、罢工、社会动乱等造成工程中断或终止。

2）经济环境的变化。如通货膨胀、汇率调整、工资和物价上涨。物价和货币风险在承包工程中经常出现，而且影响非常大。

3）合同所依据的法律的变化。如新的法律颁布、国家调整税率或增加新税种、新的外汇管理政策等。

4）自然环境的变化。如百年未遇的洪水、地震、台风等，以及工程水文、地质条件存在不确定性。

(5) 合同风险

上述列举的几类风险，反映在合同中，通过合同定义和分配，则成为合同风险。工程承包合同中一般都有风险条款和一些明显的或隐含着的对承包商不利的条款。它们会造成承包商的损失，是进行合同风险分析的重点。

5.2.4 合同交底

合同交底是为了保证参与工程建设的合同各方全面地、有秩序地完成合同规定的责任和义务，明确合同各方合法权利及义务所进行的一系列活动。近年来，由于参与工程建设的各方缺乏合同管理人才，合同管理工作薄弱，技术管理人员合同管理意识不强，致使合同履行过程中的纠纷和违约现象时有发生，给合同当事人造成了许多经济损失。

1. 合同交底的必要性

1) 合同交底是项目部技术和管理人员了解合同、统一理解合同的需要。合同是当事人正确履行义务、保护自身合法利益的依据。因此，项目部全体成员必须首先熟悉合同的全部内容，并对合同条款有一个统一的理解和认识，以避免不了解或对合同理解不一致带来的工作上的失误。由于项目部成员知识结构和水平的差异，加之合同条款繁多，条款之间的联系复杂，合同语言难以理解，因此难于保证每个成员都能理解整个合同的内容和合同关系，这样势必影响其在遇到实际问题时处理办法的有效性和正确性，影响合同的全面顺利实施。因此，在合同签订后，合同管理人员对项目部全体成员进行合同交底是必要的，特别是合同工作范围、合同条款的交叉点和理解的难点。

2) 合同交底是规范项目部全体成员工作的需要。界定合同双方当事人（业主与监理、业主与承包商）的权利义务界限，规范各项工程活动，提醒项目部全体成员注意执行各项工程活动的依据和法律后果，以使在工程实施中进行有效的控制和处理，是合同交底的基本内容之一，也是规范项目部工作所必需的。由于不同的公司对其所属项目部成员的职责分工要求不尽一致，因此工作习惯和组织管理方法也不尽相同，但面对特定的项目，其工作都必须符合合同的基本要求和合同的特殊要求，必须用合同规范自己的工作。要达到这一点，合同交底也是必不可少的工作。通过交底，可以让内部成员进一步了解自己权利的界限和义务的范围，工作的程序和法律后果，摆正自己在合同中的地位，有效防止由于权利义务的界限不清引起的内部职责争议和外部合同责任争议的发生，提高合同管理的效率。

3) 合同交底有利于发现合同问题，有利于合同风险的事前控制。合同交底就是合同管理人员向项目部全体成员介绍合同意图、合同关系、合同基本内容、业务工作的合同约定和要求等内容。它包括合同分析、合同交底、交底的对象提出问题、再分析、再交底的过程。因此，它有利于项目部成员领会意图，集思广益，思考并发现合同中的问题，如合同中可能隐藏着的各类风险、合同中的矛盾条款、用词含糊及界限不清条款等。合同交底可以避免因在工作过程中才发现问题带来的措手不及和失控的情况，同时也有利于调动全体项目成员完善合同风险防范措施，提高合同风险防范意识。

4) 合同交底有利于提高项目部全体成员的合同意识，使合同管理的程序、制度及保证体系落到实处。合同管理工作包括建立合同管理组织、保证体系、管理工作程序、工作制度等内容，其中比较重要的是建立诸如合同文档管理、合同跟踪管理、合同变更管理、合同争议处理等工作制度，其执行过程是一个随实施情况变化的动态过程，也是全体项目成员有序参与实施的过程。每个人的工作都与合同能否按计划执行完成密切相关，因此项目部管理人员都必须有较强的合同意识，在工作中自觉地执行合同管理的程序和制度，并采取积极的措施，防止和减少工作失误和偏差。为了达到这一目标，在合同实施前进行详细的合同交底是必要的。

2. 合同交底的程序

合同交底是公司合同签订人员和精通合同管理的专家向项目部成员陈述合同意图、合同要点、合同执行计划的过程，通常可以分层次按一定程序进行。层次一般可分为三级：即公司向项目部负责人交底、项目部负责人向项目职能部门负责人交底、职能部门负责人向其所属执行人员交底。这三个层次的交底内容和重点可根据被交底人的职责而有所不同。笔者根据多年的实践和研究，认为按以下程序交底是有效可行的。

1）公司合同管理人员向项目负责人及项目合同管理人员进行合同交底，全面陈述合同背景、合同工作范围、合同目标、合同执行要点及特殊情况处理，并解答项目负责人及项目合同管理人员提出的问题，最后形成书面合同交底记录。

2）项目负责人或由其委派的合同管理人员向项目部职能部门负责人进行合同交底，陈述合同基本情况、合同执行计划、各职能部门的执行要点、合同风险防范措施等，并解答各职能部门提出的问题，最后形成书面交底记录。

3）各职能部门负责人向其所属执行人员进行合同交底，陈述合同基本情况、本部门的合同责任及执行要点、合同风险防范措施等，并答所属人员提出的问题，最后形成书面交底记录。

4）各部门将交底情况反馈给项目合同管理人员，由其对合同执行计划、合同管理程序、合同管理措施及风险防范措施进行进一步的修改和完善，最后形成合同管理文件，下发各执行人员，指导其活动。

合同交底是合同管理的一个重要环节，需要各级管理和技术人员在合同交底前，认真阅读合同，进行合同分析，发现合同问题，提出合理建议。避免走形式，以使合同管理有一个良好的开端。

3. 合同交底的内容

合同交底是以合同分析为基础、以合同内容为核心的交底工作。因此会涉及合同的全部内容，特别是关系到合同能否顺利实施的核心条款。合同交底的目的是将合同目标和责任具体落实到各级人员的工程活动中，并指导管理及技术人员以合同作为行为准则。合同交底一般包括以下主要内容：

1）工程概况及合同工作范围。
2）合同关系及合同涉及各方之间的权利、义务与责任。
3）合同工期控制总目标及阶段控制目标，目标控制的网络表示及关键线路说明；项目管理者联盟，项目管理问题。
4）合同质量控制目标及合同规定执行的规范、标准和验收程序；项目管理者联盟，项目管理问题。
5）合同对本工程的材料、设备采购、验收的规定。
6）投资及成本控制目标，特别是合同价款的支付及调整的条件、方式和程序。
7）合同双方争议问题的处理方式、程序和要求。
8）合同双方的违约责任。
9）索赔的机会和处理策略。
10）合同风险的内容及防范措施；项目管理者联盟文章，深入探讨。
11）合同进展文档管理的要求。

5.2.5 合同担保

1. 合同担保的作用与特征

合同担保指合同双方当事人，为确保合同履行，依照法律规定或者当事人约定而采取的具有法律效力的保证措施。《中华人民共和国担保法》（以下简称《担保法》）规定，在借贷、买卖、货物运输、加工承揽等经济活动中，债权人需要以担保方式保障其债权实现的,可以设定担保。我国《担保法》中规定了五种担保形式,即保证、抵押、质押、留置和定金。其中,保证是以人做担保(人保),其他四种是以物做担保(物保)。

2. 合同担保的形式——保证

(1)保证和保证合同

保证是指保证人和债权人约定,当债务人不履行债务时,保证人按照约定履行债务或承担责任的行为。保证的基本方式是书面保证合同。

保证是以他人的信誉为履行债务的担保,其实质是将债权扩展到第三人,以增加债权的受偿机会。保证涉及债权人、保证人和债务人三方当事人,有两个主要合同关系:

1)债权人和债务人之间的主合同关系,规定了双方的债权债务,这是保证关系产生的基础。

2)债权人和保证人之间的保证合同,规定了保证人的保证内容,这是保证的核心。

保证的主要内容是:保证人在债务人不履行合同时,有义务按照保证合同的约定代为履行合同或承担赔偿责任。在各种担保形式中,只有保证有可能代为履行合同。保证合同应当包括:被保证的主债权种类、数额;债务人履行债务的期限;保证的方式;保证担保的范围;保证的期间等。

保证合同属于从合同。主合同无效,保证合同当然无效。但是,即便主合同有效,保证合同也可能无效。

(2)保证人资格

保证人必须是具备独立清偿能力或代位清偿能力的法人、其他经济组织或者个人。一般情况下,国家机关(经国务院批准为使用外国政府或国际经济组织贷款进行转贷的除外)、学校、幼儿园、医院等以公益为目的的事业单位或社会团体,企业法人的分支机构(分支机构有法人书面授权的,在授权范围内可以提供担保)和内部职能部门,限制行为能力和无行为能力的自然人不能成为担保人。

(3)保证方式

保证分为一般保证和连带责任保证,当事人应当在合同中明确约定保证方式。

一般保证指保证人承担补充责任,即只有在债务人不能履行债务时,保证人才承担保证责任,在主合同纠纷未经审判或仲裁,并就债务人财产依法强制执行仍然不能履行债务前,保证人对债权人可以拒绝承担保证责任。但债务人住所变更,致使债权人要求其履行发生重大困难的,人民法院受理债务人的破产案件中止执行程序的和保证人以书面形式放弃这一权利的情况除外。

连带责任保证指保证人与债务人承担连带责任,即只要债务人到期不履行合同,保证人就有义务承担保证责任。债务人在主合同规定的债务履行期限届满没有履行债务,债权人可以要求债务人履行债务,也可以要求保证人在其保证范围内承担保证责任。

当事人对保证方式没有约定或者约定不明确的,推定为连带保证责任。

(4)保证责任

1)保证担保的范围。保证担保的范围包括主债权及利息、违约金、损害赔偿金及实现债权的费用(保证合同另有约定的除外)。对保证范围无约定或约定不明的,推定为对全部债务承担责任。

2）多人保证的保证责任。同一债务有两个以上保证人的，保证人应当按照合同约定的保证份额承担保证责任。未约定保证份额的，保证人之间承担连带责任。

3）保证期间。保证期间由保证人与债权人在合同中约定。未约定的，为主债务履行期限届满之日起 6 个月。一般保证期间内，债权人未对债务人提起诉讼或申请仲裁的，保证人免除保证责任。债权人提起诉讼或申请仲裁的，保证期间适用诉讼时效中断原规定。连带责任保证期间内，债权人未要求保证人承担保证责任的，保证人免除保证责任。保证期间届满，保证人的保证责任消灭。

3. 合同担保的形式——抵押

（1）抵押与抵押关系的当事人

抵押指债务人或第三人不转移对法定财产的占有，将该财产作为债权的担保。债务人不履行债务时，债权人有权依法以该财产折价或者以拍卖、变卖该财产的价款优先受偿。在抵押关系中，债务人或第三人为抵押人，债权人为抵押权人，提供担保的财产为抵押物。抵押物可以是债务人的财产，也可以是第三人的财产。

（2）抵押物

抵押物指用于抵押的财产，通常是可以进入市场交易，产权明确，抵押后不会损害社会公共利益的财产。

抵押人所担保的债权不得超出其抵押物的价值。抵押财产的价值大于所担保债权的余额部分，可以再次抵押，但不得超出其余额部分。

1）可以抵押的财产。

① 抵押人所有的房屋和其他地上定着物；抵押人依法有权处分的国有土地使用权、房屋和其他地上定着物（不动产）。

② 抵押人所有的机器、交通工具和其他财产；抵押人依法有权处分的国有机器、交通工具和其他财产（动产）。

③ 抵押人依法承包并经发包方同意抵押的荒山、荒沟、荒丘、荒滩等荒地的土地使用权（权利）。

④ 依法可以抵押的其他财产。

2）不得抵押的财产。

① 土地所有权。

② 耕地、宅基地、自留地、自留山等集体所有的土地使用权。

③ 学校、幼儿园、医院等以公益为目的的事业单位、社会团体的教育设施、医疗卫生设施和其他社会公益设施。

④ 所有权、使用权不明或者有争议的财产。

⑤ 依法被查封、扣押、监管的财产。

⑥ 依法不得抵押的其他财产。

（3）抵押合同及抵押物登记

以抵押作为履行合同担保的，抵押人和抵押权人应当签订书面抵押合同。抵押合同的内容应当包括：被担保的主债权种类、数额；债务人履行债务的期限；抵押物的名称、数量、质量、状况、所在地、所有权权属或者使用权权属；抵押担保的范围。

抵押合同当事人不得在合同中约定债务履行期届满债权人未受清偿时，抵押物的所有权直接转移为债权人所有。

以下财产设定抵押的,应当到相关部门办理抵押物登记,抵押合同自登记之日起生效:

1)仅以土地使用权抵押的,为核发土地使用权证书的土地管理部门。

2)以城市房地产或乡镇村企业的厂房等建筑物抵押的,为县级以上地方人民政府规定的部门。

3)以林木抵押的,为县级以上林木主管部门。

4)以航空器、船舶、车辆抵押的,为运输工具的登记部门。

5)以企业的设备和其他动产抵押的,为财产所在地的工商行政管理部门。

当事人以其他财产抵押的,可以自愿办理抵押物登记,登记部门为抵押人所在地的公证部门,抵押合同自签订之日起生效。

当事人未办理抵押物登记的,不得对抗第三人。

办理抵押物登记时,应当向登记部门提供主合同、抵押合同以及抵押物所有权或使用权证书的文件或其复印件。登记部门登记的材料,应当允许查阅、抄录或复印。

(4)抵押的效力

抵押担保的范围包括主债权及利息、违约金、损害赔偿金和实现抵押权的费用。抵押合同另有约定的,从其约定。

抵押权不得与债权分离而单独转让或作为其他债权的担保。

1)对抵押权人的效力。

① 收取抵押物的孳息权。抵押人不能按期偿还债务致使抵押物被人民法院依法扣押的,自扣押之日起抵押物的收益权转移至抵押权人,即抵押权人有权收取抵押物的孳息。但应当将扣押抵押物的事实通知应当清偿法定孳息的义务人。

② 保全抵押物价值。抵押人的行为足以使抵押物的价值减少的,抵押权人有权要求抵押人停止其行为。抵押物价值减少时,抵押权人有权要求抵押人恢复抵押物价值,或提供与减少的价值相当的担保。

③ 限制抵押人对抵押物的处分权。抵押人转让抵押物的价款明显低于其价值的,抵押权人可以要求其提供相应的担保,否则不得转让抵押物。抵押人转让抵押物所得的价款,应当向抵押权人提前清偿所担保的债权或者向与抵押权人约定的第三人提存。超过债权数额的部分归抵押人所有,不足部分由债务人清偿。

④ 优先受偿权。抵押人不能按期偿还债务时,抵押权人就抵押物变卖的价款有优先受偿的权利。

2)对抵押人的效力。抵押期间,抵押人并不丧失抵押物的所有权与占有权,但对物的处分权受到限制。抵押人转让已办理登记的抵押物的,应当通知抵押权人并告知受让人转让物已经抵押的事实;抵押人未通知抵押权人或未告知受让人的,转让行为无效。

3)对第三人的效力。抵押人将已经出租的财产抵押的,应当书面告知承租人,原租赁合同继续有效。拍卖抵押物时,承租人在同等条件下有优先购买的权利。因拍卖抵押物需要提前终止原租赁关系使承租人受到损失的,抵押人应当赔偿。

(5)抵押权的实现

各国法律一般都不允许将抵押物的所有权直接转移给债权人所有,以防止抵押物价值高于债权数额时,会严重损害债务人的利益。因此,抵押权实现的方式有三种,即折价、拍卖和变卖。债务履行期届满债权人未受清偿时，可以与抵押人协议以抵押物折价或以拍卖、变卖该抵押物所得的价款受偿；协议不成的，抵押权人可以向人民法院提起诉讼。抵押物变价后，其价款超过债权数额的部分归抵押人所有，不足部分由债务人清偿。

同一财产向两个以上债权人抵押的，拍卖、变卖抵押物所得价款应按以下规定清偿：

1）抵押合同已登记生效的，按照抵押物登记的先后顺序清偿；顺序相同的，按照债权比例清偿。

2）抵押合同自签订之日起生效的，如已登记，依照前述顺序清偿；如未登记，按照合同生效时间的先后顺序清偿。顺序相同的，按照债权比例清偿。抵押物已登记的先于未登记的受偿。

为债务人提供抵押担保的第三人，在抵押权人实现抵押权后，有权向债务人追索。抵押权因抵押物灭失而消灭，因灭失所得的赔偿金，应当作为抵押财产。

（6）最高额抵押

最高额抵押指抵押人与抵押权人协议，在最高债权额限度内，以抵押物对一定期间内连续发生的债权作担保。借款合同、一定期间内连续发生交易的某项商品买卖合同，可以附最高额抵押合同。最高额抵押的主合同债权不得转让。

4. 合同担保的形式——质押

（1）动产质押的概念和特征

动产质押指债务人或第三人将其动产移交债权人占有，将该动产作为债权的担保。债务人不履行债务时，债权人有权依法以该动产折价或以拍卖、变卖该动产的价款优先受偿。其中，债务人或第三人为出质人，债权人为质权人，移交的动产为质物。

出质人和质权人应当以书面形式订立质押合同。质押合同自质物移交于质权人占有时生效。

动产质押的基本规定与抵押相似，但由于质物由质权人占有（抵押物不由抵押权人占有），由此产生以下特征：

1）质押担保的范围增加了质物保管费用。

2）质权人增加了妥善保管质物的义务。因保管不善致使质物灭失或毁损的，质权人应当承担民事责任。

3）债务履行期限届满，债务人履行债务的，或出质人提前清偿所担保的债权的，质权人应当返还质物。

（2）权利质押的概念和特征

权利质押指债务人或第三人将其所拥有的合法财产权利移交债权人占有，将该财产权利作为债权的担保。在债务履行期限届满或履行期限内，债权人可以通过兑现权利的内容或行使权利实现自己所担保的债权。

可以作为质押的权利包括：汇票、支票、本票、债券、存款单、仓单、提单；依法可以转让的股份、股票；依法可以转让的商标专用权、专利权、著作权中的财产权；依法可以质押的其他权利。权利质押的基本规定与动产质押相似，但存在权利（权利凭证）如何移交和如何行使的问题。

(3) 抵押和质押的区别

1）抵押权人不占有抵押物，质权人占有质物，因此产生了占有质物所承担的保管义务与相应的权利。

2）抵押权人只有在法院扣押抵押物后才享有收取孳息的权利。质权人占有质物后，就有收取孳息的权利。

3）债务人届期未履行债务时，抵押权人无权独立决定以何种方式实现抵押权，即如果与抵押人协商不成时，只能通过向法院提起诉讼才能实现抵押权。动产质押实现质权的方式与抵押相同；权利质押因许多权利无法用拍卖、变卖方式变价，因此质权人享有独立决定实现质权的权利（可以与出质人协商，也可以依法自己兑现或行使权利）。

5. 合同担保的形式——留置

（1）留置的概念和特征

留置指债权人按照合同约定占有债务人的财产，债务人不按照合同约定的期限履行债务的，债权人有权依法留置该财产。以该财产折价或以拍卖、变卖该财产的价款优先受偿。其中，享有留置权的债权人称为留置权人。留置的财产为留置物，留置物的价值应相当于债务金额。

留置的特征是：

1）它是法定担保形式，当事人无须另外约定就可以发生担保效力。其他 4 种担保形式都是约定担保，当事人需要另外订立担保合同。

2）留置物只能是动产。

3）留置权人对留置物只有占有权，无所有权。因此，因保管留置物而支付的必要费用，有权请求债务人偿还。同时，留置权人有妥善保管留置物的义务。

（2）留置适用的范围

因保管合同、运输合同、加工承揽合同发生的债权，债务人不履行债务的，债权人有留置权。但是，当事人可以在合同中约定不得留置的物。留置权是法定担保物权，只适用于有限的几种合同。

留置担保的范围包括主债权及利息、违约金、损害赔偿金、留置物保管费用和实现留置权的费用。

（3）留置权成立的要件

1）债权人按照合同约定占有债务人的财产。

2）债权人的留置物与债权有关联。

3）债权已届清偿期。

（4）留置权的实现

债权人与债务人应当在合同中约定，债权人留置财产后，债务人应当在不少于 2 个月的期限内履行债务。债权人与债务人在合同中未约定的，债权人留置债务人财产后，应当确定 2 个月以上的期限，通知债务人在该期限内履行债务。债务人逾期仍不履行的，债权人可以与债务人协议以留置物折价，也可以依法拍卖、变卖留置物。留置物折价、拍卖、变卖后，其价款超过债权数额的部分归债务人所有，不足部分由债务人清偿。

（5）留置权的消灭

留置权因债权消灭或债务人另行提供担保并被债权人接受而消灭。

6. 合同担保的形式——定金

(1) 定金的概念和特征

定金是合同当事人一方在合同成立之后,履行之前,为了证明合同的成立和保证合同的履行,在应支付的合同金额内预先支付一定数额的款项作为债权的担保。债务人履行债务后,定金应当抵作价款或收回。给付定金的一方不履行债务的,无权要求返还定金。收受定金的一方不履行债务的,应当双倍返还定金。因此,定金的担保作用是通过定金罚则实现的。

定金应当以书面形式约定,当事人在定金合同中应当约定交付定金的期限和定金数额。定金的数额由当事人约定,但不得超过主合同标的额的20%。定金合同从实际交付定金之日起生效。

(2) 定金与预付款的主要区别

两者都具有先行给付的性质,但性质不同。定金的主要作用是担保,预付款是履行合同部分给付义务;定金具有惩罚性,预付款无惩罚性,不发生丧失和双倍返还的情况。

5.2.6 合同保险

1. 工程合同的保险

大型土木工程在实施过程中,因工期长、地域广、自然与社会环境各异,存在着来自自然力、地下状况、经济与政治因素等诸多风险。在项目的风险管理中,有一部分风险主要由业主承担,如合同条款第 20 条中业主的风险;另一部分风险要由承包人承担。为了降低报价,双方的风险分担,一是要合理;二是要双方公开地、充分地认识这些风险,并考虑如何减少或避免这些风险。保险是一种转移和抵御风险的措施,是值得提倡的。

土木工程实施阶段的保险是指通过专门机构——保险公司,以收取保险费的方式建立保险基金,一旦发生自然灾害或意外事故,造成参加保险者的财产损失或人身伤亡时,即用保险基金给予补偿的一种制度。它的优点是投保者付出一定的小量保险费,当遭受大量损失时得到补偿的保障,从而增强抵御风险的能力。在我国的世界银行贷款项目中,已发生若干起理赔案例,保险公司对工程损失给予相当可观的补偿。

在工程实施中,保险的种类和内容如下所述。

(1) 工程一切险

工程一切险是一种综合性的保险,是对该项投保工程从工程开始到竣工移交整个期间的已完工程、在建工程、到达现场的材料、施工机具设备和物品、临时工程、现场的其他财产等的任何损失进行保险。有时还包括缺陷责任期由于施工原因造成的已完工程损失保险。值得注意的是,所谓"一切险"并未全面概括所有的风险损失,是有许多限制的。特别是在导致损失的原因方面有很多限制,这要在投保时同保险公司具体商定。如中国人民保险公司,将工程一切险分为建筑工程一切险和安装工程一切险,其保险费由承包人列入投标报价之中。在中国人民保险公司投保时,保险金额费率一般为:建筑工程一切险为保险总金额的 1.5‰~5‰,安装工程一切险的保险费率为保险总金额的 2‰~6‰。

近年来,国内各保险公司开展竞争,业主可通过竞争性的"货比三家"等方式来选择保险公司,从而可以降低保险的费率。

工程一切险应以业主和承包人联名投保,保险额是按合同总价,加上15%的附加费用。费率是按保险费率计取某一千分数(如保险额的1.5‰~5‰),而赔偿金额只考虑实际损失数字。

保险费率同项目的性质(如一般民用建筑、公路和铁路桥梁、特大型隧道、工业建筑、化工装置、危险品仓库等)和项目所在地的地质条件、自然条件以及工期的长短、免赔额的高低等因素有关,业主或承包人可以就本项目的具体情况与保险公司协商或通过竞争得到一个合理的费率。

保险的期限要根据合同条件的要求确定,它至少应包括全部施工期。如果业主要求缺陷责任期内由于施工缺陷造成的损害也属于保险范围,则可以在投保申请书中写明。一般来说,实际保险期限可以比合同工期略长一些,这是考虑可能工期拖长,以免今后再办保险延期手续。

(2) 第三方责任险

在FIDIC合同条款中,明确规定承包人应当以承包人和业主的联合名义进行"第三方责任保险",而且还规定了这种保险金额的最低限额。即保险金额至少应为投标书附件中所规定的数额。承包人可以按FIDIC合同条款的规定,与"工程一切险"合并在一起向保险公司投保。第三方责任险的赔偿限额由双方商定,费率大约为2.5‰~3.5‰。在我国,第三方责任险也可作为工程一切险的附加保险,随同工程一切险一并投保。

业主要求承包人进行这种保险的目的是很明显的,因为工程是在业主的工程土地范围内进行。如果任何事故造成工地和附近地段第三者人身伤亡和财产损失时,第三者可能要求业主赔偿或提出诉讼,业主为了免除自己的责任而要求承包人投保这种责任险。

在发生这种涉及第三方损失的责任时,保险公司将承包人由此遇到的赔款和发生诉讼等费用进行赔偿。持有公共交通和运输用执照的车辆事故造成的第三方损失的,不属于第三方责任险赔偿范围,它们属于汽车保险范围。

上述的工程一切险和第三方责任险一般要在报价中明列,而下述险种的保险费可摊入单价,不必明列。

1) 承包人施工设备的保险。承包人应给已经运到工地的施工机具装备和其他物品进行保险,其保险金额应足以供其在现场的重置费用,其保险费应由承包人负担。

2) 人身意外险。承包人应对其施工人员(包括所雇职员和工人)进行人身意外事故保险,业主一般都要求承包人保证,不因这类事故而使业主遇到索赔、诉讼和其他损失,即业主对承包人的雇员所受伤亡不负责任,除非该损伤是由业主的行动或失误所造成的。

我国承包人和承包人雇佣的外籍职员和工人,允许在外国的保险公司投保,但对工程所在国籍雇员和工人,规定必须在当地保险公司投保。这一点应当在签订合同时予以明确。

中国人民保险公司办有团体人身意外伤害保险,一般以1年为期,也可投保短期险。保险额最低为1 000元,最高为1万元,具体数额可由投保人选定。一般保险费为每人每年保险金额2‰~7‰不等,视工种和工作环境而定。具体的保险费率,可向有关的保险咨询公司查询,也可以竞争方式向各个保险公司询价,择优投保。

2. 保险的检查和处理

FIDIC 有关《施工合同条件》中关于保险的规定，几乎为所有国家的国际工程承包合同所接受。

依据合同条件的规定，在所有合同规定的保险由承包人投保，且保险的费用由承包人承担并在报价中列出或摊入投标单内的情况下，业主和监理工程师应在开工之前，检查承包人是否已办妥保险，及保险单是否有效。

（1）检查保险的依据

监理工程师检查保险的依据有以下两条：

1）检查承包人是否按 FIDIC 合同条款承办了保险，所投保的保险公司资信状况如何，赔付实力是否雄厚。

2）检查承包人所办保险生效的最低金额是否等于或大于投标书中表明的款项，若小于投标书所列金额为无效或不足。

（2）检查保险的程序及处理措施

据 FIDIC 合同条款，检查保险的程序为：

1）承包人应在工地开始工作之前向业主提供证明，说明合同规定的保险已经生效，并在开工日后的 84 天之内向业主提供保险单。承包人向业主提供证明和保险单时应将此事通知监理工程师。

2）这种保险单必须与发出中标通知书之前同意的总保险条目保持一致。承包人应与保险公司一起使根据业主认可的保险项目上承担的一切保险生效。

如果承包人未办投保或投保的保险金额不足合同中的规定，监理工程师应协助业主按 FIDIC 的规定，由业主或监理工程师直接去投保任何上述保险并保持生效，直接支付为此目的可能需要的任何保险，并随时从任何应付或可能到期应付给承包人的付款项目中扣除所付的上述费用，或视同到期债款向承包人收回上述保险所花费用。

（3）共同遵守保险单的条件和规定

监理工程师有权要求业主和承包人共同遵守根据合同生效的保险单条件。若有一方未能遵守条件，据 FIDIC 条款所述，一方应保护另一方不受到因未能遵守保险单的条件而造成的全部损失和索赔。

3. 由业主办理保险

工程一切险和第三方责任险是以业主和承包人联合名义投保的，对于世界银行贷款的大型土木工程，当分为若干合同段时，也可以由业主出面统一和有关的保险公司协议，再由承包人办理或者由业主直接办理全部工程的工程一切险（包括第三方责任险，下同）。这种做法的好处是：业主可能事先和若干家保险公司询价、谈判。通过竞争，选择一家信誉高、保险费较低的保险公司投保。如果业主来安排和办理保险，就要做相应的改动。FIDIC 条件和新的世界银行项目招标文件范本均备有这种变通做法的可供选择的专用条款，可参照采用实行。

4. 严肃认真对待保险手续

1）如实填报保险公司的调查报表。在办理保险手续时，保险公司为确定风险大小，要求承包人填报工程情况。这是一件严肃认真的事情，绝不能为了争取降低保险金费率而隐瞒情况。例如，调查表中有一栏为"工程中是否使用爆炸方法""工地是否储存易燃化学物品"等，应当如实填报。否则，一旦发生这类事故，保险公司将全部或部分推卸其赔偿责任。

2）认真审定保险条款。一般保险公司出具的保险单都附有保险条款，其中规定了保险范围、除外的责任、保险期、保险金额、免赔额、赔偿限额、保险费、被保险人义务、索赔、赔款、争议和仲裁等，这些条款相当于保险公司与承包人之间的契约，双方都要签字认可才正式生效。

3）在保险条款方面的任何争议必须在签约之前讨论清楚，并逐条修改或补充，取得共同一致的意见。

案例 5-1：工程中的优先受偿权分析

1. 案情：

A 房地产公司于 1998 年 2 月以出让方式取得 20 亩国有土地使用权（以下简称土地）向 B 银行抵押贷款 1 800 万元。1998 年 5 月，A 公司与 C 建筑公司签订建设工程施工合同，约定将该土地上所开发房地产项目中的第 1、2、3 栋商品房由 C 公司承建；2000 年 1 月，A 公司与 D 建筑公司签订建设工程施工合同，约定将第 4、5、6 栋商品房交由 D 公司承建。整个项目于 2001 年 8 月办理了竣工验收手续。2001 年年底，D 公司向人民法院起诉，要求 A 公司支付所欠工程款 600 余万元，但审理过程中没有提出建设工程价款优先受偿权的请求，胜诉后在申请执行时提出行使建设工程价款优先受偿权。B 银行向人民法院提起诉讼，要求对 20 亩土地的相应价款行使抵押优先受偿权。C 公司向法院申请对第 1、2、3 栋商品房行使建设工程价款优先受偿权。

2. 讨论问题：

（1）建设工程价款优先受偿权的性质是什么？

（2）建设工程价款优先受偿权的构成条件有哪些？是否以登记为要件？如何看待登记问题？

（3）建设工程价款优先受偿权是否包括建筑物所占用的土地使用权？

（4）C 公司是否享有建设工程价款优先受偿权？

（5）如果 A 公司在《中华人民共和国合同法》（以下简称《合同法》）颁布实施以前就已经将第 1、2、3 栋商品房抵押给其他人，或者已经将这三栋房屋出售，C 公司是否能主张其优先受偿权？

（6）D 公司在执行阶段提出的建设工程价款优先受偿主张应否获得支持？假设 D 公司享有的是一般抵押权呢？如何认识建设工程价款优先受偿权的行使方式？

（7）假设在 D 公司提出优先受偿主张前，A 房地产公司已将第 4、5、6 栋商品房出售并办理了过户登记手续，D 公司优先受偿主张应否获得支持？

3. 相关法律条文：

《合同法》第二百八十六条："发包人未按照约定支付价款的，承包人可以催告发包人在合理期限内支付价款。发包人逾期不支付的，除按照建设工程的性质不宜折价、拍卖的以外，承包人可以与发包人协议将该工程折价，也可以申请人民法院将该工程依法拍卖。建设工程的价款就该工程折价或者拍卖的价款优先受偿。"

《最高人民法院关于建设工程价款优先受偿权问题的批复》（最高法院审判委员会通过，2002 年 6 月 20 日公布，2002 年 6 月 27 日施行）。

上海市高级人民法院：

经沪院高法 [2001] 14 号《关于合同法第 286 条理解与适用问题的请示》收悉。

第5章 项目采购合同及合同管理

经研究,答复如下:

一、人民法院在审理房地产案件和办理执行案件中,应当依照《合同法》第二百八十六条的规定,认定建筑工程的承包人的优先受偿权优于抵押权和其他债权。

二、消费者交付购买商品房的全部或者大部分款项后,承包人就该商品房享有的工程价款优先受偿权不得对抗买受人。

三、建筑工程价款包括承包人为建设工程应当支付的工作人员报酬、材料款等实际支出的费用,不包括承包人因发包人违约所造成的损失。

四、建筑工程承包人行使优先受偿权的期限为6个月,自建设工程竣工之日或者建设工程合同约定的竣工之日起计算。

五、本批复第一条至第三条自公布之日起施行,第四条自公布之日起6个月后施行。

最高人民法院关于适用我国《合同法》若干问题的解释(一):"一、法律适用范围 第一条 《合同法》实施以后成立的合同发生纠纷起诉到人民法院的,适用《合同法》的规定;《合同法》实施以前成立的合同发生纠纷起诉到人民法院的,除本解释另有规定的以外,适用当时的法律规定,当时没有法律规定的,可以适用《合同法》的有关规定。"

《担保法》第五十五条第一、二款:"城市房地产抵押合同签订后,土地上新增的房屋不属于抵押物。"

需要拍卖该抵押的房地产时,可以依法将该土地上新增的房屋与抵押物一同拍卖,但对拍卖新增房屋所得,抵押权人无权优先受偿。

《中华人民共和国城市房地产管理法》第三十一条:"房地产转让、抵押时,房屋的所有权和该房屋占用范围内的土地使用权同时转让、抵押。"

案例5-2:材料采购合同样本

材料采购合同
(适用于非国家示范文本和非进交易中心的其他采购合同)

合同编号:_____

需方单位(甲方):上海市××建筑有限公司

供方单位(乙方):_____

根据《中华人民共和国合同法》、《中华人民共和国建筑法》、《上海市建筑市场管理条例》及有关法律、法规,遵循平等、自愿、公平和诚实信用的原则,为规范合同当事人的交易行为,保护合同双方的合法权益,保证产品质量和工程建设正常进行,经甲、乙双方协商一致,订立本合同。

第一条 材料供应工程概况
1. 工程名称:_____。
2. 工程地点:_____。

第二条 供应的材料名称:_____。

第三条 材料标的、数量、价款

序号	标的名称	牌号商标	规格型号	生产厂家	计量单位	数量	单价	金额	备注
合计人民币金额（大写）									

注：1）上述单价不得因市场行情波动而变化，上述单价已包括到交货地点的运输费用、运输中的损耗费用、装卸费、材料检测费；运输费、运输损耗费、装卸费、材料检测费等不可另行追加计算。

2）最终结算数量按甲方实际签收到的数量为准。

第四条　材料遵循的质量和技术标准要求

1. 乙方应严格按照双方约定的质量和技术标准要求供应材料。有国家或部颁技术质量标准要求的按现行的国家或部颁技术质量标准要求约定，如约定高于现行国家或部颁技术质量标准要求的或尚无国家或部颁标准按行业标准或企业标准或其他标准约定的，甲、乙方必须约定并在第二栏中给予写清。

2. 甲、乙双方约定材料验收遵循的质量和技术标准：＿＿＿＿＿＿＿＿＿＿＿＿＿＿＿＿＿＿＿＿＿＿＿＿＿＿＿＿＿＿＿＿＿＿＿＿＿＿＿。

3. 乙方应按现行的国家标准或部颁或甲乙双方约定的标准规定，随每批产品提供《产品合格证明》《质量检验报告》《产品质量保证书》《产品准用证》和其他相关技术质量资料。

4. 其他要求：＿＿。

第五条　验收标准、方法及提出异议期限

1. 乙方应在交货同时向甲方提交该批产品的《产品合格证明》《质量检验报告》《产品质量保证书》《产品准用证》和其他相关技术质量资料。

2. 验收标准按甲、乙双方上述第四条约定的该材料现行的国家或部颁标准或行业标准或已经主管部门备案的企业标准验收。

3. 甲方有提前送材料样品要求的，乙方应按照甲方要求送审材料样品，样品送审内容包括但不限于材料样品本身，还包括提供样品的材料品牌、商标、规格、型号、花色、技术质量检验报告、质量保证书、产品准用证、生产许可证等相关的技术质量资料。一旦甲、乙双方签约后且材料的样品得到甲方、业主及监理认可并且封存样品后，未经甲方、业主及监理同意，乙方不得作任何变更。正式交货时材料的质量、外观、品牌、商标、规格、型号、花色、标识、生产厂家、产品准用证、技术质量检验报告、质量保证书、生产许可证等其他相关技术质量资料应保持和样品一致，如所进材料和样品不一致，乙方属违约，乙方需承担违约责任，并赔偿甲方的经济损失。

4. 甲方有权于材料出厂前对材料进行测试检验，乙方需在各批材料出厂前5天通知甲方。

5. 材料数量以甲方书面签收为准。材料外观质量甲方应及时验收，必要时需经过业主和监理的验收通过，甲方、监理或业主发现质量问题应及时向乙方提出，在问题未查清之前该批产品必须封存不能使用。

6. 经核查该批产品确实不符合规定要求的，甲方由此受到的经济损失，包括工期损失均由乙方按违约责任承担。

7. 甲方在材料到场验收时未发现质量问题，但在使用时或使用后发现确实因该批材料质量未达到规定要求而引起的工程质量问题，如返工、工期延长等经济和工期损失均由乙方承担。

8. 乙方在材料运抵交货前5天通知甲方，甲方应提供堆放场地或堆放仓库。

9. 乙方需负责材料正式交货前的安全、保卫、防火、防盗工作，包括运输途中、卸货中的人身和材料的安全，在正式交货前，包括运输途中、卸货中如有人身伤害或材料受损失均由乙方负责。

第六条　乙方对材料质量负责的期限：_____。

第七条　材料包装标准、包装物的供应和回收：_____。

第八条　交货时间、地点及方式

1. 交货时间（包括每批材料交货时间和数量的约定）：_____。

2. 交货地点：_____。

3. 交货方式：按下列第（　　）种方式进行：

① 乙方送货　② 甲方自提自运

4. 乙方在产品运抵交货地点后，甲、乙双方应及时做好验收工作和书面交验签字记录，必要时需得到业主和监理的书面验收确认。

第九条　材料结算方式：_____。

第十条　材料付款方式

1. 材料付款方式：_____。

2. 在合同签约时，乙方对本工程的资金支付情况已作充分了解。乙方同意甲方按照业主资金到位情况给予材料款的支付，并共同承担资金风险。由于业主拖欠工程款而造成甲方不能支付乙方的情况，乙方不得追究甲方责任，但乙方有义务会同甲方，共同向造成资金风险的业主进行资金催讨和索赔。

第十一条　违约责任

1. 甲、乙双方应严格履行合同规定的各项条款，如合同一方违约，由违约方承担责任，并参照《合同法》及双方商定的有关条款赔偿经济损失。

2. 因质量不符合约定，甲方可要求更换或退货，更换视作逾期交货，退货视作不能交货，并承担违约责任。

3. 材料交货时间延误或材料质量达不到规定要求，而乙方又无积极措施确保按合同约定时间交货，或无力按约定质量标准交货的，乙方应承担违约责任，甲方有权单方面终止合同，乙方需负责赔偿由此造成甲方全部的经济损失。

4. 乙方不能全部或不能部分交货的属违约，乙方应向甲方赔偿按不能交货部分的价值的双倍金额作为违约金。

5. 由于乙方原因，造成材料交货时间延误时，乙方需向甲方支付违约金，违约金为每延误一天，按本合约总价的1%计算，按天累计。同时，甲方有权单方面终止合同，乙方承担赔偿责任。

6. 乙方在交货时间、材料质量、安全文明措施方面不能满足甲方要求时，甲方有权对由此造成的经济损失要求乙方赔偿。

7. 乙方由于非甲方的其他原因使合同无法履行的行为，属于违约，乙方应承担约给甲方造成的损失。

8. 乙方违约后，甲方要求乙方继续履行合同时，乙方承担上述违约责任后仍应继续履行合同。

第十二条 解除合同的条件

1. 甲、乙双方协商一致。

2. 因不可抗力致使不能实现合同目的的。

3. 在履行期限届满之前，乙方明确表示或以自己的行为表明不履行或延迟履行主要义务的，除赔偿违约损失外还可解除合同。

4. 乙方其他违约行为致使不能实现合同目的的。

5. 乙方其他违法行为已影响合同履约的。

6. 如甲方与业主签订的总承包合同以任何理由终止，则甲方应在此后的任何时间以书面形式通知乙方立即终止本分包合同的雇佣关系，乙方必须无条件接受。

第十三条 解决争议的方式

本合同纠纷解决方式：甲、乙双方协商解决，双方协商不能达成一致，应向合同签约地有管辖权的人民法院提出诉讼。

第十四条 其他条款

1. 乙方车辆及材料在运输途中及到达甲方现场后应遵守国家和地方现行的有关环境保护、职业健康和安全的法律、法规。

2. 乙方在施工现场应遵照甲方现行的一体化管理体系程序文件规定，实现施工范围内的质量、环境与职业健康安全目标（指标）达到规定要求。

3. 本合同的未尽事项，必要时由甲、乙双方另订补充合同，经签字盖章后与本合同具有同等法律效力。

4. 本合同自双方代表签字，加盖双方公章或合同专用章后生效。

5. 本合同一式_____份，双方各执正本_____份，副本_____份。

6. 其他约定：_____
_____。

合同签订单位：

甲方（盖章） 乙方（盖章）

上海市××建筑有限公司
法定代表或委托代理人：　　　　法定代表或委托代理人：
地址：上海市××路××号　　　　地址：
邮政编码：　　　　　　　　　　　邮政编码：
电话：　　　　　　　　　　　　　电话：
签约地点：
签约日期：

5.3　合同变更管理

5.3.1　工程变更的范围和确定

土木工程承包合同在实施的过程中，由于工程项目自身的性质特点，或设计图样的深度不够，或不可预见的自然因素与环境情况的变化，或第三方的干预和要求，或合同双方当事人处于对工程进展有利着想等，都会引起对工程的变更的需求。以下将结合FIDIC合同条款分别阐述有关工程变更的范围与规定、变更以后价格的决定以及对变更处理的权限和方法等。

按照国际土木工程项目承包惯例，有关容许工程变更的事宜，一般均应在合同中写明。如依据合同文件，业主、承包人或监理工程师有权要求变更设计、变更工程；承包人有权在工程变更时，得到应收的工程变更款项；监理工程师有权指示工程变更，并发布变更指令等。但是，工程变更只能是在原合同规定的工程范围内变动。不能在工程性质方面有很大的改变，否则就应重新订立合同。因为，若工程性质发生大的变更，承包人在投标时并未准备这些工程施工装备，如承包人原中标的工程项目是房屋建筑工程，而现在要变更成疏浚或填筑工程，承包人可能就需另外的工程施工设备，原来运至工地的施工机械、模板材料等可能已不再需要，还得另行运出工地。这时则有理由将此作为一项新合同，而不能作为原合同的变更，除非合同双方都同意将它当作工程变更对待。

1. 工程变更的性质和规定

（1）工程变更的性质

一般在土木工程项目实施中，只要在原合同规定的工程范围内进行变更，不超出合同规定，变更是允许的，必须或需要变更部分，一般在合同中已讲明的有：

1）工程中不可预见的情况出现。如不可预见的自然因素，像地质条件与原勘探钻孔点差别很大，桥梁基础下面地质状况出现变化、裂隙、溶洞等；出现山洪暴发、突发地震等；或其他社会的特殊风险等。

2）工程外部环境的变化。如电力、供水等能源供应紧张，发生严重的货源变化、原材料短缺等。

3）由业主方或其他第三方提出需改变设计。如高速公路施工中，当地的工厂或农民提出改通道为立交桥等；或业主提出更改高填方路堤为高架桥等。

4）由承包人提出工程变更，改变施工方法和工艺要求。如桥梁浇注混凝土满铺脚手架施工改为悬臂法施工，可大大降低工程成本等。

5）监理工程师出于对工程协调和有利工程进展的考虑，指示变更承包人的施工工段顺序等。

6）由于承包人违约或非故意造成工程缺陷，监理工程师不得不发出指令变更工程等。

FIDIC合同条款强调指出：只有监理工程师才有权指令工程变更。如果业主需要更改工程项目，他必须向监理工程师提出，由监理工程师发出有关的变更指示。如果业主要控制一定范围内的变更批准权，必须在合同的专用条款中写明。因此，监理工程师必须严格遵循所有FIDIC合同条款及合同其他文件中所列明的规定和条例，去处理有关工程变更的问题。

（2）工程变更的规定

依据FIDIC合同条款的规定，根据监理工程师的判断，如果他认为有必要对工程或其中任何部分的形式、质量或数量做出任何变更，为此目的或出于任何其他理由，他应有权指示承包人进行，而承包人也应进行变更工作。

但是监理工程师必须注意，不可以改变承包人既定的施工方法（除非监理工程师可以提出更有效的施工方法予以替代）。

1）工程变更超过15%时的合同总价的调整。监理工程师在签发整个工程的竣工交接证书时，如果出现如下情况，经监理工程师与业主和承包人适当协商之后，再按照监理工程师和承包人协商的结果，应在合同价格中加上或减去一笔调整的款额，如双方未能协商达成一致，此款额应由监理工程师在考虑合同中承包人的现场管理费用和总管理费增减的因素后予以确定。监理工程师应将根据本款做出的任何决定通知承包人，并将一份复制件呈交业主。上述调整的金额仅限于那些增加或减少超过有效合同价格的15%的那部分款额。

① 在执行了FIDIC合同条款规定，估价了全部变更后的工程。

② 对工程量清单中列的估算工程量经过计量后所作的各种调整，不包括暂定金额、计日工费用及按FIDIC相关条款规定所作的价格调整，而不是由于任何其他原因，使合同价格的增加或减少值合计起来超过"有效合同价格"的15%（"有效合同价格"是指不包括暂定金额和计日工费用的合同价格）。

2）承包人的杂费与利润计算办法。对于前述的管理费调整，对于承包人来说，在制定投标书时，他可将其杂费和利润以多种方式分摊，举例如下：

① 甲类间接费。如动员费、遣散费、承包人驻地与车间的安装费等，通常在工程量清单中以一笔固定总额单独列项。

② 乙类间接费是暂定金额中的间接费和利润，可能在工程量清单中以补充支付项开列。

③ 丙类间接费是指指令的计日工中的间接费与利润，通常已在计日工明细表所列单价中包括，或以百分率表示。

④ 丁类间接费是指其他的间接费和利润，它们很可能已分摊进清单中的各项单价之中。变更工程估价时使用的单价仅含有丁类间接费与利润。

⑤ 承包人还有一部分间接费，诸如购置汽油、润滑油、柴油、轮胎及其他消耗品，这部分费用的多少，与实际完成的工程量有直接关系。

⑥ 还有一些其他间接费。如承包人公司本部的管理费、高级管理人员费用以及上述甲类间接费，都是一笔固定的或一次支付的费用，与已完成工程量多少无直接关系。

鉴于上述间接费之不同，才有必要编入合同条件。因为，如果上述甲类间接费总值及丁类各工程细目的总值与合同中所列的相对应的报价的差异，总的算起来相差过大（丁类中不包括价格调整——另行考虑），则产生的问题是：如果合同总价增加了，承包人在固定不变的间接费项目上受益，在此情况下，承包人等于是用不着增加某些间接费用（比如不用增加驻地用房车间等），就可以多完成更多的工程量，从而增加收益；相反，如果合同总值减少了，其将受损。

例如，如果一条路段上17座小桥被减去了8座，则承包人已为17座小桥准备了混凝土梁预制场的规模和设备已经花钱建成了，而生产任务减少近半，如果预制场的建设是列在以总价支付的"承包人驻地建设"支付项中，而且在报价时，场地规模是以17座桥为基础，承包人显然因桥梁数目减少在这个项目上多花了钱，受到损失；反之，如果增加8座桥，承包人自然受益。工程总价增减对承包人影响的程度要看承包人的上述甲类间接费及其他固定间接费的多少而定，而已摊入单价的间接费则不受影响。

按照相关条款，增减在15%之内是不考虑调整的，超过了这个比例要考虑调整承包人的上述间接费。

这里应分清上述调整和变更单项工程数量时的单价调整的不同。上述调整是在完工后颁发工程交接证书时对合同总价的一次性总调整，而单项工程的单价调整是在每次变更中工程师应予考虑的。

2. 对工程变更的估价

监理工程师在依据FIDIC合同条款规定发布工程变更指令后，不应以任何方式使合同作废或失效。但由于发布工程变更不包括在原合同造价内，这就牵涉到要增加或减少工程费用的问题，即对工程变更的估价问题。在国际性土木工程建造过程中，监理工程师和业主与承包人之间最常见的争议，就是工程变更后的估价或作价问题。

对于变更工程的估价问题，根据FIDIC条款规定如下：

1）对于所有按监理工程师指示的工程变更，若属于原合同中的工程量清单上工作项目的增加或减少，其费用及单价一般应据合同中工程量清单所列的单价或价格而定，或参考工程量清单的相关、相似单价而定。

2）如果合同的工程量清单中没有包括使用此项变更工作的单价或价格时，则合同中的费率或价格只要合理，可以作为估价的基础。若不适用，合理的价格要由监理工程师与业主和承包人三方共同协商解决而定。如协商不成，则应由监理工程师在其认为是合理的前提下，决定此项变更工程的费率或价格，并通知业主和承包人。如业主和承包人双方达成一致，监理工程师可在同意或决定费率或价格之前，选定暂时的费率或价格，以便有可能作为暂时付款，列在签发的支付证书中。承包人一般是要么同监理工程师协商，合理地要求到自己争取的单价和价格，要么提出索赔。

3）监理工程师需作决定的单项造价及费率，是相对于整个工程或分项工程中工程性质和数量有较大的变更，用工程量清单中的价格已是不合理的或是不合适时。例如，在概算工程量清单内已有100个同样的分部细目，这毫无疑问可以用工程量清单内的价格；若原工程量清单中只有10个同样的细目，这时，多做100个同样的分部细目显然是对承包人有利的，可以用同样的施工机具、模板、支架等手段来施工时，引用原来单价的价格显然不合理，需要把单价调低一些。

5.3.2　工程变更价款的调整

由监理工程师同意和决定的变更工程的价格内包括利润。新的单价或价格的决定有以下几种办法：

1) 实际价格的详细核算。

2) 可以比较同类细目单价分析表内的已有价格。例如，工程量清单中已有桥梁明挖基础深度 1.5 米、2 米和 2.5 米的价格，而要决定挖 3 米深时的价格，可以按前面的价格以线性比例来决定。

3) 这里需要注意的特殊情况是，原来合同中工程量清单内的价格明显太高或太低，不合理。例如，承包人在投标时使用了不平衡报价法，某项工程预计施工时的变更报价较高，这就需要监理工程师与业主和承包人协商定出一个合理价格，或由监理工程师制定一个合理的价格。

工程变更后的付款中，有一定比例的外币。在监理工程师与业主和承包人确定或决定费率或价格的任何协议中，应说明以不同货币支付的比例，或者说明应包括的任何外币及其所占的比例。

在变更作价的工作中，对于原合同内有标价的工程量清单的费率或价格不应随便地考虑变动，除非该单项工程涉及的累计款额超过合同价格的 2% 或 1%，同时在该单项工程下实施的实际工程量超出或少于原工程量清单中工程量的 25% 及以上。在许多世界银行贷款公路工程项目中，合同文件规定了必须同时具备两个条件才变更合同单价，即工程量变动 25% 及 25% 以上和该工程单项的累计总价超过合同价的 2% 或 1%，这样的合同条件减少了监理工程师的烦琐作价工作，可以把精力花在重要在事情上，并且也较好地限制了设计变更的权利。

关于实际发生的工程量对原估计的工程数量的比重和相应做出的单价调整问题。一般来讲，工程量减少会使单价提高，工程量增加会使单价降低。例如，斯里兰卡规定：工程量增加到 150% 及以上时，单价由 100% 降为 83%；在 125% ~ 150% 之间的增加，单价降为 90%；在 105% ~ 125% 之间的工程量增加，单价降为 95%。若工程量比原合同中的少到 75%，单价可以由原来 100% 升高到 115%，原合同中规定的工程量价格不变，只调整超过或减少部分的工程量的单价。这种做法，可以参照采用。

5.3.3 工程变更中应注意的问题

施工项目合同履行过程中经常遇到不可抗力问题、施工合同的变更、违约、索赔、争议、终止与评价等问题，导致工程发生变更，在施工过程中，应注意以下情况。

1. 发生不可抗力

不可抗力是指合同当事人不能预见、不能避免并不能克服的客观情况。建设工程施工中的不可抗力包括因战争、动乱、空中飞行物坠落或其他非发包方责任造成的爆炸、火灾，以及专用条款中约定程度的风、雨、雪、洪水、地震等自然灾害。

在订立合同时，应明确不可抗力的范围，双方应承担的责任。在合同履行中加强管理和防范措施。当事人一方因不可抗力不能履行合同时，有义务及时通知对方，以减轻可能给对方造成的损失，并应当在合理期限内提供证明。

不可抗力发生后，承包人应在力所能及的条件下迅速采取措施，尽量减少损失，并在不可抗力事件发生过程中，每隔 7 天向工程师报告一次受害情况；不可抗力事件结束后 48 小时内向工程师通报受害情况和损失情况，及预计清理和修复的费用；14 天内向工程师提交清理和修复费用的正式报告。

因不可抗力事件导致的费用及延误的工期由合同双方承担责任：

1）工程本身的损害、因工程损害导致第三方人员伤亡和财产损失以及运至施工现场用于施工的材料和待安装的设备的损害，由发包人承担。

2）发包方、承包方人员伤亡由其所在单位负责，并承担相应费用。

3）承包人机械设备损坏及停工损失，由承包人承担。

4）停工期间，承包人应工程师要求留在施工场地的必要的管理人员及保卫人员的费用由发包人承担。

5）工程所需清理、修复费用，由发包人承担。

6）延误的工期应相应顺延。

因合同一方迟延履行合同后发生不可抗力的，不能免除迟延履行方的相应责任。

2. 合同变更

合同变更是指依法对原来合同进行的修改和补充，即在履行合同项目的过程中，由于实施条件或相关因素的变化，而不得不对原合同的某些条款做出修改、订正、删除或补充。合同变更一经成立，原合同中的相应条款就应解除。合同变更是在条件改变时，对双方利益和义务的调整，适当及时的合同变更可以弥补原合同条款的不足。

合同变更一般由工程师提出变更指令，它不同于《示范文本》的"工程变更"或"工程设计变更"。后者是由发包人提出并报规划管理部门和其他有关部门重新审查批准。

（1）合同变更的理由

1）工程量增减。

2）资料及特性的变更。

3）工程标高、基线、尺寸等变更。

4）工程的删减。

5）永久工程的附加工作，设备、材料和服务的变更等。

（2）合同变更的原则

1）合同双方都必须遵守合同变更程序，依法进行，任何一方都不得单方面擅自更改合同条款。

2）合同变更要经过有关专家（监理工程师、设计工程师、现场工程师等）的科学论证和合同双方的协商。在合同变更具有合理性、可行性，而且由此引起的进度和费用变化得到确认和落实的情况下方可实行。

3）合同变更的次数应尽量减少，变更的时间亦应尽量提前，并在事件发生后的一定时限内提出，以避免或减少给工程项目建设带来的影响和损失。

4）合同变更应以监理工程师、业主和承包商共同签署的合同变更书面指令为准，并以此作为结算工程价款的凭据。在紧急情况下，监理工程师的口头通知也可接受，但必须在48小时内追补合同变更书。承包人对合同变更若有不同意见可在7~10天内书面提出，但业主决定继续执行的指令，承包商应继续执行。

5）合同变更所造成的损失，除依法可以免除的责任外，如由于设计错误、设计所依据的条件与实际不符、图与说明不一致、施工图有遗漏或错误等，应由责任方负责赔偿。

(3) 合同变更的程序

合同变更的程序应符合合同文件的有关规定，其流程如图5-3所示。

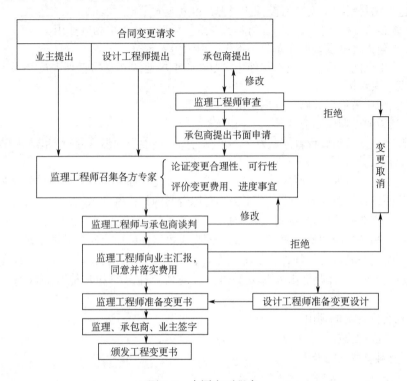

图 5-3　合同变更程序

3. 合同解除

合同解除是在合同依法成立之后的合同规定的有效期内，合同当事人的一方有充足的理由，提出终止合同的要求，并同时出具包括终止合同理由和具体内容的申请，合同双方经过协商，就提前终止合同达成书面协议，宣布解除双方由合同确定的经济承包关系。

(1) 合同解除的理由

1) 施工合同当事双方协商，一致同意解除合同关系。

2) 因为不可抗力或是非合同当事人的原因，造成工程停建或缓建，致使合同无法履行。

3) 由于当事人一方违约致使合同无法履行。违约的主要表现有：

① 发包人不按合同约定支付工程款（进度款），双方又未达成延期付款协议，导致施工无法进行，承包人停止施工超过56天，发包人仍不支付工程款（进度款），承包人有权解除合同。

② 承包人发生将其承包的全部过程，或将其肢解以后以分包的名义分别转包给他人；或将工程的主要部分，或群体工程的半数以上的单位工程倒手转包给其他施工单位等转包行为时，发包人有权解除合同。

③ 合同当事人一方的其他违约行为致使合同无法履行，合同双方可以解除合同。

当合同当事一方主张解除合同时，应向对方发出解除合同的书面通知，并在发出通知前7天告知对方。通知到达对方时合同解除。对解除合同有异议时，按照解决合同争议程序处理。

（2）合同解除后的善后处理

1）合同解除后，当事人双方约定的结算和清理条款仍然有效。

2）承包人应当按照发包人要求妥善做好已完工程和已购材料、设备的保护和移交工作，按照发包人要求将自有机械设备和人员撤出施工现场。发包人应为承包人撤出提供必要条件，支付以上所发生的费用，并按合同约定支付已完工程款。

3）已订货的材料、设备由订货方负责退货或解除订货合同，不能退还的货款和退货、解除订货合同发生的费用，由发包人承担。

5.4 合同索赔

5.4.1 索赔概述

1. 索赔的概念

索赔是指承包人根据具体的合同条件规定，正式向业主要求的一种额外支付。实际上，几乎所有国际工程合同，都会出现程度不同的索赔，因此业主委托给监理工程师或自己亲自处理的一个重要职责，就是如何防止不必要的索赔，以及一旦索赔发生后应如何处理索赔。

工程项目进行过程中有很多不确定因素，甚至是不可抗拒的，如飓风、特大洪水、地震、山崩或泥石流等。另外，难以预料的地下障碍，土壤或水文条件的、异常的恶劣气候，进口材料及施工机械在运输中出现的意外事故，或者货源提供地发生战争、罢工、劳资纠纷等，都可能使工程受到影响，延误工程进度。有时，还由于业主的原因造成延误：如图样的延误、公路占地和拆迁的延误等，当上述任何一种因素发生后，索赔常常是难以避免的。为了保护业主和承包人双方利益不受到损害，合同条件中针对索赔作了很多规定。监理工程师应公平合理地按照合同条件的有关规定向承包人做出额外支付——索赔。

索赔直接涉及业主和承包人利益，妥善处理索赔和防止不必要的索赔是监理工程师的一项重要工作内容。在合同实施期间，监理工程师必须根据业主和承包人签署的合同文件，站在公正的立场处理索赔问题。

2. 索赔的种类

索赔的种类很多，分类的方法也各不相同，本书不作详细的讨论。仅就国内土建工程中常见的几种索赔作一些概括性的介绍。而且，这里主要指的是承包人向业主提出的索赔，这是合同管理中最为常见的索赔。至于业主向承包人提出的索赔，也称为"反索赔"。

（1）监理工程师的延误造成的索赔

1）图样、指令等的签发有延误。在任何情况下，如果监理工程师未能在合理的时间内,按照承包人提出的通知要求,签发图样或者指令,使承包人蒙受延误或发生了额外费用,监理工程师在与业主和承包人协商之后,确定应按照合同条款规定给予承包人合理的延期,并将发生的额外费用款额加到合同价格中,并就此通知承包人,抄送业主一份复印件。由于上述原因发生的延误索赔,只计成本,不包括利润。

2) 放样资料不正确。在工程实施过程中,如果发生任何部分工程的位置、标高、尺寸或线形出现误差,导致承包人蒙受损失,而且这种误差是由于监理工程师书面提供的数据不正确引起的,则应按照规定,将纠正错误的费用加到合同价格中,承包人除了索取成本外,还要包括利润。

3) 取样与试验或检验费用。如果监理工程师要求承包人做的试验或检验是属于合同中未曾指明或者未作规定的,或合同中没有特别指出的,或已指明或做了规定,但监理工程师要求做的检验是在被检验的材料或设备的制造、加工或配制场地以外的其他地方进行。如检验以后表明操作工艺或材料不符合合同要求,不能令监理工程师满意,则上述检验的费用应由承包人负担;如检验以后表明符合合同要求,则监理工程师在与业主和承包人协商之后,应确定按照合同规定给予延长工期,以及将上述费用的款额加到合同价格中,并就此通知承包人,抄送业主一份复印件。此类费用只计成本,不包括利润。

4) 暴露和开孔费用。根据该条款的规定,监理工程师可能随时指令承包人,要求暴露工程的任一部分,或在其内部或贯穿其内部开孔,并要求承包人负责该部分恢复原状。如果该部分已经根据合同要求已予覆盖或掩蔽,经过暴露开孔或者贯通内部进行了检查,证明其施工的质量仍符合合同要求,则监理工程师在与业主和承包人协商后,应确定有关暴露、开孔、贯通以及恢复原状的费用款额,并将其加到合同价格中。此类费用只计成本,不考虑利润。如果检验之后,证明不符合合同要求,则所有费用应由承包人负担。

5) 工程暂停。根据通用条款的规定,承包人应按照监理工程师指令中认为必要的时间和方式,暂停工程或其任何部分的施工,在暂停期间还应按照监理工程师的意见,在必要的范围内,对工程或任何部分工程给予妥善的保护。工程暂停除了:合同中另有规定;或由于承包人一方的失误或违约导致的,或属于承包人应对其负责的;或由于现场的气候条件导致的;或为了工程的合理施工,或为了工程或其部分的安全所需的暂停(由于监理工程师或业主的任何行为或者失误,或规定的任何一种风险而引起的除外)。否则,监理工程师应按照规定,在与业主和承包人协商之后按照通用条件规定,给予承包人延长工期,同时由于工程暂停导致承包人蒙受损失的费用,应加到合同价格中。此类费用只计成本,不包括利润。

(2) 业主的延误造成的索赔

1) 提供工程用地及出入通道。根据通用条款规定,业主应按合同中规定的给予承包人可供随时占有的工程用地。如果合同中未明确规定,业主应在监理工程师发出开工通知书的同时给予承包人占有一定范围的现场和由业主按合同提供的出入现场的通道,以使承包人能够开工,并按照规定所编制的工程进度计划持续施工。随着工程的进行,业主应按工程施工进展情况,随时向承包人提供进一步需要的更多的工程用地。

如果业主未能提供给承包人施工所用的现场或出入现场的通道,而使承包人的施工进度受到延误或发生了额外费用,监理工程师在与业主和承包人协商之后应确定:按照通用条款规定,给予承包人延长工期,并将发生的附加费用款额加到合同价格中。此类费用只计成本,不包括利润。

2)未能按时向承包人付款。根据通用条款规定,业主未按合同规定的支付期到期后28天内(或专用条款规定的时间内)向承包人支付,根据监理工程师签发的证书规定的应付款额,应向承包人支付合同文件中规定利率的、全部未付款的利息。付息时间从应付而未付该款项之日算起。

(3)难以预见的因素造成的索赔

1)不利的实物障碍或自然条件。根据合同条款规定,在工程实施过程中承包人如果遇到除了不利气候条件以外的,即使一个有经验的承包人也不能合理预见的实物障碍或自然条件,则承包人应立即就此通知监理工程师,监理工程师在收到通知后,如果认为此类障碍或条件,确实不可能为一个有经验的承包人所合理预见,在与业主和承包人协商之后,应决定按照通用条款规定给予承包人延期,及将承包人由此发生的费用加到合同价格中去。上述决定还应考虑监理工程师曾向承包人签发此有关的任何指令,以及在监理工程师未签发此类专门指令之前,承包人采取的、并使监理工程师可以接受的其他任何合理而恰当的措施。

所谓难以预料的实物障碍或自然条件,是指一个有经验的承包人在投标时难以预料的障碍或条件。实物障碍是指人为的地下障碍,包括地下的旧有结构物、废弃的污水管道、供水管道、地下电缆或各类基础等。自然条件是指地下的地质、水文及土壤条件与合同文件所述有明显的差异或变化,如软土,原设计未作处理,在路堤完成以后,发生了较大的沉陷;又如在基础施工时,发生承压水,使工程进度受到延误。

处理此类索赔应注意:

① 不利的气候条件因素要排除在外,不利的气候因素应按相应因素处理,只给延期,不给费用补偿。

② 所指的地下或地质水文条件的变异,是对于设计中实际给出的资料数据而言,对于承包人从所给数据或信息中推论出来的或解释得来的结果,不能作为索赔的依据。

③ 要考虑投标时对投标人的前提条件,就是应认为投标人已经进行了现场考察,也就是说,已对现场和周围环境的情况有所了解,包括料场、地面现状和地面障碍、交通干扰等做了初步考察,而且作为一个有经验的承包人,应当从考察中合理预见到的问题,这些都不能成为提出索赔的理由。

对于实物障碍或自然条件而发生的索赔,如经审查后认为合理,则此类索赔款额也只计成本,不包括利润。

2)化石、文物。如果工程现场发现化石、钱币、有价值的物品或文物、古建筑结构物以及具有地质或考古价值的遗迹或文物,承包人应采取合理的保护措施,防止他的工人或其他人员的移动或损坏,并执行监理工程师有关处理上述物品的指令。对于由此引起的承包人延误或损失,监理工程师在与业主和承包人协商之后应确定给予承包人延长工期和附加费用的款额,费用款额只计成本,不包括利润。

监理工程师在处理这个问题时也可按照通用条件——难以预料的实物障碍或自然条件，或按通用条件——工程暂停，或者按通用条件——附加工程进行处理（此时附加工程的费用需包括利润）。所发生的费用单价，可利用或参照工程量清单中的类似单价或者由监理工程师拟定新的单价。此类费用除了成本之外，还包括利润。

3）业主的风险造成的延期与索赔，包括：

① 战争、战争行动（不论宣战与否）、入侵、外国敌人的行动。

② 叛乱、革命、暴动、军事政变或篡夺政权或内战。

③ 任何燃料或核燃料燃烧后的核废物，或有放射性的有毒炸药，或任何爆炸性核装置或其核成分的其他危险性质引起的电离辐射或放射性污染。

④ 以音速或超音速飞行的飞机或其他飞行物引起的压力波。

⑤ 暴乱、骚乱或混乱，但纯系承包人或其分包人雇佣人员由本工程施工引起的骚乱、混乱除外。

⑥ 除合同规定者外，永久工程的任何区段和部分确因业主使用或占用而造成的损失或损害。

⑦ 确实由于本工程的设计引起的损失或损害，但承包人提供的或承包人负责的设计的任何部分除外。

⑧ 有经验的承包人不可能预见并采取措施加以预防的任何一种自然力的作用。

如果由于上述任何一种风险或其他风险合并造成的损失或损害，承包人有责任在监理工程师要求时或按照监理工程师要求的范围内，对工程的损害进行补救，其费用则由监理工程师按照通用条件的规定，在合同价格中确定出一个额外的支付款额，由业主给予支付。此类补偿的款额除了成本之外，还包括利润。

应当指出：上述风险，视保险公司的业务范围不同，有的是可以向保险公司投保的，这样就把此类风险转移给了保险公司，其损失大多可以从保险公司得到补偿。

5.4.2　索赔程序

索赔是在经济活动中，合同当事人一方因对方违约，或其他过错，或无法防止的外因而受到损失时，要求对方给予赔偿或补偿的活动。

在施工项目合同管理中的施工索赔，一般是指承包商（或分包商）向业主（或总承包商）提出的索赔，而把业主（或总承包商）向承包商（或分包商）提出的索赔称为反索赔，广义上统称索赔。

施工索赔是承包商由于非自身原因，发生合同规定之外的额外工作或损失时，向业主提出费用或时间补偿要求的活动。

下面将以施工索赔为例，讲述索赔的过程。

1. 施工中通常可能发生的索赔事件

1）业主没有按合同规定的时间交付设计图样数量和资料，未按时交付合格的施工现场等，造成工程拖延和损失。

2）工程地质条件与合同规定、设计文件不一致。

3）业主或监理工程师变更原合同规定的施工顺序，扰乱了施工计划及施工方案，使工程数量有较大增加。

4）业主指令提高设计、施工、材料的质量标准。

5）由于设计错误或业主、工程师错误指令，造成工程修改、返工、窝工等损失。
6）业主和监理工程师指令增加额外工程，或指令工程加速。
7）业主未能及时支付工程款。
8）物价上涨，汇率浮动，造成材料价格、工人工资上涨，承包商蒙受较大损失。
9）国家政策、法令修改。
10）不可抗力因素等。

2. 施工索赔的分类

施工索赔的主要分类，如表5-2所示。

表5-2 施工索赔的分类

分类标准	索赔类别	说明
按索赔的目的分	工期延长索赔	由于非承包商方面的原因造成工程延期时，承包商向业主提出的推迟竣工日期的索赔
	费用损失索赔	承包商向业主提出的，要求补偿因索赔事件发生而引起的额外开支和费用损失的索赔
按索赔的原因分	延期索赔	由于业主原因不能按原定计划的时间进行施工所引起的索赔。主要有：发包人未按照约定的时间和要求提供材料设备、场地、资金、技术资料，或设计图样的错误和遗漏等原因引起停工、窝工
	工程变更索赔	由于对合同中规定施工工作范围的变化而引起的索赔。主要是由于发包人或监理工程师提出的工程变更，由承包人提出但经发包人或监理工程师同意的工程变更；设计变更或设计错误、遗漏，导致工程变更，工作范围改变
按索赔的原因分	施工加速索赔（又称赶工索赔、劳动生产率损失索赔）	如果业主要求比合同规定工期提前，或因前段的工程拖期，要求后一阶段弥补已经损失工期，使整个工程按期完工，需加快施工速度而引起的索赔。一般是延期或工程变更索赔的结果 施工加速应考虑加班工资、提供额外监管人员、雇佣额外劳动力、采用额外设备、改变施工方法造成现场拥挤、疲劳作业等使劳动生产率降低
	不利现场条件索赔	因合同的图样和技术规范中所描述的条件与实际情况有实质性不同，或合同中未作描述，但发生的情况是一个有经验的承包商无法预料的时候，所引起的索赔。如复杂的现场水文地质条件或隐藏的不可知的地面条件等

(续)

分类标准	索赔类别	说明
按索赔的合同依据分	合同内索赔	索赔依据可在合同条款中找到明文规定的索赔。这类索赔争议少，监理工程师即可全权处理
	合同外索赔	索赔权利在合同条款内很难找到直接依据，但可来自普通法律，承包商需有丰富的索赔经验方能实现。索赔表现多为违约或违反担保造成的损害。此项索赔由业主决定是否索赔、监理工程师无权决定
	道义索赔 （又称额外支付）	承包商对标价估计不足，虽然圆满完成了合同规定的施工任务，但期间由于克服了巨大困难而蒙受了重大损失，为此向业主寻求优惠性质的额外付款。这是以道义为基础的索赔，既无合同依据，又无法律依据。这类索赔监理工程师无权决定，只是在业主通情达理、出于同情时才会超越合同条款给予承包商一定的经济补偿
按索赔的处理方式分	单项索赔	在一项索赔事件发生时或发生后的有效期间内，立即进行的索赔。索赔原因单一、责任单一、处理容易
	总索赔 （又称一揽子索赔）	承包商在竣工之前，就施工中未解决的单项索赔，综合起来提出的总索赔。总索赔中的各单项索赔常常是因为较复杂而遗留下来的，加之各单项索赔事件相互影响，使总索赔处理难度大，金额也大

3. 施工索赔的程序

（1）意向通知

索赔事件发生时或发生后，承包商应立即通知监理工程师，表明索赔意向，争取支持。

（2）提出索赔申请

索赔事件发生后的有效期内，承包商要向监理工程师提出正式书面索赔申请，并抄送业主。其内容主要是索赔事件发生的时间、实际情况及事件影响程度，同时提出索赔依据的合同条款等。

（3）提交索赔报告

承包商在索赔事件发生后，要立即搜集证据，寻找合同依据，进行责任分析，计算索赔金额，最后形成索赔报告，在规定期限内报送监理工程师，抄送业主。

（4）索赔处理

承包商在索赔报告提交之后，还应每隔一段时间主动向对方了解情况并督促其快速处理，并根据所提出的意见随时提供补充资料，为监理工程师处理索赔提供帮助、支持与合作。

监理工程师（业主）接到索赔报告后，应认真阅读和评审，对不合理、证据不足之处提出反驳和质疑,与承包商经常沟通、协商。最后由监理工程师起草索赔处理意见,双方就有关问题协商、谈判,合同内的单一索赔,一般协商就可以解决。对于双方争议较大的索赔问题,可由中间人调解解决,或进而由仲裁诉讼解决。

施工索赔的程序如图 5-4 所示。

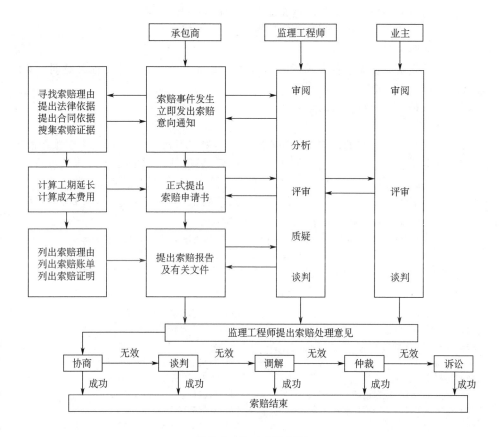

图 5-4　施工索赔程序

4. 索赔报告

索赔报告由承包商编写,应简明扼要,符合实际,责任清晰,证据可靠,计算方法正确,结果无误。索赔报告编制得好坏,是索赔成败的关键。

(1) 索赔报告的报送时间和方式

索赔报告一定要在索赔事件发生后的有效期(一般为 28 天)内报送,过期索赔无效。

对于新增工程量、附加工作等应一次性提出索赔要求,并在该项工程进行到一定程度,能计算出索赔额时,提交索赔报告;对于已征得监理工程师同意的合同外工作项目的索赔,可以在每月上报完成工程量结算单的同时报送。

(2) 索赔报告的基本内容

题目:高度概括索赔的核心内容,如"关于×××事件的索赔"。

事件：陈述事件发生的过程，如工程变更情况，不可抗力发生的过程，以及期间监理工程师的指令，双方往来信函、会谈的经过及纪要，着重指出业主（监理工程师）应承担的责任。

理由：提出作为索赔依据的具体合同条款、法律、法规依据。

结论：指出索赔事件给承包商造成的影响和带来的损失。

计算：列出费用损失或工程延期的计算公式（方法）、数据、表格和计算结果，并依此提出索赔要求。

综合：总索赔应在上述各分项索赔的基础上提出索赔总金额或工程总延期天数的要求。

附录：各种证据材料，即索赔证据。

（3）索赔证据

索赔证据是支持索赔的证明文件和资料。它是附在索赔报告正文之后的附录部分，是索赔文件的重要组成部分。证据不全、不足或者没有证据，索赔是不可能成功的。

索赔的证据主要来源于施工过程中的信息和资料。承包商只有平时经常注意这些信息资料的收集、整理和积累，存档于计算机内，才能在索赔事件发生时，快速地调出真实、准确、全面、有说服力、具有法律效力的索赔证据来。

可以直接或间接作为索赔证据的资料很多，如表5-3所示。

表5-3　索赔的证据

施工记录方面	财务记录方面
（1）施工日志	（1）施工进度款支付申请单
（2）施工检查员的报告	（2）工人劳动计时卡
（3）逐月分项施工纪要	（3）工人分布记录
（4）施工工长的日报	（4）材料、设备、配件等的采购单
（5）每日工时记录	（5）工人工资单
（6）同业主代表的往来信函及文件	（6）付款收据
（7）施工进度及特殊问题的照片或录像带	（7）收款单据
（8）会议记录或纪要	（8）标书中财务部分的章节
（9）施工图样	（9）工地的施工预算
（10）业主或其代表的电话记录	（10）工地开支报告
（11）投标时的施工进度表	（11）会计日报表
（12）修正后的施工进度表	（12）会计总账
（13）施工质量检查记录	（13）批准的财务报告
（14）施工设备使用记录	（14）会计往来信函及文件
（15）施工材料使用记录	（15）通用货币汇率变化表
（16）气象报告	（16）官方的物价指数、工资指数
（17）验收报告和技术鉴定报告	

5. 索赔计算

（1）工期索赔及计算

工期索赔的目的是取得业主对于合理延长工期的合法性的确认。在施工过程中，许多原因都可能导致工期拖延，但只有在某些情况下才能进行工期索赔，如表5-4所示。

表 5-4　工期拖延与索赔处理

种 类	原因责任者	处 理
可原谅不补偿延期	责任不在任何一方，如不可抗力、恶性自然灾害	工期索赔
可原谅应补偿延期	业主违约，非关键线路上工程延期引起费用损失	费用索赔
	业主违约，导致整个工程延期	工期及费用索赔
不可原谅延期	承包商违约，导致整个工程延期	承包商承担违约罚款并承担违约后业主要求加快施工或终止合同所引起的一切经济损失

在工期索赔中，首先要确定索赔事件发生对施工活动的影响及引起的变化，然后再分析施工活动变化对总工期的影响。

常用的计算索赔工期的方法有：

1）网络分析法。网络分析法是通过分析索赔事件发生前后网络计划工期的差异计算索赔工期的。这是一种科学合理的计算方法，适用于各类工期索赔。

2）对比分析法。对比分析法比较简单，适用于索赔事件仅影响单位工程，或分部分项工程的工期，需由此而计算对总工期的影响。计算公式为

$$总工期索赔 = 原合同总工期 \times \frac{额外或新增工程量价格}{原合同总价}$$

3）劳动生产率降低计算法。在索赔事件干扰正常施工导致劳动生产率降低，而使工期拖延时，计算索赔工期的公式为

$$索赔工期 = 计划工期 \times \frac{预期劳动生产率 - 实际劳动生产率}{预期劳动生产率}$$

4）简单加总法。

在施工过程中，由于恶劣气候、停电、停水及意外风险造成全面停工而导致工期拖延时，可以一一列举各种原因引起的停工天数，累加结果，即可作为索赔天数。

应该注意的是，由多项索赔事件引起的总工期索赔，不可以用各单项工期索赔天数简单相加，最好用网络分析法计算索赔工期。

（2）费用索赔及计算

1）费用索赔及其费用项目构成。费用索赔是施工索赔的主要内容。承包商通过费用索赔要求业主对索赔事件引起的直接损失和间接损失给予合理的经济补偿。

计算索赔额时，一般是先计算与事件有关的直接费，然后计算应摊到的管理费。费用项目构成、计算方法与合同报价中基本相同，但具体的费用构成内容却因索赔事件性质不同而有所不同。表 5-5 中列出了工期延长、业主指令工程加速、工程中断、工程量增加和附加工程等类型索赔事件的可能费用损失项目的构成及其示例。

表 5-5　索赔事件的费用项目构成示例

索赔事件	可能的费用损失项目	示　例
工期延长	（1）人工费增加 （2）材料费增加 （3）现场施工机械设备停置费 （4）现场管理费增加 （5）因工期延长和通货膨胀使原工程成本增加 （6）相应保险费、保函费用增加 （7）分包商索赔 （8）总部管理费分摊 （9）推迟支付引起的兑换率损失 （10）银行手续费和利息支出	包括工资上涨、现场停工、窝工、生产效率降低、不合理使用劳动力等的损失 因工期延长，材料价格上涨 设备因延期所引起的折旧费、保养费或租赁费等 包括现场管理人员的工资及其附加支出，生活补贴，现场办公设施支出，交通费用等 分包商因延期向承包商提出的费用索赔 因延期造成公司总部管理费增加 工程延期引起支付延迟
业主指令工程加速	（1）人工费增加 （2）材料费增加 （3）机械使用费增加 （4）因加速增加现场管理人员的费用 （5）总部管理费增加 （6）资金成本增加	因业主指令工程加速造成增加劳动力投入，不经济地使用劳动力，生产率降低和损失等 不经济地使用材料，材料提前交货的费用补偿，材料运输费增加 增加机械投入，不经济地使用机械 费用增加和支出提前引起负现金流量所支付的利息
工程中断	（1）人工费 （2）机械使用费 （3）保函、保险费、银行手续费 （4）贷款利息 （5）总部管理费 （6）其他额外费用	如留守人员工资，人员的遣返和重新招雇费，对工人的赔偿金等 如设备停置费，额外的进出场费，租赁机械的费用损失等 如停工、复工所产生的额外费用，工地重新整理费用等
工程量增加或附加工程	（1）工程量增加所引起的索赔额，其构成与合同报价组成相似 （2）附加工程的索赔额，其构成与合同报价组成相似	工程量增加小于合同总额的5%，为合同规定的承包商应承担的风险，不予补偿 工程量增加超过合同规定的范围（如合同额的15%~20%），承包商可要求调整单价，否则合同单价不变

2）费用索赔额的计算。

① 总索赔额的计算方法。

a．总费用法。总费用法是以承包商的额外增加成本为基础，加上管理费、利息及利润作为总索赔值的计算方法。这种方法要求原合同总费用计算准确，承包商报价合理，并且在施工过程中没有任何失误，合同总成本超支均为非承包商原因所致等条件，这一般在实践中是不可能的，因而应用较少。

b．分项法。分项法是先对每个引起损失的索赔事件和各费用项目单独分析计算，最终求和。这种方法能反映实际情况，清晰合理，虽然计算复杂，但仍被广泛采用。

② 人工费索赔额的计算方法。

计算各项索赔费用的方法与工程报价时的计算方法基本相同，不再多叙。但其中人工费索赔额计算有两种情况，分述如下：

a. 由增加或损失工时计算。额外劳务人员雇佣、加班人工费索赔额 = 增加工时 × 投标时人工单价

闲置人员人工费索赔额 = 闲置工时 × 投标时人工单价 × 折扣系数（一般为 0.75）

b. 由劳动生产率降低额外支出人工费的索赔计算。

- 实际成本和预算成本比较法。这种方法是用受干扰后的实际成本与合同中的预算成本比较，计算出由于劳动效率降低造成的损失金额。计算时需要详细的施工记录和合理的估价体系，只要两种成本的计算准确，而且成本增加确系业主原因时，索赔成功的把握性很大。

- 正常施工期与受影响施工期比较法。这种方法是分别计算出正常施工期内和受干扰时施工期内的平均劳动生产率，求出劳动生产率降低值，而后求出索赔额。其计算公式为

$$人工费索赔额 = \frac{计划工时 \times 劳动生产率降低值}{正常情况下平均劳动生产率} \times 相应人工单价$$

③ 费用索赔中管理费的分摊办法。

a. 公司管理费索赔计算。公司管理费索赔一般用 Eichleay 法，它得名于 Eichleay 公司一桩成功的索赔案例。

- 日费率分摊法。在延期索赔中采用，计算公式为

$$延期合同应分摊的管理费（A）= \frac{延期合同额}{同时期公司所有合同额之和} \times 同期公司总计划管理费$$

单位时间（日或周）管理费率（B） = （A）/计划合同期（日或周）

管理费索赔值（C） = （B） × 延期时间（日或周）

- 总直接费分摊法。在工作范围变更索赔中采用，计算公式为

$$被索赔合同应分摊的管理费（A_1）= \frac{被索赔合同原计划直接费}{同期公司所有合同直接费总和} \times 同期公司计划管理费总和$$

每元直接费包含管理费率（B_1） = （A_1）/被索赔合同原计划直接费

应索赔的公司管理费（C_1） = （B_1） × 工作范围变更索赔的直接费

- 分摊基础法。这种方法是将管理费支出按用途分成若干分项，并规定了相应的分摊基础，分别计算出各分项的管理费索赔额，加总后即为公司管理费总索赔额，其计算结果精确，但比较繁琐，实践中应用较少，仅用于风险高的大型项目。表5-6 列举了管理费各构成项目的分摊基础。

表5-6 管理费的不同分摊基础

管理费分项	分摊基础
管理人员工资及有关费用	直接人工工时
固定资产使用费	总直接费
利息支出	总直接费
机械设备配件及各种供应	机械工作时间
材料的采购	直接材料费

b. 现场管理费索赔计算。现场管理费又称工地管理费。一般占工程直接成本的 8%～15%。其索赔值用下式计算：

$$现场管理费索赔值 = 索赔的直接成本费 \times 现场管理费率$$

现场管理费率的确定可选用下面的方法：
- 合同百分比法：按合同中规定的现场管理费率。
- 行业平均水平法：选用公开认可的行业标准现场管理费率。
- 原始估价法：采用承包时、报价时确定的现场管理费率。
- 历史数据法：采用以往相似工程的现场管理费率。

5.5 违约责任

5.5.1 违约责任的构成要件

违约责任也称为违反合同的民事责任，是指合同当事人因不履行合同义务或者履行合同义务不符合约定，而向对方承担的民事责任。违约责任与合同债务有密切联系。

下面我们仅讨论违约责任的一般构成要件，这些要件主要包括：一方面，违约责任的产生是以合同债务的有效存在为前提的。合同一旦生效以后，将在当事人之间产生法律约束力，当事人应按照合同的约定全面地、严格地履行合同义务；另一方面，承担违约责任是债务人不履行合同债务的法律后果。任何一方当事人因违反有效合同所规定的义务均应承担违约责任，所以违约责任是违反有效合同所规定的义务的后果。

我国《合同法》规定，当事人一方不履行合同义务或者履行合同义务不符合约定的，应当承担继续履行、采取补救措施或者赔偿损失等违约责任。

违约责任具有以下特点：

1) 违约责任的产生是以合同当事人不履行合同义务为条件的。合同义务又称为合同债务，它和违约责任是两个既相互联系又相互区别的概念。债务是责任发生的前提，债务是因，责任是果，无债务则无责任，责任是债务不履行的后果。责任的实现并不以违约当事人的意思为转移，不论违约者是否愿意均不影响债务的实现。可见，责任体现了强烈的国家强制性。正是由于责任制度的存在，才能有效地督促债务人履行债务，并在债务人不履行债务时，给予债权人充分的补救。

违约责任是合同当事人不履行合同义务所产生的责任。如果当事人违反的不是合同义务，而是法律规定的其他义务，则应负其他责任。例如，行为人违反了侵权法所规定的不得侵害他人财产和人身的义务，造成对他人的损害，则行为人应负侵权责任。再如，订约当事人在订约阶段违反了依诚实信用原则产生的忠实、保密的义务，造成另一方信赖利益的损失，则将产生缔约上的过失责任。所以，违反合同义务是违约责任与侵权责任、不当得利返还责任、缔约过失责任等责任相区别的主要特点。

2) 违约责任具有相对性。如前所述，合同关系具有相对性，由于合同关系的相对性，决定了违约责任的相对性。这种相对性是指违约责任只能在特定的当事人之间即合同关系的当事人之间发生；合同关系以外的人，不负违约责任，合同当事人也不对其承担违约责任。例如，甲乙之间订立了买卖合同，在甲尚未交付标的物之前，该标的物被丙损毁，致使甲不能向乙交付该标的物，甲仍然应当向乙承担违约责任，而不得以标的物不能交付是因为第三人（丙）的侵权行为所致为由，要求免除其违约责任。

3）违约责任主要具有补偿性。违约责任的补偿性是指违约责任旨在弥补或补偿因违约行为造成的损害后果。从我国合同立法的实际情况看，对违约责任性质的认识经过了一个过程，即从当初的以制裁为主演变到现在的以补偿为主。具体来说，违反合同的当事人一方承担违约责任，主要目的在于消除由于其违约而给合同履行带来的不利影响，赔偿对方当事人因此所受到的经济损失。违约责任主要应体现补偿性，这符合现代国际立法的发展趋势。例如，约定的违约金或赔偿金不能过高，否则一方当事人有权要求法院减少数额。作为违约责任主要形式的赔偿损失应当主要用于补偿受害人因违约所遭受的损失，而不能将赔偿损失变成一种惩罚。受害人也不能因违约方承担责任而获得额外的不应获得的补偿。违约责任具有补偿性，从根本上说是平等、等价原则的体现，也是商品交易关系在法律上的内在要求。根据平等、等价原则，在一方违约使合同关系遭到破坏，当事人利益失去平衡时，法律通过违约责任的方式要求违约方对受害人所遭受的损失给予充分的补偿，从而使双方的利益状况达到平衡。

当然，强调违约责任的补偿性不能完全否认违约责任所具有的制裁性。因为违约责任和其他法律责任一样都具有一定的强制性，此种强制性也体现了一定程度的制裁性。在债务人不履行合同时，强迫其承担不利的后果，本身就体现了对违约行为的制裁。正是通过这种制裁性，使得这种责任能够有效地促使债务人履行债务，保证债权实现。

4）违约责任可以由当事人约定。违约责任尽管具有明显的强制性特点，但是作为民事责任的一种，仍有一定的任意性，即当事人可以在法律规定的范围内，对一方的违约责任做出事先的安排。根据我国《合同法》的规定，当事人可以约定一方违约时应当根据违约情况向对方支付一定数额的违约金，也可以约定因违约产生的赔偿损失额的计算方法。此外，当事人还可以设定免责条款以限制和免除其在将来可能发生的责任。对违约责任的事先约定，从根本上说是由合同自由原则决定的。这种约定避免了违约发生后确定赔偿损失的困难，有利于合同纠纷的及时解决，也有助于限制当事人在未来可能承担的风险，同时还可以弥补法律规定的不足。但是，承认违约责任具有一定的任意性，并不意味着否定和减弱违约责任的强制性。为了保障当事人设定违约责任条款的公正和合理，法律也要对其约定加以干预。如果约定不符合法律要求，也将会被宣告无效或被撤销。

5）违约责任是民事责任的一种形式。民事责任是指民事主体在民事活动中，因实施违法行为而依照民法应承担的民事法律责任。

《中华人民共和国民法通则》（以下简称《民法通则》）第六章中的"民事责任"包含了两种责任，即违约责任和侵权责任。可见，违约责任不仅是《合同法》的核心内容，也是我国民事责任制度的组成部分。根据《合同法》的规定，违约责任在形式上主要采取继续履行、赔偿损失和各种补救措施（如修补、替换等）。

把违约责任归于民事责任的一种，这是为了强调违约责任仅限于民事责任，而不包括行政责任和刑事责任等方式。尽管在某个民事法规中可能涉及多种责任形式和规定，但从法律渊源上讲，关于这些责任的规范应属于各个不同的法律部门的内容，而不能将其包括在民事责任制度之中，民事责任方式不应包括行政及刑事责任。就违约责任来说，一种违约行为可能会造成多种危害后果，如不仅对当事人造成损害，而且对国家利益也可能造成损害，违约行为所带来的后果也可能多种多样。但违约责任仅限于民事责任，且只能在当事人之间发生，而不应涉及作为第三人的政府机关或其他社会组织。如果在违约责任中包含行政、刑事责任,不仅使责任性质难以界定,而且必然混淆公法与私法的界限,导致国家权力任意介入合同关系中,由此造成合同难以体现平等自愿的特点。违约责任制度作为合同制度的重要内容,对维护市场秩序,保护交易双方当事人的合法权益至关重要。通过违约责任制度的实施,要求违约方承担违约责任,不仅可以有效地制裁违约行为,遏制违约行为的发生,而且可以对受害人提供充分的补救,并将有助于贯彻诚实守信、遵守诺言、尊重他人的劳动和财产的社会主义道德规范,有助于社会主义精神文明建设。

6)违约责任是违约方向守约方承担的财产责任。违约责任与侵权责任共同构成民事责任,但两者有以下区别:

① 保护的民事权利不同。违约责任保护合同当事人的债权,侵权责任保护当事人合同关系以外的合法权利,如所有权、人身权和知识产权等。

② 责任产生的前提不同。违约责任,以当事人违背有效合同的约定为前提。侵权责任,侵害人和受害人之间不存在合同关系,侵权责任直接产生于法律规定。

③ 责任内容不同。违约责任的内容和范围主要由当事人自行约定。侵权责任的形式、内容及承担责任的条件,均由法律直接规定,当事人不得自行约定。

④ 承担责任方式和范围不同。违约责任是单纯的财产责任,赔偿损失的范围只包括守约方财产方面的直接损失和间接损失。侵权责任既有财产责任,也有非财产责任,如停止侵害、消除影响、恢复名誉和赔礼道歉等,赔偿损失的范围包括受害人财产和人身的直接损失和间接损失,还包括精神损失和死者生前扶养的人的必要生活费。

⑤ 责任主体不同。违约责任的主体只能是有效合同的债务人。侵权责任的主体可以是任何人,包括无行为能力人和限制行为能力的自然人。

⑥ 司法诉讼管辖不同。违约行为由合同的签订地、履行地、标的物所在地法院管辖,由违约人负举证责任。侵权责任一般由侵权行为地法院管辖,由受害人负举证责任。

5.5.2 违约行为

违约行为是指当事人违反合同义务的行为,也称为合同债务不履行。《合同法》用不履行合同义务或履行合同义务不符合约定来表达违约的含义。违约行为仅指违反合同义务这一客观事实,不包括当事人及有关第三人的主观过错。各个国家《合同法》对违约行为形态的划分都是不一样的。

长期以来,人们习惯于将违约行为等同于实际违约,但在审判实践中适用预期违约规则追究违约人的预期违约责任的案例早已出现。例如,1994年江苏省南通市中级人民法院审理的"海门市对外贸易公司诉南通市东方饲料供应公司购销合同预期违约不能交货案"中,法院确认饲料公司预期违约成立并判其承担责任。各国《合同法》关于预期违约的规定使我国《合同法》中违约制度得以完善和发展。

1. 预期违约的概念

预期违约也称先期违约,包括明示毁约和默示毁约两种。明示毁约是指在合同履行期到来之前,一方当事人无正当理由而明确、肯定地向另一方表示他将不履行合同。默示毁约是指在履行期到来之前,一方当事人有确凿的证据证明另一方当事人在履行期到来时将不履行或不能履行合同,而另一方又不愿提供必要的履约担保。预期违约表现为未来将不履行合同义务,而不是实际违反合同义务。所以,有些学者认为此种违约只是"一种违约的危险"或"可能违约",它所侵害的不是现实债权,而是履行期届满前的效力不齐备的债权或"期待权色彩浓厚的债权"。

2. 预期违约的构成要件

我国《合同法》规定:"当事人一方明确表示或者以自己的行为表明不履行合同义务的,对方可以在合同履行期限届满之前要求其承担违约责任。"可见,我国《合同法》可分为明示毁约和默示毁约两类。

(1) 明示毁约

明示毁约方必须明确地、肯定地、自愿地、不附加任何条件地向对方提出违约的意思表示。如果毁约方在做出违约表示时附有条件或含糊其辞的话,则其毁约的意图是不确定的,且不构成预期违约。

(2) 默示毁约

当事人以自己的实际行为明确表示不履行合同义务的,并未要求解除合同,一般也不会主动表示承担违约责任。例如,在农副产品买卖合同中,卖方过了季节尚未组织货源,事实上已经不可能再履行供货义务了;又如在加工承揽合同中承揽人的加工设备和技术条件均不能满足合同的要求,在超过合同约定的分期工作的期限内尚未增加新的设备和技术条件的,该事实就可以被视为以自己的行为不履行合同义务,守约方有权请求违约方承担违约责任。

5.5.3 违约责任处理方式

1. 确认违约责任的基本原则

(1) 承担违约责任的根据

1) 违约责任的归责原则是严格责任原则,只有不可抗力才可以免责。

2) 当事人一方不履行合同义务或者履行合同义务不符合约定,应当承担违约责任。

3) 当事人一方明确表示或者以自己的行为表明不履行合同义务,对方可以在履行期限届满之前要求其承担违约责任。

4) 当事人双方都违反合同的,应当各自承担相应的责任。

5) 当事人一方因第三人的原因造成违约的,应当向对方承担违约责任。当事人一方与第三人之间的纠纷,依照法律规定或者按照约定解决。

(2) 违约损失赔偿的原则

1) 金钱等价原则。赔偿与损失相等,以便守约方不因对方违约而情况恶化。

2) 可避免后果原则。一方违约后,另一方有权中止履行合同,并采取适当措施防止损失扩大,以避免造成更大的损失。

3) 可预见性损失赔偿原则。违约损失的数额应当有可预见性。

(3) 违约损失赔偿的范围

当事人一方不履行合同义务或者履行合同义务不符合约定,给对方造成损失的,损失赔偿额应当相当于因违约所造成的损失,包括合同履行后可以获得的利益,但不得超过违反合同一方订立合同时预见到或者应当预见到的因违反合同可能造成的损失。

经营者对消费者提供商品或者服务有欺诈行为的,依照《中华人民共和国消费者权益保护法》的规定承担损害赔偿责任。

当事人一方违约后，对方应当采取适当措施防止损失的扩大；没有采取适当措施致使损失扩大的，不得就扩大的损失要求赔偿。当事人因防止损失扩大而支出的合理费用，由违约方承担。

（4）违约金与损害赔偿金

1）违约金的选择性。当事人可以约定一方违约时应当根据违约情况向对方支付一定数额的违约金，也可以约定因违约产生的损失赔偿额的计算方法。所以，是否订立违约金条款以及承担违约金责任的条件、数额、比例都由当事人自行约定。

2）违约金数额的调整。约定的违约金低于造成的损失的，当事人可以请求人民法院或者仲裁机构予以增加；约定的违约金过分高于造成损失的，当事人可以请求人民法院或者仲裁机构予以适当减少。当事人就迟延履行约定违约金的，违约方支付违约金后，还应当继续履行债务。

3）违约金和赔偿损失的关系。凡合同中约定了违约金的，一方违约时，另一方有权要求其支付违约金。当实际损失大于违约金数额时，另一方还有权要求违约方支付赔偿金补足其差额，违约金与赔偿金之和应等于守约方所受到的损失。

4）违约金和赔偿金的区别。

① 适用范围不同。违约金是约定的，因此无约定不能适用违约金条款。损害赔偿是法定的，无论当事人是否在合同中有约定，只要违约行为造成实际损失，受损害方就有权要求对方支付赔偿金。

② 性质不同。违约金在订立合同时约定，此时，合同还没有履行，不涉及对方是否违约问题。因此，违约金具有事先确定赔偿数额的性质。赔偿金是在违约行为导致实际损失发生后确定的，具有事后补偿损失的性质。

③ 数额不同。违约金数额可以法定，也可由当事人自行约定。由于违约金是违约行为发生之前确定的，与违约行为发生后产生的实际损失会有出入。因此，有关机构可以应当事人的请求，根据实际损失的情况对违约金的数额进行调整。赔偿金是在违约行为导致的实际损失发生后确定的，应当能够与实际损失数额相当。

（5）违约金和定金

1）定金支付的原则。当事人约定一方向另一方给付定金作为债权的担保，债务人履行债务后，定金应当抵作价款或者收回。给付定金的一方不履行债务的，无权要求返还定金；收受定金的一方不履行债务的，应当双倍返还定金。

2）违约金和定金的区别。两者都是由当事人自行选定的，但有如下区别：

① 性质不同。违约金是预定赔偿额的性质，无惩罚性；定金是合同担保性质，有惩罚性（丧失定金所有权或双倍返还定金）。

② 违约金在违约行为发生后才支付；定金在违约行为发生之前预先支付。

3）违约金和定金的选择。当事人既约定违约金，又约定定金的，一方违约时，对方可以选择适用违约金或者定金的条款。

2. 违约责任的免除

因不可抗力不能履行合同的，根据不可抗力的影响，部分或者全部免除责任，但法律另有规定的除外。

不可抗力指不能预见、不可避免并不能克服的客观情况。通常包括：

1）自然灾害。由自然原因造成，如火灾、水灾、旱灾、地震和风灾等。在合同中订立不可抗力条款时，一般均列出这些事件。

2）社会事件。由社会原因造成，如战争、社会动乱和政策改变等，也应在合同中约定。

当事人迟延履行后发生不可抗力的，不能免除责任。

当事人一方因不可抗力不能履行合同的，应当及时通知对方，以减轻可能给对方造成的损失，并应当在合理期限内提供证明。

3. 违约责任和侵权责任竞合

（1）违约责任和侵权责任竞合的含义

违约责任和侵权责任竞合是指当事人同一行为既符合违约责任的构成要件，也符合侵权责任的构成要件，导致应对受害人同时承担违约责任和侵权责任的事实。在现实生活中，有时侵权责任和违约责任很难截然分开，往往是两种责任都可以适用。如因产品质量不合格、建筑工程质量低劣造成的损害，同时具备了违约责任和侵权责任的构成要件，这种情况就是违约责任和侵权责任竞合。

（2）违约责任和侵权责任竞合时的选择权

由于两种责任的内容和赔偿范围等有区别，适用哪种责任对当事人利益有重大、甚至截然相反的影响。如何选择责任形式，各国立法和实践中有不同的原则：一是规定权利人可以自由选择对自己最有利的责任形式；二是优先适用违约责任；三是优先适用侵权责任。但其共同原则是：不能同时追究同一行为的两种责任，以避免受害人因对方违法和违约行为而获得额外利益。

我国实行第一种原则——因当事人一方的违约行为，侵害对方人身、财产权益的，受损害方有权选择对自己最有利的救济方式，即要求其承担违约责任或侵权责任。

5.5.4 损害赔偿范围及其确定

1. 承包人违约

在合同签订以后或在合同执行中，如果承包人已无力偿还其债务或陷入破产，或其财产的主要部分被接管，或对承包人资产的任何重要部分强制抵押，或承包人已经违反了通用条款第3.1款有关合同转让的规定，或承包人的物资被扣押，或监理工程师向业主证明承包人有下述情况：

1）已放弃合同。

2）无正当理由拒不执行通用条款第41.1款规定的开工，或承包人在按通用条款第46.1款关于承包人施工进度过慢的通知28天后未进行本工程或其任何部分的施工。

3）在接到监理工程师根据通用条款第37.4款规定而发出的、需重新对某些被拒收的材料或设备做检验的通知，或根据通用条款第39.1款的规定，要求拆除并运走不合格的工程材料或设备的指令28天后，仍不遵守该通知或指令。

4）无视监理工程师的书面警告，一贯公然忽视履行合同规定的义务。

5）已经违反了通用条件第4.1款关于合同分包的规定。

则业主在收到监理工程师的上述关于承包人破产，或上述1）～5）条的任一条的书面证明后，应向承包人发出通知，并在通知发出14天后进驻现场和工程，终止对承包人的雇佣。但是这种终止雇佣并不解除合同规定的承包人的任何义务和责任，也不影响合同授予业主或监理工程师的各种权利和权限。

业主在进驻现场后，可以自行完成该项工程或雇佣其他承包人完成该工程。当业主或其他承包人为完成该工程时，可以使用合适数量的承包人装备、材料、临时工程，但这种使用根据合同条款相应规定应予计费。

2. 承包人延误工期

投标书附件对竣工时间都做了明确规定。当承包人未能在投标书附件所规定的时间内或者在监理工程师批准的延长时间之内完成工程，工程的竣工时间将出现延期。这种因承包人失误并非业主妨碍或阻止而造成又未经监理工程师批准的延期，承包人必须向业主支付投标书附件中约定的拖期违约金。

3. 业主的违约及延误

（1）业主的违约和承包人终止合同

如果业主有下列违约事实之一，则承包人有权根据通用条款的规定终止本合同项下的受雇，并向业主和监理工程师发出终止合同的通知。合同终止生效应在通知发出14天以后。

1）在业主有权按合同扣除承包人的欠款的条件下，业主未能按照通用条款规定的支付期后的28天内（或专用条款规定的时间内）向承包人支付根据监理工程师签发的任何支付证书规定的支付款额（应付的利息另外处理）。

2）干扰、阻挠或拒绝监理工程师签发的任何支付证书所需的批准。

3）业主通知承包人，由于未能预见的原因，无法继续执行合同。

4）业主宣告破产，或作为一个公司宣告停业整顿，但这种整顿不是为了改组或合并。

（2）承包人装备的撤离

由于业主以上的任何违约致使承包人单方面终止合同后，承包人应向业主和监理工程师发出终止合同的通知。在发出终止合同通知14天后，承包人将不受通用条款规定的约束（该条款要求承包人从工地撤出施工机械必须经过监理工程师的批准），采用各种运输手段将承包人的一切施工装备和材料撤离施工现场。

（3）业主违约情况下的其他措施

1）在发生业主拖延支付工程进度款的情况下，承包人也有权暂停工程。即承包人在提前28天给业主发出通知，并给监理工程师一份复印件后，有权暂停工程或放慢工程进度，由此发生的工程延误及有关费用，经监理工程师在与承包人和业主协商后确定，给予延长工期以及将发生有关费用加到合同价格中去。在监理工程师已经受理，业主已加付了迟付款的利息后，承包人则应正常进行施工。

2）在发生业主无理干涉、阻挠或拒绝批准支付证书的情况下，承包人如已和监理工程师交涉并获得支付的批准，则承包人只可提出延期和费用索赔，而不必再中断工程施工。

案例5-3：违约责任和侵权责任竞合

甲机械厂与乙电动机销售公司签订一份购买电动机的合同。合同约定，电动机应符合行业质量标准，如果电动机质量不合格，乙公司应当接受退货并赔偿给甲厂因此造成的停产损失。合同生效并履行后，甲厂将购入的电动机安装使用。使用当天，操作电动机的职工因触电身亡。后经省技术监督部门鉴定：该电动机运行过程中，因启动器中接触口进线有一相接触不良，造成该相断路，引起电动机两相运行，电流增大，使本不该带电的部件带电，导致该职工操作时触电死亡。甲厂遂要求乙公司接受退货、赔偿甲厂停产损失并承担死亡职工的抚恤费、丧葬费、死者亲属误工工资及死者生前扶养的人的生活费等。乙公司则声称，其电动机产品是经过该市技术监督部门检验确认合格的产品，对于甲厂职工触电身亡不应承担责任。甲厂在多次请求均遭拒绝的情况下，向法院提起诉讼，要求乙公司承担前述法律责任。受诉法院查明，乙公司销售的电机虽然有某市技术监督部门颁发的产品质量合格证书，但经有关部门鉴定为质量不合格产品，甲厂职工操作符合规章，其触电身亡是由于电动机动质量不合格所致。乙公司又提出，电动机质量不合格，只是违约行为，乙公司根据合同应只承担接受退货和赔偿甲厂停产损失的责任，其他损失概不负责。

问：乙公司应当承担哪些赔偿责任？

案例解析：

本案的核心是：乙公司出售质量不合格电动机致人触电死亡的行为应分别承担侵权责任、违约责任还是侵权责任和违约责任竞合？

1. 甲厂与乙公司之间有合同关系，乙公司出售质量不合格产品，违反合同中关于产品质量的保证，构成违约行为，应当对甲厂承担违约责任。

2. 我国民法规定，因产品质量不合格造成他人财产、人身损害的，产品制造者、销售者应当依法承担民事责任。乙公司因出售质量不合格产品造成甲厂职工死亡，侵害了该职工的生命权，构成侵权行为，应当对该职工承担侵权责任。

3. 乙公司销售不合格产品的行为既构成对甲厂的违约，又构成对甲厂职工的侵权，但甲厂和甲厂职工是不同的法律主体，所以，乙公司应承担的法律责任不具备违约责任和侵权责任竞合的性质。只有在当事人一方的违约行为，同时还是侵害对方人身、财产权益的原因时，才可能产生违约责任和侵权责任竞合，才能适用受害人自行选择最有利的救济方式问题。例如，假如是甲厂职工直接与乙公司订立买卖电动机合同并因电动机质量问题而触电身亡，就会出现违约责任和侵权责任竞合问题。

4. 综上所述，乙公司应分别向甲厂承担违约责任，向甲厂死亡职工承担侵权责任，即接受甲厂退货并赔偿因电动机质量不合格给甲厂造成的停产损失；按照法律规定向甲厂死亡职工家属支付丧葬费、死者生前扶养的人的生活费等。

案例5-4：某建设公司与某水泥有限责任公司买卖合同违约赔偿案

原告：某县某水泥有限责任公司。住所地：某市某县某镇。

法定代表人：郭某，该公司董事长。

委托代理人：郑某，该公司经营部主任。

被告：某建设公司。住所地：某市某区某大街某号。

法定代表人：赵某，该公司总经理。

委托代理人：陈某，某市某律师事务所律师。

被告：丁某，男，19××年出生，汉族，某县农业局职工，住某市某县农业局职工宿舍。

原告某县某水泥有限责任公司诉称，2006年3月，被告在投标和处理某高速公路酉大段F7合同段相关问题期间，曾经向原告的法定代表人借款36万元，其承诺工程中标后所需水泥全部由原告供应。双方于2006年11月4日签订了《水泥供应合同意向书》。原告向被告缴纳了定金46万元，可被告在工程动工后却没有使用原告的水泥。经原告多次找被告，被告才于2007年5月18日与原告签订了赔偿协议，但又未按期履行。请求人民法院判决被告双倍返还定金及赔偿损失共98万元。

为了支持其诉讼请求，原告向本院提交了以下证据：

1. 委托书。证明被告某建设公司某高速公路F7合同段项目经理部和项目经理王某委托被告丁某全权处理某高速公路F7合同施工经营管理，处理相关事务。

2. 《水泥供应合同书》、定金收条。证明被告丁某代表被告某建设公司与原告签订了水泥供应合同，并收取定金46万元。

3. 照片一组。证明王某是某建设公司某高速公路F7合同段项目经理部（以下简称F7合同段项目部）的项目经理，现在F7合同段已经施工。

4. 违约赔偿协议书。证明被告丁某代表被告某建设公司与原告达成赔偿协议，同意退还定金及赔偿损失共98万元。

被告丁某对这些证据的真实性均无异议。

被告某建设公司对这些证据提出的质证意见是：①丁某不能代表某建设公司，某建设公司没有收到定金。②对委托书的真实性没有异议，但项目部只能委托某高速公路F7合同段，无权委托某高速公路酉大段F7合同段。③供应合同、赔偿协议无某建设公司盖章，与某建设公司无关。④项目部只能管理内部，不能对外签订合同。

被告丁某辩称，原告所述事实属实，但被告丁某是接受F7合同段项目部和项目经理王某的委托采购材料，而且王某也承认丁某对外签订的合同由某建设公司承担责任，应该由某建设公司赔偿。

为了支持其辩解主张，被告丁某向本院提交了以下证据：

1. 合伙投标协议书。证明自己与某建设公司路桥分公司第一工程处合伙投标某高速公路F7合同段。

2. 授权委托书。证明某建设公司授权某建设公司某分公司第一工程处处长窦某为公司代理人，进行某高速公路F7合同段的投标活动。

3. 某高速公路F7合同段经营承包合同书、王某的承诺书及通知书。证明：①F7合同段项目经理部已经将F7合同段工程内部承包给自己。②项目部要求自己尽快完成准备工作，在2006年5月20日前进场施工。

4. 项目经理委任书。证明王某是某建设公司委任的某高速公路F7合同段的项目经理。

5. 违约赔偿协议书。证明由于某建设公司违约不履行内部承包合同，与自己达成了赔偿协议，并同意承担委托自己对外签订的材料采购合同的一切违约责任。

6. 委托书（原件）、王某的身份证复印件。证明自己是F7合同段项目经理部和项目经理王某的全权委托代理人。

原告对被告丁某提供的证据没有异议。

被告某建设公司对证据4、6没有异议，对其他证据认为是复印件，没有原件核对，不能作为证据（被告丁某在休庭前出示原件后，被告某建设公司没有发表新意见）。

被告某建设公司辩称，原告与被告丁某签订的合同，某建设公司没有盖章，被告某建设公司不应该承担合同责任；被告丁某不能代表某建设公司；被告某建设公司没有收到原告的定金，被告丁某将个人债务转为定金影响了某建设公司的利益，属于无效行为；丁某与某建设公司不是共同债务人或连带债务人，原告将丁某和某建设公司作为共同被告，属于诉讼请求不明确，应驳回原告诉讼请求。

本院根据双方当事人举证、质证及庭审查明情况，确认案件事实如下：

2005年12月15日某建设公司路桥分公司第一工程处处长窦某与丁某、刘某、陈某三人签订了合伙投标某高速公路F7标段的《合作协议书》，某建设公司路桥分公司第一工程处作为甲方在协议书上盖章确认。根据协议，被告丁某负责组织投标所需的资金和协调各方关系。被告丁某在组织资金时曾向原告某县某水泥有限责任公司的法定代表人郭某借款36万元用于投标渝湘高速公路F7合同段。之后被告某建设公司中标某高速公路F7合同段。被告某建设公司在中标后立即组建了F7合同段项目经理部，其法定代表人赵某委任了公司职工王某为项目经理。2006年5月11日，王某给被告丁某出具了书面承诺书，承诺公司收取6%的管理费后，由被告丁某内部承包F7合同段工程。2006年5月13日，王某又代表某建设公司书面通知被告丁某，要求丁某尽快完成施工前的准备工作。2006年5月30日，F7合同段项目经理部与被告丁某签订了《某高速公路F7合同段经营承包合同书》，将F7合同段的施工及经营管理全部承包给被告丁某。2006年7月10日，F7合同段项目经理部和王某为被告丁某出具了委托书，委托被告丁某全权处理某高速公路某大段F7合同段施工经营管理相关事务。2006年11月4日，被告丁某持委托书以某建设公司委托代理人的身份与原告某公司签订了《水泥供应合同书》，该合同约定：某高速公路F7合同段施工所需水泥全部由原告某公司供应，某公司缴纳定金46万元；某公司不履行合同，定金不予退还，某建设公司不履行合同，双倍退还定金；定金在水泥供应达到1 000吨后全部退还；一方违约，按合同总价款280万元的15%赔偿另一方损失。2007年1月25日，因F7合同段项目经理部将F7合同段的施工承包给了其他施工队伍，无法履行与被告丁某签订的《某高速公路F7合同段经营承包合同书》，向被告丁某提出解除合同。2007年1月27日，某建设公司某高速公路F7合同段项目经理王某代表项目经理部与被告丁某签订了《违约赔偿协议书》，同意赔偿被告丁某前期费用、投入、损失等人民币300万元（不含税、费，且在达到预期5%的利润后再另外给人民币60万元奖励），并同意委托丁某对外签订的材料采购合同所确定的权利义务、违约责任等一切问题均由某建设公司承担，在F7合同段项目部付清补偿后，丁某即放弃委托书、承包经营合同书等确定的权利。2007年5月18日，被告丁某以某建设公司代表的身份与原告某公司签订了《违约赔偿协议书》，承认在一个月内给付原告某公司双倍定金80万元，赔偿损失18万元。后因某建设公司没有按《违约赔偿协议书》的约定将款项支付给被告丁某，被告丁某未向原告某公司支付定金及赔偿款。2007年7月25日，原告某水泥公司以某建设公司、丁某、F7合同段项目经理部为共同被告起诉到本院。经审查，F7合同段项目经理部不是独立的民事主体，本院依法取消其被告身份。

本院认为：根据建设部《建筑施工企业项目经理资质管理办法》的规定，所有工程项目施工都应建立以项目经理为首的生产经营管理系统，实行项目经理负责制；项目经理是建筑施工企业法定代表人在工程项目上的代表人。所以，项目经理为履行职务而实施的行为，均应视为企业法定代表人的行为，其行为后果由企业承担。王某是F7合同段的项目经理，其委托被告丁某全权处理F7合同段的施工经营管理属于职务行为，被告丁某在王某及F7合同段项目经理部的授权范围内,以被告F7合同段项目经理部的名义实施的行为,本应该由F7合同段项目经理部承担责任,但因F7合同段项目经理部不是独立的民事主体,不能独立承担民事责任,故责任应由设立项目部的被告某建设公司承担。任何工程项目的施工经营管理都需要对外实施大量的民事行为,项目部与施工企业总部往往相距甚远,要求项目部的任何对外合同均需加盖公司印章,既加大了交易成本,无益交易的实现,也不符合《建筑施工企业项目经理资质管理办法》的规定和建设工程领域的交易习惯,所以被告某建设公司以《水泥供应合同》没有加盖某建设公司印章即对其无约束力的辩解理由不能成立。王某代表F7合同段项目经理部与被告丁某签订的《违约赔偿协议书》中,并没有取消被告丁某的代理权,且即使其取消了丁某的代理权也不能对抗不知内情的第三人,被告丁某以被告某建设公司全权代理人的身份与原告某公司签订的《违约赔偿协议》,仍应该由被告某建设公司承担责任。被告丁某与原告某公司签订《水泥供应合同》时,仍是F7合同段的内部承包人,其同意将个人债务转为定金仅对自己的权益有影响,并不影响被告某建设公司的利益,被告某建设公司辩解丁某的行为影响某建设公司利益的理由不能成立。王某和F7合同段项目部给被告丁某出具的授权委托书中,授权范围非常明确,原告某水泥公司要求被告丁某承担连带责任或者共同责任均不符合法律规定,其该项请求,本院不予以支持。据此,本院根据《中华人民共和国民法通则》第六十三条第二款、《中华人民共和国合同法》第三百九十七条的规定,判决如下:

一、被告某建设公司在本判决生效后3日内给付原告某县某水泥公司双倍定金及违约赔偿金共计人民98万元。

二、驳回原告某县某水泥公司要求被告丁某承担责任的诉讼请求。

如果未按本判决指定的期间履行给付金钱义务,应当依照《中华人民共和国民事诉讼法》(以下简称《民事诉讼法》)第二百三十二条之规定,加倍支付迟延履行期间的债务利息。

本案案件受理费13 600元,由被告某建设公司负担。

如不服本判决,可在判决书送达之日起15日内向本院递交上诉状,并按对方当事人人数提出副本,上诉于某市第三中级人民法院。且应在递交上诉状后7日内,到重庆市第三中级人民法院缴纳上诉费(按一审受理费、其他诉讼费金额预交);亦可通过邮局将款汇至某市第三中级人民法院立案庭,并注明交款事由),逾期不交或未按规定办理缓交手续的,某市第三中级人民法院按自动撤回上诉处理。

5.6 合同纠纷处理及收尾

5.6.1 合同纠纷及其处理

1. 合同纠纷的概念

合同纠纷是指当事人双方对合同订立和履行情况以及不履行合同的后果所产生的纠纷。

2. 合同纠纷的处理

(1)施工合同争议的解决方式

合同当事人在履行施工合同时,解决所发生的争议、纠纷的方式有和解、调解、仲裁和诉讼等。

1）和解是指争议的合同当事人，依据有关法律规定或合同约定，以合法、自愿、平等为原则，在互谅互让的基础上，经过谈判和磋商，自愿对争议事项达成协议，从而解决分歧和矛盾的一种方法。和解方式无须第三者介入，简便易行，能及时解决争议，避免当事人经济损失扩大，有利于双方的协作和合同的继续履行。

2）调解是指争议的合同当事人，在第三方的主持下，通过其劝说引导，以合法、自愿、平等为原则，在分清是非的基础上，自愿达成协议，以解决合同争议的一种方法。调解有民间调解、仲裁机构调解和法庭调解三种方式。调解协议书对当事人具有与合同一样的法律约束力。运用调解方式解决争议，双方不伤和气，有利于今后继续履行合同。

3）仲裁，也称公断，是双方当事人通过协议自愿将争议提交第三者（仲裁机构）做出裁决，并负有履行裁决义务的一种解决争议的方式。仲裁包括国内仲裁和国际仲裁。仲裁需经双方同意并约定具体的仲裁委员会。仲裁可以不公开审理从而保守当事人的商业秘密，节省费用，一般不会影响双方日后的正常交往。

4）诉讼是指国家审判机关（即人民法院）依照法律规定，在当事人和其他诉讼参与人的参加下，依法解决讼争的活动。通过诉讼，当事人的权力可以得到法律的保护。

5）除了上述四种主要的合同争议解决方式外，在国际工程承包中又出现了一些新的有效的解决方式，正在被广泛应用。比如，FIDIC《土木工程施工合同条件》（红皮书）中有关"工程师的决定"的规定。当业主和承包商之间发生任何争端，均应首先提交工程师处理。工程师对争端的处理决定，通知双方后，在规定的期限内，双方均未发出仲裁意向通知，则工程师的决定即被视为最后的决定并对双方产生约束力。又如，在FIDIC《设计—建造与交钥匙工程合同条件》（橘皮书）中规定业主和承包商之间发生任何争端，应首先以书面形式提交由合同双方共同任命的争端审议委员会（DRB）裁定。争端审议委员会对争端做出决定并通知双方后，在规定的期限内，如果任何一方未将其不满事宜通知对方，则该决定即被视为最终的决定并对双方产生约束力。无论工程师的决定，还是争端审议委员会的决定，都与合同具有同等的约束力。任何一方不执行决定，另一方即可将其不执行决定的行为提交仲裁。这种方式不同于调解，因其决定不是争端双方达成的协议；它也不同于仲裁，因工程师和争端审议委员会只能以专家的身份做出决定，不能以仲裁人的身份做出裁决，其决定的效力不同于仲裁裁决的效力。

当承包商与业主（或分包商）在合同履行的过程中发生争议和纠纷，应根据平等协商的原则先行和解，并尽量取得一致意见。若双方和解不成，则可要求有关主管部门调解。双方属于同一部门或行业，可由行业或部门的主管单位负责调解；不属于上述情况的可由工程所在地的建设主管部门负责调解；若调解无效，应根据当事人的申请，在受到侵害之日起一年之内，可送交工程所在地工商行政管理部门的经济合同仲裁委员会进行仲裁，超过一年期限者，一般不予受理。仲裁是解决经济合同的一项行政措施，是维护合同法律效力的必要手段。仲裁是依据法律、法令及有关政策，处理合同纠纷，责令责任方赔偿、罚款，直至追究有关单位或人员的行政责任或法律责任。处理合同纠纷也可不经仲裁，而直接向人民法院起诉。

一旦合同争议进入仲裁或诉讼，项目经理应及时向企业领导汇报和请示。因为仲裁和诉讼必须以企业（具有法人资格）的名义进行，由企业做出决策。

(2) 争议发生后履行合同的情况

在一般情况下，发生争议后，双方都应继续履行合同，保持施工连续，保护好已完工程。只有发生下列情况时，当事人方可停止履行施工合同。

1）单方违约导致合同确已无法履行，双方协议停止施工。
2）调解要求停止施工，且为双方接受。
3）仲裁机关要求停止施工。
4）法院要求停止施工。

5.6.2 合同收尾

合同收尾既涉及产品核实（所有工作是否按要求令人满意地完成了），又涉及文档收尾（更新记录以反映最后成果，并将其归档以备后用）。合同条款和条件可能规定了合同收尾的具体手续。合同提前终止是合同收尾的一项特例。

1. 合同收尾的投入

合同文件。合同文件包括，但不限于合同本身及其所有的支持文件，包括进度、申请与得到批准的合同变更、卖方制定的所有技术文件、卖方的绩效报告、发票与支付记录等财务文件，以及所有与合同有关的检查结果。

2. 合同收尾的工具与技术

采购审计。采购审计指对从采购规划直到合同管理的整个采购过程进行系统的审查。其目的是找出可供本项目其他事项采购或实施组织内其他项目借鉴的成功与失败之处。

3. 合同收尾的产出

（1）合同档案

应整理出一套编有索引的完整记录，将其纳入项目最终记录之中。

（2）正式验收与收尾

负责合同管理的人员或组织应向卖方发出正式书面通知，告之合同已履行完毕。关于正式验收与收尾的要求通常在合同中有明确的规定。

4. ERP 项目合同收尾

合同收尾就是了结 ERP 合同并结清账目，包括解决所有尚未了结的事项。合同收尾需要对整个 ERP 项目过程进行系统地审查，找出合同上签订的事项是否已经完成任务。ERP 项目实施也像众多的项目收尾一样，合同收尾是最容易产生问题的时候。像管理学上经常提到的 80/20 法则，花了计划 80% 的时间以为完成了项目 80% 的工作，结果剩余的 20% 的工作又要花 80% 的计划时间来完成。

通常，合同收尾是 ERP 项目经理最为头痛的事情。理想的情况下，既要使客户和用户对 ERP 实施满意，又要使公司顺利地收到项目资金，造就一个"双赢"的局面。合同收尾验收要核查项目计划规定范围内的各项工作或活动是否已经全部完成，实施成果是否满意，并将核查结果记录在验收文件中。但实际上项目先天就有很多不确定因素，比如 ERP 销售人员在并不清楚项目的具体细节和难度的时候所许诺的事情就是一个泥潭，还有由于用户需求不明确造成的不断变更需求等。

第 5 章 项目采购合同及合同管理

案例 5-5：合同类型确定漏洞处理

某建设单位（甲方）拟建造一栋职工住宅，采用招标方式由某施工单位（乙方）承建。甲乙双方签订的施工合同摘要如下：

一、协议书中的部分条款
（一）工程概况
工程名称：职工住宅楼
工程地点：市区
工程内容：建筑面积为 3 200m^2 的砖混结构住宅楼。
（二）工程承包范围
承包范围：某建筑设计院设计的施工图所包括的土建、装饰、水暖电工程。
（三）合同工期
开工日期：2002 年 3 月 21 日
竣工日期：2002 年 9 月 30 日
合同工期总日历天数：190 天（扣除 5 月 1～3 日）
（四）质量标准
工程质量标准：达到甲方规定的质量标准。
（五）合同价款
合同总价为：壹佰陆拾陆万肆仟元人民币（￥166.4 万元）
（八）乙方承诺的质量保修
在该项目设计规定的使用年限（50 年）内，乙方承担全部保修责任。
（九）甲方承诺的合同价款支付期限与方式
1. 工程预付款：于开工之日支付合同总价的 10% 作为预付款。预付款不予扣回，直接抵作工程进度款。
2. 工程进度款：基础工程完成后，支付合同总价的 10%；主体结构三层完成后，支付合同总价的 20%；主体结构全部封顶后，支付合同总价的 20%；工程基本竣工时，支付合同总价的 30%。为确保工程如期竣工，乙方不得因甲方资金的暂时不到位而停工和拖延工期。
3. 竣工结算：工程竣工验收后，进行竣工结算。结算时按全部工程造价的 3% 扣留工程保修金。
（十）合同生效
合同订立时间：2002 年 3 月 5 日
合同订立地点：××市××区××街××号
本合同双方约定：经双方主管部门批准及公证后生效。
二、专用条款中有关合同价款的条款
合同价款与支付：本合同价款采用固定价格合同方式确定。
合同价款包括的风险范围：
（1）工程变更事件发生导致工程造价增减不超过合同总价 10%。
（2）政策性规定以外的材料价格涨落等因素造成工程成本变化。
风险费用的计算方法：风险费用已包括在合同总价中。
风险范围以外合同价款调整方法：按实际竣工建筑面积 520 元/m^2 调整合同价款。
三、补充协议条款

在上述施工合同协议条款签订后，甲乙双方又接着签订了补充施工合同协议条款。摘要如下：

补1. 木门窗均用水曲柳板包门窗套。

补2. 铝合金窗90系列改用42型系列某铝合金厂产品。

补3. 外挑阳台均采用42型系列某铝合金厂铝合金窗封闭。

问题：

1. 上述合同属于哪种计价方式合同类型？

2. 该合同签订的条款有哪些不妥当之处？应如何修改？

3. 对合同中未规定的承包商义务，合同实施过程中又必须进行的工程内容，承包商应如何处理？

分析：

本案例主要涉及有关建设工程施工合同类型及其适用条件，合同条款签订中易发生的若干问题，以及施工过程中出现合同未规定的承包商义务，但又必须进行的工程内容，承包商如何处理。

1. 从甲、乙双方签订的合同条款来看，该工程施工合同应属于固定价格合同。

2. 该合同条款存在的不妥之处及其修改：

(1) 合同工期总日历天数不应扣除节假日，可以将该节假日时间加到总日历天数中。

(2) 不应以甲方规定的质量标准作为该工程的质量标准，而应以《建筑工程施工质量验收统一标准》（GB 50300—2001）中规定的质量标准作为该工程的质量标准。

(3) 质量保修条款不妥，应按《建设工程质量管理条例》的有关规定进行修改。

(4) 工程价款支付条款中的"基本竣工时间"不明确，应修订为具体明确的时间；"乙方不得因甲方资金的暂时不到位而停工和拖延工期"条款显失公平，应说明甲方资金不到位在什么期限内乙方不得停工和拖延工期，且应规定逾期支付的利息如何计算。

(5) 从该案例背景来看，合同双方是合法的独立法人单位，不应约定经双方主管部门批准后该合同生效。

(6) 专用条款中有关风险范围以外合同价款调整方法（按实际竣工建筑面积520元/m^2调整合同价款）与合同的风险范围、风险费用的计算方法相矛盾，该条款应针对可能出现的除合同价款包括的风险范围以外的内容约定合同价款调整方法。

(7) 在补充施工合同协议条款中，不仅要补充工程内容，而且要说明其价款是否需要调整，若需调整应如何调整。

3. 首先应及时与甲方协商，确认该部分工程内容是否由乙方完成。如果需要由乙方完成，则应与甲方商签补充合同条款，就该部分工程内容明确双方各自的权利义务，并对工程计划做出相应的调整；如果由其他承包商完成，乙方也要与甲方就该部分工程内容的协作配合条件及相应的费用等问题达成一致意见，以保证工程的顺利进行。

复习思考题

一、简答题

1. 项目采购合同管理的方法有哪些？

2. 阐述工地会议制度的基本内容。

3. 阐述合同鉴证与合同公正的区别。
4. 论述一般保证和连带保证的区别，并举例说明。
5. 在采购合同中，定金与订金、预付款有哪些异同？
6. 在工程采购中，合同变更应遵循怎样的程序？
7. 何谓索赔？索赔的程序是什么？有哪些技巧？
8. 采购合同履行不当时，承担违约责任的形式有哪些？
9. 在合同纠纷处理中，调解后达成的调解协议效力如何？
10. 采购合同中出现的漏洞是如何救济的？
11. 什么是合同分析？
12. 什么是合同总体分析及合同工作分析？
13. 合同交底的任务有哪些？
14. 合同跟踪的对象有哪些？
15. 合同实施中偏差分析的内容有哪些？
16. 合同实施中偏差处理的措施有哪些？
17. 合同实施后评价的内容有哪些？
18. 工程变更的内容有哪些？
19. 工程变更后合同价款的确定程序是什么？
20. 合同权利的转让范围有哪些？
21. 在何种情况下，合同权利义务终止？
22. 风险的来源有哪些？
23. 什么是风险识别、风险评估？
24. 风险的应对策略有哪些？
25. 合同签订过程中的法律风险有哪些？
26. 合同履行过程中的法律风险有哪些？
27. 工程建筑合同担保的类型有哪些？
28. 索赔的特征、作用是什么？
29. 索赔的诱因有哪些？
30. 违约责任构成的要件是什么？违约责任的特点有哪些？
31. 违约金与定金有何区别？
32. 索赔报告的内容？
33. 索赔计算的方法有哪几种？

二、判断题

1. 索赔事件发生时或发生后，承包商应立即通知监理工程师，表明索赔意向，争取支持。（　　）
2. 按施工索赔的目的可分为工期索赔和经济索赔。（　　）
3. 不利的气候因素应按相应因素处理，只给延期，不给费用补偿。（　　）
4. 给付定金的一方不履行债务的，无权要求返还定金；收受定金的一方不履行债务的，应当双倍返还定金。（　　）

三、单选题

1. 某工程由于业主方提供的施工图样有误，造成施工总包单位人员窝工 75 工日，增加用工 8 工日；由于施工分包单位设备安装质量不合格返工处理造成人员窝工 60 工日，增加用工 6 工日。合同约定人工费日工资标准为 50 元，窝工补偿标准为日工资标准的 70%，则业主应给予施工总包单位的人工费索赔金额是（　　）元。
   A. 5 425   B. 4 150   C. 3 025   D. 2 905

2. 在合同分析中，应明确工程变更的补偿范围，工程变更补偿范围通常以合同金额一定的百分比表示，百分比越大，则（　　）。
   A. 合同金额越高   B. 承包商利润越高
   C. 承包商的风险越大   D. 对承包商的补偿越多

3. 业主可向承包商进行索赔的情形包括（　　）。
   A. 工期延误   B. 设计变更
   C. 承包商不正当终止合同 D. 施工缺陷

4. 对建设工程施工合同中发包人的责任进行分析时，主要分析（　　）。
   A. 报批责任   B. 监督责任   C. 合同责任   D. 主旨责任

5. 某施工企业进行土方开挖工程，按合同约定 3 月份的计划工作量为 2 400 m³，计划单价为 12 元/m³；到月底检查时，确认承包商完成的工程量为 2 000 m³，实际单价为 15 元/m³。则该工程的进度偏差（SV）和进度绩效指数（SPI）分别为（　　）。
   A. 0.6 万元；0.80   B. -0.6 万元；0.83
   C. -0.48 万元；0.83   D. 0.48 万元；0.80

6. 某工程合同价为 500 万元，合同价的 60% 为可调部分。可调部分中，人工费占 35%，材料费占 55%，其余占 10%。结算时，人工费价格指数增长了 10%，材料费价格指数增长了 20%，其余未发生变化，按调值公式法计算，该工程的结算工程价款为（　　）万元。
   A. 610.00   B. 543.50   C. 511.25   D. 500.09

7. 国际工程承包合同的争议解决应该首选（　　）方式。
   A. 协商   B. 调解   C. 仲裁   D. 诉讼

8. 施工合同交底是指由合同管理人员组织相关人员（　　）。
   A. 参与起草合同条款   B. 参与合同谈判和合同签订
   C. 研究分析合同中的不妥之处 D. 学习合同的主要内容和合同分析结果

9. 根据《建设工程施工合同（示范文本）》（GF-99-0201），不属于设计变更范围的是（　　）。
   A. 更改工程有关的标高、标高、位置、尺寸
   B. 改变工程质量等级要求
   C. 增减合同中约定的工作量
   D. 改变工程施工的时间和顺序

10. 某工程项目合同约定采用调值公式法进行结算，合同价为 50 万元，其中可调部分为：人工费占 15%，材料费占 60%，其他为不可调部分。结算时，人工费价格指数上涨了 10%，材料费价格指数上涨了 20%，则该项目应结算的工程价款为（　　）万元。

A. 56　　　　　B. 56.35　　　　C. 57　　　　D. 56.75

11. 下列事件中属于特殊风险索赔的事件是（　　）。
    A. 洪涝灾害　　　　　　　　B. 百年不遇的暴风雪
    C. 暴动　　　　　　　　　　D. 海啸

12. 根据《建设工程施工合同（示范文本）》，承包人在工程变更确定后（　　）天内，可提出变更涉及的追加合同价款要求的报告，经工程师确认后相应调整合同价款。
    A. 14　　　　　B. 21　　　　　C. 28　　　　D. 30

13. 根据《建设工程施工合同（示范文本）》，承包人在工程变更确定后（　　）天内，可提出变更涉及的追加合同价款要求的报告，经工程师确认后相应调整合同价款。
    A. 14　　　　　B. 21　　　　　C. 28　　　　D. 30

14. 业主依据建设工程施工承包合同支付工程合同款可分为（　　）四个阶段进行。
    A. 履约担保金、工程预付款、工程进度款和最终付款
    B. 履约担保金、工程进度款、工程付款和退还保留金
    C. 工程预付款、工程进度款、工程变更款和最终付款
    D. 工程预付款、工程进度款、最终付款和退还保留金

15. 索赔款中的总部管理费主要是指（　　）的管理费。
    A. 工程变更期间　　B. 工程延期期间　　C. 窝工期间　　D. 工效降低期间

16. 下列不能索赔窝工费用的情况是（　　）。
    A. 异常恶劣气候造成的停工　　　　B. 业主未及时提供设计图样
    C. 工程变更　　　　　　　　　　　D. 业主要求的暂停施工

17. 根据工程惯例，承包人应该无条件地执行工程变更的指示，除非（　　）。
    A. 工程变更价款没有确定　　　　　B. 工程师明显超越合同权限
    C. 承包人对工程师答应给予付款的金额不满意
    D. 变更工程具有较大的技术难度

18. 工程量清单漏项或设计变更引起的新的工程量清单项目，其相应综合单价首先应由（　　）提出。
    A. 监理工程师　　B. 承包人　　　C. 发包人　　　D. 工程造价管理部门

19. 当业主方和施工方发生利益冲突或矛盾时，受业主的委托进行工程建设监理活动的监理机构应该以事实为依据、以法律和合同为准绳进行处理，这体现了监理的（　　）。
    A. 服务性　　　　B. 公正性　　　C. 科学性　　　D. 独立性

20. 施工承包合同履约担保的有效期始于（　　）之日。
    A. 投标截止　　　　　　　　B. 发出中标通知书
    C. 施工承包合同签订　　　　D. 工程开工

21. 建设工程施工劳务合同中，运至施工场地用于劳务施工的材料和待安装设备，由（　　）办理或获得保险。
    A. 发包人　　　B. 劳务分包人　　C. 承包人　　　D. 业主

22. 依据材料采购合同的约定，供货方对（　　）承担责任。

A. 因使用不当导致的质量下降　　　B. 到货检验时采购方提出的质量异议
C. 因交货后保管不善导致的质量下降
D. 超过合同约定时间采购方提出的质量异议

23. 根据《建设工程施工劳务分包合同（示范文本）》，劳务分包人在施工现场内使用的安全保护用品，应由（　　）负责供应
A. 劳务分包人　　　　　　　　　B. 工程承包人
C. 工程发包人　　　　　　　　　D. 安全生产监督管理部门

24. 根据《建设工程施工合同示范文本》，对于实施工程预付款的建设工程项目，工程预付款的支付时间不迟于约定的开工日期前（　　）天。
A. 7　　　　B. 14　　　　C. 28　　　　D. 30

25. 某工程合同总额300万元，合同中约定的工程预付款额度为15%，主要材料和构配件所占比重为60%，则该工程预付款的起扣点为（　　）万元。
A. 135　　　　B. 180　　　　C. 225　　　　D. 225

26. 对建设工程施工合同中发包人的这人进行分析时，主要分析（　　）。
A. 报批责任　　　B. 监督责任　　　C. 合同责任　　　D. 主旨责任

27. 建筑施工企业与物资供应企业就某构件材料的供应签订合同，如该建筑材料不属于国家定价的产品，则其价格应（　　）。
A. 报请物价主管部门确定　　　　B. 参考国家定价确定
C. 按当地工程造价管理部门公布的指导价确定
D. 由供需双方协定确定

28. 建筑施工企业与物资供应企业就某构件材料的供应签订合同，如该建筑材料不属于国家定价的产品，则其价格应（　　）。
A. 报请物价主管部门确定　　　　B. 参考国家定价确定
C. 按当地工程造价管理部门公布的指导价确定
D. 由供需双方协定确定

29. 不属于索赔基本特征的有（　　）。
A. 索赔是双向的
B. 只有实际发生了经济损失或权利损害，一方才能向对方索赔
C. 索赔是一种未经对方确认的单方行为
D. 索赔仅要求经济赔偿

30. 引起施工索赔的因素不包括（　　）。
A. 工程变更　　　　　　　　　　B. 不利的现场条件
C. 施工方法不当行为　　　　　　D. 未能按时向承包人付款

31. 依据施工索赔的程序，在提交索赔意向后接下来要做的工作是（　　）。
A. 提交索赔报告　　B. 提出索赔申请　　C. 索赔处理　　D. 索赔证据

32. 计算索赔工期的方法不包括（　　）。
A. 网络分析法　　B. 对比分析法　　C. 简单加总法　　D. 总费用法

四、多选题

1. 施工单位中标后与建设工程项目招标人进行合同谈判后达到一致的内容，应以（　　）方式确定下来作为合同的附件。

A. 合同补遗 　　　　　B. 会议纪要 　　　　C. 协议书
D. 投标补充文件 　　　E. 工程变更文件

2. 施工合同签订后，承包人应对施工合同进行跟踪，跟踪的对象包括（　　）等。
A. 业主的工作 　　　　B. 工程师的工作 　　C. 设计人的工作
D. 承包人的工作 　　　E. 工程分包人的工作

3. 合同文件是索赔的最主要依据，其中包括（　　）。
A. 合同协议书 　　　　B. 投标书及其附件 　　C. 合同通用条款
D. 电话记录 　　　　　E. 检验报告

4. 承包人在履行和实施合同前进行合同分析，其目的和作用有（　　）。
A. 分析合同漏洞，解释有争议的内容
B. 分析签订合同依据的法律法规，了解法律情况
C. 分析合同风险，制定风险对策
D. 分析合同文件组成及结构，有利于合同查阅
E. 分解和落实合同任务，便于实施和检查

5. 施工合同交底的主要目的和任务有（　　）。
A. 将各种合同事件的责任分解到各工程小组或分包人
B. 明确各项工作或各个工程的工期要求
C. 明确各个工程小组（分包人）之间的责任界限
D. 争取对自身有利的合同条款
E. 明确完不成任务的影响和法律后果

6. 承包人向发包人索赔时，所提交索赔文件的主要内容包括（　　）。
A. 索赔证据 　　　　　B. 索赔事件总述 　　C. 索赔合理性论述
D. 索赔要求计算书 　　E. 索赔意向通知

7. 在建设工程项目施工索赔中，可索赔的人工费包括（　　）。
A. 完成合同之外的额外工作所花费的人工费用
B. 施工企业因雨季停工后加班增加的人工费用
C. 法定人工费增长费用
D. 非承包商责任造成的工期延长导致的工资上涨费
E. 不可抗力造成的工期延长导致的工资上涨费

8. 施工承包合同中发包方的责任与义务有（　　）。
A. 按合同要求的质量完成施工任务
B. 组织承包人和设计单位进行图样会审和设计交底
C. 按合同规定支付合同价款
D. 按合同规定及时向承包人提供所需指令、批准等
E. 按合同规定主持和组织工程的验收

9. 建设单位和监理单位组织设计单位向所有的施工单位进行详细的设计交底，其主要目的有（　　）。
A. 深入发现和解决各专业设计之间可能存在的问题
B. 充分理解设计意图
C. 了解设计内容和技术要求

D. 消除施工图的差错，解决施工的可行性问题

E. 明确质量控制的重点与难点

10. 当建设工程施工承包合同的计价方式采用变动单价时，合同中可以约定合同单价调整的情况有（ ）

A. 工程质量发生比较大的变化

B. 承包商自身成本发生比较大的变化

C. 业主资金不到位

D. 通货膨胀达到一定水平

E. 国家相关政策发生变化

11. 施工单位中标后与建设工程项目招标人进行合同谈判后达到一致的内容，应以（ ）方式确定下来作为合同的附件。

A. 合同补遗　　　　　B. 会议纪要　　　　　C. 协议书

D. 投标补充文件　　　E. 工程变更文件

12. 建设工程项目施工成本控制的主要依据有（ ）。

A. 工程承包合同　　　B. 进度报告　　　　　C. 施工成本计划

D. 施工成本预测资料　E. 工程变更

13. 进行施工成本的控制，控制的目标有（ ）。

A. 合同文件　　　　　B. 进度报告　　　　　C. 成本计划

D. 工程变更与索赔资料　E. 成本预测

14. 在国际上，业主方项目管理的方式有多种可能，在以下描述中，正确的是（ ）。

A. 业主方自行完成其项目管理任务

B. 业主方委托项目管理咨询公司进行项目管理

C. 业主方与项目管理咨询公司共同进行项目管理任务

D. 业主方委托本工程的总承包管理公司完成其项目管理任务

E. 业主方委托本工程的项目总承包公司完成其项目管理任务

15. 业主可向承包商进行索赔的情形包括（ ）。

A. 工期延误　　　　　B. 设计变更　　　　　C. 承包商不正当终止合同

D. 施工缺陷　　　　　E. 承包商原因导致人工窝工

16. 施工单位中标后与建设工程项目招标人进行合同谈判后达成一致的内容，应以（ ）方式确定下来作为合同的附件。

A. 合同补遗　　　　　B. 会议纪要　　　　　C. 协议书

D. 投标补充文件　　　E. 工程变更文件

17. 承包商可以向业主索赔利润的情况有（ ）。

A. 工程范围变更　　　B. 文件有缺陷　　　　C. 分部工程延期施工

D. 文件技术性错误　　E. 业主未能提供现场

18. 《建设工程施工合同（示范文本）》对工程款支付和竣工结算作了相应规定，下列说法正确的有（ ）。

A. 在确认计量结果后的 21 天内，发包人应向承包人支付工程款

B. 发包人不按合同约定支付工程款，双方又未达成延期付款协议，导致施工无法进行，承包人可停止施工

C. 发包人与承包人可协商签订延期付款协议，经承包人同意后可延期支付
D. 发包人收到承包人递交的竣工结算报告及结算资料后56天内进行核实，给予确认或提出修改意见
E. 工程竣工验收报告经发包人认可后28天内，承包人向发包人递交竣工结算及完整的结算资料，双方按合同约定进行工程竣工结算

19. 下列建设工程担保中，由承包人（投标人）提交担保的有（　　）。
    A. 支付担保　　　　　　B. 投标担保　　　　　　C. 履约担保
    D. 预付款担保　　　　　E. 工程保修担保

20. 某建设工程项目施工过程中，业主未按合同约定及时供应工程材料，监理工程师考虑到该事件不会影响总工期，故指令施工单位局部工程暂停施工10天，则施工单位可索赔的费用包括（　　）。
    A. 人员窝工费　　　　　B. 机械窝工费　　　　　C. 保函手续费
    D. 施工机械使用费　　　E. 利润

21. 关于履约担保的说法，正确的有（　　）。
    A. 建筑业通常倾向于采用无条件银行保函作为履约担保
    B. 银行履约保函分为有条件和无条件的银行保函
    C. 履行担保书通常由商业银行或保险公司开具
    D. 采用担保书的金额要求比银行保函的金额要求低
    E. 履约保证金额的大小取决于招标项目的类型与规模

22. 下列工程担保中，以保护发包人合法权益为目的的有（　　）。
    A. 支付担保　　　　　　B. 投标担保　　　　　　C. 履约担保
    D. 预付款担保　　　　　E. 工程保修担保

23. 支付担保的形式有（　　）。
    A. 银行保函　　　　　　B. 履约保证金　　　　　C. 租赁
    D. 质押　　　　　　　　E. 留置

24. 下列事件中属于特殊风险索赔的事件是（　　）。
    A. 洪涝灾害　　　　　　B. 百年不遇的暴风雪　　C. 暴动
    D. 海啸　　　　　　　　E. 沙尘暴天气

25. 建设工程索赔成立的前提条件有（　　）。
    A. 与合同对照，事件已造成了承包人工程项目成本的额外支出或直接工期
    B. 造成费用增加或工期损失的原因，按合同约定不属于承包人的行为责任险责任
    C. 承包人按合同规定的程序和时间提交索赔意向通知和索赔报告
    D. 造成费用增加或工期损失额度巨大，超出了正常的承受范围
    E. 索赔费用计算正确，并且容易分析

26. 下列进度控制的措施中，属于组织措施的有（　　）。
    A. 选择承发包模式
    B. 进行工程进度的风险分析
    C. 编制项目进度控制的工作流程
    D. 落实资金供应的条件
    E. 进行有关进度控制会议的组织设计

27. 选项中,将被没收投标保证金的情形是(　　)。
A. 在投标有效期内撤回投标文件的
B. 在投标有效期内被选定为中标单位而不与招标人签订合同的
C. 没有在中标后按要求递交履约担保的
D. 投标保函不符合规定要求的
E. 投标人在开标后递交投标保证金的

28. 下列关于发包人支付担保的阐述中,正确的有(　　)。
A. 可由担保公司提供担保
B. 担保的额度为工程合同价总额的10%
C. 实行履约金分段滚动担保
D. 支付担保的主要作用是确保工程费用及时支付到位
E. 实行支付担保的担保合同应作为施工承包合同的附件

29. 监理工程师的延误造成的索赔包括(　　)。
A. 图样、指令等的签发有延误　　B. 放样资料不正确
C. 未能按时向承包商付款　　　　D. 工程暂停
E. 未能及时提供工程用地及出入通道

30. 违约责任具有以下(　　)特点。
A. 违约责任的产生是以合同当事人不履行合同义务为条件的
B. 违约责任具有相对性
C. 违约责任主要具有补偿性
D. 违约责任是刑事责任的一种形式
E. 违约责任可以由当事人约定

31. 违约责任的免除包括以下何种情况(　　)。
A. 自然灾害
B. 社会事件
C. 当事人迟延履行后发生不可抗力的
D. 当事人一方因不可抗力不能履行合同的,未在合理期限内提供证明
E. 当事人自身因素引起的

32. 现场管理费率的确定方法包括(　　)。
A. 合同百分比法　　　B. 行业平均水平法　　　C. 原始估价法
D. 历史数据法　　　　E. 总直接费分摊法

五、案例讨论与分析

1. 某市政府投资新建一学校,工程内容包括办公楼、教学楼、实验室和体育馆等。招标文件的工程量清单表中,招标人给出了材料暂估价,承发包双方按《建设工程工程量清单计价规范》(GB50500——2008)以及《标准施工招标晚间》签订了施工承包合同。合同规定,国内《标准施工招标文件》不包括的工程索赔内容,执行FIDIC合同条件的规定。

工程实施过程中,发生了如下事件:

(1)截止日期前15天,该市工程造价管理部门发布了人工单价及规费调整的有关文件。

(2) 分部分项工程量清单中，天平吊顶的项目特征描述中龙骨规格、中距与设计图样的要求不一致。

(3) 按实际施工图样施工的基础土方工程量与招标人提供的工程量清单表中挖基础土方工程量发生较大的偏差。

问题：根据《建设工程工程量清单计价规范》（GB50500——2008）分别指出对事件（1）、事件（2）和事件（3）应如何处理，并说明理由。

2. 某厂房建设场地原为农田，按设计要求在厂房建造时，厂房地坪范围内的耕植土应清除，基础必须埋在老土层下 2.00m 处。为此，业主在"三通一平"阶段就委托土方施工公司清除了耕植土并用好土回填压实至一定设计标高，所以在施工招标文件中指出，施工单位无须再考虑清除耕植土问题。某施工单位通过投标方式获得了该项工程施工任务，并与建设单位签订了固定价格合同。然而施工单位在开挖基坑时发现，相当一部分基础开挖深度虽已达到设计标高，但仍未见老土，且在基坑和场地范围内仍有一部分深层的耕植土和池塘淤泥等必须清除。

问题：

(1) 在工程中遇到地基条件与原设计所依据的地质资料不符时，承包商应该怎么办？

(2) 在工程施工中出现变更工程价款和工期的事件之后，甲乙双方需要注意哪些时效性问题？

(3) 根据修改的设计图样，基坑开挖要加深加大，造成土方工程量增加，施工工效降低。在施工中又发现了较有价值的出土文物，造成承包商部分施工人员和机械窝工，同时承包商为保护文物支付了一定的费用。请问承包商应如何处理此事？

3. 2013 年 8 月 28 日，甲单位与中标单位乙建筑工程公司签订了一份《建设工程合同》，约定将其投资建设的业务综合楼发包给大地建司承建。合同签订后，乙建筑工程公司进行了人工挖孔桩分部工程的施工，但由于自身原因，未能在合同约定的期限内完成人工挖孔桩的施工任务。2013 年 12 月 5 日，甲单位向乙建筑工程公司发出《解除合同通知书》，并于同日以乙建筑公司严重违约致使合同无法履行为由向人民法院提起诉讼，请求解除双方签订的《建设工程施工合同》。

问题：此合同是否可以解除？甲单位的损失应由谁来承担？

4. 我国某工程联合体（某央企和某省公司）在承建非洲某公路项目时，由于风险管理不当，造成工程严重拖期，亏损严重，同时也影响了中国承包商的声誉。该项目业主是该国政府工程和能源部，出资方为非洲开发银行和该国政府，项目监理是某英国监理公司。

在项目实施的四年多时间里，中方遇到了极大的困难，尽管投入了大量的人力、物力，但由于种种原因，合同于 2005 年 7 月到期后，实物工程量只完成了 35%。2005 年 8 月，项目业主和监理工程师不顾中方的反对，单方面启动了延期罚款，金额每天高达5 000 美元。为了防止国有资产的进一步流失，维护国家和企业的利益，我方承包商在我国驻该国大使馆和经商处的指导和支持下，积极开展外交活动。2006 年 2 月，业主致函我方承包商同意延长 3 年工期，不再进行工期罚款，条件是我方承包商必须出具由当地银行开具的约 1 145 万美元的无条件履约保函。由于保函金额过大，又无任何合同依据，且业主未对涉及工程实施的重大问题做出回复，为了保证公司资金安全，维护我方利益,中方不同意出具该保函,而用中国银行出具的400万美元的保函来代替。但是,由于政府对该项目的干预未得到项目业主的认可,2006年3月,业主在监理工程师和律师的怂恿下,不顾政府高层的调解,无视我方对继续实施本合同所做出的种种努力,以我方企业不能提供所要求的1 145万美元履约保函的名义,致函终止了与中方公司的合同。针对这种情况,中方公司积极采取措施并委托律师,争取安全、妥善、有秩序地处理好善后事宜,力争把损失降至最低,但最终结果目前尚难预料。

问题:该项目的风险主要有哪些?

主要内容
➢ 新版 FIDIC 合同条件概述
➢ FIDIC《施工合同条件》
➢ FIDIC《设计采购施工（EPC）/交钥匙工程合同条件》
➢ FIDIC《简明合同格式》
➢ 国际其他合同条件分析
➢ 国际工程采购案例分析

第 6 章

新版 FIDIC 合同条件

6.1 新版 FIDIC 合同条件概述

6.1.1 FIDIC 合同简介

FIDIC 是国际咨询工程师联合会（Fédération Internationale Des Ingénieurs-Conseils）的简称。该联合会始建于 1913 年，经过一个世纪的发展，现在已经成为一个拥有 80 多个会员国的国际组织，总部设在瑞士洛桑。中国工程咨询协会代表我国于 1996 年 10 月加入该组织。

FIDIC 除下属若干个地区委员会外还下设许多专业委员会，主要包括业主—咨询工程师关系委员会（CCRC）、土木工程合同委员会（CECC）、电器机械合同委员会（EM-CC）及职业责任委员会（PLC）等。FIDIC 专业委员会针对不同的工程采购模式编纂了许多标准合同条件范本，如 FIDIC 土木工程施工合同条件、FIDIC 电器与机械工程合同条件等。1957 年，FIDIC 与欧洲建筑工程联合会（FIEC）一起在英国土木工程师协会（ICE）编写的《标准合同条件》（ICE Conditions）的基础上编纂了 FIDIC 土木工程施工合同条件第 1 版。该版主要沿用英国的传统做法和法律体系。1969 年第 2 版 FIDIC 土木工程施工合同条件面世，该版没有修改第 1 版的内容，只是增加了适用于疏浚工程的特殊条件。1977 年第 3 版 FIDIC 土木工程施工合同条件出版，对第 2 版做了较大修改，同时出版了《土木工程合同文件注释》。1987 年出版了第 4 版 FIDIC 土木工程施工合同条件。1988 年又出版了第 4 版修订版，对 1987 年版做了 17 处修订。为了指导应用，FIDIC 又于 1989 年出版了一本更加详细的《土木工程合同条件应用指南》。

随着国际工程合同额的持续增长、合同争端的增加，在客观上需要适应性更强、能更好地界定承发包双方责权利的标准合同范本，在对 1988 年版进行多处修订的基础上，FIDIC 又编纂了 1999 年版施工合同条件范本。2017 年 12 月，FIDIC 在伦敦举办的国际用户会议上发布了 1999 版三本合同条件的第 2 版，分别是施工合同条件（Conditions of Contract for Construction）、生产设备和设计 – 建造合同条件（Conditions of Contract for Plant and Design – Build）和设计 – 采购 – 施工与交钥匙项目合同条件（Conditions of Contract for EPC/Turnkey Projects）。

由此可以看出，FIDIC 一直在致力于对施工合同范本的改进和完善。正因为如此，不仅世界银行和各洲开发银行的贷款项目无一例外地要求借款国在工程发包时采用 FIDIC 合同条件，美国总承包商协会（FIFG）、中美洲建筑工程联合会（FIIC）、亚洲及西太平洋承包商协会国际联合会（IFAWPCA）均推荐在实行土木工程国际招标时以 FIDIC 作为合同条件的范本。我国是接受世界银行和亚洲开发银行贷款最多的国家之一，自 20 世纪 80 年代初以来我国利用世界银行和亚洲开发银行贷款开发的基础设施项目几乎全部采用 FIDIC 施工合同条件。不仅如此，我国原建设部和国家工商管理局联合颁布的 1992 年和 1999 年施工合同示范文本也是在参考 FIDIC 的基础上编纂的。目前，2017 版的英文合同文本在中国还没有发行，中文版当然也没有。

6.1.2　FIDIC 合同条件的特点

1. FIDIC 合同条件的特点

（1）公正合理、责任分明

合同条件的各项规定体现了编纂者对业主、承包商的义务、职责和权利的分配的倾向性以及基于这种倾向性的工程师的职责和权限。由于 FIDIC 重视来自各方的意见反馈，所以在其条件中的各项规定越来越体现业主和承包商之间利益的均衡和风险的合理分担，并且在合同条件中体现双赢的理念。合同条件对发承包双方的职责既做出明确的规定和要求，又给予必要的限制，使双方责权利的合理性不断得到完善。

（2）程序严谨，易于操作

合同条件对各种问题的处理程序都有严谨的规定，尤其是对事件发生的时间，呈递备案的时间，解决的时间下限的规定极为严格，责任方要为误期或拖拉付出代价。另外，还特别强调各种书面文件和证据的重要性，从而使各方均有章可循，使条款中的规定易于操作和实施。

（3）通用条件和专用条件相结合

在各版本中，FIDIC 合同条件均分为"通用条件"（General Conditions）和"专用条件"（Particular Conditions）。其中，通用条件是指对某一类工程具有普遍适用性质的条款；而专用条件的作用是将特定的工程合同具体化，对通用条件进行修改或补充。这样做的好处是，对招标方而言，可节省编制招标文件的工作量；对投标方而言，无须担心不熟悉的合同条件导致的报价风险，只需重点研究专用条件以确定报价策略。

1）FIDIC 通用合同条件。某一特定版本的 FIDIC 通用条件都是固定不变的。以土木工程施工合同条件为例，工程建设项目只要是属于房屋建筑或者工程的施工，如工业与民用建筑工程、水电工程、路桥工程、港口工程等建设项目均可使用。通用条件对合同中多方面的问题给予全面的论述，大致可划分为涉及权利义务的条款、费用管理的条款、工程进度控制的条款、质量控制的条款和涉及法律法规性的条款等五大部分。这种划分只能是大致的，有些条款同时涉及费用管理、工程进度控制等几方面的问题，因此很难将其准确地划入某一范畴。

2）FIDIC 专用合同条件。FIDIC 的专用合同条件是针对某一特定的工程项目，考虑到国家和地区的法律法规的不同，项目的特点和业主对合同实施的要求不同，通过对通用条件的修改和补充来实现对特定合同的具体化。在 FIDIC 专用合同条件中有很多建议性的措辞和范例，业主及工程师可酌情采用这些措辞范例或另行编制更能反映发包方意愿的措辞对通用条件进行修改或补充。凡合同条件第二部分与第一部分的不同之处均以第二部分为准，第二部分的条款号与第一部分相同。这样，合同条件的第一部分和第二部分就共同构成一套完整的合同条件。

2. 新版合同条件的总体特点

1）优化编排格式，强化项目管理工具和机制的运用。2017 年第 2 版合同将 1999 版合同的第 20 条进行拆分，形成了第 20 条"业主和承包商索赔"和第 21 条"争议和仲裁"，打破了 1999 版 FIDIC 合同 20 条的体例安排，条款也从 1999 版的 167 款增加到 174 款，使得 FIDIC 合同条件中相应的规定更加刚性化、程序化，对索赔、争议裁决、仲裁做出了更加明确的规定。

2）FIDIC 对 1999 版彩虹系列合同条件进行了大幅修订，内容增加了近 50%，使得 FIDIC 合同条件中相应条款规定更加详细，对雇主、承包商、工程师（雇主代表）的权责做出了更加明确的规定。

3）新版合同条件之间的分工更加明晰，应用范围更广，覆盖面更宽。但是，也增加了承包商的风险。如果业主确定工程的任何一部分不能满足预期的目的，无论业主是否与承包商对此进行了实际的交流，业主都可以根据保障条款向承包商进行索赔。

4）平衡各方风险分配；更加清晰化，增强透明性和确定性；反映当今国际工程的最佳实践做法；解决过去使用 FIDIC 合同 1999 版产生的问题；反映 FIDIC 合同最新发展趋势，融入金皮书中的内容。

6.1.3 FIDIC 合同条件的构成体系

1999 年版 FIDIC 合同范本包括四种，即《施工合同条件》《生产设备和设计—建造合同条件》《设计采购施工（EPC）/交钥匙工程合同条件》和《简明合同格式》。这套合同范本的组合是认真汲取过去的经验，加入新的理念，为了适应各类工程和各种承包管理模式而重新编写的。各合同范本的通用条件均为 20 章，专用条件分别适用不同的承包方式，业主在发包时可根据需要灵活地"拼装"，从而最大限度地满足自己的要求。这种做法为各类工程普遍利用国际经验创造了条件。

1. 施工合同条件（Conditions of Contract for Construction）

施工合同条件（Condition of Contract for Construction）简称新红皮书，2017 年版红皮书《土木工程施工合同条件》主要适用于业主或其代表工程师设计的建筑工程或土木工程项目，其特点是承包商按照业主提供的设计施工。但业主可要求承包商做少量的设计工作，这些设计可以包含土木、机械、电气或构筑物的某些部分。这些部分的范围和设计标准必须在规范中做出明确规定，如果大部分工程都要求承包商设计，很显然红皮书就不适用了。

2. 生产设备和设计—建造合同条件（Conditions of Contract for Plant and Design-Build）

《生产设备和设计—建造合同条件》是 2017 年的最新修订版，主要适用于电气或机械设备的供货及建筑或工程的设计与施工。其特点是具有设计—建造资质的承包商按照业主的要求设计并建造该项目，可能包括土木、机械、电气或构筑物的任何组合。采用这种模式时，由于设计是承包商的职责，承包商则有可能以牺牲质量来降低成本。因此，业主应考虑雇佣专业技术顾问来保证其要求在招标文件中得以体现。

3. 设计采购施工（EPC）/交钥匙工程合同条件（Conditions of Contract for EPC/Turnkey Projects）

1999年FIDIC发布了设计－采购－施工与交钥匙工程合同条件，在该合同模式下承包商负责完成设计、设备供货、施工安装、调试开车等工作，合同采用总价模式，与FIDIC其他合同条件相比，承包商承担的工作范围更广、风险更大。2017版银皮书，总结了1999版银皮书在应用中的实践经验，吸收借鉴了以各专业协会为代表的广大用户提出的批评和建议，力求通过此次调整以满足工程界发展变化的需求，提高在项目执行中的可操作性，使业主和承包商之间的风险分担更加合理。

4. 简明合同格式（Short Form of Contract）

《简明合同格式》（Short Form of Contract）适用于合同额较小的建筑或工程项目。根据工程的类型和具体情况，该合同格式也可用于较大金额的合同，特别适用于简单的或重复性的或工期较短的工程。一般情况下，由承包商按照业主方提供的设计进行施工，但也适用于部分或全部由承包商设计的土木、机械、电气或构筑物的合同。

上述四种合同范本由FIDIC推荐广泛用于国际招标。在某些司法权限方面，特别是用于国内合同的情况下，可能需要某些修改。

6.1.4 应用FIDIC合同条件应注意的问题

1. 我国工程施工中索赔的现状

我国建设工程施工在发展过程中已取得一些成绩，但由于体制不完善、管理不规范等原因，出现了一些质量事故、工期拖延、费用超支等问题，对国家造成了一定的损失，对社会造成了一些不良影响。这说明在工程管理上，我国与国外发达国家之间尚存在差距，尚有不少急需解决的问题。

据统计，我国现阶段合同约定的工期、质量、造价三大目标最终能同时完成的仅占30%。一方面建筑单位的目标很难达到，另一方面施工企业亏损严重。

因此在此过程中，必然会出现索赔；而实际操作中，索赔也存在较大的问题，索赔程序、索赔内容、索赔依据等方面均没有统一的规定，导致索赔存在一定的难度。目前，索赔已经成为我国建筑工程中需要很好研究和解决的问题。

2. FIDIC合同条件在我国直接适用要注意的法律问题及解决途径

从上述可以看出，要比较好地解决我国目前存在的索赔问题，借用FIDIC合同条件是一条可行的途径。但并不是照抄照搬就可以解决的，还应该注意以下问题。

（1）关于FIDIC合同条件的法律效力

FIDIC合同条件中的有些规定和我国的现行建筑管理规定不完全一致。例如：工程师批准设计（我国是设计院设计，但需得到政府有关主管部门的批准）；合同未规定质量等级，只有获得工程师满意的约定（我国目前规定工程质量交付前要评定等级）；工程质量核验权在工程师（我国规定需有政府主管部门的核验，否则不能投入使用，新的《建设工程质量管理条例》则规定由业主验收，报政府相关部门备案）；业主指定分包商的规定（我国规定有限制，且业主需承担相应责任）。

若双方当事人选择使用该合同文本，是行为主体可自由决定的合法行为，在总体上并没有违反我国的现行建筑法规的禁止性规定。当事人运用 FIDIC 合同条件是当事人双方真实、一致的意思表示，是合法有效的民事行为。因此，对于 FIDIC 合同条件的法律效力，我们可以得出这样一个结论：双方当事人可以选择 FIDIC 合同文本作为国内工程承发包合同的文本，但要注意与我国法律、法规的衔接。

(2) 要对 FIDIC 合同条件的适用作说明和限制

FIDIC 合同条件的适用，应当有一个体系比较完备的建设管理制度，包括工程业主责任制度、招投标制度、工程师制度（监理制度）以及工程质量保证、履约担保和成系统的保函制度和种类齐全的工程保险等制度。但如果国内工程直接采用 FIDIC 合同文本，需要根据我国的国情和建设管理的法律、法规体系以及当事人双方的具体情况，对合同条件的适用作说明和限制。

(3) 要对工程质量和竣工交付作特别约定

2017 年第 2 版合同将"成本加利润"规定为 5%。除此之外，2017 年第 2 版合同第 13.6 款不仅是法律的变化，还包括任何许可、准证和批准的变化。另外，合同还规定了单价表可以作为变更估价的依据。2017 年第 2 版合同第 14.6 款将 1999 年版合同修改为工程师可以公平地考虑应付给承包商的款项，并且工程师可以暂扣他认为存在明显错误或矛盾的任何款项，但工程师必须详细计算暂扣款项并给出暂扣的理由。2017 年第 2 版第 14.6.3 款规定工程师和承包商可以修正或修改期中付款证书，且承包商应在付款申请中标注那些有争议的金额，以便工程师根据第 3.7 款的规定做出决定。

FIDIC 合同条件中的许多规定与我国的建筑法律、法规的规定不完全适应，应在专用条款中给予明确说明。如工程质量的验收规定，根据现行规定，工程应由建设单位负责验收质量获通过方可交付使用。因此，应在招标时对取得政府工程监管部门的质量评定进行约定。

(4) 争议避免/裁决委员会（DAAB）

2017 年第 2 版合同第 21 条引入了争议避免/裁决委员会，目的是更为有效地避免争议，有效地解决争议。第 21 条 DAB 的有关规定如下：规定 DAB 是常设 DAB，而非临时 DAB；规定双方当事人可以要求协助或经正式协商但未能达成协议的问题共同提交给 DAB；如果 DAB 了解任何问题或未能达成协议时，DAB 可以邀请当事人共同将争议提交 DAB 解决；如果一方当事人对 DAB 的决定不满，他可以在收到决定后的 28 天发出不满通知，否则，DAB 的决定将对双方当事人产生法律约束力；要求当事人在发出或收到不满通知后的 182 天之内开始仲裁。如果当事人未能在 182 天内开始仲裁，则不满通知将失效并不再有效。

另外，FIDIC 合同条件中明确规定了按国际商会的调解与仲裁章程。而在我国，一般通过人民法院、工商行政管理部门解决争执或做出仲裁。该条款的规定在争议解决问题上显然不符合我国现行法律的规定。FIDIC 在《土木工程施工合同条件》的应用指南中也提醒工程师：在处理较大的争端时，应听取法律咨询意见后再作决定。因此，FIDIC 合同条件使用在国内工程中时，业主或承包商应听取专业律师对合同的条款以及合同履行中争端的咨询意见，避免合同条款与现行法律法规发生冲突。

3. FIDIC 合同条件的应用方式

FIDIC 合同条件是在总结了各个国家、各个地区的业主、咨询工程师和承包商各方经验的基础上编制出来的,也是在长期的国际工程实践中形成并逐渐发展和成熟起来的,是目前国际上广泛采用的高水平的、规范的合同条件。这些条件具有国际性、通用性和权威性。其合同条款公正合理,职责分明,程序严谨,易于操作。考虑到工程项目的一次性、唯一性等特点,FIDIC 合同条件分成了"通用条件"(General Conditions)和"专用条件"(Conditions of Particular Application)两部分。通用条件适于某一类工程,如红皮书适于整个土木工程(包括工业厂房、公路、桥梁、水利、港口、铁路、房屋建筑等)。专用条件则针对一个具体的工程项目,是在考虑项目所在国法律法规不同、项目特点和业主要求不同的基础上,对通用条件进行的具体化的修改和补充。

对于各种类型的建设项目,最好在技术方面和管理方面都实行标准化。尤其是大型项目,无论其主要部分是建筑工程、土木工程、化学、电力、机械工程还是上述的任何组合,所需的合同条件日趋复杂。因此,采用合同各方和融资各方均熟悉的、标准化的合同范本将显得越发重要。

如能采用标准的合同范本,投标人不用为不熟悉的合同条件而准备更多的不可预见费;招标人可最大限度地降低采购成本,而只是在特殊风险发生时才对承包方给予补偿;各方的合同管理人员也不用为不断改变的合同条件而付出无休止的努力。

(1) 国际金融机构贷款项目直接采用

在世界各地,凡是世界银行或各洲开发银行的贷款项目均要求全文采用 FIDIC 合同条件。因而项目的各参与方必须了解和熟悉 FIDIC 系列合同条件,才能保证合同的顺利执行并根据合同条件行使自己的职权和保护己方的权益。

在我国,凡亚洲开发银行的贷款项目均全文采用 FIDIC "红皮书"。凡是世界银行贷款项目,财政部受国务院委托,直接负责对华贷款的归口管理工作。财政部根据中国利用世界银行贷款项目的实际需要,在世界银行的帮助下对该行制定的几种合同文本进行了修改。

(2) 对比借鉴采用

很多国家的相关部门都自行编制合同条件,这些合同条件与 FIDIC 范本均有相似之处,主要区别在于处理问题的程序规定和风险分担的原则。FIDIC 合同条件在处理业主和承包商的权利义务和风险分担的问题方面比较公正,各项程序的安排相对严谨完善。因此,可在熟练掌握 FIDIC 合同条件的基础上与其他合同条件逐条对比、分析研究,从中发现风险因素,制定切实的防范或利用风险的措施或发现索赔机遇。

(3) 局部选用

咨询工程师在协助业主编制招标文件或总包商编制分包文件时,可局部选择 FIDIC 合同条件中的某些部分、某些条款、某些思路、某些程序或规定,也可以在项目实施的过程中借助某些思路或程序随机地处理遇到的问题。

(4) 合同谈判时参考

由于 FIDIC 合同条件是国际公认的权威性的文件,在招标过程中如承包商感到招标文件的某些规定不合理或不完善,可以将 FIDIC 合同条件当作"国际惯例",在合同谈判时要求对方修改、删除或补充某些条款。

从上述各方面的应用不难看出,深入系统地学习 FIDIC 系列合同条件可使参与工程采购的各方专业人员在项目管理的思路上与国际惯例接轨,并可大幅提升合同管理的水平。

需要说明的是，FIDIC 在编制各类合同条件的同时，还编制了相应的"应用指南"。在"应用指南"中，除了介绍招标程序、合同各方及工程师职责外，还对合同每一条款进行了详细解释和说明，这对使用者是很有帮助的。另外，每份合同条件的前面均列有有关措词的定义和释义。这些定义和释义非常重要，它们不仅适用于合同条件，也适合于其全部合同文件。

6.2 FIDIC《施工合同条件》

6.2.1 FIDIC《施工合同条件》简介

1. 关于 FIDIC《施工合同条件》

2017 年版 FIDIC 新红皮书《施工合同条件》（Conditions of Contract for Construction）是 1999 年版红皮书《土木工程施工合同条件》的最新修订版，适用于单价与子项包干混合式建筑工程或土木工程合同。其第一部分通用条件（General Conditions）包括 21 章，168 款，论述了 21 个方面的问题，其中包括一般规定，业主，工程师，承包商，指定分包商，职员和劳工，工程设备、材料和工艺，开工、误期和暂停，竣工检验，业主的接收，缺陷责任，测量和估价，变更和调整，合同价格和支付，业主提出终止，承包商提出暂停和终止，风险和责任，例外事件，保险，业主和承包商索赔、争议和仲裁。

在通用条件后面是《专用条件编写指南》（Guidance for the Preparation of Particular Conditions），仍旧以上述 21 个方面为顺序，FIDIC 就最有可能进行修改的措辞以范例的形式给出推荐的表述方式。

随后是 7 个保函格式范本，包括母公司保函范例格式、投标保函范例格式、履约担保函—即付保函范例格式、担保保证范例格式、预付款保函范例格式、保留金保函范例格式和业主支付保函范例格式。其中，除履约保函和履约担保范例格式外，其余 5 种范例格式都是 1988 年版 FIDIC 红皮书未曾包括的内容。

最后是投标函、合同协议书和争端裁决协议书格式。

2. FIDIC《施工合同条件》新版本的特点

（1）内容更新

1) 2017 版通用条件有 21 个条款，1999 版有 20 个条款；2017 版二级子条款为 168 条，三级条款为 147 条；1999 版二级子条款为 163 条，三级条款仅第 1 条"定义"中有 6 个三级条款，其他条款中均无三级条款，2017 版通用条件因为篇幅大幅增加使得其结构变得更加复杂。

2) 2017 版将 1999 版的第 5 条"指定分包商"（Nominated Subcontractor）改为"分包"（Subcontracting），包含了一般分包商和指定分包商。

3) 2017 版将 1999 版的第 20 条"索赔、争端与仲裁"分为了 20 和 21 两个条款，同时强调同等对待业主和承包商提出的索赔，即业主和承包商的索赔适用同一程序。

4) 1999 版的"投标书附录"（Appendix to Tender）在 2017 版中被命名为"合同数据"（Contract Data），该部分在 2017 版中作为专用合同条件 A 部分，1999 版原来的专用合同条件作为 B 部分（Special Provisions）。针对 1999 版合同条件使用过程中出现的通过专用合同条件的修改对通用条件的误读、滥改现象，FIDIC 提出了专用合同条件修订和使用的 5 项黄金法则。

5）2017 版专用合同条件编写指南中增加了与合同条件一起使用 BIM（Building Information Modelling）的说明，提醒用户如果使用 BIM，合同条件中相应的条款可能需要修改。FIDIC 还计划近期出版与 2017 版合同条件配套使用的关于 BIM 的"技术性指南"（Technology Guideline）和"针对 BIM 的工作范围定义指南"（Definition of Scope Guideline Specific to BIM）。

6）1999 版的"争端裁决委员会"（Dispute Adjudication Board，DAB）改为 2017 版的"争端避免/裁决委员会"（Dispute Avoidance/Adjudication Board，DAAB），DAAB 协议书模版也有较大篇幅的增加，由 1999 版的 6 页增加至 2017 版的 17 页，一般条件由 9 项一级条款增加至 12 项，程序规则由 9 项增加至 11 项。

（2）业主、承包商及工程师相应义务、职责和要求的修订

1）业主。

① 业主的财务安排。2017 版要求业主的财务安排应在合同数据表中详细说明，而 1999 版对应的条款中仅规定业主在收到承包商要求后 28 天内向承包商提供资金安排的合理证据。

② 竣工时间的延长。2017 版新增了承包商获得竣工时间延长的条件：在基准日期后由于第三方对进场路线的更改而造成进入现场的路线不适用或不可用时，承包商在这种情况下可获得救济。2017 版中由于公共当局造成的延误这一条款所指的"公共当局"还包括私营公用事业实体。

③ 潜在缺陷。1999 版（除了规定每一方对签发的履约证书中规定的未履行的义务承担责任外）没有提及潜在缺陷责任，因此承包商的相应责任将按管辖法律界定。2017 版进一步限制了承包商履行责任的期限：除非法律禁止（或在任何欺诈、重大过失、故意违约或鲁莽不当行为的情况下），否则承包商对生产设备的潜在缺陷或损害的修复责任应在缺陷通知期期满两年后解除。

④ 利润。1999 版仅规定了承包商有权获得成本加合理利润的赔偿（在专用条件范例中提及了利润为成本的 5%）。2017 版规定，在大多数情况下承包商可获赔的利润默认为成本的 5%。根据 15.5 款业主终止合同后，承包商有权力获得由终止而导致损失的利润。

⑤ 业主的原因自便终止合同。1999 版仅对由于业主自身原因主动终止合同的情况做了简单的规定，2017 版则用三个子条款对这种情况的处理做了比较详细的规定。

⑥ 照管工程的义务。2017 版不再使用 99 版 17.3 款"业主风险"这样的描述，但 2017 版 17.2 和 17.5 款包含了 1999 版中有关"业主风险"的内容，并在一定程度上增大了 1999 版"业主风险"的范围，如 2017 版业主风险明确包括了业主人员或其他承包商的任何行为或违约。17.2 款提供了并发事件的解决方式，即双方分摊因业主风险事件和承包商原因共同造成的损失或损害。

⑦ 业主对承包商的保障。2017 版中承包商的免责范围在一定程度上增大了：承包商免受因业主、业主人员或其代理人的任何疏忽、故意行为或违约而造成的财产损失，而且根据 17.5 款承包商应免于承担因业主负责事件造成财产损失的所有费用。如果一方免责条款下的责任事项受另一方负责事件影响而造成损失，则受损一方的责任可按另

一方负责事件造成损失的程度按比例减少。

2) 承包商。

① 承包商的一般义务。2017版扩大了承包商按合同规定负责任何设计时的义务，承包商应保证设计和承包商文件符合规范和法律（在工程接收时生效）中规定的技术标准，且符合构成合同的文件。

② 履约担保。2017版规定了当变更或调整导致合同价格相比中标价增加或减少20%以上时，业主可要求承包商增加履约担保金额，承包商也可减少履约担保金额，如因业主要求导致承包商成本增加，此时应该适用变更条款。

③ 承包商文件。2017版规定，当承包商负责永久工程任何一部分的设计时，在工程师已发出（或被视为已发出）关于承包商文件的无异议通知之前，不能开始施工。此外，2017版扩大了承包商提供竣工记录、操作和维修手册的义务。

④ 承包商的关键人员。1999版仅对承包商的代表（也就是承包商的项目经理）人选及替换提出了具体要求，2017版增加了对承包商其他关键人员的要求，并明确了这些关键人员的替换问题。

⑤ 竣工时间的延长。2017版规定承包商无须根据20.2款对因变更引起的工期索赔发出通知，处理变更后工期变动的机制已经被纳入变更程序，并且2017版新增了一项工期延长的规定：如果变更导致工程量增加10%以上，则承包商有权延长工期。此外，2017版敦促双方在专用条件中规定处理共同延误的规则和程序。

⑥ 工程接收。2017版比1999版新增了工程接收的条件，新增内容为：除非工程师根据4.4款就竣工记录和操作与维修手册已发出（或被视为已发出）无异议通知，且承包商根据4.5款已按照规范提供培训，工程才可竣工。

⑦ 修复缺陷的成本。2017版比1999版增加了承包商负担修复缺陷成本的事项：承包商有责任修复由于承包商负责的事项（如竣工记录、操作与维修手册和培训）而导致的操作或维修不当引起的缺陷。

⑧ 变更。2017版明确地将变更分为两种启动方式：指示性变更和征求建议书的变更。指示性变更要求：承包商应提交详细的资料，包括将进行的工作、采用的资源和方法；执行变更的进度计划；修改进度计划和竣工时间的建议书；修改合同价格的建议（附证据）；承包商认为应得的任何有关工期增加而发生的费用。当征求建议书时，承包商由于提交建议书增加的成本可根据20.2款进行索赔。

⑨ 承包商设计风险。2017版新增一项业主免责内容：要求承包商保障业主的工程利益不受承包商设计（如果有）中所有错误的影响，并免于承担任何责任。1.15款规定责任总额上限适用此类风险，限制了承包商在这方面的责任。

⑩ 责任限度。责任限度条款规定，任何一方不应对另一方可能遭受的与合同有关的任何间接或结果性损失负责，而根据条款特别指出的一些情况除外。2017版中，此类除外情况范围有所增加：包括8.8款"误期损害赔偿费"和17.3款"知识和工业产权"中所指的情况。但2017版仍未定义"间接性或结果性损失"（indirect or consequential loss）的概念。2017版还新增了一项责任限度条款不适用的情况，即"重大过失"（gross negligence）。

3) 工程师。

2017版扩展和增强了工程师的角色和职责。

① 资质。2017 版对工程师提出了更高的专业资质和语言能力要求。

② 工程师代表。2017 版新增了这一条款，工程师可指定工程师代表按照 3.4 款行使工程师的权力，并要求工程师代表要常驻现场，而且工程师不能随意更换其代表。

③ 工程师的职责和权限。2017 版工程师无须业主批准即可根据 3.7 款"商定或确定"做出决定。2017 版 3.4 款比 1999 版增加了工程师不能委托授权给其他工程师助理的职责，除了商定意见和确定不能授权之外，还规定不能将 15.1 款中发出纠正通知的权利授权给工程师的助理。

④ 商定或确定。与 1999 版不同，2017 版要求工程师在处理合同事务使用"商定或确定"条款时必须保持"中立"，而不应被视为代表业主行事。2017 版规定了以工程师为核心达成协议的协商程序。如果双方无法在 42 天内就事项达成一致，而工程师又未能在下一个 42 天内公平确定事项，则双方可视为存在争议，该争议可由任何一方向 DAAB 提交且无须发出不满意通知。如果任何一方对某项决定提出异议，必须在 28 天内发出不满意通知，否则该决定将被视为最终决定并具有约束力。如果任何一方未能遵守双方的协议或具有约束力的最终裁定，另一方可将未能履行协议的情况直接提交仲裁。

⑤ 会议。这是 2017 版新增加的一个子条款，规定了工程师和承包商均可以就施工问题召集并安排会议，业主可自行参加会议。

(3) 2017 版施工合同条件在合同与项目管理方面的主要变化

1) 2017 版施工合同条件的大多数变化与合同管理有关，目标是为合同双方提供更具体、明确和确定的预期结果以及不遵守的后果。2017 版给出了更详细的程序和时间节点，如果一方不遵守，就会触发"视为"（deem/deemed）规定（2017 版施工合同通用条件中"视为"一词共出现了 107 处），通常会导致被视为拒绝或同意，以避免项目"停滞"。对合同中常用且容易产生歧义的"shall"给出了"强制执行"的含义；而"may"则解释为"可做，也可以不做"。

2) 2017 版 1.1 款"定义"由 1999 版的 58 个增加到了 88 个，而且是按字母顺序排列，没有沿用 1999 版按组划分的方式；同时增加了部分常用词组定义的缩写，如 NOD（Notice of Dissatisfaction）表示不满意的通知、EOT（Extension of Time）表示工期的延长等。合同关键词或词组定义的增加使得各方的合同管理和沟通过程更加标准化，减少了歧义的产生。

3) 2017 版施工合同条件与合同管理变化有关的还包括：所有通信（含"通知"，有明确定义）必须明确它的具体通信类型，并说明要求提供该通信的合同条款（通知除外），同时规定的一方必须发出通知的情况显著增加。此外，关于审查承包商文件、工程师的决定、变更、照管、支付申请、合同终止、索赔和纠纷等，有更详细的程序和规定；对工程师及其员工的角色也给出了更加清晰的说明。

4) 2017 版增加了项目管理方面的相关规定。随着各种项目管理工具的普及和应用，2017 版借鉴了 NEC（New Engineering Contract）合同条件关于项目管理方面的一些成熟理念，如在 8.5 款"工期的延长"增加一段旨在解决共同延误问题的规定。

5) 2017 版对进度计划要求有所加强，例如每个进度计划必须包含逻辑关系、浮时和关键路径等细节，因此承包商在投标阶段需要考虑符合此要求而增加的成本。此外，2017 版规定，任何进度计划的内容均不能免除承包商发送合同规定通知的义务，从而避免承包商视进度计划为提出工期延长索赔通知的情况出现。

6）2017 版规定承包商需要准备、执行质量管理体系（Quality Management System，QMS）和合规性验证系统（Compliance Verification System，CVS）。此外，承包商应对 QMS 进行内部审核，报告工程师审核结果并按工程师要求提交一套完整的 CVS 记录。

7）2017 版更加重视健康、安全和环境保护问题，明确规定承包商应按合同的要求在开工日期之后的 21 天内，向工程师提交健康和安全手册，并对手册的内容提出了具体要求。

（4）2017 版施工合同条件将索赔与争端区别对待

2017 版对索赔与争端条款进行了重组和扩展，将这两个问题分开处理。1999 版中，20.1 款及 2.5 款分别规定了承包商的索赔和业主的索赔，但这两个条款对业主和承包商索赔权利和义务的规定是不对称的，对承包商索赔的规定更加详细，更加严格。而 2017 版将这两个子条款合并在了同一条款，即第 20 条中对承包商和业主索赔规定了相同的程序。

2017 版对工期和费用索赔有两个时间限制（time - bar）规定：第一，要求在发现导致索赔的事件后 28 天内发出索赔通知；第二，要求索赔方将在 84 天内提交完整详细的索赔资料。相对于 1999 版而言，提交全面详细索赔资料的期限已从 42 天（发现导致索赔的事件后）延长至 84 天。尽管有时间限制规定，任何索赔通知的有效性应由工程师根据 3.7 款同意或决定。作为此过程的一部分，索赔方可以提交关于为什么迟交索赔通知或在完全详细索赔意见书中对工程师的同意或决定表示异议。除了工期和费用索赔之外，2017 版还引入了第三类索赔："其他索赔事项"，这类索赔应由工程师根据 3.7 款同意或决定。针对这类索赔第 20 条索赔程序不适用。2017 版在 8.5 款中提及了变更导致竣工时间的延长中无须按照 20.2 款规定的程序，这与 1999 版 8.4 款中对由于变更引起的竣工时间延长要求不同。

2017 版对 1999 版争端解决条款进行了较大幅度的修改，要求在项目开工之后尽快设立 DAAB，且强调 DAAB 是一个常设机构，还对当事人未能任命 DAAB 成员做了详细规定。2017 版在一个新的子条款中提出并强调 DAAB 非正式的避免纠纷的作用，DAAB 可应合同双方的共同要求，非正式地参与或尝试进行合同双方问题或分歧的解决，相关要求可在除工程师对此事按 3.7 款开展工作以外的任何时间发出；同时，若 DAAB 意识到问题或分歧存在，可邀请双方发起 DAAB 介入的请求，以尽量避免争端的发生。

2017 版要求，在与工程师的决定有关的 NOD 发出后 42 天内将争端提交给 DAAB。如果超过此时间限制，则该决定将变为最终的并具有约束力。

3. 施工合同文件的组成及解释顺序

（1）施工合同文件的组成

1）合同协议书。

2）中标通知书（如果有）。

3）投标函及其附录（如果有）。

4）专用合同条款及其附件。

5）通用合同条款。

6）技术标准和要求。

7）图样。

8）已标价工程量清单或预算书。

9）其他合同文件。

上述各项合同文件包括合同当事人就该项合同文件所做出的补充和修改，属于同一类内容的文件，应以最新签署的为准。

（2）施工合同文件的优先解释顺序

施工合同文件各组成部分应能够互相解释、互相说明。当合同文件中出现不一致时，上述顺序就是合同的优先解释顺序。当合同文件出现含混不清或者当事人有不同理解时，按照合同争议的解决方式处理。

6.2.2 FIDIC《施工合同条件》中各方的权利和义务

1. 业主

业主将项目委托给咨询工程师和承包商后，余下的义务不仅仅是给付咨询和工程费用，他还承担其他一系列相关的义务，并享有相应的权利。

1）业主应在投标书附录中规定的时间（或几个时间）内给予承包商进入现场、占用现场各部分的权利。此项进入和占用权可不为承包商独享。但业主在收到履约保函前，可保留此进入和占用权。

2）许可、执照或批准。业主应当根据承包商的请求，提供以下合理协助：取得与合同有关，但不易得到的工程所在国的法律文本；协助承包商申办工程所在国法律要求的与施工有关的许可、执照或批准。

3）业主人员。业主应负责保证在现场的业主人员和其他承包商之间就各项工作尽力合作。

4）业主的资金安排。业主的资金安排应在合同数据表中详细说明。而1999版对应的条款中仅规定业主在收到承包商要求后28天内向承包商提供资金安排的合理证据。

5）业主的索赔。如果根据合同条款或合同有关的另外事项，业主认为有权得到任何付款，或对缺陷通知期限的延长，业主或者工程师应当向承包商发出通知、说明细节。在了解引起索赔的事项或者情况后，业主应尽快发出通知。关于缺陷通知期限任何延长的通知，应在期限到期前发出。

2. 工程师

工程师由业主任命，与业主签订咨询服务委托协议书。根据施工合同的规定，对工程的质量、进度和费用进行控制和监督，并协调业主与承包商之间的关系，以保证工程项目的建设能满足合同的要求。

（1）工程师的任务和权力

工程师应当履行合同中指派给他的任务，其人员应包括具有适当资格的工程师和能够承担这些任务的其他专业人员。工程师可以行使合同中规定的或者必然隐含的应当属于工程师的权力。如果要求工程师在行使规定权力前需得到业主批准，这些要求应当在专用条件中写明。但是，为了合同目的，工程师行使这些应当由业主批准但尚未批准的权力，应当视为业主已经予以批准。除得到承包商同意外，业主承诺不对工程师的权力作进一步的限制。工程师无权修改合同。

工程师在行使任务和权力时，还需要注意以下问题：

1）工程师不能委托授权给其他工程师助理的职责，除了商定意见和确定不能授权之外，还规定不能将发出纠正通知的权力授权给工程师的助理。

2）工程师无权解除任何一方根据合同规定的任何任务、义务或者职责。

3）工程师的任何批准、校核、证明、同意、检查、检验、指示、通知、建议、要求、试验或类似行动（包括未表示不批准），不应解除合同规定承包商的任何职责，包括对错误、遗漏、误差和未遵办的职责。

（2）由工程师委派

工程师可以向其助手指派任务和委托权力（或撤销委派与委托）。这些助手包括驻地工程师以及被任命为检验和试验各项工程设备、材料的独立检查员。这些指派和委托应使用书面形式，在双方收到抄件后才生效。

助手应是具有适当资质的人员，能够履行这些任务，行使这些权力，但助手只能在授权范围内向承包商发出指示。助手在授权范围内做出的任何批准、校核、证明、同意、检查、检验、指示、通知、建议、要求、试验或类似行动，应具有工程师做出的行动同样的效力。如果承包商对助手的确定或者指示提出质疑，承包商可将此事项提交工程师，工程师应当及时对该确定或指示进行确认、取消或者改变。

本款的规定比旧版本有所简化，旧版本将工程师委派的人员分为工程师代表（Representative）和工程师助理（Assistant），这两类人员被授权的工作的技术含量明显不同。但新红皮书中的"具有适当资质；能够履行任务；只能在授权范围内向承包商发出指示"等措辞完全可以区分工程师代表和工程师助理的权限。

（3）工程师的指示

工程师可在任何时间按照合同规定向承包商发出指示及实施工程和修补缺陷可能需要的附加或修正图样。承包商应当接受这些指示。如果指示构成一项变更，则承包商应立即并在开始实施这项指示之前通知工程师。如果工程师未能在7天内给予回复，则应视为指示被撤销。

（4）工程师的替换

如果业主准备替换工程师，至少应在42天发出通知以征得承包商的同意。如果承包商提出合理的反对意见，并附有详细依据，业主就不应替换该工程师。

（5）商定或确定

工程师在处理合同事务使用"商定或确定"条款时必须保持"中立"，而不应被视为代表业主行事。2017版规定了以工程师为核心达成协议的协商程序。如果双方无法在42天内就事项达成一致，而工程师又未能在下一个42天内公平确定事项，则双方可视为存在争议，该争议可由任何一方向DAAB提交且无须发出不满意通知。如果任何一方对某项决定提出异议，必须在28天内发出不满意通知，否则该决定将被视为最终决定并具有约束力。如果任何一方未能遵守双方的协议或具有约束力的最终裁定，另一方可将未能履行协议的情况直接提交仲裁。

3. 承包商

承包商是指其标书已被业主接受并收到中标函的当事人，他除了根据业主提供的招标文件施工外还可以根据合同的要求负责一部分永久工程的设计。

（1）承包商的一般义务

1）承包商应当按照合同约定及工程师的指示，设计（在合同规定的范围内）、实施和完成工程，并修补工程中的任何缺陷。

2）承包商应提供合同规定的生产设备和承包商文件，以及此项设计、施工、竣工和修补缺陷所需的所有临时性或永久性的承包商人员、货物、消耗品及其他物品和服务。

3）承包商应对所有现场作业、所有施工方法和全部工程的完备性、稳定性和安全性承担责任。除非合同另有规定，承包商应对所有的承包商文件、临时工程及按照合同要求的每项生产设备和材料的设计承担责任，不应对非承包商设计的永久工程的设计或规范负责。

4）当工程师提出要求时，承包商应提交其建议采用的工程施工安排和方法的细节。

（2）履约担保

承包商应根据投标书附录中的规定自费取得履约担保，并在收到中标函后28天内将该担保呈递业主，同时向工程师递交一份副本。履约担保应根据业主批准的工程所在国境内的担保机构提供，并采用专用条件所附格式或业主要求的其他格式。如果关于履约担保的条款中规定了该担保的期满日期，而承包商在该期满日期前28天时尚未获得履约证书，他应将履约担保的有效期延长至工程竣工和修补完缺陷为止。在下列情况下，业主可针对履约担保进行索赔：

1）专用条款内约定的缺陷通知期满后仍未能解除承包商的保修义务时，承包商应延长履约保函有效期而未延长，此时业主可索赔履约担保的全部金额。

2）承包商未能在业主索赔或仲裁发生时，在42天内按照自己承诺的或工程师确定的款额支付给业主。

3）承包商未能在收到业主要求纠正违约的通知后42天内进行纠正。

4）由于承包商的严重违约的行为导致业主终止合同。

业主应在收到履约证书副本后21天内将履约担保退还承包商。2017版还规定了当变更或调整导致合同价格相比中标价增加或减少20%以上时，业主可要求承包商增加履约担保金额，承包商也可减少履约担保金额。如果因业主要求导致承包商成本增加，此时应该适用变更条款。

（3）承包商代表

承包商应任命承包商代表，并授予其代表承包商根据合同采取行动所需的全部权力。承包商代表的任命应当取得工程师的同意，未经工程师同意，承包商不得撤销承包商代表的任命，或者任命替代人员。

承包商代表可向任何胜任的人员委托任何职权、任务和权利，并可随时撤销委托。

（4）分包商

承包商不得将整个工程分包出去。如果专用条款中未做出另外的规定，承包商应对分包商的行为或违约负责。

（5）合作

承包商应按照合同的规定或工程师的指示，为业主的人员、业主可能雇佣的其他承包商或合法建立的公共管理机构的人员提供适当的工作条件。

如果此类指示导致承包商增加不可预见的费用，该指示应构成一项变更。在为上述人员提供服务时，承包商有责任提供承包商的设备、临时工程和进出现场的安排。

（6）放线

承包商应按照合同规定的或工程师通知的原始基准点、基准线和基准标高对工程放线，并应对工程所有部分的正确定位负责。

业主应对规定或通知的上述基准数据负责，但承包商应在使用这些数据前核实其准确性。

如果业主提供的基准数据的错误导致承包商延误工期或增加费用，而任何有经验的承包商均不可能合理发现此类错误，承包商则有权获得工期和费用的补偿。

(7) 安全责任

1) 遵守所有适用的安全规则。

2) 负责有权在现场的所有人员的安全。

3) 尽量清除现场和工程不需要的障碍物，以避免对人员造成危险。

4) 在工程竣工和移交前，提供围栏、照明、保卫和看守。

5) 为公众和邻近土地的拥有人、占用人提供所需的临时工程，如道路、人行路、防护物和围栏等。

(8) 质量保证

为了证实符合合同要求，承包商应建立质量保证体系，并在任何设计和施工阶段开始之前向工程师递交过程控制的细节。尽管在施工中遵守了质量保证体系，但并不解除承包商任何合同规定的义务和责任。

(9) 施工现场数据

承包商应在基准日期前从业主处获取现场的地下、水文和环境方面的资料，承包商应负责解释这些资料。

在切实可行的条件下，承包商应被认为已经取得了可能影响标价的所有风险、偶发事件和其他情况的所有必要资料。承包商还应被认为在提交标书前，已进行了现场踏勘并对现场的环境及可得到的资料感到满意。这些资料包括：现场的状况和性质，地下条件，水文气象条件，为施工竣工和修补缺陷工程所需的工作和货物的范围和性质，工程所在国的法律、程序和劳务惯例及承包商所需的进出现场、住宿、设施、人员、电力、交通运输、水和其他各种服务的条件。

(10) 中标金额的充分性

承包商应被认为已经确信中标合同金额的正确性和充分性。中标合同金额应当包括根据合同承包商承担的全部义务，以及为正确实施和完成工程并修补任何缺陷所需的全部有关事项。

(11) 不可预见的物质条件

这里的物质条件指承包商在现场施工时遇到的自然物质条件和人为的及其他有形的障碍物和污染物，包括地下和水文条件，但不包括气候条件。

如果承包商认为他遭遇到此类条件，并认为这些条件达到了延误工期和增加费用的程度，且及时通知了工程师，则工程师在检验和研究后可根据情况商定或确定承包商可享有的工期的延长和费用的增加。同时，工程师还可审查工程类似部分的其他物质条件是否比承包商提交投标书时能合理预见的更为有利。如果存在这种情况，工程师可根据相关条款商定或确定因这些条件引起的费用的扣减额。但由于不可预见的物质条件导致的费用增加额和扣减额的共同作用，不应导致合同价格的净减少。在考虑给予承包商费用补偿的同时，还要考虑抵扣掉承包商可能由于更有利的条件而受益的部分。

（12）进度报告

承包商应编制月进度报告一式6份提交工程师。每份报告应包括：

1）每个设计阶段、承包商文件、采购、制造、货物送抵现场、施工、安装和试验等每一阶段的进展图表和详细说明。

2）反映制造情况和现场进展等状况的照片。

3）主要设备、材料及其制造商名称、制造地点、进度的百分比及下列事项的实际或预计日期：

① 开始制造。

② 承包商检查。

③ 试验。

④ 发货和运抵现场。

4）"承包商的人员和设备"中所述细节。

5）材料的质量保证文件、试验结果及合格证的副本。

6）合同双方的索赔通知清单。

7）安全统计，包括对环境和公共关系等造成危害的事件和作业的详细情况。

8）实际进度与计划进度的对比。

4. 指定分包商

1）指定分包商的概念。指定分包商是由业主（或工程师）指定、选定，完成某项特定工作内容并与承包商签订分包合同的特殊分包商。业主有权将部分工程项目的施工任务或涉及提供材料、设备、服务等工作内容发包给指定分包商实施。合同内规定有承担施工任务的指定分包商，大多因业主在招标阶段划分分包合同时，考虑到某部分施工的工作内容有较强的专业技术要求，一般承包单位不具备相应的能力。但如果以一个单独的合同对待又限于现场的施工条件或合同管理的复杂性，工程师会遇到协调管理方面的困难，因此能将这部分工作发包给指定分包商实施。

2）反对指定。如果承包商认为有理由相信该指定分包商没有足够的能力、资源或财力，分包合同没有明确规定该指定分包商应保障承包商不承担指定分包商及其代理人和雇员疏忽或误用货物的责任，或者分包合同未规定指定的分包商应向承包商承诺免除承包商对此项分包工作的义务以及使承包商免除由于分包商不能完成这些义务给承包商带来的后果，则承包商没有雇佣上述指定分包商的义务。

3）在工程师根据分包合同向指定的分包商出具支付证书时，承包商应按该证书向指定分包商给付工程款。这种款项应从暂定金额中向承包商支付，并同时向承包商支付投标书附录中设定的承包商的管理费和利润。

6.2.3 合同价款和付款

1. 合同价格

合同价格指根据第12.3款"估价"的规定确定或商定，且根据合同进行调整后的款额，而不是指业主在中标函中对承包商的投标报价进行确认的接受的合同款额。

2. 预付款

预付款是业主以无息贷款的方式提供给承包商的一笔启动资金。某项目是否有预付款，以及预付款的金额多少、支付（分期支付的次数及时间）和扣还方式等均要在专用条款内约定。承包商需首先将银行出具的履约保函和预付款保函交给业主并通知工程师，工程师在 21 天内签发预付款支付证书，业主按合同约定的数额和外币比例支付预付款。预付款保函金额始终保持与预付款等额，即随着承包商对预付款的偿还逐渐递减保函金额。预付款在分期支付工程进度款的支付中按百分比扣减的方式偿还。自承包商获得工程进度款累计总额（不包括预付款的支付和保留金的扣减）达到合同总价（减去暂列金额）10% 那个月起扣，从月付款证书中承包商应获得的合同款额（不包括预付款及保留金的扣减）中扣除 25% 作为预付款的偿还，直至还清全部预付款。2017 新版第 14.2 款（预付款）增加了"如果在《合同数据》里没说明有预付款的，则本条款不适用"这么一句话，而之前的任何版本里从来都没有这种描述，这就将预付款作为了一种业主可以自由选择的事项，而并非必须提供的。

3. 工程进度款的支付程序

（1）工程量计量

工程量清单中所列的工程量仅是对工程的估算量，不能作为承包商完成合同规定工程量的结算依据。每次月进度款支付前均要通过测量来核实实际完成的工程量，以计量的净值作为支付依据。

（2）承包商提供报表

每月的月末，承包商应按工程师规定的格式提交一式 6 份本月支付报表，提出承包商自认为有权得到的下列款额：

1）截至月末已完成的永久工程的价值（包括变更，但不包括下列各项）。
2）由于法律改变和成本改变应增减的款项。
3）应扣除的保留金。
4）因预付款的支付和偿还应增减的款项。
5）由于材料和设备应增减的款项。
6）由于索赔和仲裁应增减的款项。
7）所有以前的支付证书中明示的扣款额。

（3）工程师签发期中付款证书

工程师接到报表后，对承包商完成的工程形象、项目、质量、数量以及各项价款的计算进行核查。若有疑问时可要求承包商共同复核工程量。在收到承包商的支付报表的 28 天内，按核查结果以及总价承包分解表中核实的实际完成情况签发支付证书。工程师可以不签发证书或扣减承包商报表中部分金额的情况包括：

1）合同内约定有工程师签发的最小金额时，且本月应签发的金额小于签证的最小金额，工程师不出具月进度款的支付证书。本月应付款接转下月，待超过最小签发金额后一并支付。

2）承包商提供的货物或施工的工程不符合合同要求，可扣发修正或重置相应的费用，直至修正或重置工作完成后再支付。

3）承包商未能按合同规定进行工作或履行义务，且工程师已经通知了承包商，则可扣留该工作或义务的价值，直至工作或义务履行为止。

工程进度款支付证书属于临时支付证书，工程师有权对以前签发过的证书中发现的错、漏或重复进行修正，承包商也有权提出更改或修正，经双方复核同意后将增加或扣减的金额纳入本次证书中。

(4) 业主的支付

承包商的报表经过工程师认可并签发工程进度款的支付证书后,业主应在接到证书后及时给承包商付款。业主的付款时间不应超过工程师收到承包商的月进度付款申请单后的 56 天。

4. 竣工结算

颁发工程接收证书后的 84 天内,承包商应按工程师规定的格式报送竣工报表,列出按合同完成的所有工作的价值及他认为应付的任何其他款项。工程师接到竣工报表后应在 28 天内对其核实和确认并颁发支付证书,业主依据工程师的证书予以支付。

5. 保留金

保留金是按合同约定从承包商应得的工程进度款中相应扣减的一笔金额,保留在业主手中,作为约束承包商严格履行合同义务的措施之一。当承包商有一般违约行为并使业主受到损失时,可从该项金额内直接扣除损害赔偿费。如承包商未能在工程师规定的时间内修复缺陷工程,业主雇佣其他人完成后,这笔费用可从保留金内扣除。

(1) 保留金的约定和扣除

承包商在投标书附录中按招标文件提供的信息和要求确认每次扣留保留金的百分比和保留金限额。每次月进度款支付时扣留的百分比一般为 10%,累计扣留的最高限额为合同价的 5%。从首次支付工程进度款开始,用该月承包商完成合格工程应得款加上因后续法规政策变化的调整和时常价格浮动变化的调价款为基数,乘以合同约定保留金的百分比作为本次支付时应扣留的保留金。逐月累计扣到合同约定的保留金最高限额为止。

(2) 保留金的返还

扣留承包商的保留金分两次返还:

1) 第一次在颁发工程接收证书后返还。颁发了整个工程的接收证书时,将保留金的一半支付给承包商。如果颁发的接收证书只是限于一个区段或工程的一部分,则

$$返还金额 = 保留金总额的一半 \times \frac{移交工程的区段或部分的合同价值的估算值}{最终合同价值的估算值} \times 40\%$$

2) 第二次在保修期满并颁发履约证书后将剩余保留金返还。整个合同的缺陷通知期满时返还剩余的保留金。如果颁发的履约证书只限于一个区段,则在这个区段的缺陷通知期满后,并不全部返还该部分剩余的保留金,而是

$$返还金额 = 保留金总额的一半 \times \frac{移交工程的区段或部分的合同价值的估算值}{最终合同价值的估算值} \times 40\%$$

合同内以履约保函和保留金两种手段作为约束承包商履行合同义务的措施,当承包商严重违约而使合同不能继续顺利履行时,业主可以凭履约保函向银行获取损害赔偿;而因承包商的一般违约行为令业主蒙受损失时,通常利用保留金补偿损失。履约保函和保留金的约束期均为承包商负有施工义务的责任期限(包括施工期和保修期)。

6. 最终结算

最终结算是指颁发履约证书后,对承包商完成全部工作价值的详细结算,以及根据合同条件对应付给承包商的其他费用进行核实,确定合同的最终价格。

颁发履约证书后的56天内，承包商应向工程师提交最终报表草案一式6份以及工程师要求提交的有关资料。最终报表草案要详细说明根据合同完成的全部工程价值和承包商依据合同认为还应支付给他的任何进一步的款项，如剩余的保留金及缺陷通知期内发生的索赔费用等。

工程师审核后与承包商协商，对最终报表草案进行适当的补充或修改后形成最终报表。承包商将最终报表送交工程师的同时，还需向业主提交一份"结清单"，进一步证实最终报表中的支付总额，作为同意与业主终止合同关系的书面文件。工程师在接到最终报表和结清单附件后的28天内签发最终支付证书，只有当业主按照最终支付证书的金额予以支付并退还履约保函后，结清单才生效，承包商的索赔权也同时终止。

6.2.4　FIDIC《施工合同条件》下的索赔

在FIDIC《施工合同条件》（新红皮书）中，施工索赔（Construction Claim）在第20条进行了详细的规定。对于欲在国际工程承包领域取胜盈利的承包商（Contractor）来说，施工索赔工作十分关键。

在2017版银皮书第20条"业主和承包商的索赔"中对引起索赔的事项以及索赔程序进行了统一的规定，业主发起的索赔与承包商一样受到索赔时效和索赔程序的制约。第20.1款"索赔"在引起索赔的事项中增加了一条，即如任何一方认为自己有权获得除费用补偿和工期延长以外的其他权利，而另一方不同意时，先按照索赔程序提交业主代表按第3.5款的规定处理，而不直接视为构成争端按争端解决程序（DAAB）处理。而且2017版规定，在大多数情况下承包商可获赔的利润默认为成本的5%。根据15.5款业主终止合同后，承包商有权力获得由终止而导致损失的利润。

2017版强调同等对待业主和承包商提出的索赔，即业主和承包商的索赔适用同一程序；即第20条中对承包商和业主索赔规定了相同的程序。同时，2017版对工期和费用索赔有两个时间限制（time-bar）规定：第一，要求在发现导致索赔的事件后28天内发出索赔通知；第二，要求索赔方将在84天内提交完整详细的索赔资料。相对于1999版而言，提交全面详细索赔资料的期限已从42天（发现导致索赔的事件后）延长至84天。尽管有时间限制规定，任何索赔通知的有效性应由工程师根据3.7款同意或决定。作为此过程的一部分，索赔方可以提交关于为什么迟交索赔通知或在完全详细索赔意见书中对工程师的同意或决定表示异议。在索赔通知中，2017年第2版合同要求承包商需发出"有效的"索赔通知。因此，对于承包商而言，在索赔事件发生后的28天内，发出标题为"索赔通知"或者"索赔意向通知"是避免今后发生索赔通知是否有效的最为妥善的解决方法。

在索赔中，2017版还引入了第三类索赔——"其他索赔事项"，这类索赔应由工程师根据3.7款同意或决定。针对这类索赔第20条索赔程序不适用。2017版在8.5款中提及了变更导致竣工时间的延长中无须按照20.2款规定的程序，这与1999版8.4款中对由于变更引起的竣工时间延长要求不同。

在FIDIC合同条件（第4版）中，凡是承包商可以引用的施工索赔条款，在FIDIC总部编写的关于第4版的"摘要"中作了论述。该"摘要"在列出可索赔条款的同时，还提出每个不同的索赔内容可以得到哪些方面的补偿，即不仅可得到附加的成本开支，还可得到计划的利润，或相应的工期延长。

6.2.5 FIDIC《施工合同条件》中的工程师

1. 工程师的职责和权力

雇主应任命工程师,该工程师应履行合同中赋予他的职责。工程师的人员包括有恰当资格的工程师以及其他有能力履行上述职责的专业人员。2017 版扩展和增强了工程师的角色和职责并且对工程师提出了更高的专业资质和语言能力要求。2017 版新增了"工程师可指定工程师代表按照 3.4 款行使工程师的权力,并要求工程师代表要常驻现场,而且工程师不能随意更换其代表"。这一条款。

工程师无权修改合同。工程师可行使合同中明确规定的或必然隐含的赋予他的权力。如果要求工程师在行使其规定权力之前需获得雇主的批准,则此类要求应与合同专用条件中注明。雇主不能对工程师的权力加以进一步限制,除非与承包商达成一致。2017 版要求工程师在处理合同事务使用"商定或确定"条款时必须保持"中立",而不应被视为代表业主行事。同时规定了以工程师为核心达成协议的协商程序。如果双方无法在 42 天内就事项达成一致,而工程师又未能在下一个 42 天内公平确定事项,则双方可视为存在争议,该争议可由任何一方向 DAAB 提交且无须发出不满意通知。如果任何一方对某项决定提出异议,必须在 28 天内发出不满意通知,否则该决定将被视为最终决定并具有约束力。如果任何一方未能遵守双方的协议或具有约束力的最终裁定,另一方可将未能履行协议的情况直接提交仲裁。

然而,每当工程师行使某种需经雇主批准的权力时,则被认为他已从雇主处得到任何必要的批准(为合同之目的)。

除非合同条件中另有说明,否则:

1) 当履行职责或行使合同中明确规定的或必然隐含的权力时,均认为工程师为雇主工作。

2) 工程师无权解除任何一方依照合同具有的任何职责、义务或责任。

3) 工程师的任何批准、审查、证书、同意、审核、检查、指示、通知、建议、请求、检验或类似行为(包括没有否定),不能解除承包商依照合同应具有的任何责任,包括对其错误、漏项、误差以及未能遵守合同的责任。

2. 工程师的授权

工程师可以随时将他的职责和权力委托给助理,并可撤回此类委托或授权。这些助理包括现场工程师和(或)指定的对设备和(或)材料进行检查和(或)检验的独立检查人员。此类委托、授权或撤回应是书面的并且在合同双方接到副本之前不能生效。但是工程师不能授予其按照第 3.5 款"决定"的规定决定任何事项的权力,除非合同双方另有协议。另外,2017 版 3.4 款增加了工程师不能委托授权给其他工程师助理的职责,除了商定意见和确定不能授权之外,还规定不能将 15.1 款中发出纠正通知的权利授权给工程师的助理。助理必须是合适的合格人员,有能力履行这些职责以及行使这种权力,并且能够流利地使用第 1.4 款"法律和语言"中规定的语言进行交流。

被委托职责或授予权力的每个助理只有权力在其被授权范围内对承包商发布指示。由助理按照授权做出的任何批准、审查、证书、同意、审核、检查、指示、通知、建议、请求、检验或类似行为,应与工程师做出的具有同等效力。但:

1) 未对任何工作、永久设备及材料提出否定意见并不构成批准,也不影响工程师拒绝该工作、永久设备及材料的权利。

2）如果承包商对助理的任何决定或指示提出质疑，承包商可将此情况提交工程师，工程师应尽快对此类决定或指示加以确认、否定或更改。

3. 工程师的指示

工程师可以按照合同的规定（在任何时候）向承包商发出指示以及为实施工程和修补缺陷所必需的附加的或修改的图样。承包商只能从工程师以及按照本条款授权的助理处接受指示。如果某一指示构成了变更，则适用于第13条"变更和调整"。

承包商必须遵守工程师或授权助理对有关合同的某些问题所发出的指示。只要有可能，这些指示均应是书面的。如果工程师或授权助理：

1）发出口头指示。

2）在发出指示后两个工作日内，从承包商（或承包商授权的他人）处接到指示的书面确认。

3）在接到确认后两个工作日内未颁发书面拒绝和（或）指示作为回复，则此确认构成工程师或授权助理的书面指示（视情况而定）。

4. 工程师的撤换

如果雇主准备撤换工程师，则必须在期望撤换日期42天以前向承包商发出通知说明拟替换的工程师的名称、地址及相关经历。如果承包商对替换人选向雇主发出了拒绝通知，并附具体的证明资料，则雇主不能撤换工程师。

5. 决定

每当合同条件要求工程师按照本款规定对某一事项做出商定或决定时，工程师应与合同双方协商并尽力达成一致。如果未能达成一致，工程师应按照合同规定在适当考虑所有有关情况后做出公正的决定。

工程师应将每一项协议或决定向每一方发出通知并附有具体的证明资料。每一方均应遵守该协议或决定，除非按照第20条"业主和承包商索赔"和第21条"争端和仲裁"规定做出了修改。

6.3 FIDIC《设计采购施工（EPC）/交钥匙工程合同条件》

6.3.1 与FIDIC《施工合同条件》异同分析

新黄皮书《生产设备和设计—施工合同条件》（以下简称P&DB）主要适用于电气或机械设备的供货及建筑或工程的设计与施工，其特点是具有设计—建造资质的承包商按照业主的要求设计并建造该项目，可能包括土木、机械、电气或构筑物的任何组合。我国常提到的"总承包"并没有一个确切的定义，但至少设计—建造是总承包的一个类型。这种方式克服了传统方式下设计和施工由不同的机构实施时设计方与施工方相互推诿的弊病，从业主的角度来看总承包商是唯一的责任方，有助于设计部门与施工部门之间更好的沟通，以及可建造性的分析与探讨，并为实施价值工程创造了条件。因此，也就减少了工程的变更。并可使设计阶段与施工阶段有一定程度的搭接，从而缩短工期。此外，业主不必过多介入设计和施工之间的沟通，从而可避免庞大的业主班子并节约费用。

近年来，国际建筑市场需要一种固定最终价格、固定竣工日期的合同格式。业主对于这类交钥匙项目，只要商定的价格不被突破，宁愿支付更多的费用。此类项目有很多都是靠私人资金融资的，且建设投资仅是整个商业项目投资的一部分，建设投资的超出将危及整个项目投资的成败，因此贷款人要求业主的项目成本比基于FIDIC传统合同格式所导致的成本有更大的确定性。这就产生了《设计采购施工（EPC）/交钥匙工程合同文件》合同模式（以下简称EPC）。

对于EPC交钥匙项目，承包商需要比基于传统的红皮书和黄皮书的项目承担更广泛的风险和责任。为了使最终价格有更大的确定性，业主往往要求承包商承担不可预计的场地条件等风险。甚至某些国家的公共部门的业主往往不遵照红皮书或黄皮书中的风险分配原则，而将条款作了修改，将原本属于业主的风险转移给承包商，实际上丢掉了FIDIC平衡分配风险的原则。FIDIC并未忽视这部分业主的需求，但认为对这种需求公开予以承认并使之合法化、规范化会更好。于是FIDIC编纂了EPC交钥匙合同范本，将业主要求承担更大风险的要求写清楚，从而业主也就不必为了采取其他的风险分配方案而修改标准格式，而承包商也可充分了解他必须承担的附加风险，进而正当地增加其报价。

《设计采购施工（EPC）/交钥匙工程合同条件》主要适用于以交钥匙方式提供的生产线或发电厂等工厂或类似设施、基础设施项目或其他类型的开发项目。这两种合同的相似之处是：均由承包商提供成套设备的供货和设计并负责安装和施工，只不过后者的最终价格有更大的确定性（即采用总价合同），且承包商负责全过程服务直至交钥匙，业主对工程介入得更少。因此，"设计"和"竣工后试验"是这两种合同需要详细约定的条款，这也是与红皮书的重要区别所在，其原因是红皮书适用于业主提供设计或仅要求承包商完成少量设计的项目。因此，P&DB 与 EPC 合同条件的第5节是"设计"、第12节是"竣工后试验"。而红皮书没有这两方面的内容，其相应的第5节是"指定的分包商"、第12节是"计量和估价"。

1. 一般规定

1）与新红皮书类似，EPC 也为相关的专业名词下了定义，由于EPC项目的特点，未设定"工程师"这一角色，而是由业主代表来进行合同管理。

2）合同文件的组成和优先次序。EPC推荐的合同文件的先后次序如下：

① 合同协议书。
② 专用条件。
③ 通用条件。
④ 业主的要求。
⑤ 投标书和构成合同的其他文件。

3）联营体成员共同的与各自的责任。如果承包商是一个"联营体"或"联合集团"，所有参与方均对业主负有共同的和各自的责任。联营体应指定负责人并通知业主，该负责人有权管辖联营体的各参与方，没有业主的事先同意，联营体的组合或组成结构不得改变。

4）有关"法律有语言"和"遵守法律"等内容与红皮书基本相同。

2. 合同各方

（1）业主

1）业主应提供现场并应按照合同规定向承包商付款。

业主应在投标书附录中规定的时间（或几个时间）内给予承包商进入现场，占用现场各部分的权利。此项进入和占用权可不为承包商独享。但业主在收到履约保函前，可保留此进入和占用权。

2）"许可、执照或批准""业主人员""业主的资金安排"以及"业主的索赔"等内容与红皮书基本相同。

(2) 业主的管理

1）业主代表。业主可任命一名业主代表。在业主另行通知承包商之前，业主代表应被认为具有合同规定的业主的全部权利。

2）业主的其他人员。业主或业主代表可随时向其助手指派任务和委托权力，也可撤销这些委派与委托。这些助手包括驻地工程师、被任命为检验和试验各项工程设备、材料的独立检查员。这些指派和委托应在承包商收到抄件后才生效。

业主代表及助手只能在授权范围内向承包商发出指示。助手在授权范围内做出的任何批准、校核、证明、同意、检查、检验、指示、通知、建议、要求、试验或类似行动，应具有业主做出的行动的同样效力。

如果承包商对助手的确定或者指示提出质疑，承包商可将此事项提交业主，业主应及时对该确定或指示进行确认、取消或者改变。

3）业主的指示。业主可就承包商履约的相关问题向承包商发出书面指示。如果该指示构成一项变更，应按"变更和调整"的规定办理。

4）确定。当本合同条件规定业主应按本款进行商定和确定时，业主应尽量与承包商协商达成一致。如果不能达成一致，业主应对情况进行综合考虑之后按合同做出公正的确定。

业主应将每项商定或确定连同依据的细节通知承包商。如果承包商未在 14 天内向业主发出通知，双方均应履行每项商定或确定。任何一方均有权将争端提交争端裁决委员会。

(3) 承包商

1）承包商的一般义务。与红皮书对承包商的要求基本相同，即承包商应按照合同设计、实施和完成工程，并修补工程中的任何缺陷。竣工后的工程应能满足合同规定的预期目的。

承包商应提供合同规定的生产设备和承包商文件，以及设计、施工、竣工和修补缺陷所需的所有临时性或永久性的承包商人员、货物、消耗品及其他物品和服务。

承包商应对所有现场作业、所有施工方法和全部工程的完备性、稳定性和安全性承担责任。

当业主提出要求时，承包商应提交其建议采用的工程施工安排和方法的细节。

2）履约担保。与红皮书的规定基本相同，要求合同生效后 28 天内将该担保呈递业主。业主则在收到履约证书副本后 21 天内将履约担保退还承包商。在专用条件中附有有条件履约保函和履约担保的范例格式。

3）承包商代表。承包商应任命承包商代表，并授予其代表承包商根据合同采取行动所需的全部权力。承包商应在开工日期前将该人的详细资料提交业主，以取得业主同意。未经业主同意，承包商应重新提交适合人选，以取得该项任命。

承包商代表可向任何胜任的人员委托任何职权、任务和权利，并可随时撤销委托。

承包商代表和所有这些人员应能流利使用规定的日常交流的语言。

4）质量保证。为了证实符合合同要求，承包商应建立质量保证体系，并在任何设计和施工阶段开始之前向业主递交过程控制的细节。尽管在施工中遵守了质量保证体系但并不解除承包商任何合同规定的义务和责任。

5）指定的分包商。本款规定与红皮书有所不同，只要承包商对指定的分包商能提出合理的反对意见，就可以拒绝雇佣该指定的分包商，而不必像红皮书规定的必须提出"合理异议"的依据。

承包商一节中的其他内容，如合作、放线、安全程序、施工现场数据、不可预见的物质条件以及进度报告等与红皮书中的规定和要求基本相同。

3. 设计

在P&DB和EPC合同中，设计是承包商的主要工作之一，尽管没有提及设计过程的阶段界定，但一般可分为三个阶段：业主提供的概念设计；投标人根据投标者须知的要求提供的初步设计，该设计包含在标书中；中标承包商完成的施工图设计。

（1）设计的一般义务

承包商应实施工程的设计并对设计的正确性负责。承包商从业主或其他方面收到的数据或资料不应解除承包商的责任。但业主应对下列内容负责：合同中规定由业主负责的或不可变的部分、数据和资料；对工程任何部分预期目的的说明；竣工工程的试验和性能标准以及承包商不能核实的部分、数据和资料。

（2）承包商的文件

承包商文件应包括业主要求中规定的技术文件、竣工文件和操作维修手册中所述的文件。如果业主要求审核承包商的文件，业主的"审核期"不应超过21天。如果业主代表在审核期限内通知承包商施工文件业主要求中规定的标准，则该文件应由承包商自费修正并重新提交审核。

承包商文件的任何部分在审核期尚未期满前，该部分均不得开工。该部分的实施，应按经审核的文件进行。如果承包商希望对已送审的设计或文件进行修改，应立即通知业主，但应按照前述程序将修改后的文件提交业主。

（3）技术标准和法规

设计、承包商的文件、施工和竣工工程均应符合工程所在国的技术标准、施工与环境方面的法律法规。所有这些法规应是业主按规定接收工程时通行的。如没有另外说明，合同中提到的各项标准应是基准日期适用的版本。如上述版本在基准日期后生效或修订，承包商应通知业主并提交遵守新标准的建议书。必要时业主应按变更处理。

（4）培训

承包商应按照业主要求中规定的范围，对业主人员进行工程操作和维修培训。

（5）竣工文件

承包商应编制并随时更新一套完整的、有关工程施工情况的竣工记录，包括竣工部位尺寸和详细说明。这些记录应保存在现场，在竣工检验开始之前应提交两套副本给业主代表。

承包商应向业主提供工程的竣工图供业主审查，并应取得业主对其尺寸、参照系统及其他细节的认可。

在颁发任何接受证书前，承包商应按照业主要求中规定的份数和复制形式，向业主提交相关的竣工图。在此之前，不能认为工程业已完成。

（6）操作和维修手册

在竣工检验开始之前，承包商应按照业主要求编制操作和维修手册并提交业主代表，在此之前不能认为工程业已完成。

（7）设计错误

如果发现承包商文件中存在错误，尽管已被业主审核同意，承包商仍应自费修正文件的错误和相应工程的错误。

4. 工程设备、材料和工艺

本节中的"实施方法""检查""试验""拒收"以及"工程设备和材料的拥有权"等条目与红皮书基本相同。

在"样品"条款中只要求承包商按批准的送审文件中包含的内容提供样品，而未要求变更发生时的附加样品。

5. 工程的开工、延误和暂停

（1）开工

除非合同协议书另有说明，业主应在不少于7天前向承包商发出开工日期的通知。开工日期应在合同协议书规定的合同全面实施和生效日期后42天内。

（2）进度计划和工程进度

与红皮书的规定基本相同。

（3）竣工时间

与红皮书的规定相同。

（4）竣工时间的延长

如果由于下列原因，致使工程或工程区段的竣工受到或将受到延误，承包商有权得到延长的工期：

1）变更或合同中某项工程量的显著变化。

2）根据本合同条件的某一条款，承包商有权得到延长的工期。其中包括工程师延误发放图样；业主延误移交施工现场；承包商依据工程师提供的错误数据导致的放线错误；施工中遇到文物古迹对施工进度的干扰；以及非承包商原因的检验导致的施工延误等。

3）由业主、业主人员或业主雇佣的其他承包商造成的任何延误或妨碍。

此外，还有工程所在国当局造成的延误，但前提是承包商已努力遵守了该国有关当局制定的程序，这些当局延误或中断了承包商的工作，且这些延误或中断是不可预见的。

（5）暂时停工

本款内容以及"暂停的后果""暂停时对工程设备和材料的付款""拖长的暂停"和"复工"等条款均与红皮书基本相同。

6. 竣工检验

对竣工检验的要求方面 P&DB 与 EPC 合同基本相同，但与红皮书有较大的不同，这是由于全套设备都是由承包商设计或制造的。

（1）承包商的义务

承包商完成工程并准备好竣工报告所需报送的资料后，应提前21天将某一确定的日期通知业主，说明此日后已准备好进行竣工检验。业主应指示在该日期后 14 天内的某日进行。其一般顺序是：

1）启动前试验，应包括适当的检查和（干或冷）性能试验，以确保每项设备可承受下一阶段的试验。

2）启动试验，包括规定的操作实验，以证明工程可在现有条件下安全作业。

3）试运行，应证明工程运行可靠且符合合同要求。

试运行不经过业主的接收。试运行期间生产的任何产品一般应属于业主的财产。

在考虑竣工试验的结果时，业主应适当考虑因业主对工程的使用而对工程性能可能产生的影响。一旦通过了上述三项竣工试验，承包商应向业主提供一份经证实的试验结果报告。

（2）延误的检验

如果业主不当地延误竣工检验，应按照第 7.4 款 "检验" 和第 10.3 款 "对竣工试验的干扰" 中的规定处理。

如果承包商不当地延误竣工检验，业主可通知承包商并要求在接到通知后 21 天内进行竣工检验。

如果承包商未在规定的 21 天内进行竣工检验，业主的人员可自行进行检验，检验应被视为承包商在场时进行的，检验结果应认为准确且检验的费用应由承包商承担。

（3）未能通过竣工检验

如果工程或某区段未能通过竣工检验，承包商应对缺陷进行修复和改正，在相同条件下重复进行此类未通过的试验和对任何相关工作的竣工检验。当整个工程或某区段未能通过按重新检验条款规定所进行的重复竣工检验时业主应有权选择以下任何一种处理方法：

1）指示再进行一次重复的竣工检验。

2）如果由于该工程缺陷致使业主基本上无法享用该工程或区段所带来的全部利益，拒收整个工程或区段（视情况而定），在此情况下，业主有权获得承包商的赔偿。

3）或颁发一份接收证书（如果业主同意的话）折价接收该部分工程，合同价格应按照可以适当弥补由于此类失误而给业主造成的减少的价值数额予以扣减。

7. 业主的接收

（1）工程和工程区段的接收

该部分的内容与红皮书完全相同。

（2）部分工程的接收

由于 EPC 合同属于设计、采购和交钥匙的性质，承包商要对整个项目的功能、质量负完全的责任。因此，该款与红皮书的规定完全不同。该款规定：除在合同中说明或经双方同意以外，业主不得接收或使用工程的任何部分（工程的区段除外）。

（3）对竣工检验的妨碍

如果由于业主应负责的原因妨碍承包商进行竣工检验达 14 天以上，承包商应尽快进行竣工检验。

如果此项竣工检验的延误导致承包商招致延误和费用的增加，承包商有权得到工期的延长和费用、利润的补偿。

8. 缺陷责任

P&DB 与 EPC 合同中规定的缺陷责任与红皮书基本相同。

9. 竣工后检验

竣工后检验是指业主要求中规定的检验，并可能在P&DB承包商的建议书或EPC承包商的投标书中作详细说明。这些检验要求在工程接收后尽快进行，以确定工程是否符合规定的性能标准。在P&DB合同中，由业主按照操作和维修手册进行竣工后检验；而在EPC合同中，则由承包商进行。

（1）竣工后检验的程序

1）业主提供电力、燃料和材料，并安排动用业主人员和设备。

2）承包商提供有效进行竣工后检验所需的所有其他设备以及有适当资质和经验的工作人员。

3）由承包商实施竣工后检验，双方有必要参与的人员均可在场。

竣工后检验应在业主接收工程后尽快进行。业主应提前21天将检验起始日期通知承包商，并在该日期后14天内由业主确定的某日或某几日内进行。

竣工后检验的结果应由承包商负责整理和评价，并编写一份详细报告。对业主提前使用的影响应予以适当考虑。

（2）延误的检验

如果因业主无故拖延竣工后检验致使承包商产生附加的费用，则此类费用连同合理的利润应由业主代表确定后加入合同价。

如工程或某区段的竣工后检验由于非承包商的原因未能在缺陷通知期内完成，该工程或区段应被视为已通过竣工后检验。

（3）重新检验

如果工程或某区段未能通过竣工后检验，业主或承包商可要求按相同的条件重新进行检验。如果这种重新检验是由于承包商的违约并使业主产生了附加费用，则此类费用应由业主从承包商处扣回。

（4）未能通过竣工后检验

如果下列条件成立，则该工程或区段仍应被视为已通过了竣工后检验。

1）工程或某区段未通过任何或所有的竣工后检验。

2）相应的未履约损害赔偿费（或计算方法）已在合同中写明。

3）承包商已在缺陷通知期内向业主支付了此项金额。

如果工程或某区段未能通过竣工后检验而承包商随后建议对之进行调整或修正，则只有在业主方便时，在业主代表通知的合理时间内，由承包商负责进行调整或修正并满足竣工后检验。然而，如果业主代表未能在合理期限内发出任何通知，则应解除承包商的此类义务，此时工程或区段应被视为已经通过了竣工后检验。

如果业主无故拖延允许承包商进入工程或到工程设备地点调查未能通过竣工后检验的原因，或进行任何调整或修正，致使承包商产生附加费用，则应将此类附加费用加上合理利润支付给承包商。

10. 变更和调整

尽管变更是很多争端的根源，但业主仍不愿签订阻止其在工程接受前要求变更的合同。变更一般以三种方式提出：变更在没有关于可行性或价格的事先协议下通知实行，该方式适用于红皮书的情况；承包商可提出自己的建议，该建议可能被批准为变更，或可能发给他构成变更的指示；业主要求承包商提出建议书，尽量就其影响达成事先的协议，从而使争端减至最小。上述后两种变更的形式更适合于 P&DB 与 EPC 合同。

（1）变更权

此款的规定在 P&DB 与 EPC 情况下是类似的。在颁发接收证书前的任何时间，业主（在 P&DB 情况下是工程师）均可通过发布指令或要求承包商提交建议书的方式提出变更。

承包商应执行每项变更。除非承包商迅速通知业主说明自己难以取得变更所需货物；变更将降低工程的安全性或适用性；对履约保证产生不利的影响。

在收到此类通知后，业主应取消、确认或改变原指示。

（2）价值工程

承包商可随时向业主提出建议，在他看来如采纳该建议可加快竣工；可降低业主施工、维护或运行的费用；可提高竣工工程的效率或价值；给业主带来其他方面的利益。

（3）"变更的程序""暂定金额"和"费用的调整"等条款的内容与红皮书基本相同

（4）因成本因素的调整

在红皮书和 P&DB 情况下，FIDIC 建议采用调值公式，但 EPC 情况下不采用此类公式，目的是让承包商承担更大的风险，同时也是为了贯彻投资方希望更确定的最终价格的初衷。因此在 EPC 条件下仅作如下简单规定：当合同价格要针对人工费、货物或其他投入的成本的涨落进行调整时，应按照专用条件的规定进行计算。

11. 合同价格和付款

（1）合同价格

因 EPC 属于总价合同，所以其合同价格的定义与红皮书有较大区别。

除非在专用条款中另有规定，工程款的支付应以总价合同的原则为基础，并根据合同进行调整。

承包商应支付合同规定的所有税费，合同价格不因这些费用而进行调整。

（2）预付款

当承包商提交预付款保函后，业主应支付等额的预付款作为用于动员和设计的无息贷款。

如果专用条件没有说明：

1）预付款的数量，则本款不适用。

2）分期付款的期数和时间安排，则只应一次。

3）预付款的适应货币及比率，则应按合同价格支付的货币比例支付。

4）预付款摊还比率，则应按预付款总额除以不包括暂定金额的合同协议书中规定的合同价格得出的比率计算。

预付款保函金额始终保持与预付款等额，即随着承包商对预付款的偿还逐渐递减保函金额。如该保函规定了期满日期，而在该日期前 28 天预付款尚未还清时，承包商应将该有效期延至预付款还清为止。

预付款在分期支付工程进度款的支付中按百分比扣减的方式偿还。如在颁发工程移交证书前尚未还清，余额部分应立即成为承包商对业主的到期应付款。

（3）期中付款证书的申请

承包商应在合同规定的支付期限末（或每月月末）按业主规定的格式提交一式六

份支付报表,提出承包商自认为有权得到的下列款额:报表应包括下述项目,应以支付合同价的各种货币表示。如果适用,则按如下顺序排列:

月底前已实施工程的估算合同价以及承包商编制的文件(包括变更但不包括(b)~(f)段所述项目)。

按照第13.7分款"立法改变的调整"和第13.8分款"费用改变的调整"规定,由于立法和费用变化而进行增减的款项。

作为滞留金而扣除的任何款项,按特殊条款规定的适用滞留金比例计算出上述款额,一直达到特殊条款规定的业主持有保留金(如有)的限额。

按照第14.2分款"预付款"的规定,对预付款支付和预付款的返还进行添加或扣除的任何金额。

按照合同或其他规定,包括第20款"业主和承包商索赔"和第21条"争端和仲裁",任何增加或减少的款项;以及前面报表扣除的款项。

(4)付款计划表

如果合同规定了分期支付的付款计划表,则:

1)该表所列的分期付款额应是针对截至月末已完成的永久工程的价值,该价值是根据第14.5款"拟用于工程的设备和材料"的规定估算的合同价值。

2)如果实际进度比付款计划表的进度落后时,业主可按第3.5款的要求进行商定或确定修正的分期付款额。

如果合同未包括付款计划表,承包商应在季度末提交他预计应付的估算付款额。第一次估算应在开工日期后42天内提交。在颁发工程的接收证书前,应按季度提交修正的估算。

(5)拟用于工程的设备和材料

如果根据合同规定,承包商有权获得尚未运抵现场的设备和材料的期中付款,承包商必须具备下列条件才有权得到:

1)在工程所在国,已按业主的指示标明为业主财产的设备和材料。

2)承包商已向业主提交设备和材料的保险和保函,并确保其在货物安全运抵现场前保持有效。

(6)期中付款证书的颁发

在业主收到履约担保之后,业主代表才为期中付款开具支付证书或予以支付。此后,在收到承包商报表和证明文件28天内,业主代表向业主发送一份期中支付证书,列出他认为应支付承包商的金额,同时将副本颁发给承包商。

如果承包商提供的物品或完成的工作有缺陷,可在修正或重置前扣发该部分费用。业主有权在任何支付证书中对任何以前的证书作恰当的改正或修正。

(7)付款的时间安排

1)合同生效后42天,或业主收到履约担保和有关预付款规定提交的文件后21天,两者较晚的日期内支付预付款。

2)在业主收到有关报表和证明文件后56天内,支付期中付款。

3)在业主收到最终付款申请和最终报表及书面结清证明42天内,支付应付的最终款额。

（8）延误的支付

如果承包商未能在合同规定的时间内收到付款，他有权得到付款，除按月计算复利外，该利率应以高出工程所在国央行贴现率 3 个百分点的年利率计算。

（9）"保留金的支付""竣工报表""最终付款的申请"和"结清证明"等条款的规定均与红皮书基本相同

（10）最终付款证书的颁发

在业主收到最终付款申请和最终报表及书面结清证明 42 天内，支付应付的最终款额，除非承包商在最终报表和竣工报表中已包括索赔事宜，业主不应再对承包商与合同有关的任何事物负有责任。

12. 由业主的终止

在 P&DB 和 EPC 合同中，"由业主的终止"的规定与红皮书基本相同。

13. 由承包商暂停和终止

在 EPC 合同中，承包商终止合同的权利与红皮书的规定基本相同。由于在 EPC 情况下没有工程师这一角色，所以仅仅删去了工程师未能颁发付款证书这一条件。因此本款的规定是：如出现下列任何情况，承包商可在通知业主 14 天后终止合同，但在最后两种情况下承包商可立即终止合同。

1）由于业主在付款方面的违约，承包商在发出暂停或放慢工作的通知后 42 天内仍未收到合理的证明。

2）在规定的付款时间到期后 42 天内，承包商仍未收到期中付款证书证明的付款额。

3）业主实质上未能根据合同规定履行其义务。

4）业主未能遵守合同协议书或权益转让的规定。

5）由业主的原因造成的暂停影响了整个工程。

6）业主破产或停业清理等情况的发生。

14. 风险与保险

（1）承包商对工程的照管

1）从工程开工到颁发整个工程的移交证书之日止，承包商应对工程以及材料和待安装设备的照管负完全责任。颁发移交证书后，照管的责任随之移交给业主。对工程的某一部分或区段，照管的责任同样从颁发移交证书之日起转移给业主。

2）承包商在缺陷通知期内对任何未完成的工程及材料和工程设备的照管负责。

（2）业主的风险

本款只保留了红皮书中相应条款中的战争、政变、骚乱、爆炸物等内容，删去了业主对永久工程的提前使用或占用、业主人员或业主对其负责的任何人员所作的设计和有经验的承包商不能合理预见的自然力这三款。这是因为如业主使用或占用永久工程的任何部分将导致业主故意违反 EPC 第 10.2 款 "部分工程的接收"中的有关规定，这并不属于风险。因在 EPC 合同中全部设计均是承包商的责任，所以业主在设计方面无风险可言。至于不可预见的自然力，如不是非常严重和意外并构成不可抗力时，在 EPC 条件下将其定为承包商的风险。因此，在 EPC 中业主的风险包括：

1）战争、入侵等外敌行动。

2）工程所在国内的叛乱、恐怖主义、革命、军事政变或内战。

3）承包商及其分包商的雇员以外的人员在工程所在国内的暴乱、骚动或混乱。

4）工程所在国内的战争军火、爆炸物、电离辐射或放射性引起的污染。

5）由超音速飞机或飞行器所产生的冲击波。

(3) 不可抗力

此款包括"不可抗力的定义""不可抗力的通知""不可抗力的后果"和"由于不可抗力导致的终止合同"等内容，其规定与 P&DB 及红皮书基本相同。

(4) 保险

保险是转移工程风险的重要手段，通过购买保险将工程风险部分地转移给保险公司，工程保险主要包括工程全险、承包商设备险和第三方保险。对于保险方面的规定与 P&DB 及红皮书基本相同。

15. 索赔、争端和仲裁

(1) 承包商的索赔

本款规定了承包商认为自己有权获得延长的工期和追加的付款时应遵循的步骤，及未能这样做的后果。在 EPC、P&DB 以及红皮书中关于承包商索赔的规定基本相同。

(2) 争端的解决

1）争端裁决委员会的任命。在 EPC 和 P&DB 合同中对争端裁决委员会（DAB）的任命时间与新红皮书有所不同，前两者规定，合同双方中的任一方在向另一方发出通知将争端提交 DAB 的意向后 28 天内，联合任命一个 DAB。

DAB 应按投标书附录中的规定，由 1 人或者 3 人组成。若成员为 3 人，则由合同双方各提名一位成员供对方认可，双方共同确定第三位成员作为主席。如果合同中有争端裁决委员会成员的意向性名单，则必须从该名单中进行选择。合同双方应当共同商定对争端裁决委员会成员的支付条件，并由双方各支付酬金的一半。

2）争端裁决委员会的裁决。如果双方对合同或工程实施中的任何问题产生争端，或承包商对业主有关工程的任何证书、确定、指示或估价不满，任一方可将争端提交争端裁决委员会。争端裁决委员会在收到书面报告后 84 天内对争端做出裁决，并说明理由。如果合同一方对争端裁决委员会的裁决不满，则应在收到裁决后的 28 天内向合同对方发出表示不满的通知。如果争端裁决委员会未在 84 天内对争端做出裁决，则双方中的任何一方均有权在 84 天期满后的 28 天内向对方发出其不满的通知。如果双方接受争端裁决委员会的裁决，或者没有按照规定发出表示不满的通知，则该裁决将成为最终的决定。

争端裁决委员会的裁决做出后，在未通过友好解决或者仲裁改变该裁决之前，双方应当执行该裁决。

3）"争端的友好解决"和"争端通过仲裁解决"。EPC 和 P&DB 合同中"争端的友好解决"和"争端通过仲裁解决"的规定与红皮书基本相同。

6.3.2 应用《设计采购施工（EPC)/交钥匙工程合同条件》应注意的问题

从本合同条件的名称我们可以看到，在这类合同模式下，承包商的工作范围包括设计、工程材料和设备采购以及工程施工，直至最后竣工，并在交付业主时能够立即运行。这里的"设计"不但包括工程图样的设计，还包括工程规划和整个设计过程的管理工作。因此,此合同条件通常适用承包商以交钥匙方式为业主承建工厂、发电厂、石油开发项目以及基础设施项目等。

1. 这类项目的业主一般要求

1）合同价格和工期具有"高度的确定性",因为固定不变的合同价格和工期对业主来说至关重要。

2）承包商要全面负责工程的设计和实施,从项目开始到结束,业主很少参与项目的具体执行。

所以,EPC合同条件适合那些要求承包商承担大多数风险的项目。

2. 通常采用此类模式的项目应具备的条件

1）在投标阶段,业主应给予投标人充分的资料和时间,使投标人能够详细审核"业主的要求",以便全面地了解该文件规定的工程目的、范围、设计标准和其他技术要求,并进行前期的规划设计、风险评估以及估价等。

2）该工程包含的地下隐蔽工作不能太多,承包商在投标前无法进行勘察的工作区域不能太大。这是因为,这两类情况都使得承包商无法判定具体的工程量,无法给出比较准确的报价。

3）虽然业主有权监督承包商的工作,但不能过分地干预承包商的工作,如要求审批大多数的施工图样。既然合同规定由承包商负责全部设计,并承担全部责任,只要其设计和完成的工程符合"合同中预期的工程之目的"（见第4.1款"承包商的一般义务"）,就认为承包商履行了合同中的义务。

4）合同中的期中支付款应由业主方按照合同支付,而不再像新红皮书和新黄皮书那样,先由业主的工程师来审查工程量,再决定和签发支付证书。如果在业主招标时,该项目不能满足上述条件,FIDIC建议使用新黄皮书。

6.4 FIDIC《简明合同格式》

6.4.1 FIDIC《简明合同格式》适用范围

《简明合同格式》（Short Form of Contract）,俗称"绿皮书"。合同价格方式由合同双方约定,采用单价合同或总价合同。适用于简单工程承包,包括设计、采购、施工、竣工试验和竣工后试验,或其中的某个阶段的承包,如土建施工承包、安装施工承包等简单工程承包。

该合同格式在FIDIC合同范本系列中首次出现,适用于合同额较小或工期较短的建筑工程或土木工程项目。比如合同额在50万美元以下,工期在6个月以内,工程的性质较简单或是具有重复的性质,比如疏浚工程就特别适宜选用这种合同。该类工程的设计无论是由业主还是由承包商完成,也不论项目是否涉及土建、电气、机械或其他专业,可直接考虑使用简明合同格式。根据工程的类型和具体情况,该合同格式也可用于较大金额的合同,一般情况下由承包商按照业主方提供的设计进行施工,但也适用于部分或全部由承包商设计的土木、机械、电气或构筑物的合同。

6.4.2 《简明合同格式》的主要内容

该简明合同格式共计15条、52款,其他三种合同均为21条,变动的内容涉及工程师、指定分包商、职员和劳务、永久工程设备、材料和工艺、竣工检验、竣工后检验、雇主提出终止、不可抗力等。一些内容被删除，另一些则被重新改写并编入其他条款。以下是关于 FIDIC 简明合同格式的一些观点以及与其他合同在内容上的主要区别：

1. 简明合同格式的组成

（1）协议书（Agreement）

协议书包括承包商的报价、雇主对报价的接受以及附录。协议书设想了一种简单的报价和接受程序，目的是为了避免围绕"中标函"和"意向函"可能产生的圈套，即提供一个清楚的、不相互矛盾的方法。协议书附录包括了针对具体项目的全部细节内容。合同招标时，雇主在协议书中写入其姓名并在附录中填入适当的内容，将两份复印件连同构成招标文件包的规范和图样发给投标人。对这两份复印件，承包商必须完成报价部分和附录中留下的空白部分，并签字、注明日期。如果雇主决定接受该投标书，则在两份复印件的接受部分签字，并将一份复印件返还承包商。承包商收到该复印件，合同即刻生效。如果允许投标后谈判，并就规范或价格的变化达成一致，则在各方已经对各自的文件做出适当改变和小签后仍可使用本格式。如果改变量大，双方应完成一份新的协议书格式。

（2）通用条件（General Conditions）

通用条件共有 15 条（或称主题内容），包括一般规定、雇主、雇主的代表、承包商、承包商的设计、雇主责任、竣工时间、接收、修补缺陷、变更和索赔、合同价格和支付、违约、风险和责任、保险以及争端的索赔。

（3）专用条件（Particular Conditions）

专用条件只列入题目，没有具体的内容。FIDIC 认为对一般的项目不再需要专用条件，在编写招标文件时可删除此部分内容。但为了满足某些特殊情况，雇主也可加入专用条件。

（4）裁决规则（Rules for Adjudication）

裁决规则的内容包括裁决人的委任、委任条款、支付和得到裁决人裁决的程序。

（5）通用条件应用指南（Notes for Guidance）

为了有助于编制和使用本条件的投标文件，简明合同格式中还列入应用指南。但它不是合同文件，只是帮助用户尽可能正确地理解 FIDIC 的本意，恰当运用本条件。

对某些特殊情况，指南还提供了修改、删除和增加某些条款内容的建议。

2. 合同条件的主要内容分析

（1）合同条件中的"定义"

本条件中的定义与其他 FIDIC 合同条件不完全一样，主要是由于这类合同条件的简单性要求所致，明显不同的定义包括开工日期、现场、变更和工程。例如，关于"开工日期"被定义为"本协议书生效日期后第 14 天的日期或双方同意的其他任何日期"。而在施工合同条件中则被定义为"工程师应至少提前 7 天通知承包商开工日期"。

（2）关于雇主的批准

合同条件中"批准（Approval）"一词，只在与第 4.4 款履约保证和第 14.1 款保险有关的条件中才能视为批准。除此之外，雇主对任何文件的签字认可，不应视为批准，只能视为雇主已经承认承包商完成了该项合同工作，可以得到相应的进度款，并可进行下一道工序。诸如不合格的工艺或承包商的设计应是承包商的风险，不应在无意中将此风险转移给雇主（尽管有雇主的签字）。因此，"雇主的批准、同意或未发表意见不应影响承包商的合同义务。"这样的规定避免了在这方面的争论。

（3）雇主的代表

应注意两个原则，一是雇主应在附录中指定或另外通知承包商，雇主组织中谁被授权在任何时候代表雇主讲话和行动；二是不应阻止需要专业人员帮助的雇主委任代表，但各方均应清楚被委托人被赋予的权力。如果雇主需要一个与传统工程师类似的公平的雇主代表，则应在专用条件中说明。

（4）履约保证

合同条件中并未提供履约担保或银行保函的建议格式，如果感到项目的规模有必要通过担保做出保证时，则可按地方商业惯例获得有关的保证，或参照 FIDIC 施工合同条件中所附的履约担保或银行保函样本格式，但应在附录中列出对任何保证格式的金额和对保证格式的说明。

（5）承包商的设计

雇主应在附录中向投标人指明在规范中关于设计要求的条款号。承包商只对自己的设计负责。规范中应清楚地列明承包商承担设计义务的范围和程度，以免产生争议。承包商有绝对义务确保其设计达到在合同中定义的预期目的或达到其预期的设计目的。为了防止在这方面产生争议，应在规范中对预期目的进行定义。合同条件中未使用"设计批准"的模糊概念，承包商提交的设计可能被接受，也可能被提出意见返回，或者被拒绝。雇主的文件（规范和图样）优先于承包商投标时提交的设计。如果雇主更喜欢承包商投标时的设计，则在各方签署合同前应修改规范和图样。如果一方希望保护设计中的智力财产，则必须在专用条件部分做出规定。

（6）雇主责任

在第 6.1 款共列出 16 种属于雇主责任的情况。该款将承包商索赔工期和索赔费用的全部依据融合在一个条款中。包括了通常所说的雇主的风险、特殊风险、不可抗力、雇主的设计责任等。但承包商不能对坏天气提出工期延长和费用索赔。

（7）竣工时间

如果发生第 6.1 款下的事情导致对工程的关键性延误（非关键性延误不批准延长工期），则延长工期的要求是公平而合理的，雇主应予批准。但批准延期的前提条件是承包商必须提前给出警告通知。如果工程由于承包商原因产生延期，则承包商应向雇主支付误期损害赔偿费的最大金额，这在附录中已做出规定，FIDIC 建议采用 10% 的合同价格。

（8）工程接收

与一般惯例一致，在雇主接收工程前，不一定要全部完成，一旦工程达到预期的使用目的，就应发出接收通知（承包商发给雇主或雇主发给承包商）。该合同条件未对接收部分工程做出规定，如果需要，应在专用条件中做出规定。如果在接收前要求完成任何测试，则应在规范中做出规定。

（9）修补缺陷

合同中没有"缺陷责任期"的定义，但雇主可在从接收工程之日开始计算的一段时期内（通常为 12 个月），或在接收工程前的任何时间通知承包商任何缺陷，承包商必须在合理时间内修补这些缺陷。承包商对缺陷的责任通常不会随附录中规定的期限到期而结束（尽管那时承包商已没有义务返回现场修补缺陷），但有缺陷即意味着违反合同，承包商对此损害负有责任，在这方面应遵守合同适用的法律。

(10) 变更和估价：变更估价的方法

选择的优先顺序是：

1) 总价应是首选方法，因为它包括了变更的真实费用并避免了随后对间接影响的争议，雇主可以在指示变更前请承包商提交列清变更项目的费用构成表，以便在指示中列入已达成协议的变更总价格。

2) 按工程量表或费率表中的费率进行变更估价。

3) 使用这些费率作为估价的基础。

4) 使用新费率。

5) 当变更具有不确定性或对剩余的工作无法确定顺序时，通常采用计日工费率。

(11) 合同价格与支付：附录中共列出五种可供选择的估价方法。

1) 总价方法：总价报价无任何详细的支持性资料，这种方式用于非常小的、工期短的、预计不发生变更的工程，只需向承包商一次性支付。

2) 带费率表的总价方法：总价报价附有承包商编写的费率表作为报价的支持性文件，它适用于比较大的合同，需分阶段支付，也可能发生变更。适用于雇主没有人力自己编写工程量表的情况。

3) 带工程量表的总价方法：总价报价基于雇主编制的工程量表。这与第2)项规定相同。但如果雇主有能力编制工程量表，附有雇主工程量表的合同则是一份更好的合同。

4) 带工程量表的再计量方法：总价是以再计量为前提条件，即以投标人根据雇主编制的工程量表所报的费率进行再计量，这种方法与第3)项基本相同，但更适用于在授予合同后发生多次变更的合同。

5) 成本补偿方法：承包商编写估算价格，该估价将以根据雇主列出的条件和方法重新计算出的工程实际费用所代替。这种方法适用于在招标时不能确定工作范围的项目。如果必要，可同时选择上述一种以上的估价方法。例如，在总价合同中可以有再计量的工作内容。对工期较长的项目，如采用该合同条件，则应增加一个新条款以考虑价格调整。也可改编FIDIC其他合同的调价条款作为该合同条件的调价条款使用。如果采用总价合同且分多次支付，则雇主可要求投标人提交与阶段支付建议相关的现金流预测。在发生工期延长的情况下应调整现金流计划。期中支付可以有多种方式：以工程估价为基础进行支付（该方法也适用于再计量和成本补偿合同）；以达到里程碑事件为基础进行支付；以各项活动（这些活动已赋予一定的价值）的时间表为基础进行支付。雇主可根据具体情况选择。扣除的保留金有时可用承包商向雇主提供的保证来代替。保留金保函的样本格式见FIDIC施工合同条件。合同中未对预付款做出规定，如需支付预付款，则应在专用条件中对此做出规定，包括承包商对预付款将提供的任何保证。预付款保函样本格式见FIDIC施工合同条件。

(12) 违约

如果违约的承包商没有在14天内对正式的通知做出反应，即通过采取可行的方法纠正其违约，则雇主可终止合同。但FIDIC并未要求必须在14天内纠正全部的违约。如果雇主不按时支付，并且在收到此种违约通知7天内仍未支付，承包商可以暂停全部或部分工作。如果雇主坚持不予支付或坚持其违约，21天后承包商有权终止合同。但承包商必须在21天内决定是否使用其终止合同的权利。在发出终止通知的28天内，双方应解决合同终止后的财务问题并完成支付，而不必等到其他人完成工程。

（13）保险

雇主应在附录中准确列出其保险要求，第三方保险、公共责任保险通常是强制保险。对较小的合同，可能在投标人经常投保的承包商全险保险单范围内已包括了上述内容，此时通常要求投标人随其投标书一起提交其保险范围的详细内容。在雇主接收工程后对保险提出的任何要求，或接收部分工程后产生的任何保险要求应在专用条件中做出规定。如果雇主想自己办理保险，则应在专用条件中做出相应规定。

（14）裁决和仲裁

合同规定的解决方式是先将争端提交裁决人。因此，最好从一开始就委任一名裁决人。FIDIC建议在招标阶段或签订协议书后不久，由雇主提议一个人作为裁决人行事，同时建议双方就此事应尽快讨论并达成一致。要注意的是，选择当地裁决人，还是选择中立国的裁决人。但无论怎样，裁决人都应是公平的，如果裁决人必须访问现场、举行听证会，选择第三国的裁决人的费用要高得多。除非争端先提交裁决人裁决，否则仲裁不会开始。应在附录中规定拟采用的仲裁规则，FIDIC建议采用联合国国际贸易法委员会（UNCITRAL）的仲裁规则。然而，如果要求对仲裁进行管理，即由一个仲裁机构监督和管理仲裁，则应采用国际商会（ICC）仲裁规则，ICC仲裁庭和在巴黎的秘书处可以指定和更换仲裁员，并且审查证明资料和裁决的条件格式，监督仲裁员的进度和实施情况。仲裁地是非常重要的，因为仲裁地的仲裁法律将对争端事件的处理产生相当大的影响，如当事人的上诉权力等。

6.4.3 应用FIDIC《简明合同格式》应注意的问题

FIDIC《简明合同格式》的主要目的是编制出一个简单的、适用的文件，该文件能适用于各种类型的工程以及具有多种管理安排形式的工程，同时文件应包括全部基本的商务规定。例如，雇主可选择承包商设计责任的范围，从很小的设计到全部设计和建造服务。该合同的另一个目的是所有必要的信息应在协议书的附录中提供，而协议书本身是一个简单的文件，包括了投标人的报价和雇主对报价的接受。FIDIC希望通用条件中能增加上面提到的包括全部基本资料的协议书和附录，其内容能够覆盖绝大部分合同类型的内容。然而，如果项目的特殊情况要求包括附加的信息或条款，则用户可加入专用条件，这也维持了FIDIC合同条件的传统原则和常见的特点。此时，通用条件和专用条件将一起构成该合同条件，用于决定各方的权利和义务。在新的合同条件中没有列入关于公平、公正的"工程师"的内容，一些人对此可能感到吃惊，这主要是考虑了合同的简单和实用。实践证明，管理相对简单、投资金额小的项目，不一定要委任公正的工程师，而且大部分情况下也不实用。在这类项目中，委任公正的工程师并不是通行的做法。然而，如果雇主希望委任一名独立的、公正的工程师，他也可以做出这种委任，但在合同专用条件中必须对其行为公正做出相应规定。为了简单化，该合同条件的一些定义被删除而另一些则被重新改写（与其他三种合同的定义对比而言）。另外，特别重要的是将大家熟悉的、各自独立的投标书和协议书格式合并成一个文件，总称为"协议书格式"，一同列于附录中的文件共同构成合同文件。合同简单格式产生的结果之一就是雇主增加了负担，必须在规范和图样中列出全部工作范围，包括将由承包商进行任何设计的内容。

6.5 国际其他合同条件分析

6.5.1 NEC 合同条件

1. NEC 合同简介

英国土木工程师学会（ICE）发行的 NEC 合同文本，以弹性、清晰、浅显为诉求，适用于各类型工程。自 1993 年正式发行以来，已获得许多好评。NEC 合同的特色是根据不同的功能，分别做成不同的分册的合同，如带有工程量清单的标价合同、带有工程量清单的目标合同、成本偿付合同、管理合同等。内容的重点是补偿、风险配置及争议处理均力求公平，且往往由双方共同决定，并加上预警制度。文字表达中舍弃了 FIDIC 用工程师的名称，而以项目经理代替，以免名称上的混淆。NEC 的《工程施工合同》条款分为核心条款、主要选项条款、次要选项条款。

NEC 合同包括：工程与施工主合同、工程与施工从合同、专业服务合同、争端裁决合同。

NEC 有六种支付方式，即工程总价合同、工程单价合同、工程目标总价合同、工程目标单价合同、成本加成合同、工程管理合同。另外，还有次要选项条款，包括履约保函、母公司担保、支付承包商预付款、多种货币、区段竣工、承包商对其设计所承担的责任只限于运用合理的技术和精心设计、通货膨胀引起的价格调整、保留金、提前竣工的奖金、工期延误罚款、功能欠佳罚款、法律的变化、信托基金、合同附加条件等 15 项次要条款。这种自助餐式的合同方式，适合多种项目。

2. NEC 系列合同的分类

为适用合同各方之间不同的关系，NEC 合同包括以下不同系列的合同和文件。

1）工程施工合同。用于业主和总承包商之间的主合同，也被用于总包管理的一揽子合同。

2）工程施工分包合同。用于总承包商与分包商之间的合同。

3）专业服务合同。用于业主与项目经理、监理工程师、设计师、测量师、律师、社区关系咨询师等之间的合同。

4）裁判者合同。用来作为雇主和承包商（联合在一起）与裁决人订立的合同，也可以用在使用工程施工分包合同的分包合同中和新工程合同中的专业服务合同中。

3. NEC 施工合同的主要内容和特点

NEC 系列合同中的工程施工合同，类似于 FIDIC 的土木工程施工合同条件，是 NEC 系列合同中的核心文件，在许多国家得到广泛采用，并成为英联邦国家施工行业的标准合同。以下从几个方面来探讨和分析 NEC 施工合同的内容和特点，并将其与 FIDIC 土木工程施工合同条件进行简单的比较。

（1）NEC 施工合同的特点（原则）

英国土木工程师学会设计新的施工合同旨在以下几个方面做出改进。

1）灵活性。NEC 施工合同可用于那些包括任一或所有的传统领域，诸如土木、电气、机械和房屋建筑工程的施工；可用于承包商承担部分、全部设计责任或无设计责任的承包模式。NEC施工合同同时还提供了用于不同合同类型的常用选项，诸如目标合同、成本偿付合同等。NEC施工合同除了适用于英国外，也适用于其他国家。这些特点是通过以下几个方面来实现的：

① 合同提供了6种主要计价方式的选择，可使业主选择最适合其具体合同的付款机制。

② 具体使用合同时，次要选项与主要选项可以任意组合。

③ 承包商可能设计的范围从0%~100%，可能的分包程度从0%~100%。

④ 可使用合同数据表，形成具体合同的特定数据。

⑤ 针对特殊领域的特别条款从合同条件中删除，将它们放入工程信息中。

2）清晰和简洁。尽管NEC施工合同是一份法律文件，但它是用通俗语言写成的。该文件尽可能使用那些常用词以便能被那些第一语言非英语的人们容易理解，而且容易被翻译成其他语言。NEC施工合同的编排和组织结构有助于使用者熟悉合同内容，更重要的是让使用合同的当事人的行为被精确地定义。这样，对于谁做什么和如何做的问题就不会有太多争议。NEC施工合同是根据合同中指定的当事人将要遵循的工作程序流程图起草的，有利于简化合同结构。有利于使用者阅读的很重要的一点是，合同所使用的条款数量和正文篇幅比许多标准合同要少得多，且不需要、也没包含条款之间的互见条目。

3）促进良好的管理。这是NEC施工合同最重要的特征。NEC施工合同基于这样一种认识：各参与方有远见、相互合作的管理能在工程内部减少风险，其每道程序都专门设计，使其实施有助于工程的有效管理。主要体现在：

① 允许业主确定最佳的计价方式。

② 明确分摊风险。

③ 早期警告程序，承包商和项目经理有责任互相警告和合作。

④ 补偿事件的评估程序是基于对实际成本和工期的预测结果，从而选择最有效的解决途径。

总之，工程施工合同意在为雇主、设计师、承包商和项目经理提供一种现代化手段以求合作完成工程。该合同还可以使他们更加协调地实现各自的目的。使用工程施工合同意在使雇主大大减少工程成本和工期超越限度以及竣工项目运行不良的风险。同时，使用工程施工合同还大大增加了承包商、分包商和供应商获得利润的可能性。

（2）NEC施工合同的内容及结构

1）核心条款。核心条款是所有合同共有的条款，共分为9个部分，即总则、承包商的主要责任、工期、测试和缺陷、付款、补偿事件、所有权、风险和保险、争端和合同终止。无论选择何种计价方式，NEC施工合同的核心条款都是通用的。

2）主要选项条款。针对6种不同的计价方式设置，任一特定的合同应该而且只能选择一个主要选项，这种选择的范围涵盖了各种类型的工程和建筑施工中的大多数情况。每个选项的风险在业主和承包商之间的分摊不一样，向承包商付款的方式也就不一样。对一个特定的合同，必须选用一个主要选项条款和核心条款合在一起构成一个完整的合同。以下是每个主要选项的主要特征和用途的简要概述：

① 选项A。带有工程量表的标价合同。分项工程量表由承包商制定并对其进行报价，这些分项工程的价格总和就是承包商承包整个工程的价格，即价格风险和数量风险

均由承包商承担。

② 选项 B。带有工程量清单的标价合同。工程量清单包含了工作项目和数量，承包商根据招标文件及有关资料进行报价，承包商承担价格风险，业主承担数量风险。

③ 选项 C 和 D。带有分项工程量表和工程量清单的目标合同。按分项工程总价确定目标总价，价格风险和数量风险由业主和承包商按约共同承担。目标合同适用于拟建工程范围没有完全界定或预测的风险较大的情况。

④ 选项 E。成本偿付合同。承包商不再承担成本风险，其得到的款项是实际成本加上所报价的间接费。成本偿付合同适用于当施工工程的范围界定不充分，甚至作为目标价格的基础也不够充分而又要求尽快施工的情况。

⑤ 选项 F。管理合同。管理承包商不必亲自施工，但其承担的责任等同于那些根据其他主要选项工作的承包商所承担的责任，分包商与管理承包商签订分包合同。这种合同的价格确定方式仍在不断地演变中。

3）次要选项。在决定了主要选项后，当事人可根据需要选择部分、全部或根本不选择次要选项，选定的次要选项和选定的主要选项必须在合同资料文件第一部分的首要说明中加以说明。次要选项包括保函、担保等 15 项条款。

4）成本组成表。对成本组成项目进行全面定义，从而避免因计价方式不同、计量方式差异而导致不确定性。成本组成表的作用有两点：其一，规定了因补偿事件引起的成本变化的计价中所包含的成本组成项目，适用于选项 A、B、C、D 及 E；其二，规定了承包商可直接得到补偿的成本组成项目，适用于选项 C、D 及 E。而成本组成表不适用于选项 F（管理合同）。在使用时，业主要根据具体项目进行选择，如认为表中的任何项目与特定合同无关，可将其删除。

5）合同资料。合同资料是指在合同生效日起有效的资料，包括由业主发给投标人的文件、投标人投标的文件、双方谈判期间的改动以及合同实施过程中的变更等。它明确了达成的合同协议的细节，使合同趋于完善。

(3) NEC 施工合同与 FIDIC 土木工程施工合同条件的对比

1）合同的原则。NEC 是对 ICE 合同条件的发展，NEC 施工合同在订立时坚持灵活性、清晰简洁性和促进良好管理的原则，但纵观合同全文的条款以及运用中的一些实际情况，NEC 合同还是倾向业主的，它侧重于维护甲方业主的利益。FIDIC 的鼻祖是 ICE，即先有 ICE 后有 FIDIC，但 FIDIC 与 NEC 在原则上有本质区别。FIDIC 的最大特点是：程序公开、公平竞争、机会均等，对任何人都没有偏见，至少出发点是这样。从理论上讲，FIDIC 对承包商、对业主、对咨询工程师都是平等的，谁也不能凌驾于谁之上。相对 NEC 合同，FIDIC 合同条件更倾向于承包商，它维护乙方承包商的利益更多。因此，作为承包商应尽量选用 FIDIC，这样才能更好地保护自己的经济利益及合法权利。而作为业主或向外分包，则希望采用 NEC 合同。

2）合同的结构。NEC 旨在用于那些包括所有的传统领域诸如土木、电气、机械和房屋建筑工程的施工，为在合同使用时具有灵活性，其在核心条款后规定了主要选项条款和次要选项条款，首先从主要选项条款中决定合同形式的选择策略，然后再从次要选项的 15 项中选出适合合同的选项。

FIDIC 土木工程施工合同条件共分两个部分，即通用条件和专用条件。其把土木工程普遍适用的条款逐条以固定性文字形成合同通用条款，条款中详细规定了在合同执行过程中出现的开工、停工、变更、风险、延误、索赔、支付、争议、违约等问题，工程师处理问题的职责和权限，同时也规定了业主和承包商的权利、义务。而把结合具体工程情况需要双方协商而约定的条款作为合同专用条款。在签订合同时，甲、乙双方根据工程项目的性质、特性将通用条件具体化。

3）项目的组织模式。NEC 工程施工合同假定的项目组织包括以下参与者：雇主、项目经理、监理工程师、承包商、分包商和裁决人。两个合同条件对于雇主、承包商和分包商在合同中的地位、项目管理中的角色等方面的主要规定是基本相同的。不同之处在于，对项目管理的执行人和准仲裁者的规定上。FIDIC 施工合同条件项目管理的执行人是工程师，而 NEC 施工合同规定项目管理由项目经理和监理工程师共同承担，其中监理工程师负责现场管理及检查工程的施工是否符合合同的要求，其余的由项目经理负责。FIDIC 施工合同条件中准仲裁的执行人是工程师，由于依附于雇主故很难独立，而 NEC 施工合同的准仲裁人是独立于当事人之外的第三方，由雇主和承包商共同聘任，更具独立性和公正性。

4）承包商的义务。在承包商的设计、施工方面，两个条件的规定是很类似的，只是侧重点不同，FIDIC 注重工作范畴的界定，而 NEC 却对实施的细节步骤加以明述。但在遵守法律、现场环境和物品、设备运输等方面，FIDIC 做出了细节性的阐述，而 NEC 却对这些方面没有涉及。同时，在 FIDIC 中出现了为其他承包商提供机会和方便的规定，而在 NEC 中提到的却是承包商与其他方的合作，以及对分包时承包商的责任的规定。

5）索赔问题。FIDIC 有一个专门的"索赔程序"条目，把索赔过程写得一清二楚，进行索赔时可依据这个程序进行工作；而 NEC 对此没有相应条款。主要原因是 FIDIC 属于普通法体系，它是判例法，属于案例汇成的不成文法；而 NEC 是在成文性的法律体系基础上编制的，并且 NEC 施工合同强调的是合同条件的简明和促进良好的管理，在成文法律的规定下，雇主和承包商以一种合作式的管理模式来完成项目。所以，为了促进这种关系，NEC 没有涉及法律中有规定的而又体现雇主和承包商之间矛盾的索赔问题。

6.5.2　JCT 合同条件

1. JCT 合同文本

联合合同委员会（Joint Contracts Tribunal，JCT）于 1931 年在英国成立，其前身是英国皇家建筑师协会（RIBA），并于 1998 年成为一家在英国注册的有限公司。该公司共有 8 个成员机构，每个成员机构推荐一名人员构成公司董事会。迄今为止，JCT 已经制定了多种为全世界建筑业普遍使用的标准合同文本、业界指引及其他标准文本。

JCT 章程对"标准合同文本"的定义为："所有相互一致的合同文本组合，这些文本共同被使用，作为运作某一特定项目所必须的文件。"这些合同文本包括：顾问合同；发包人与主承包人之间的主合同；主承包人与分包人之间的分包合同；分包人与次分包人之间的次分包合同的标准格式；发包人与专业设计师之间的设计合同；标书格式，用于发包人进行主承包人招标、主承包人进行分包人招标以及分包人进行次分包人招标；货物供应合同格式；保证金和抵押合同格式。JCT 的工作是制作这些标准格式的组合，用于各种类型的工程承接。

2. JCT 合同的特点及其与我国建设工程施工合同的异同

JCT 合同以 JCT98（传统格式）为例，其最重要的特点是建筑师这一角色的两重性。

一方面，建筑师由发包方委任并付薪。在某种目的情形下，建筑师完全代表发包方的利益而作为一个代理人来行为，如决定发布一个指示来修改工程。作为发包方的代理人，适用民法上关于代理人的法律规定，即其行为的法律后果由发包人承担。另一方面，在其他情况下，建筑师负有依合同以独立的职业理念来做出决定或提出观点的职责，而不偏袒发包方或承包方。对于建筑师所做出的决定，承包方可以要求建筑师提供做出此项决定的相关信息，如对此不满意，承包方在遵从这一决定之时可依合同提起争议解决程序，即交由仲裁人裁决，或通过法院诉讼解决。但在原材料的质量或工艺标准等方面，建筑师可以依据合同条款做出最终证书，如果在最终证书做出后的 28 天内承包方和发包方未提起争议程序，则最终证书的决定应当被遵守。

根据 JCT 合同的这些特点，建筑师所肩负的多种职责与我国建设工程施工合同的情形大不相同。也就是说，建筑师既是发包方的代理人，同时又有自己独立的职业标准和理念，两种身份似乎很难协调。这种协调皆是由于 JCT 合同的设计，合同一旦被接受，对任何一方都具有约束力。

JCT 合同文本与我国建设部颁布的《建设工程施工合同（示范本）》在工程延期方面的规定相比较，可以发现：对于发包人未能按专用条款约定提供图样及开工条件的，JCT 合同规定了建筑师的相应职责；发包人未能按约定日期支付工程预付款致使施工不能正常进行的，JCT 合同未作具体规定。而这些条款在建设部的示范文本中均有比较明确的约定；在工程师未按合同约定提供所需指令、工程设计变更或工程量增加及不可抗力等方面，JCT 合同亦皆有相应规定。

我国《合同法》第 278 条关于隐蔽工程、第 283 条关于承包人权利中的一些内容，以及我国建筑法中关于施工许可证、第 64 条关于违法时被责令改正等规定，JCT 合同皆没有说明。

3. 使用 JCT 合同文本的局限性及优点

JCT 合同文本要在我国使用确实有一定的局限性，主要表现在：英国合同法属于普通法系，而我国合同法更接近于大陆法系，这对于建设工程合同的签订与实施会产生一定的影响，从中也折射出两种法律文化方面的差异；JCT 合同文本中建筑师地位独特与传统上建筑师可从事工程项目管理业务有关，而在我国，建筑师通常只限于作设计工作；JCT 合同文本主要是用于建筑师处于重要地位的房屋建筑工程，而对于结构工程师和设备工程师处于主要地位的其他土木工程，则需要做出适当的修改或调整。

但是在英国，由于 JCT 合同文本是由建筑业各参与方经过反复讨论，并由他们各自在 JCT 的代表同意后颁发的，因此 JCT 合同文本已充分考虑了各方利益的平衡。在某项工程采用 JCT 合同文本后，一方面双方无须再就通用条款进行谈判，只需对专用条款进行商谈，大大提高了工作效率；同时在管理合同时，何方违反合同通常比较容易确定，便于及时处理违约问题。这对于标的物巨大、工程时间较长、参与方众多并且运作复杂的建筑业界来说非常重要。JCT 合同文本最初在英联邦国家使用，由于其历史悠久、相对成熟，应用的国家和地区越来越多，目前已成为世界著名的建筑业合同文本之一。

4. JCT 合同文本对于我国建设工程合同体系的影响

据悉，JCT 合同文本至今已在我国的上海、北京、广州、重庆和武汉等地的许多工程项目中被采用。

我国虽然有了《合同法》和《建筑法》，但是我国的建设工程合同文本还有待进一步完善，这对于我国建筑企业参与国际竞争会产生不利。进行 WTO 以后，我国工程项目的承发包模式逐渐与国际接轨而呈多样化发展。新型承发包模式需要相应的合同条件，而我国至今仅有适合施工承包的合同条件，其他诸如项目总承包或者交钥匙工程承包等承发包模式则没有相应的合同条件，JCT 合同条件体系内容十分丰富，这为我国建设工程合同体系的完善具有一定的借鉴作用。

6.5.3 AIA 系列合同条件

1. AIA 系列合同

AIA 是美国建筑师学会（The American Institute of Architects）的简称，该学会作为建筑师的专业社团已经有近 140 年的历史，成员总数达 56 000 名，遍布美国及全世界。AIA 出版的系列合同文件在美国建筑业界及国际工程承包界，特别在美洲地区具有较高的权威性，应用很广泛。

AIA 系列合同文件分为 A、B、C、D、G 等系列，其中 A 系列是用于业主与承包商的标准合同文件，不仅包括合同条件，还包括承包商资格申报表、保证标准格式；B 系列主要用于业主与建筑师之间的标准合同文件，其中包括专门用于建筑设计、室内装修工程等特定情况的标准合同文件；C 系列主要用于建筑师与专业咨询机构之间的标准合同文件；D 系列是建筑师行业内部使用的文件；G 系列是建筑师企业及项目管理中使用的文件。

1987 年版的 AIA 文件 A201《施工合同通用条件》共计 14 条 68 款，主要内容包括：业主、承包商的权利与义务；建筑师与建筑师的合同管理；索赔与争议的解决；工程变更；工期；工程款的支付；保险与保函；工程检查与更正条款。

2. AIA 合同核心文件的特点

AIA 系列中的 A201 文件与 FIDIC 施工合同条件（以下简称"FIDIC 红皮书"）对比，分析如下。

（1）关于建筑师

建筑师在 AIA 合同中有类似 FIDIC 红皮书中"工程师"的作用。建筑师是业主与承包商的联系纽带，是工程期间业主的代表，在合同规定的范围内有权代表业主行事。建筑师主要有以下几项权力：

1)"检查权"：检查工程进度及质量，有权拒绝不符合合同文件的工程。

2)"支付确认权"：建筑师审查、评价承包商的付款申请，检查、证实支付数额并颁发支付证书。

3)"文件审批权"：建筑师有对施工图、文件资料和样品的审查批准权。

4)"编制变更令权"：建筑师负责编制变更令、施工变更指示和次要变更令，确认竣工日期。尽管 AIA 合同规定建筑师在做出解释和决定时对业主和承包商要公平对待，但建筑师的"业主代表"身份和"代表业主行事"的职能实际上更强调建筑师亲业主的一面，相应地淡化了为承包商着想、维护承包商权益的一面，这与 FIDIC 红皮书强调工程师"独立性"和"第三方性"的特点有所不同。

（2）关于工程变更的三种形式

AIA 合同在工程变更上的特点是划分了工程变更的三种不同形式，即变更令、施工变更指示和次要工程变更令。实际上分成这三种形式是因为它们的变更依据各不相同。

变更令是基于业主、承包商和建筑师之间的协议，用以说明工程变更、合同总价调整和工期调整。而施工变更指示是在不具备业主、承包商和建筑师之间协议的情况下使用的，是由建筑师成文并由业主和建筑师单方面签发的书面指示，承包商可能同意也可能不同意，但承包商接到施工变更指示后应及时按该指示实施工程变更，并可向建筑师提出自己不同意建筑师做出的因变更导致的合同总价调整或工期调整的意见和建议。对此，合同中专门规定了具体的解决程序。次要工程变更令不涉及总价或工期调整，这种变更以签发命令的形式生效，对业主和承包商都有约束力，承包商应及时执行。

（3）关于支付及其相关问题

1）关于付款申请书和工程价值一览表在支付工程款方面，AIA 合同规定的做法是：在承包商第一次提交付款申请书前，承包商应向建筑师提交一份在报告形式和数据精度上都能满足建筑师要求的工程价值一览表，该表对工程的各部分价值进行细分，建筑师今后将以此表作为审查承包商付款申请的基本依据。在每次进度款支付日到达至少 10 日前，承包商应根据工程价值一览表就本期完成的工作向建筑师提交付款申请书。与 FIDIC 红皮书类似，在 AIA 制定的业主与承包商标准协议书中也提出了按月结算的方式。

2）关于因不支付导致的停工。AIA 合同在承包商申请付款问题上有亲承包商的一面，如规定：在承包商没有过错的情况下，如果建筑师在接到承包商付款申请后 7 日内不向承包商颁发支付证书，或在业主已收到建筑师签发的支付证书的情况下，在合同规定的支付日到期 7 日内没有向承包商付款，则承包商可以在下一个 7 日书面通知业主和建筑师，将停止工作直到收到应得的款额，并要求补偿因停工造成的工期和费用损失。尽管实际上建筑师和业主很容易找出理由拒绝向承包商支付，但相对 FIDIC 红皮书而言，AIA 合同从承包商催款到停工的时间间隔更短，操作性更强。三个 7 日的时间限定和停工后果的严重性会力促三方避免长时间扯皮，特别是业主面临停工压力要迅速解决付款问题，体现了美国工程界的办事效率，这也是拖欠承包商款在美国建筑市场上未成严重问题的原因之一。

3）关于支付与工程所有权。与 FIDIC 红皮书比较而言，AIA 合同在支付与工程所有权问题上也有亲业主的一面，如承包商应保证将承包商支付申请书中涉及的工程的所有权在业主支付前移交给业主。这样，所有颁发过支付证书并得到业主支付的一切工程就不存在承包商、分包商或其他个人、团体对该工程的抵押、索赔、抵押收益或财产留置权。还规定业主可随时占用或使用已竣工或部分竣工的任何部分工程，并且这种占用或使用并不构成对不符合合同要求的工程的接受。这些条款有效地防止了承包商因未得到工程款等原因而通过拒绝移交工程来给业主施压，使业主蒙受损失，避免了国际工程中经常出现的业主不支付、承包商不移交的恶性循环以及两败俱伤的情形。

4）关于对分包商的支付。对分包商的支付，FIDIC 红皮书规定：如果承包商没有或拒绝在适当的时候支付给指定的分包商应得的各项款额的特定情况下，业主可直接将款额支付给指定的分包商，并从应付给承包商的各项款额中抵扣。而 AIA 合同只是提出承包商在收到业主的付款后应及时向每个分包商支付款项，尽管建筑师可以向分包商通报业主对承包商的支付情况，以利于分包商向承包商催款，但业主和建筑师没有义务查看承包商对分包商的支付情况，也没有义务越过承包商而直接向分包商支付。可见 AIA 合同在付款问题上，业主、建筑师只和承包商发生收支关系，承包商的分包商只和承包商发生收支关系，是一种单对单链条式的责任机制。这种做法有利于承包商对分包商的管理，但不利于分包商。

（4）关于保险

AIA 合同将保险分为以下三个部分：

1）承包商责任保险。

2）业主责任保险。

3）财产保险。

与 FIDIC 红皮书相比，AIA 合同条件中业主明显地要承担更多的办理保险支付保费方面的义务，除了业主责任保险外，主要是业主还要为财产保险投保。AIA 合同规定：业主应按照合同总价以及由他人提供材料或安装设备的费用投保并持有财产保险。该保险中包括了业主以及承包商、分包商的权益。并规定业主如果不准备按合同条款要求购买财产保险，业主应在开工前通知承包商，这样，承包商可以自己投保以保护承包商、分包商的利益，承包商将以工程变更令的形式向业主收取该保险费用。

比较而言，承包商购买的承包商责任保险的种类相对较少，主要是人身伤亡方面的保险；承包商要求增加费用的索赔；承包商要求增加工期的索赔；合同一方蒙受了因另一方人员过失造成的财产损失或人员伤亡；因变更令或施工变更指示使原定的工程量发生了根本性变化。

（5）关于索赔

AIA 合同在索赔问题上的一个鲜明特点是详细列明在发生不同索赔事件的情况下，分别按什么样的时间、方式、处理和调整办法进行索赔。比如列举了以下几种情况：发现地表以下或其他不明情况与合同文件有出入或其他异常情况；承包 AIA 合同有关上述的规定为索赔内容、范围、手续和处理办法提供了指南，使合同双方有据可查，有章可循，同时提高了索赔结果的可预见性。

AIA 合同还有应放弃向对方索赔后续损失的规定，如放弃双方对租赁开销、行政办公开销、商誉等一些间接损失进行索赔，防止要价过高或扯不清，简化明确了索赔内容，有利于索赔的快速有效处理。AIA 合同索赔与争端的处理可概括为如下程序：与 FIDIC 红皮书（1987 年第 4 版）比较，AIA 合同在上述时间要求上呈现出"两快一慢"的特点：一"快"是建筑师作决定的时间短，远短于 FIDIC 红皮书 84 日的决定时间；二"快"是建筑师做出索赔决定后，留给索赔双方考虑是同意还是提出仲裁的时间短（30 日），远短于 FIDIC 红皮书 70 日的决定时间；一"慢"是登记仲裁后调解期的时间长（60 日），略长于 FIDIC 红皮书 56 日的调解期。AIA 合同上述特点体现出务实的风格：实际上双方本来是可以很快对建筑师的意见做出判断和决定的，因此留给各方做出判断和决定的时间短，防止了一方（主要是业主方）故意不作决定，拖延时间，同时又为鼓励和争取调解解决争端留有较充裕的时间。

6.6 国际工程采购案例分析

施工索赔是由于业主过失或业主风险等非承包商的原因，导致合同不能正常履行，从而给承包商带来额外的费用和工期延误，承包商有权对这部分工期延误和费用损失进行补偿。因为业主和工程师的利益和在整个项目管理中的地位等原因，承包商并不总能顺利成功地索赔。提高索赔成功率的关键因素在于承包商能否进行有效的索赔管理，这要求承包商在有效合同管理的基础上，不仅要遵循合同规定的索赔程序，还要适当地采用一些索赔技巧。

6.6.1 1987年版FIDIC合同条件下某国际工程项目采购案例分析

1. 案例背景

在非洲某国112公里道路升级项目中，业主为该国国家公路局，出资方为非洲发展银行（ADF），由法国BCEOM公司担任咨询工程师，我国某对外工程承包公司以1 713万美元的投标价格第一标中标。该项目旨在将该国两个城市之间的112公里道路由砾石路面升级为行车道宽6.5m，两侧路肩各1.5m的标准双车道沥青公路。项目工期为33个月，其中前3个月为动员期。项目采用1987年版的FIDIC合同条件作为通用合同条件，并在专用合同条件中对某些细节进行了适当修改和补充规定，项目合同管理相当规范。在工程实施过程中发生了若干件索赔事件，由于承包商熟悉国际工程承包业务，紧扣合同条款，准备充足，证据充分，索赔工作取得了成功。下面将在整个施工期间发生的5类典型索赔事件进行介绍和分析：

（1）放线数据错误

按照合同规定，工程师应在6月15日向承包商提供有关的放线数据，但是由于种种原因，工程师几次提供的数据均被承包商证实是错误的，直到8月10日才向承包商提供了被验证为正确的放线数据，据此承包商于8月18日发出了索赔通知，要求延长工期3个月。工程师在收到索赔通知后，以承包商"施工设备不配套，实验设备也未到场，不具备主体工程开工条件"为由，试图对承包商的索赔要求予以否定。对此，承包商进行了反驳，提出：在有多个原因导致工期延误时，首先要分清哪个原因是最先发生的，即找出初始延误，在初始延误作用期间，其他并发的延误不承担延误的责任。而业主提供的放线数据错误是造成前期工程无法按期开工的初始延误。在多次谈判中，承包商根据合同第6.4款"如因工程师未曾或不能在一合理时间内发出承包商按第6.3款发出的通知书中已说明了的任何图样或指示，而使承包商蒙受误期和（或）招致费用的增加时……给予承包商延长工期的权利"，以及第17.1款和第44.1款的相关规定据理力争，此项索赔最终给予了承包商69天的工期延长。

（2）设计变更和图样的延误

按照合同谈判纪要，工程师应在8月1日前向承包商提供设计修改资料，但工程师并没有在规定时间内提交全部图样。承包商于8月18日对此发出了索赔通知，由于此事件具有延续性，因此承包商在提交最终的索赔报告之前，每隔28天向工程师提交了同期记录报告。项目实施过程中主要的设计变更和图样延误情况记录如下：

1）修订的排水横断面在8月13日下发。
2）在7月21日下发的道路横断面修订设计于10月1日进行了再次修订。

307

3）钢桥图样在11月28日下发。

4）箱函图样在9月5日下发。

根据FIDIC合同条件第6.4款"图样误期和误期的费用"的规定，"如因工程师未曾或不能在一合理时间内发出承包商按第6.3款发出的通知书中已说明了的任何图样或指示，而使承包商蒙受误期和招致费用的增加时，则工程师在与业主和承包商进行必要的协商后，给予承包商延长工期的权利"。承包商依此规定，在最终递交的索赔报告中提出索赔81个阳光工作日。最终，工程师就此项索赔批准了30天的工期延长。在有雨季和旱季之分的非洲国家，一年中阳光工作日的天数要小于工作日，更小于日历天，特别是在道路工程施工中，某些特定的工序是不能在雨天进行的。因此，索赔阳光工作日的价值要远远高于工作日。

（3）借土填方和第一层表处工程量增加

由于道路横断面的两次修改，造成借土填方的工程量比原BOQ（工料测量单）中的工程量增加了50%，第一层表处工程量增加了45%。根据合同52.2款"合同内所含任何项目的费率和价格不应考虑变动，除非该项目涉及的款额超过合同价格的2%，以及在该项目下实施的实际工程量超出或少于工程量表中规定之工程量的25%以上"的规定，该部分工程应调价。但实际情况是业主要求借土填方要在同样时间内完成增加的工程量，导致承包商不得不增加设备的投入。对此承包商提出了对赶工费用进行补偿的索赔报告，并得到了67万美元的费用追加。

对于第一层表处的工程量增加，根据第44.1款"竣工期限延长"的规定，承包商向业主提出了工期索赔要求，并最终得到业主批复的30天工期延长。

（4）边沟开挖变更

本项目的BOQ中没有边沟开挖的支付项，在技术规范中规定，所有能利用的挖方材料要用于3km以内的填方，并按普通填方支付，但边沟开挖的技术要求远大于普通挖方，而且由于排水横断面的设计修改，原设计的底宽3m的边沟修改为底宽1m，铺砌边沟底宽0.5m。边沟的底宽改小后，人工开挖和修整的工程量都大大增加，因此边沟开挖已不适用按照普通填方单价来结算。根据合同第52.2款"如合同中未包括适用于该变更工作的费率或价格，则应在合理的范围内使合同中的费率和价格作为估价的基础"的规定，承包商提出了索赔报告，要求对边沟开挖采用新的单价。经过多次艰苦谈判，业主和工程师最后同意，以BOQ中排水工程项下的涵洞出水口渠开挖单价支付，仅此一项索赔就成功地多结算140万美元。

（5）迟付款利息

该项目中的迟付款是因为从第25号账单开始，项目的总结算额超出了合同额，导致后续批复的账单均未能在合同规定时间内到账，以及部分油料退税款因当地政府部门的原因导致付款拖后。特殊合同条款第60.8款"付款的时间和利息"规定："……业主向承包商支付，其中外币部分应该在91天内付清，当地币部分应该在63天内付清。如果由于业主的原因而未能在上述的期限内付款，则从迟付之日起业主应按照投标函附录中规定的利息以月复利的形式向承包商支付全部未付款额的利息。"

据此承包商递交了索赔报告，要求支付迟付款利息共计88万美元，业主起先只愿意接受45万美元。在此情况下，承包商根据专用合同条款的规定，向业主和工程师提供了每一个账单的批复时间和到账时间的书面证据，有力地证明了有关款项确实迟付，同时又提供了投标函附录规定的工程款迟付应采用的利率。由于证据确凿，经过承包商的多方努力，业主最终同意支付迟付款利息约 79 万美元。

2. 合同条件分析

结合 FIDIC 合同条件，通过前面的案例分析，以下几个因素在该项目的索赔管理工作中至关重要。

（1）遵守索赔程序，尤其要注意索赔的时效性

FIDIC 合同条件规定了承包商索赔时应该遵循的程序，并且提出了严格的时效要求：承包商应该在引起索赔的事件发生后 28 天内将索赔意向递交工程师。在递交索赔通知后的 28 天内应该向工程师提交索赔报告。在索赔事件发生时，承包商应该有同期记录，并应允许工程师随时审查根据本款保存的记录。在本案例中，承包商均在规定时间内提出了索赔意向，确保了索赔权。如在"放线数据错误"这个事件结束即 8 月 10 日之后，承包商于 8 月 18 日向工程师提出了书面索赔通知，严格遵守时效要求奠定了索赔成功的基础。

（2）对索赔权进行充分的合同论证

一般来说，业主和工程师为确保自身利益，不会轻易答应承包商的要求，通常工程师会以承包商索赔要求不合理或证据不足为由来进行推托。此时，承包商应对其索赔权利提出充分论证，仔细分析合同条款，并结合国际惯例以及工程所在国的法律来主张自己的索赔权。在"放线数据错误"的索赔事件中，工程师收到索赔要求后，立即提出工期延误是由于承包商不具备永久工程的开工条件，企图借此将工期延误的责任推给承包商。承包商依据国际惯例对其索赔权利进行了论证，认为不具备永久工程开工条件和业主提供的放线数据错误都是导致工期延误的原因，但是初始延误是业主屡次提供了错误的放线数据。承包商指出，试验设备没有到场可以通过在当地租赁的形式解决，而放线数据错误才是导致损失的最根本的原因。最终工程师不得不批准承包商的索赔要求。在这个事件中，承包商对其索赔权的有力论证保证了该项索赔的成功。

（3）积累充足详细的索赔证据

在主张索赔权利时，必须要有充分的证据作支持，索赔证据应当及时准确，有理有据。承包商在施工过程开始时，就应该建立严格的文档管理制度，以便在项目实施过程中不断地积累各方面资料，在索赔事项发生时，要做好同期记录。在迟付款利息的索赔中，起先业主对数额巨大的利息款并不能全部接受，承包商随即提供了许多证据，包括每一个账单的批复时间与到账时间的书面证据，工程款迟付期间每日的银行利率等。正是这些详细的数据使得业主不得不承认该索赔要求是合理的，最终支付了绝大部分的利息款。

（4）进行合理计算，提交完整的索赔报告

按照 FIDIC 索赔的程序，承包商应该在提交索赔通知后 28 天内向工程师提出完整的索赔报告。这份索赔报告应该包括索赔的款额和要求的工期延长，并且应附有相应的索赔依据。这就要求承包商要事先对准备索赔的费用和工期进行合理的计算，在索赔报告中提出的索赔要求令业主和工程师感到可以接受。目前较多采用的费用计算方法为实际费用法，该方法要求对索赔事项中承包商多付出的人工、材料、机械使用费用分别计算并汇总得到直接费，之后乘以一定的比例来计算间接费和利润，从而得到最后的费用。而分析索赔事件导致的工期延误一般采用网络分析法，并借助进度管理软件进行工

期的计算。

(5) 处理好与业主和工程师的关系

在施工索赔中，承包商能否处理好与业主和工程师的关系在一定程度上决定了索赔的成败。如果承包商与工程师之间平时关系恶劣，在索赔时，工程师就会处处给承包商制造麻烦。而与业主和工程师保持友善的关系，不仅有利于承包商顺利地实施项目，有效地避免合同争端，而且在索赔中会得到工程师较为公正的处理，有利于索赔取得成功。

3. 案例精析建议

索赔管理作为国际工程管理中的一个重要环节，不仅可以补偿承包商因过失和风险等因素而导致的费用增加和工期延误，而且在工程变更确定新单价时，施工索赔也是承包商创收的一个重要手段。但是在实践中，许多国际工程索赔的结果并不乐观。对于如何在国际工程索赔管理中取得成功，提出如下建议。

(1) 承包商要加强内部管理

许多承包商内部管理松散混乱，计划实施不严，成本控制不力，这些是导致索赔失败的重要原因。承包商应当从以下几方面着手加强内部管理：

1) 索赔要引起全企业，特别是企业高层管理人员的重视。公司应派出高级管理人员负责索赔事务，并设立专门的合同管理部门，培养精通外语、熟悉工程实务和合同知识的合同管理人员，并应把合同部置于各业务部门的核心地位。

2) 加强合同管理，研究分析合同条款的含义并注意收集与合同有关的一切记录，包括图样、订货单、会谈纪要、来往信函、变更指令和工程照片等。

3) 加强进度管理，通过计划工期和实际进度比较，找出影响工期的各种因素，分清各方责任，及时提出索赔。例如，使用专业项目进度管理软件可以有效地提高进度管理的效率。

4) 加强成本管理，控制和审核成本支出，通过比较预算成本和实际成本，为索赔提供依据。

5) 进行信息管理，成立专门的信息管理部门，为索赔提供必要的证据。

(2) 承包商要提高索赔管理中的商务技巧

很多承包商在索赔时处理不当，直接导致了索赔的失败。承包商处理索赔可以遵循以下几个原则：

1) 承包商应该有正确的索赔心态，既不能怕影响关系不敢索赔，又不能不顾业主和工程师的反应，采取激烈言词，甚至抱侥幸心理骗取索赔。前者会影响承包商的直接利益，后者可能会造成关系紧张，加大索赔难度。承包商在索赔中应该有理有据，努力争取自己应得的利益。

2) 承包商应该加强与合同各方的沟通工作，处理好与业主和工程师的关系，使索赔工作得以顺利进行。

3) 承包商处理索赔应该有一定的艺术性。例如，在索赔开始时应该用语委婉，不伤和气，当对方拒绝合作或拖延时，则应采用较为强硬的措施。另外，索赔可以采取抓大放小的策略，放弃小项，坚持大项索赔。综上所述，鉴于国际工程承包市场的竞争日趋激烈，许多承包商为了拿到项目，往往将标价压得很低，甚至不惜低于成本价投标，这就要求承包商在施工过程中加强管理，严格控制成本，同时抓住每一个潜在的索赔机会，通过索赔来增加收入。同时，在实践中也应不断地总结和积累经验，以期在未来的项目实施过程中能够更有效地进行索赔管理工作。

6.6.2 1999年版FIDIC合同条件下某国际工程项目采购案例分析

案例背景

2000年5月，中国水利电力对外公司与毛里求斯公共事业部污水局签订了承建毛里求斯扬水干管项目的合同。该项目由世界银行和毛里求斯政府联合出资，合同金额477万美元，工期两年，咨询工程师是英国GIBB公司。该项目采用的是FIDIC合同条款。

按照该项目合同条款的规定，用于项目施工的进口材料，可以免除关税，我方认为油料也是进口施工材料，据此向业主申请油料的免税证明，但毛里求斯财政部却以柴油等油料可以在当地采购为由拒绝签发免税证明。我们对合同条款进行了仔细研究，认为这与合同的规定不相一致，因此我方提出索赔，要求业主补偿油料进口的关税。

（1）索赔通知

按照FIDIC施工合同条款第20.1条的规定：如果承包商根据本合同条件的任何条款或参照合同的其他规定，认为他有权获得任何竣工时间的延长和（或）任何附加款项，他应通知工程师，说明引起索赔的事件或情况。该通知应尽快发出，并应不迟于承包商开始注意到或应该开始注意到这种事件或情况之后28天。

如果承包商未能在28天内发出索赔通知，竣工时间将不被延长，承包商将无权得到附加款项，并且雇主将被解除有关索赔的一切责任。否则本款以下规定应适用。

我方按照上述规定，在2000年9月15日正式致函工程师，就油料关税提出索赔，索赔报告将在随后递交。

（2）索赔记录

按照FIDIC施工合同条款第20.1条的规定，承包商还应提交一切与此类事件或情况有关的任何其他通知（如果合同要求），以及索赔的详细证明报告。

承包商应在现场或工程师可接受的另一地点保持用以证明任何索赔可能需要的同期记录。工程师在收到根据本款发出的上述通知后，在不必事先承认雇主责任的情况下，监督此类记录的进行，并（或）可指示承包商保持进一步的同期记录。承包商应允许工程师审查所有此类记录，并应向工程师提供复印件（如果工程师指示的话）。

因此，我方在每月的月初向工程师递交上个月实际采购油料的种类和数量，并将有我方与供货商双方签字的交货单复印附后，以便作为计算油料关税金额的依据。监理工程师肯定了我们的做法，要求我们继续保持记录并按月上报。

（3）索赔报告

按照FIDIC合同条款第20.1条的规定，在承包商开始注意到或应该开始注意到，引起索赔的事件或情况之日起42天内，或在承包商可能建议且由工程师批准的此类其他时间内，承包商应向工程师提交一份足够详细的索赔，包括一份完整的证明报告，详细说明索赔的依据以及索赔的工期和（或）索赔的金额。如果引起索赔的事件或情况具有连续影响：

1）该全面详细的索赔应被认为是临时的。

2）承包商应该按月提交进一步的临时索赔，说明累计索赔工期和（或）索赔款额，以及工程师可能合理要求此类进一步的详细报告。

3）在索赔事件所产生的影响结束后的 28 天内（或在承包商可能建议且由工程师批准的此类其他时间内），承包商应提交一份最终索赔报告。

索赔报告的关键是索赔所依据的理由。只有在索赔报告中明确说明该项索赔是依据合同条款中的某一条某一款，才能使业主和工程师信服。为此，我方项目经理部仔细研究了合同条款。

合同条款第二部分特殊条款规定：凡用于工程施工的进口材料可以免除关税。对进口材料所作的定义是：

① 当地不能生产的材料。

② 当地生产的材料不能满足技术规范的要求，需要从国外进口。

③ 当地生产的材料数量有限，不能满足施工进度要求，需从国外进口。

我们提出索赔的第一个理由是：首先，油料是该项目施工所必需的，而且毛里求斯是一个岛国，既没有油田也没有炼油厂，所需的油料全部是进口的，因此油料应该和该项目其他进口材料如管道、结构钢材等材料一样，享受免税待遇，而毛里求斯财政部将油料作为当地材料是不符合合同条款的。

其次，我们从其他在毛里求斯的中国公司了解到毛里求斯财政部曾为刚刚完工的中国政府贷款项目签发过柴油免税证明，这说明有这样的先例，我们将财政部给这个项目签发的免税证明复印件也作为证据附在索赔报告之后。

对于索赔金额的计算，关键在于确定油料的数量和关税税率。如前所述，我方将每一个月项目施工实际使用的油料种类和数量清单都已上报监理工程师，这个数量工程师是认可的。关税税率是按照毛里求斯政府颁布的关税税率计算，这样加上我方的管理费，计算得出索赔金额。关税税率的复印件也作为索赔证据附在索赔报告之后。

（4）工程师的批复意见

按照 FIDIC 合同条款第 20.1 条的规定，在收到索赔报告或该索赔的任何进一步的详细证明报告后 42 天内（或在工程师可能建议且由承包商批准的此类其他时间内），工程师应表示批准或不批准，不批准时要给予详细的评价。他可能会要求任何必要的进一步的详细报告，但他应在这段时间内就索赔的原则做出反应。

工程师审议了索赔报告后，正式来函说明了他们的意见，并将该函抄送业主。他们认为免税进口材料必须满足两个要求：

1）材料必须用于该项目的施工。

2）材料不是当地生产的。

工程师认为油料完全满足以上两个条件，因而承包商有权根据合同条款申请免税进口油料。

（5）业主的批复意见

业主在审议了我们的索赔报告和工程师的批复意见后，仍然坚持他们的意见，认为油料是当地材料，拒绝支付索赔的油料关税金额。

至此，由于与业主不能达成一致意见，这个索赔变成了与业主之间的争议，也就进入了争议解决程序。

（6）争端裁决（DAB）

1）DAB 的委任和终止。合同双方应在投标书附录规定的日期前，任命 DAB 的委员。三位委员均需经业主和承包商双方批准,委员费用也应由双方支付。

2) DAB 解决争端的程序,如图 6-1 所示。

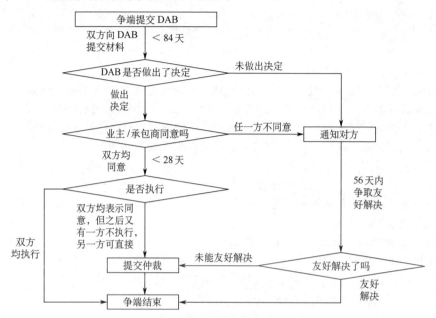

图 6-1　DAB 解决争端的程序

按照以上条款的规定,我方在 2001 年 2 月 26 日致函工程师,要求就油料免税事宜提交争端裁决。按照合同规定,DAB 应该将裁决结果在 84 天内即 2001 年 5 月 20 日之前通知业主和我方。

2001 年 5 月 16 日,我方收到了裁决结果。在裁决书中,DAB 首先声明裁决是根据合同条款规定和承包商的要求做出的,并且叙述了索赔的背景和涉及的合同条款,简要回顾了在索赔过程中承包商、工程师和业主在往来信函中各自所持的观点。最后,工程师得出了以下四点结论:

① 柴油、润滑油和其他石油制品不是当地生产的,所以,按照合同条款的规定,只要是用于该项目施工的油料在进口时就应该免除关税。

② 免除关税只适用于在进口之前明确标明专为承包商进口的油料,承包商在当地采购的已经进口到毛里求斯的油料不能免除关税。

③ 毛里求斯财政部的免税规定与合同有冲突,承包商应该得到关税补偿,补偿金额从承包商应该得到免税证明之日算起。

④ 在同等条件下,财政部已经有签发过柴油免税证明的先例。

根据以上结论,DAB 做出了如下裁决:根据合同条款的规定,承包商有权安排免税进用于该项目施工所需的柴油和润滑油,因此,承包商应该得到进口油料的关税补偿。补偿期限从 2000 年 10 月 22 日开始(我方申请后应该得到免税证明的时间,业主及财政部的批复期限按两个月计算)到该项目施工结束。

从该裁决结果可以看出,DAB 确实是站在公正、中立的立场上做出裁决,这个裁决结果对我方十分有利。

但是尽管 DAB 做出了明确的裁决，业主仍然致函 DAB，表示对裁决结果不满意。

鉴于这种结果，经过项目经理部内部讨论并请示公司总部，考虑到该项目的油料用量不大，索赔金额有限（约 15 万美元），如果提请法庭仲裁，不但会影响我公司今后业务的开展，而且开庭时还要支付律师费用，就是打赢这场官司，索赔回来的钱扣除律师费用也所剩无几，因此决定不提出法庭仲裁，但争取能够与业主友好协商解决。

(7) 解决争议的第二步——业主和承包商友好协商解决

FIDIC 条款第 20.5 条规定：按上述第 20.4 款规定已发出表示不满的通知后，合同双方在仲裁开始前应尽力以友好的方式解决争端。除非合同双方另有协议，否则，仲裁将在表示不满的通知发出后第 56 天或此后开始，即使双方未曾做过友好解决的努力。

这条规定说明，在法庭仲裁之前，有 56 天的时间由双方友好协商解决该争议。在此期间，我们多方面地做了业主的工作，业主友好地表示可以增加一些额外工程，但是就该项索赔他们也无能为力，问题的关键在于毛里求斯财政部不同意签发免税证明。在这种情况下，该争议没有能够进行友好协商解决。在 56 天到期之后，我方正式致函业主，我方决定国际仲裁。

(8) 解决争议的第三步——法庭仲裁

按照 FIDIC 条款第 20.6 条的规定：除非通过友好解决，否则如果争端裁决委员会有关争端的决定（如有时）未能成为最终决定并具有约束力，那么此类争端应由国际仲裁机构最终裁决。除非合同双方另有协议，否则：

1）该争端应根据国际商会的仲裁规则被最终解决。
2）该争端应由按本规则指定的三位仲裁人裁决。
3）该仲裁应以第 1.4 款"法律和语言"规定的日常交流语言作为仲裁语言。

仲裁人应有全权公开、审查和修改工程师的任何证书的签发、决定、指示、意见或估价，以及任何争端裁决委员会有关争端事宜的决定。但无论如何，工程师都不会失去被作为证人以及向仲裁人提供任何与争端有关的证据的资格。

合同双方的任一方在上述仲裁人的仲裁过程中均不受以前为取得争端裁决委员会的决定而提供的证据或论据或其不满意通知中提出的不满理由的限制。在仲裁过程中，可将争端裁决委员会的决定作为一项证据。

工程竣工之前或之后均可开始仲裁。但在工程进行过程中，合同双方、工程师以及争端裁决委员会的各自义务不得因任何仲裁正在进行而改变。

由此可以看出，业主和承包商之间的争议最终的解决办法是仲裁。仲裁往往会花费很长的时间，而且争议双方为了赢得官司，都要请最好的律师，而律师的费用通常是按小时计算的，非常昂贵。因此，在打算与业主对簿公堂之前，一定要慎重考虑。

综上所述，从该项目的油料关税索赔几乎完整的索赔过程可以看出，一个完整的工程索赔实际上包含了业主和承包商之间争议的解决过程。而在国际承包项目的实施过程中，业主和承包商之间有利益冲突，业主总是想用最少的投资在最短的时间内完成一个工程，承包商在实施这个工程时总是想用最小的投入赚取最大的利润，因此两者之间的争议，绝大多数还是由索赔引起的。

复习思考题

一、简答题

1. 阐述新版 FIDIC 合同条件的构成体系。
2. 新版 FIDIC 合同条件中争端裁决委员会的工作步骤是什么？
3. 新版 FIDIC 合同条件中工程师有哪些权利？
4. FIDIC 合同条件中制定分包商有什么特殊规定？
5. "EPC" 的含义是什么？该合同条件适用于哪些工程？
6. 试述《简明合同格式》的适用范围。
7. AIA 合同核心文件的特点有哪些？在应用过程中应注意哪些问题？
8. 在国际合同管理中，承包商提高索赔管理的商务技巧有哪些？

二、单选题

1. FIDIC 施工合同条件下中 "当事方" 指的是（   ）。
   A. 雇主和工程师　　　　　　B. 雇主或承包商
   C. 承包商或工程师　　　　　D. 雇主、工程师和承包商

2. 按 FIDIC 施工合同条件规定，如果工程师对任何有缺陷或不符合合同要求的生产设备、材料或工艺的拒收和再次试验使雇主增加了费用，则该费用应由（   ）负担。
   A. 工程师　　　B. 雇主　　　C. 承包商　　　D. 分包商

3. 承包商向工程师提交说明现场各类承包商人员的人数和各种承包商设备数量的详细资料，应按工程师批准的格式（   ）填报。
   A. 每周　　　B. 每年　　　C. 每月　　　D. 每季度

4. 除非并直到工程师已颁发任何部分工程的（   ），雇主不得使用该部分工程。
   A. 接受证书　　B. 付款证书　　C. 结清证明　　D. 履约证书

5. 如果 DAB 已就争端事项向合同双方提交了他的决定，而任一方在收到 DAB 决定后（   ）天内，均未发出不满意的通知、则该决定应成为最终的、对双方均有约束力。
   A. 21　　　　B. 28　　　　C. 56　　　　D. 42

6. 下列说法不正确的是（   ）。
   A. 如果工程师在发出变更指示前要求承包商提出一份建议，承包商应尽快做出书面回应
   B. 承包商可随时向工程师提出书面建议，以提高雇主的竣工工程的效率和价值
   C. 承包商向工程师提出的提高雇主的竣工工程的效率和价值书面建议所需费用由雇主支付
   D. 承包商在等待其提交给工程师的有关建议的答复期间，不应延误任何工作

7. 当已颁发工程接收证书时，工程师应确认将（   ）的前一半支付给承包商。
   A. 期中支付　　B. 保留金　　C. 最终支付　　D. 预付款

8. 如果承包商未能到场或派代表测量工程，对工程师所做测量结果应（   ）。
   A. 重新测量　　　　　　　　B. 看双方商议的结果再做决定
   C. 予以否认　　　　　　　　D. 予以认可

9. 承包商按照（　　）的指示，设计、实施和完成工程。
A. 雇主及工程师　　　　　　　B. 合同及雇主
C. 合同及工程师　　　　　　　D. 雇主及有关政府部门

三、多选题
1. FIDIC 施工合同条件中有关健康和安全的规定（　　）。
A. 承包商应始终采取合理措施，维护承包商人员的健康和安全
B. 雇主应与当地为卫生部门合作，确保现场和驻地配备医务人员和救护措施
C. 承包商应指派一名事故预防员，负责现场的人身安全和安全事故预防工作
D. 任何事故发生后，承包商应立即将事故详情通知工程师
E. 工程师要写出事故记录和财产损失报告
2. 按照 FIDIC 施工合同条件规定，对承包商索赔同时给予工期、费用补偿的情况包括（　　）。
A. 延误移交施工现场　　　　　B. 不可预见的外界条件
C. 异常不利的气候导致的停工　D. 业主提前占用工程
E. 不可抗力事件造成的损失
3. FIDIC 施工合同条件中，合同争端解决的方式有（　　）等。
A. 仲裁　　　　B. 工程师的决定　　　　C. 友好解决
D. 法律诉讼　　E. DAB 决定
4. FIDIC 施工合同条件中雇主承担的风险有（　　）。
A. 价格与支付方面的风险　　　B. 工程变更的风险
C. 通货膨胀方面的风险　　　　D. 工程设备采购方面的风险
E. 不可抗力风险
5. FIDIC 施工合同条件中"不可抗力"系指（　　）等异常事件或情况。
A. 一方无法控制的
B. 该方在签订合同前，不能对之进行合理准备的
C. 发生后该方不能合理避免或克服的
D. 不能主要归因于它方的
E. 一方没有考虑到的
6. FIDIC 施工合同条件中承包商承担的风险有（　　）。
A. 施工工艺及操作方法风险　　B. 工程变更的风险
C. 工程照管方面的风险　　　　D. 工程设备采购方面的风险
E. 不可抗力风险
7. 任何事故发生后，承包商应（　　）。
A. 立即将事故详情通报业主　　B. 立即将事故详情通报工程师
C. 按工程师可能提出的合理要求，保持记录
D. 按工程师可能提出的合理要求，写出有关财产损害情况报告
8. 承包商在向工程师提交的竣工报表及证明文件中应列出（　　）。
A. 雇主提供给承包商的基准数据的错误
B. 截至工程接受证书载明的日期，按合同要求完成的所有工程的价值
C. 承包商认为应付的任何其他款额

D. 承包商认为根据合同规定将应付给他的任何其他款项的估计款额

9. 如果雇主在办法接收证书前确定使用了任何部分工程，则（　　）。

A. 使用的部分视为从开始使用的日期起已被接管

B. 使用的部分由雇主出资恢复原状

C. 无论是否导致费用增加，承包商都可以向雇主提出索赔

D. 承包商从此日起不再承担该部分的照管责任

E. 如承包商要求，工程师应颁发接收证书

10. 下列说法正确的是（　　）。

A. 承包商应提前21天将它可以进行每项竣工试验的日期通知工程师

B. 工程师可随时指示承包商暂停工程某一部分或全部施工

C. 承包商应至少21天前将各分包商承担工作的拟定开工日期通知工程师

D. 工程师可以修改图样

E. 承包商应派一名事故预防员负责现场人员的人身安全和安全事故预防工作

11. 雇主的人员包括（　　）。

A. 工程师　　　　　B. 工程师代表　　　　　C. 指定的分包商

D. 雇主的所有其他职员、工人和其他雇员　　E. 雇主指定的DAB成员

12. 关于雇主向承包商的支付，下列说法正确的是（　　）。

A. 首期预付款的支付时间应在中标函颁发后的42天，或在收到履约担保文件后21天，两者中较晚的日期内

B. 各期中付款证书确认的金额，支付时间在工程师收到报表和证明文件后底56天内

C. 最终付款证书确认的金额，支付时间在工程师收到该付款证书56天内

D. 最终付款证书确认的金额，支付时间在雇主收到该付款证书后56天内

13. FIDIC施工合同条件中有关健康和安全的规定（　　）。

A. 承包商应始终采取合理措施，维护承包商人员的健康和安全

B. 雇主应与当地卫生部门合作，确保现场和驻地配备医务人员和救护措施

C. 承包商应指派一名事故预防员负责现场的人身安全和安全事故预防工作

D. 任何事故发生后，承包商应立即将事故详情通知工程师

14. 根据FIDIC中有关"安全程序"的规定，承包商应（　　）。

A. 在现场提供围栏、照明、环卫和看守直到颁发了履约证书

B. 遵守所有使用的安全规则

C. 照料有权在现场的所有人员的安全

D. 为因实施工程影响到的公众一级毗邻财产的所有者或用户提供必要的安全防护

E. 努力保持现场井井有条，避免出现障碍物，以免给人们的安全构成威胁

15. 如果承包商是由两个以上的当事人组成的联营体，这些当事人（　　）。

A. 承包商可以改变其组成或法律地位

B. 在履行合同上雇主负有共同的责任

C. 在履行合同上对雇主负有各自的责任

D. 应将选定的牵头方通知雇主，牵头方有权做出决定，并对承包商和其他成员有约束力

E. 只对自己的行为负有责任

16. 承包商人员有如下行为时，工程师可要求承包商撤换的有（　　）。
A. 经常行为不当或工作漫不经心　　B. 只遵照承包商指令工作
C. 无能力履行义务或玩忽职守　　D. 不遵守合同的任何规定
E. 坚持有损安全、健康、环境的行为

四、案例题

案例1：

某国际工程项目，合同条款约定当地材料和综合消费指数有关的价格指数均应由工程师决定，并经业主批准。后来，承包商与工程师确认了相关指数。工程竣工前，时任工程师去世，继任工程师认为此前确定的指数过高，且业主认为未经其批准，应重新确定。

问题：1. 前任工程师确定的指数能否构成约束力？

2. 工程师是否应当承担责任？是否经过业主批准？业主为何在合同履行过程中未提出异议？

3. 承包商有无注意义务？

案例2：

某国际工程项目，承包商应根据合同约定修建工程师试验室。但工程师的试验主管要求安装空调。如全部安装，承包商将增加大笔费用，而图样、量单中均未包含试验室空调，技术规范中也无要求。

问题：承包商应当如何处理？

提示：1. 由于试验主管不具有变更权，承包商应向工程师/业主进行求证是否按照变更处理。

2. 如果工程师/业主未认可变更，则承包商有权决定。

案例3：

某国际公路工程，合同约定在路两边开挖排水沟，约定计量采用标准断面乘以完工长度，作为中期付款计量依据。中期付款进行较为顺利，承包商忽略了合同中约定的"原始记录需由工程师现场代表签认"这一要求。结算时，因远超预算，雇主要求复查。工程师发现计量表上缺少现场代表签字，拒绝承认，承包商又不能出示原始证据，现场早已因暴雨等破坏，最终亏损。

问题：1. 工程师是否应当承担责任？

2. 中期支付能否视为工程师已经认可？

3. 承包商如何应对？程序、取证、中期结算应如何进行？

参 考 文 献

[1] 吴守荣. 项目采购管理 [M]. 北京：机械工业出版社，2004.
[2] 焦媛媛. 项目采购管理 [M]. 天津：南开大学出版社，2006.
[3] 郑建国. 项目采购管理 [M]. 北京：机械工业出版社，2007.
[4] 王为人. 采购案例精选 [M]. 北京：电子工业出版社，2007.
[5] 刘北林，马常红. 项目采购管理 [M]. 北京：中国物资出版社，2005.
[6] 朱宏亮. 建筑法规 [M]. 武汉：武汉理工大学出版社，2003.
[7] 乌云娜，等. 项目采购与合同管理 [M]. 北京：电子工业出版社，2006.
[8] 冯之楹，何永春，等. 项目采购管理 [M]. 北京：清华大学出版社，2000.
[9] 陈勇强. 项目采购管理 [M]. 北京：机械工业出版社，2003.
[10] 建筑业与房地产企业工商管理培训教材编审委员会. 国际工程管理 [M]. 北京：中国建筑工业出版社，2000.
[11] 成虎，钱昆润. 建筑工程合同管理与索赔 [M]. 南京：东南大学出版社，2000.
[12] 成虎. 工程项目管理 [M]. 北京：中国建筑工业出版社，2000.
[13] 全国监理工程师培训考试教材审定委员会. 建设工程监理概论 [M]. 北京：知识产权出版社，2007.
[14] 程建，张辉璞，胡明. FIDIC合同下的国际工程索赔管理——非洲某公路项目索赔案例实证分析 [J]. 国际经济合作，2007（9）：59-62.
[15] 99版FIDIC"简明合同格式"的适用条件和特点 [J]. 国际经济合作，2000（6）：37-40.
[16] 罗凤，向科. 英国土木工程师学会NEC合同及其特点 [J]. 四川建筑科学研究，2005（3）：139-141.
[17] 赵振宇，宋琦，邢玫，刘伊生. 美国建筑师学会（AIA）建筑合同条件及其特点 [J]. 中国工程咨询，2002（4）：50-52.
[18] 林善谋. 招标投标法适用与案例评析 [M]. 北京：机械工业出版社，2004.
[19] 财政国库司. 中华人民共和国政府采购法实施条例 [M]. 北京：中国财政经济出版社，2015.
[20] 朱少平. 中华人民共和国政府采购法释义 [M]. 北京：中国物价出版社，2002.

作 者 简 介

吴守荣，山东科技大学工程管理系主任、教授，毕业于天津大学系统工程研究所，获工学硕士学位，一直从事交通运输规划与管理、项目管理的教学和科研工作，是山东科技大学工程管理学科带头人、交通运输规划与管理学科骨干、中国项目管理研究委员会委员、亚洲房地产协会会员、中国软件行业协会系统工程分会理事、国际项目管理专业资质认证评估师、认证的国际项目管理专家、山东省工程项目评标专家。自1982年开始，从事工程项目管理、交通运输管理的工作多年，完成多项部、省项目研究，并获部、省科技奖励。在各类学术期刊上发表有关项目管理、交通运输管理方面的论文50余篇，编著20余部著作。自1991年以来，长期从事工程项目经理、注册监理工程师、注册咨询工程师、注册建造师的考前培训工作以及国际项目管理专业资质认证培训工作，培训的企业有中石油、中石化、中铁建设集团、中交集团、中煤建设集团、中材建设公司、中重机集团、胜利油田、山东鲁能、兖矿集团、南方电力、一汽轿车、东风本田等，培训人数近万人，培训效果受到广泛欢迎。

王扬，山东科技大学工程管理系讲师，博士毕业，从事工程项目管理方面的教学和科研工作多年，完成多项项目管理方面的研究课题，在各类学术期刊发表有关项目管理方面的论文20余篇，参与编写项目管理方面的学术专著10余部。